图2－8

图2-12区域线示例

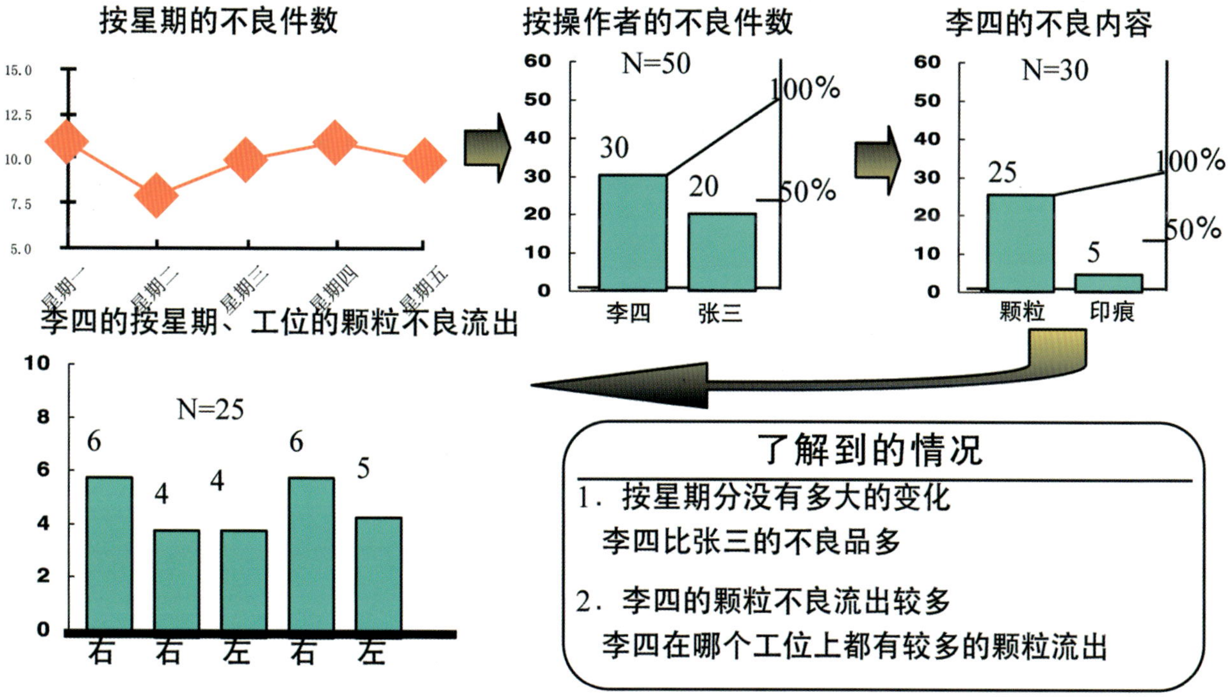

图3-1分层结果

图5-3 禁止标识示例

图5-4 警告标识示例

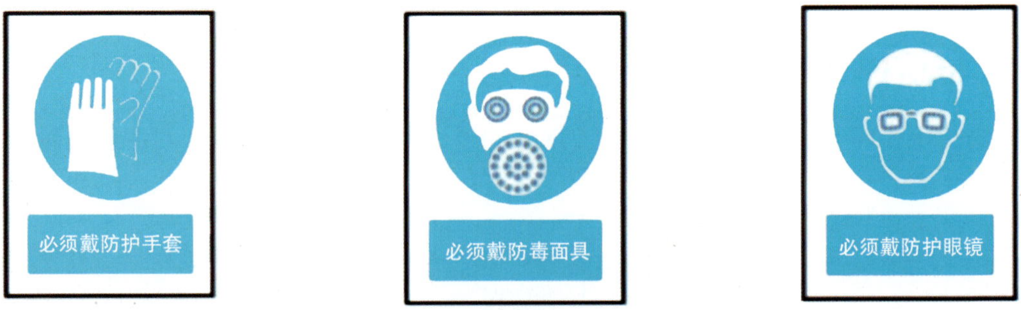

图5-5 指令标识示例

图5-6 一般提示标识示例

图5-7消防设备提示标识示例

图5-8 提示标识的方向辅助标志示例

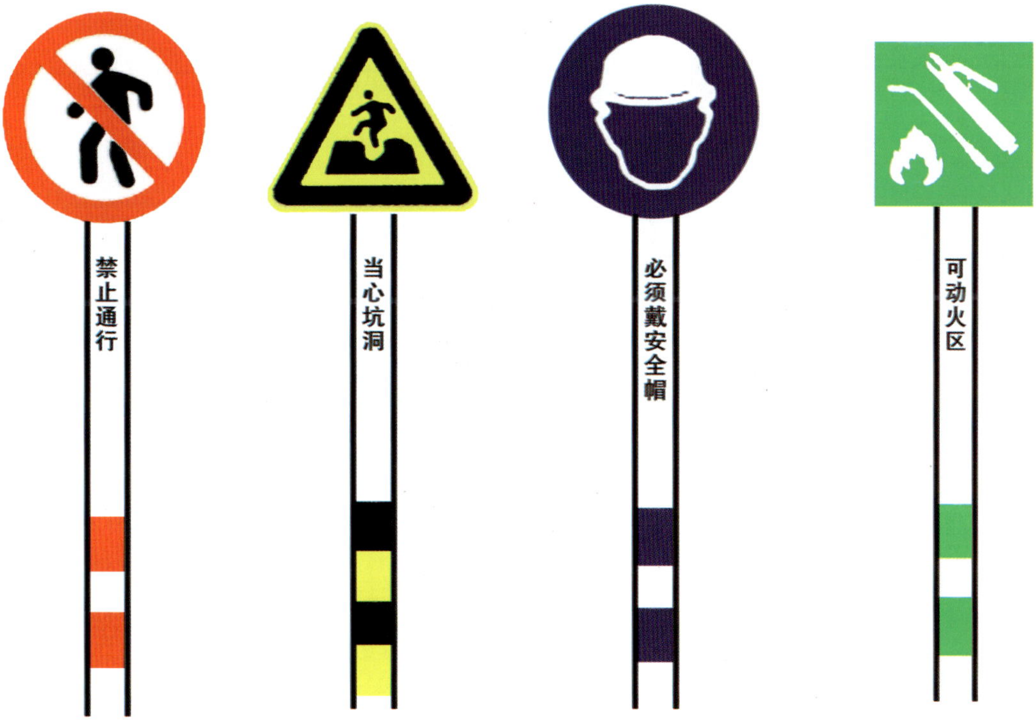

图5-9补充标识示例

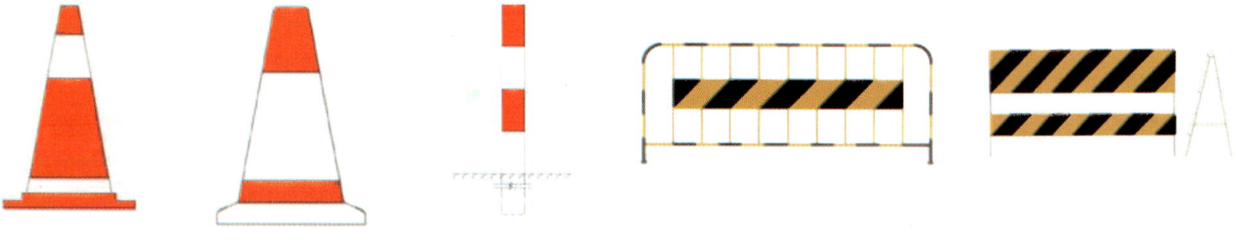

锥形交通标　　道口标柱　　施工路

图5-10警世线设置示例

表5-10

表5-11

表5－12

表5－13

高等职业教育“十二五”国家规划教材
经全国职业教育教材审定委员会审定
汽车制造与试验技术专业

汽车生产现场管理

主　编　陈　婷　毕方英
副主编　宋秋红　李东兵
参　编　王立超　李春彦
主　审　沈颂东

机械工业出版社

根据汽车工业持续发展的用人需求、生产现场的具体情况和高职高专的人才培养目标，高职高专不仅要培养学生解决生产现场技术问题的能力，还要培养学生的职业能力——现场管理的能力、改善的能力以及团队建设的能力，以适应日益变化的生产现场管理的需求，因此编写本书。本书内容具有很强的实用性，可以有效帮助学生系统了解将来就业岗位的需求：生产现场的各种管理活动、存在的危险因素以及有效的预防安全事故的方法。

全书共分6章，包括企业管理的基本认知、丰田生产方式、质量管理、生产现场班组管理、危险预知与现场危险源辨识、企业员工必备的基本素养等内容。

本书不仅适用于汽车制造与试验技术专业，还适用于其他汽车制造类专业，也可以作为汽车制造相关行业的培训用书。

本书配有电子课件，凡使用本书作为教材的教师可登录机械工业出版社教材服务网 www. cmpedu. com 下载。咨询邮箱：cmpgaozhi@ sina. com。咨询电话：010-88379375。

图书在版编目（CIP）数据

汽车生产现场管理/陈婷主编．—北京：机械工业出版社，2013.6（2023.7 重印）

ISBN 978-7-111-42541-0

全国高等职业教育示范专业规划教材

Ⅰ.①汽…　Ⅱ.①陈…　Ⅲ.①汽车企业-工业企业管理-生产管理　Ⅳ.①F407.471.6

中国版本图书馆 CIP 数据核字（2013）第 102036 号

机械工业出版社（北京市百万庄大街 22 号　邮政编码 100037）
策划编辑：葛晓慧　责任编辑：葛晓慧
版式设计：霍永明　责任校对：樊钟英
封面设计：赵颖喆　责任印制：常天培
北京机工印刷厂有限公司印刷
2023 年 7 月第 1 版第 15 次印刷
184mm×260mm・19.5 印张・4 插页・485 千字
标准书号：ISBN 978-7-111-42541-0
定价：57.00 元

电话服务
客服电话：010-88361066
　　　　　010-88379833
　　　　　010-68326294

网络服务
机　工　官　网：www. cmpbook. com
机　工　官　博：weibo. com/cmp1952
金　　书　　网：www. golden-book. com
机工教育服务网：www. cmpedu. com

前　言

我国已成为全球汽车生产消费第一大国，拥有正在成长中的13亿人口的汽车消费市场，汽车工业作为我国国民经济的支柱产业，出现了迅猛发展的势头。随着国际、国内汽车市场竞争越来越激烈，对我国汽车工业如何持续发展提出了新要求，汽车人才紧缺已成为制约我国汽车工业发展的瓶颈。

支撑着汽车工业高速发展的应该是汽车生产过程中最基层的、有序、有效的生产现场管理活动，因此，生产现场管理活动越来越受到国内外汽车生产企业的重视。另外，随着汽车生产规模的不断扩大、制造技术的持续发展以及各种先进的生产技术、管理理念、管理方式的出现，汽车生产现场管理活动也呈现出多样化、复杂化和技能化的趋势。传统的只懂技术不懂管理的基层管理人员已经不能满足需要。

高职高专院校提出“高认知、高技能、高素质”的人才培养目标，可以有效解决这一矛盾。但是，由于我国一直以来存在重视技术、不重视管理的观念，有关这方面人才能力的培养课程很少，这方面的培训教材更是严重匮乏。针对这一问题，由有多年汽车生产企业工作经验和企业培训经历的教师，结合目前的生产现场实际情况以及国内外企业先进的现场管理理念、管理方式、管理技术等，同时根据高职高专“三高”人才培养目标，编写了此书，以满足学生将来就业岗位的需求。

全书共分6章，简介了企业管理的基本知识；详细介绍了使日本丰田汽车公司超越处于世界第一77年之久的美国通用公司的丰田生产方式；在生产现场班组管理与企业员工必备的基本素养两章中，详细介绍了生产现场管理的内容方法及员工必备的基本素养；在质量管理一章中介绍了现场常用的几种基本的质量控制方法及汽车生产常用的质量标准；在危险预知与现场危险源辨识一章中介绍了生产现场的危险预知训练的具体方法以及生产现场存在的各种危险源，并介绍了各种禁止、警告、提示和指示标志。

本书由长春汽车工业高等专科学校的六位教师编写，由陈婷、毕方英主编，宋秋红、李东兵担任副主编，王立超、李春彦参加编写。其中绪论、第一章的第一至四节和第六章由陈婷编写，第二章和第五章由毕方英编写，第三章的第一至八节和第四章由宋秋红编写，李东兵参与全书编写的策划，王立超编写第三章第九节并负责全书的图形处理工作，李春彦编写第一章第五节并负责全书的文字整理工作。本书由吉林大学沈颂东教授担任主审，对本书的编写提供了宝贵的意见和建议。在本书的编写过程中，曾得到机械工业出版社葛晓慧的帮助，在此表示感谢。

由于“汽车生产现场管理”课程目前在国内没有配套教材，我们根据汽车生产现场实际需要设计了教材的相关内容，在编写的过程中进行了大量的企业调研和专家咨询。但是，由于没有先例可以借鉴，而且时间仓促、编者水平有限，书中难免会存在不妥、疏漏甚至错误等不足之处，恳请使用本教材的师生及同行专家提出宝贵意见，进行批评指正，在此深表感谢。

编　者

目　录

绪　论

一、学习本课程的目的

汽车是目前人们生活中不可缺少的交通工具。图 0-1 所示为 2000 年至 2011 年中国的汽车销量，由此可看出汽车生产在中国国民生活中的重要性。

图 0-1　2000 年至 2011 年中国的汽车销量

由图 0-1 可知，自 2000 年以来，中国的汽车产量每年都在高速增长，2009 年，尽管受世界金融危机的影响，中国汽车产量仍达 1 379.1 万辆，中国已经成为世界第一汽车消费大国和生产国。

目前我国汽车生产企业多达 120 多家，超过了美国、西欧和日本汽车生产厂家的总和，居世界第一位。因此，高职高专汽车制造类专业的毕业生必将成为我国汽车制造业的高技能应用型人才，只有掌握了基本的现场管理知识与技能，才能较快地适应工作环境，才能愉快地工作，进而成为工作骨干，成为班组长、工段长直至车间主任……实现自己的职业生涯目标。

基于以上目标，每位同学都有必要学习本门课程，以使自己在就业入职前，不仅具有一定的职业技能，还应具备一名现代企业优秀员工应具备的基本素养，顺利实现个人职业发展目标。

二、本课程的任务

根据上述目的，本课程的主要任务是：

1）对企业管理具有基本认知。

2）提高安全意识，培养危险预知的能力。

3）了解丰田生产方式。

4）培养自主学习能力。

5）提高陈述能力。

6）培养协调沟通能力。

7）培养团队合作的精神。

8）掌握质量控制的最基本方法。

9）培养发现浪费的能力。

10）培养实施改善的能力。

11）锻炼生产现场班组管理能力。

12）培养环境保护意识和能力。

第一章　企业管理基本认知

第一节　企业的发展目标

一、企业的含义

企业一般指从事生产、流通或服务等活动，为满足社会需要进行自主经营、自负盈亏、承担风险、实行独立核算，具有法人资格的基本经济单位。企业可分为工业企业和商业企业两类。

所有的汽车整车或零部件生产厂家都是企业，而且是工业企业。因为所有厂家在进行生产时，都要利用先进的科学技术、相应的设备，将原材料加工成型或改变形状，使其成为满足社会生活需要的产品，同时使企业获得利润。如一汽一大众汽车有限公司。

而商业企业不同于工业企业的是它以从事商业性服务的方式，直接或间接向社会供应服务或销售货物，以获取利润。如长春通力汽车销售服务公司、北京德奥达汽车销售服务有限公司（4S 店），都属于商业企业。

企业的最终目标是获取利润，其活动均与经济活动相关，不同于政府机构、学校、医院等事业单位。

二、企业必须具备的基本要素

不论是工业企业还是商业企业，要进行经营活动，必须具备以下基本要素：

1）拥有一定数量、一定技术水平的生产设备和资金。

2）具有开展一定规模的生产和经营活动的场所。

3）具有一定技能、一定数量的生产者和经营管理者。

4）从事社会商品的生产、流通等经济活动。

5）进行自主经营，独立核算，并具有法人地位。

6）生产经营活动的目标是获取利润。

三、企业发展的目标

企业发展的目标是在可持续发展的前提下，追求利润的最大化。盈利、做大、做强、成为行业中的佼佼者，这就是许多企业领导者为之奋斗的目标。而作为社会的成员，企业在追求利益实现目标的同时，又必须使自身的获利过程要有益于社会进步，必须注重企业道德，承担一定的社会责任，否则企业就难以发展。

在 2008 年由美国金融危机引发的全球经济危机中，许多著名企业都采用裁员战略应对危机，员工一片恐慌，不知自己何时被辞退，而一旦被辞退，短期内也不可能找到新的工作。而日本丰田汽车公司总裁渡边捷昭宣称“会尽一切可能保持雇佣，不裁员”，2009 年 6

月接任的新总裁丰田章男也表示会继续稳定就业。丰田公司自1950年因裁员引起劳动纠纷后，在50多年的发展中，虽然经历了各种危机但再未有过裁员举动。

面对此次危机，为降低成本，丰田汽车公司计划采取工作分摊制，即减少员工人均工资与工作时间以避免裁员。显然，公司在承担着社会责任，稳定员工的家庭生活。

但2010年2月发生的丰田汽车召回事件，人们不禁要问：一向信誉度很高的丰田到底怎么了？丰田在消费者心中曾经是“质量和可靠”的代名词，在北美以往的顾客满意度调查中总是名列前茅。

2009年7月，《中国企业家》刊登了一篇丰田公司参观记，文中说丰田专家提出了一个鲜明的观点———丰田的成功源于“社德”与“人德”，什么是“社德”与“人德”？丰田专家解释说，所谓“社德”就是公司得利的同时，必须给国家和社会带来实惠；而所谓“人德”就是公司的发展要给员工带来利益与“善行”的提高。这就是丰田之道的原点，永远尊重员工，永远追求无浪费的一流制造。

面对经济危机，丰田在不裁员方面表现了其“人德”和“社德”，但在车辆召回事件中，却看不到丰田的“社德”。至今丰田召回车辆早已超过一千万辆，这是丰田公司近十年来无限制地追求规模，全力倾注于成为世界最大的汽车厂商，而忽视了“客户第一”的丰田核心价值——“社德”所致。问题车辆的大量召回，以及铺天盖地的负面报道，令丰田汽车面临名誉和经济的双重危机。丰田公司经过七十多年的奋斗，在2008年刚刚成为全世界产销量最大的汽车公司，却在两年后这一事件中坠落。面对此次事件，丰田汽车公司总裁丰田章男称：丰田应回归原点，继续努力。

在丰田公司的起伏中，人们应该看到企业追求利润最大化是无可厚非的，但在这个过程中，企业必须承担应尽的社会责任，否则企业自身的发展也会受到社会环境的限制，从而陷入困境，要修复历经多年努力创立的品牌损伤更加困难。

思　考　题

1. 什么是企业？
2. 企业应具备哪些要素？
3. 企业的最终目标是什么？
4. 企业在追求利润的同时是否肩负社会责任？

第二节　企业的法律形式

企业的法律形式有多种，如图1-1所示。下面分别简单介绍各种法律形式。

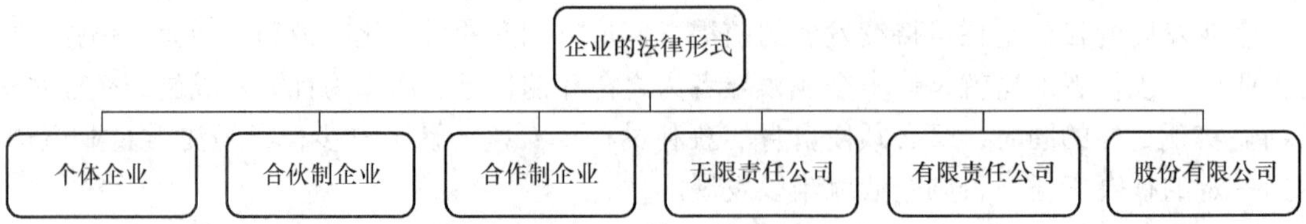

图1-1　企业的法律形式

一、个体企业

个体企业是由业主个人出资兴办，由业主自己直接经营的企业。业主享有企业的全部经营所得，同时对企业的债务负有完全责任，若经营失败，出现资不抵债的情况，业主要用自己的家产来抵偿。

1. 个体企业的优点

1）建立和歇业的程序简单。

2）产权转让比较自由。

3）经营方式灵活。

4）利润独享，保密性强。

2. 个体企业的缺点

1）多数个体企业本身财力有限，受偿债能力限制，贷款较难，难以从事需要大量投资的大规模工商活动。

2）企业的生命力弱（当业主无力或无意经营时，企业极易倒闭）。

3）企业完全依赖于业主个人的素质。

个体企业通常存在于零售商业、自由职业、个体农业等领域，由零售商店、注册医师、注册律师、家庭农场等组成。虽然这种企业形式数量庞大，占到企业总数的大多数，而且是最早的企业形式，但由于规模小、发展余地有限，在整个经济中并不占据支配地位。

二、合伙制企业

合伙制企业是由两个或两个以上的个人联合经营的企业，合伙人分享企业所得，并对经营亏损共同承担责任。它可以由部分合伙人经营，其他合伙人仅出资并共负盈亏，也可以由所有合伙人共同经营。

1. 合伙制企业的优点

1）从众多的合伙人处筹资，减少了银行贷款的风险，筹资能力比个体企业高。

2）合伙人对企业盈亏负有完全责任，即所有合伙人都以自己的全部家产为企业担保，因而有助于提高企业的信誉。

2. 合伙制企业的缺点

1）当原有合伙人退出或接纳新合伙人时，都必须重新确立合伙关系，法律关系复杂。

2）重大决策需要得到所有合伙人的同意，容易造成决策上的延误和差错。

3）所有合伙人对于企业债务负有无限清偿责任，这使得不能控制企业的合伙人面临很大的风险。

基于上述情况，英、美等国不承认合伙制企业为法人组织。

由于合伙制企业的特点，一般来说，企业规模较小、资本需要量较少、而合伙人信誉有明显的重要性，如律师事务所、会计师事务所、诊疗所等，常采取这种组织形式。

三、合作制企业

合作制企业是以本企业或合作经济实体内的劳动者平等持股、合作经营、股本和劳动共同分红为特征的企业。实行合作制的企业，外部人员不能入股。

合作制企业的税后利润，一部分应该用于企业内部的按劳分配，另一部分则应按股本进行分红。

合作制企业实现了两个结合：

1）按劳分配与按股本金分配相结合。

2）企业员工既是劳动者，又是企业生产资料的所有者。

四、无限责任公司

无限责任公司是由两个或两个以上的股东组成，股东对公司的债务承担连带无限清偿责任，即指股东不论出资多少，对公司债权人都以全部个人财产承担共同或单独清偿全部债务的责任。

无限责任公司的信用基础建立在股东个人的信用之上。由于股东要承担无限连带责任，风险太大，筹资能力有限，在国内外都没有得到发展。

五、有限责任公司（简称有限公司）

有限责任公司的股东投入公司的财产与他们个人的其他财产脱钩，股东对公司所负责任仅以其出资额为限（有些公司以出资额倍数为限，在美国称为担保有限公司）。比起无限责任公司，有限责任公司的股东承担的风险要小得多。

公司不对外发行股票，股东出资额不要求等额，协商确定。公司出具股权证书，但不能自由流通，必须其他股东同意方可转让，并优先转让公司原有股东。

公司股东人数通常有最低和最高限额规定。如英、法、日等国规定股东人数必须在2～50人之间，美国有些州规定股东人数不能超过30人。

1992年我国颁布的《有限责任公司规范意见》中规定，股东人数必须为2～30人，因特殊需要公司股东超过30人的，须经政府授权部门批准，但最多不得超过50人。

1. 有限责任公司的优点

1）公司设立程序比较简单，不必发布公告。

2）公司不必公开账目，尤其是资产负债表。

3）公司内部机构设置灵活。

2. 有限责任公司的缺点

1）由于不能公开发行股票，筹资范围和规模一般都较小。

2）由于资金限制，难以适应大规模生产经营活动。

六、股份有限公司（简称股份公司）

股份有限公司是指注册资本由等额股份构成，并通过发行股票（或股权证）筹集资本，公司以其全部资产对公司债务承担有限责任的企业法人。

公司股东的身份、地位、信誉不再具有重要意义，任何愿意出资的人都可以成为股东，不受资格限制。股东成为单纯的股票持有者，其权益主要体现在股票上，并随股票的转移而转移。各国对公司股东人数最低限额规定不同，我国规定至少3人。

公司的资本总额均分为每股金额相等的股份，以便于根据股票数量计算每个股东所拥有的权益。在交易所上市公司的股票可公开发行，自由转让，但不能退股。

公司股东只以其认购的股份对公司承担责任，一旦公司破产或解散进行清盘，债权人只能对公司的资产提出还债要求，而无权直接向股东讨债。

为保护股东和债权人的利益，各国法律都要求股份有限公司必须公开公司的账目，在每个财政年度终了时要公布公司的年度报告和资产负债表，以供众多的股东和债权人查询。

股份有限公司的所有权与经营权分离。股东大会是公司的最高权力机构，由股东大会委托董事会负责处理公司重大经营管理事宜。董事会聘任总经理，负责公司的日常经营。此外，公司往往还设立监视会，对董事会和经理的工作情况进行监督。这使所有者、经营者和劳动者之间互相激励、制衡。

1. 股份有限公司的优点

1）股东承担有限责任，减小股东的投资风险。

2）若公司获准在交易所上市，面向社会发行股票，具有大规模筹资能力，能迅速扩展企业规模，增强企业在市场上的竞争力。

3）由于股票易于迅速转让，提高了资本的流动性。

4）当股东认为公司经营不善时，会抛售股票，把资金转而投向其他公司，这对公司经理人员形成强大的压力，使其努力工作，提高企业的经济效益。

2. 股份有限公司的缺点

1）公司组建和歇业程序复杂。

2）公司营业情况和财务状况需向社会公开，保密性差。

3）股东购买股票，主要是为了取得股利和从股票升值中取利，缺少对企业长远发展的关心。

4）所有权与经营权的分离，会产生复杂的委托代理关系。

股份有限公司是现代市场经济中最适合大中型企业的组织形式。股份有限公司在企业总数中所占的比例并不大，但它们的营业额、利润和使用的劳动力都占有很大比例，从而在国民经济中占据主导地位。

思　考　题

1. 如果你开一家小超市，这是什么法律形式的企业？
2. 股份有限公司和有限公司有什么区别？
3. 股份有限公司有什么优点？
4. 你知道一汽轿车、上海大众、北京现代、吉利汽车、郑州宇通和奇瑞汽车它们都是什么法律形式的企业吗？

第三节　企业的组织结构

企业为确保生产经营活动的正常进行，必须在其内部设立必要的组织机构。随着企业的发展以及领导体制的变革，企业的组织结构也随着发展变化。目前，主要的企业组织结构形式有直线制、直线—职能制、事业部制、矩阵制、委员会制、网络型和集团控股型等形式。

一、直线制——最简单的组织形式

直线制的组织结构是最早期、最简单的一种组织形式，如图 1-2 所示。

直线制的特点是各级行政单位实行自上而下的垂直领导。下级部门只接受一个上级的领导，各级主管负责人对所属单位的一切问题负责。

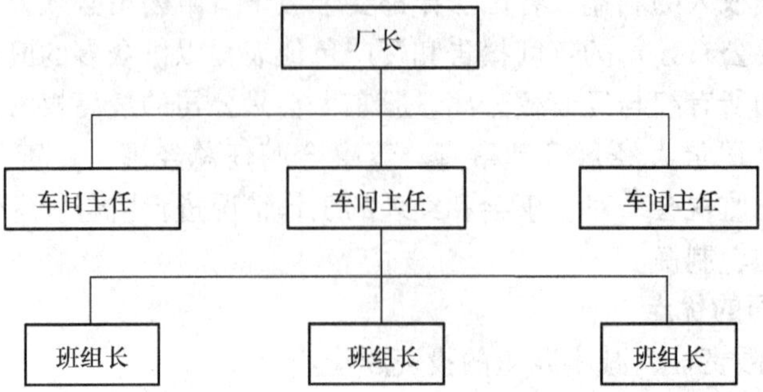

图 1-2　直线制组织结构图

直线制的优点：结构简单，责任分明，命令统一。

直线制的缺点：要求行政领导通晓多种知识，亲自处理各种业务。

直线制仅适用于规模小、生产技术简单的企业。对生产技术和经营管理比较复杂的企业则不适宜。

二、直线—职能制（也称生产区域制或直线参谋制）

直线—职能制组织结构如图 1-3 所示，这是目前绝大多数企业都采用的组织结构形式，它将管理机构和人员分为两大类。

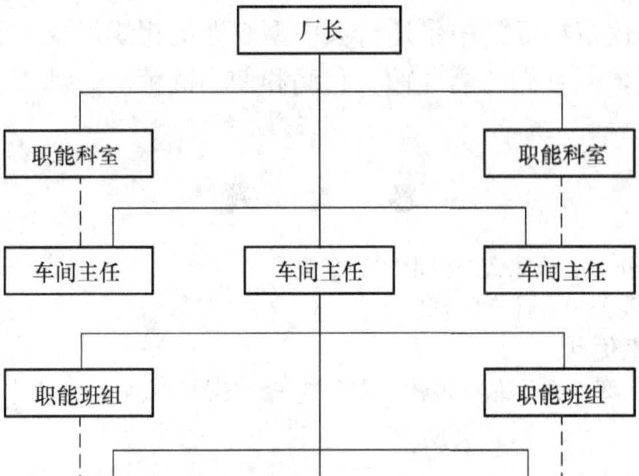

图 1-3　直线—职能制组织结构图

（1）直线领导机构和人员　按命令统一原则，对组织各级行使指挥权。他们在自己的职责范围内有一定的决定权和对所属下级的指挥权，并对自己部门的工作负全部责任。

（2）职能机构和人员　按专业化原则，从事组织的各项职能管理工作。他们是直线指挥人员的参谋，不能直接对部门发号施令，只能进行业务指导。

直线—职能制的优点：

1）能够保证企业管理体系的集中统一。

2）可以在各级行政负责人的领导下，充分发挥各专业管理机构的作用。

直线—职能制的缺点：

1）职能部门之间的协作和配合性较差，许多工作要直接向上级领导报告才能处理。

2）办事效率低。

三、事业部制

事业部制是一种高度（层）集权下的分权管理体制。于1924年由美国通用汽车公司总裁斯隆（A. P. Jr. Sloan）提出的。这种组织结构适用于规模庞大、品种繁多、技术复杂的大型企业，是国外较大的联合公司所采用的一种组织形式。近几年我国一些大型企业集团或公司也引进了这种组织结构形式。

事业部制实行分级管理、分级核算、自负盈亏方式。公司总部只保留人事决策、预算控制和监督大权，并通过利润等指标控制各部。

1. 产品事业部（又称产品部门化）

产品事业部主要是以企业所生产的产品为基础，将生产某一产品的有关活动，完全置于同一产品部门内，在其内部再细分职能部门，进行生产该产品的工作，如图1-4所示。

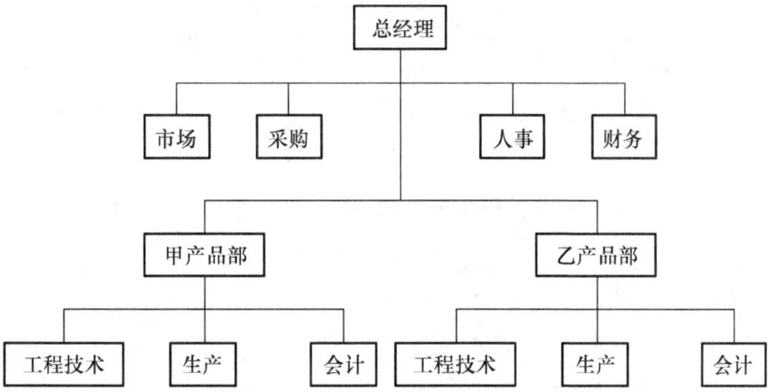

图1-4　产品事业部制组织结构图

产品事业部制的优点：

1）有利于采用专业化设备，并能使个人的技术和专业知识得到最大限度的发挥。

2）一个产品就是一个利润中心，部门经理承担利润责任，使总经理易于评价各部门的政绩。

3）易于协调同一产品部门内有关的职能活动。

4）容易适应企业扩展与业务多元化要求。

产品事业部制的缺点：

1）需要更多具有全面管理才能的人才，但人才难求。

2）每一个产品分部都具有一定的独立权力，高层管理人员有时会难以控制。

3）产品分部往往不善于利用总部的各职能部门，如人事、财务等，以致总部一些服务职能不能充分利用。

2. 区域事业部（又称区域部门化）

如图 1-5 所示，对于地理上分散的企业，按地区划分部门，将地区内的业务工作集中起来，委派一位经理主管。通常在公司总部设有中央服务部门，如采购、人事、财务、广告等，向各区域提供专业性的服务。这种组织结构特别适用于规模大的公司，尤其是跨国公司。

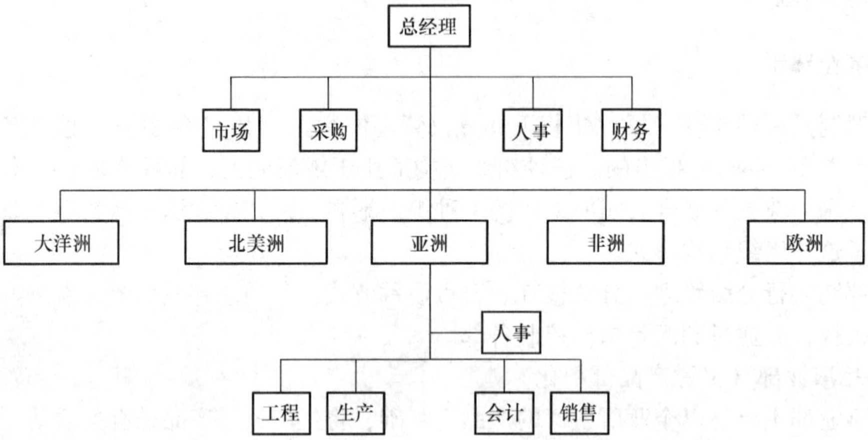

图 1-5　区域事业部制组织结构图

区域事业部制的优点：

1）责任到区域，每个区域都是一个利润中心，每个区域部门的主管都要负责该地区的业务盈亏。

2）放权到区域，每个区域都有其特殊的市场需求，总部放手让区域人员处理，会比较妥善、实际。

3）有利于地区内部协调。

4）对区域内顾客比较了解，有利于服务与沟通。

5）每一个区域主管都要担负一切管理职能的活动，有利于培养通才管理人员。

区域事业部制的缺点：

1）随着地区的增加，需要更多具有全面管理才能的人才，但人才往往不易得到。

2）每一个区域都是一个相对独立的单位，加上时间、空间上的限制，往往是“天高皇帝远”，总部难以控制。

3）由于总部与各区域天各一方，难以维持集中的经济服务工作。

事业部必须具有三个基本要素：相对独立的市场、相对独立的利益和相对独立的自主权。

四、矩阵制

矩阵制组织结构既有按职能划分的垂直领导系统，又有按产品（项目）划分的横向领导关系，这是改进了直线—职能制横向联系差、缺乏弹性的缺点而形成的组织形式，如图 1-6所示。

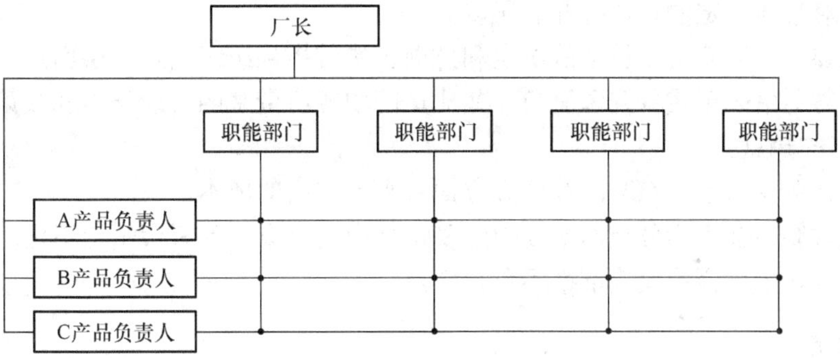

图 1-6　矩阵制组织结构图

矩阵制的特点：围绕某项专门任务成立跨职能部门的专门机构，如从事新产品开发工作，在研究、设计、试验、制造各个不同阶段，由有关部门派人参加，以协调各有关部门的活动，保证任务的完成。形式是固定的，人员是变动的。

矩阵制的优点：

1）可以随项目的开发与结束，机动灵活地组织或解散项目组。

2）工作小组的成员均为各方面有专长者，能沟通、融合，把自己的工作同整体工作联系在一起。

3）从各方面抽调人员，因而有信任感、荣誉感，增加了责任感，激发了工作热情，促进项目实现。

4）加强了各部门之间的配合和信息交流，克服了直线—职能结构中各部门互相脱节的现象。

矩阵制的缺点：

1）项目负责人的责任大于权力，因为参加项目的成员都来自不同部门，隶属关系仍在原单位，所以难于管理。

2）项目组成员有临时观念，对工作有影响。

矩阵制结构非常适用于横向协作和重大攻关项目。企业可用来完成涉及面广、临时性的、复杂的重大工程项目或管理改革任务。特别适用于以开发与实验项目为主的单位。

五、委员会制

委员会由两个人以上的集体组成，行使的是组织的最高决策权。委员会中各个委员的权利是平等的，并依据少数服从多数的原则作出决定，其特点是集体决策、集体行动。

委员会可以根据管理的需要，以各种形式和性质存在，如常设的或临时的、正式的或非正式的、决策性的或执行性的、职能性的或参谋性的等。

委员会制的优点：

1）委员会由多人组成，其知识、经验与判断力都比其中任何一个个人要强，因此可以防止由于职权过于集中于个人手中可能带来的权力滥用。

2）可以在纠正某些错误时起到督查和遏制的作用。

3）委员会的讨论有利于实现组织整体上的统一和团结。

4）强调对集体决定的责任感和忠诚度。

5）各个委员可以使得委员会的决定和意向很快传播到组织的各个层面。

6）可以避免由于正式晋升和罢免一些成员的职务所带来的心理压力和政策上的难题。

委员会制的缺点：

1）委员会会议通常会在时间和资金方面带来比较高的成本。

2）某些时候，会因为分歧而最终导致妥协折中的方案，或者会争论不休，拖而不决。

3）集体负责也许会演变成谁都不负责任。

六、网络型

网络型组织结构是利用现代信息技术手段发展起来的一种新型的组织结构。

网络型组织结构使企业对于新技术、新的流行时尚，或者来自海外的低成本竞争能具有更好的适应性和应变能力。网络型组织结构是一种很小的中心组织，只拥有人数很少的经理小组，通过正式合同契约建立一个企业间的关系网络，依靠其他组织开展研究开发，进行制造、营销或其他关键业务等经营活动，如图1-7所示。

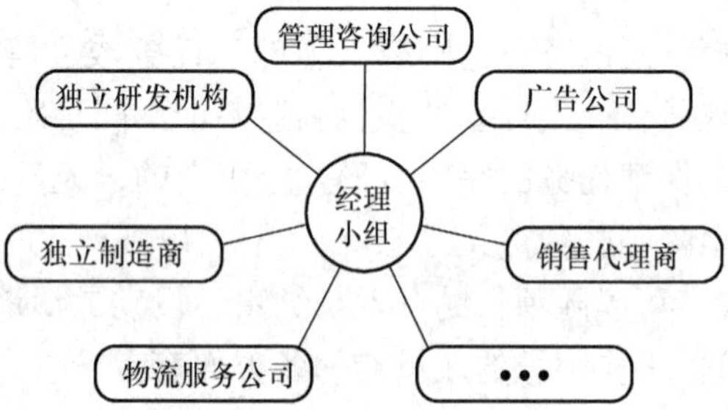

图 1-7　网络型组织结构图

在网络型组织结构中，组织的大部分职能从组织外“购买”，这给组织自身的核心小组提供了高度的灵活性，使其主要致力于经营策划、制定政策并协调与各合同公司的关系，创建与维护良好的企业关系网络。

网络型组织结构的优点：

1）管理成本低，管理效益高。

2）实现了企业全世界范围内供应链与销售环节的整合。

3）简化了机构和管理层次，实现了企业充分授权式的管理。

4）组织结构简单、精炼，具有更大的灵活性和柔性，以项目为中心的合作可以更好地结合市场需求来整合各项资源，而且易于操作，网络中的各个价值链部分也随时可以根据市场需求的变动情况增加、调整或撤并。

5）企业中的大多数活动都实现了外包，因而主要靠电子商务来协调处理，组织结构可以进一步精简，效率更加提高。

网络型组织结构的缺点：

1）网络型组织结构加剧了企业资源规划的难度，因为每一个组织单元都可以自主管理，但又要接受核心权力的控制。而且，由于组织单元的自主经营，如果不能正确规划分清权责，容易发生管理混乱的局面。

2）企业的管理风险增加，因为在网络型组织内部，各个结点相对独立，如果某些结点发生问题，这种影响的扩散非常快，而且不容易受到管理层的控制。因此，在网络型组织结构中要有更为明确的“协议”来对网络中的结点进行协调、控制。

3）工作效率的提高存在着瓶颈，高速信息处理过程中可能无法对全过程进行检测和控制，使得信息采集、决策制定和业绩评价都无法进行。同时，可能因信息源汇集导致信息过载以及工具失效等；另外人为的不良因素也大为增加。

网络型组织结构不仅适用于小型公司也适用于大型公司，如著名的耐克公司、微软公司、思科公司和埃默森无线电设备公司（Emerson Radio）等大公司。但网络型组织结构并不是对所有的公司都适用，它比较适合于需要相当大的灵活性以对时尚的变化作出迅速反应的公司，如玩具和服装制造公司。网络型组织结构也适合于那些制造活动需要低廉劳动力的公司。

七、集团控股型

控股型组织是在非相关领域开展多种经营的企业所常用的一种组织结构形式。集团控股型组织结构是通过企业之间控股、参股，形成由母公司、子公司和关联公司组成的企业集团，如图 1-8 所示。各个分部具有独立的法人资格，是总部下属的子公司，也是公司分权的一种组织形式。

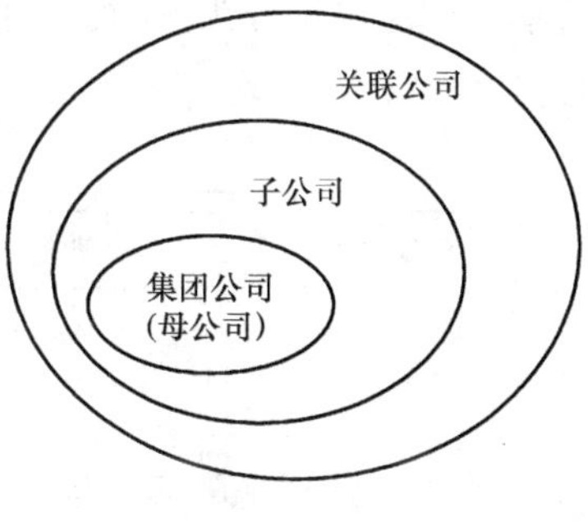

图 1-8　集团控股型组织结构图

一些大公司超越企业内部边界范围，在非相关领域开展多种经营，对各业务经营单位不进行直接管理和控制，只在资本参与的基础上进行持股控制和具有产权管理关系的结构形式。

集团控股型组织结构的优点：

1）总公司对子公司具有有限的责任，风险得到控制。

2）增强了企业之间联合和参与竞争的实力。

3）以产品事业部代替职能管理制。

4）分散的利润中心代替集中利润制。

5）研究开发人员的平等制代替森严的等级制。

集团控股型组织结构的缺点：

1）战略协调、控制、监督困难。

2）资源配置也较难，缺乏各公司的协调。

3）管理变得间接。

思　考　题

1. 美国通用汽车公司采用什么样的组织结构？
2. 网络型组织结构有什么优点？适合大型公司吗？微软公司是网络型的公司吗？
3. 直线制的组织结构适合于什么企业？

第四节　企业管理简介

在本节中简单介绍管理与企业管理的基本知识。

一、管理概述

1. 管理的概念

管理是管理者或管理机构，在一定范围内，通过计划、组织、控制、领导等工作，对组织所拥有的资源（人、财、物、时间、信息）进行合理配置和有效使用，以实现组织预定目标的过程。

管理是一个过程，其核心是达到预定目标，其手段是运用资源，其本质是沟通协调。在这个过程中，要调动人们的主动性和创造性，从而实现用人成事。

2. 管理的职能

管理的职能可细分为五项，如图 1-9 所示。

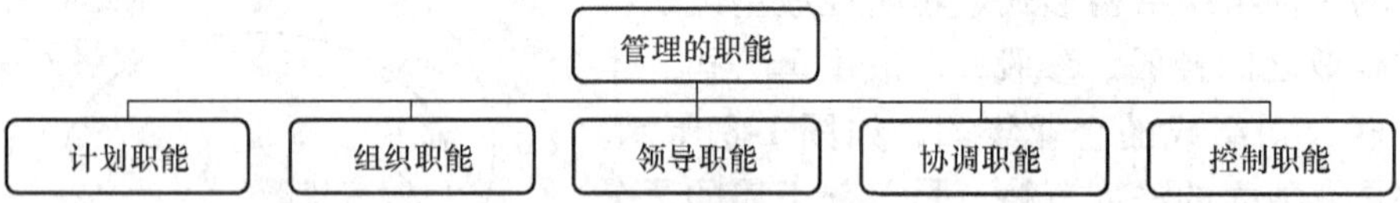

图 1-9　管理的职能

（1）计划　计划是为实现组织既定目标而对未来的行动进行规划和安排的工作过程。包括组织目标的选择和确立，实现组织目标方法的确定和抉择，计划原则的确立，计划的编制，以及计划的实施。计划是全部管理职能中最基本的职能，也是实施其他管理职能的条件。

（2）组织　为实现管理目标和计划将所必需的各种业务活动进行组合分类，把管理每一类业务活动所必需的职权授予主管这类工作的人员，并规定上下左右的协调关系。为有效实现目标，还必须不断对这个结构进行调整，这一过程即为组织。组织为管理工作提供了结构和制度保证，它是进行领导和控制的前提。

（3）领导　领导是对组织内全体成员的行为进行引导和施加影响的活动过程，其目的在于使个体和群体能够自觉自愿而有信心地为实现组织既定目标而努力。领导所涉及的是主管人员与下属之间的相互关系。

（4）协调　协调是指企业的一切工作都要和谐地配合，以便企业的经营顺利地进行，并有利于企业获得成功。

（5）控制　控制是按既定目标和标准对组织的活动进行监督、检查，发现偏差，采取纠正措施，使工作能按原定计划进行，或适当调整计划以达预期目的。控制工作是一个延续不断的、反复发生的过程，其目的在于发现、改正错误和防止重犯错误，保证组织实际的活动及其成果同预期目标相一致。

管理职能循序完成，并形成周而复始的循环，其中每项职能之间是相互联系、相互影响的，以构成统一的有机体。

二、企业管理简介

（一）企业管理的概念

企业管理是由企业经理人员或经理机构按客观经济规律对企业的生产经营活动进行计

划、组织、指挥、协调、控制，以提高经济效益，实现盈利的目的。

（二）企业管理的任务

企业管理有两个方面的任务，如图 1-10 所示。

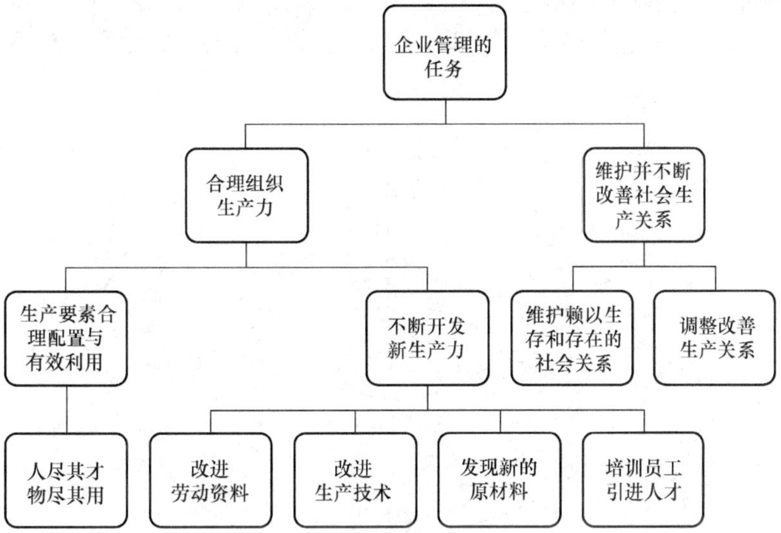

图 1-10 企业管理的任务

1. 合理组织生产力

（1）生产要素合理配置与有效利用 把企业现有的劳动资料、劳动对象、劳动者和科学技术等生产要素合理地组织在一起，恰当地协调它们之间的关系和比例，使企业生产组织合理化，实现人尽其才，物尽其用。

（2）不断开发新生产力

1）改进劳动资料，并不断采用新的劳动资料。

2）改进生产技术，并不断地采用新的技术来改造生产工艺流程。

3）发现新的原材料，或开发原有原材料的新用途。

4）培训员工以提高技术水平，掌握新技术，并不断引进优秀人才。

2. 维护并不断改善社会生产关系

1）维护赖以生存和存在的社会关系。

2）调整改善生产关系，以适应生产力不断发展的需要。

企业管理的结果是使企业进行高效率、高质量的生产，同时要满足市场个性化的需求。

三、企业管理环境

任何企业都不能脱离社会而独立存在，因此，国内或国际环境的任何变化都会或多或少地影响着企业。企业管理环境是指存在于企业内部与外部的、影响企业管理实施和管理功效的各种力量、条件和因素的总和。

企业管理环境分为内部环境和外部环境两个方面。企业内部环境主要指企业履行基本职能所需的各种内部的资源与条件，当然包括人员的社会心理因素、组织文化因素等。在这里主要介绍企业的外部环境。

企业外部环境是指企业外部的各种自然和社会因素，也称宏观环境，就是所有企业都共同面临的整个社会的一些环境因素。

（一）影响企业的外部环境因素

影响企业的环境因素包括经济、技术、政治与法律、社会、文化及自然环境等方面，如图 1-11 所示。

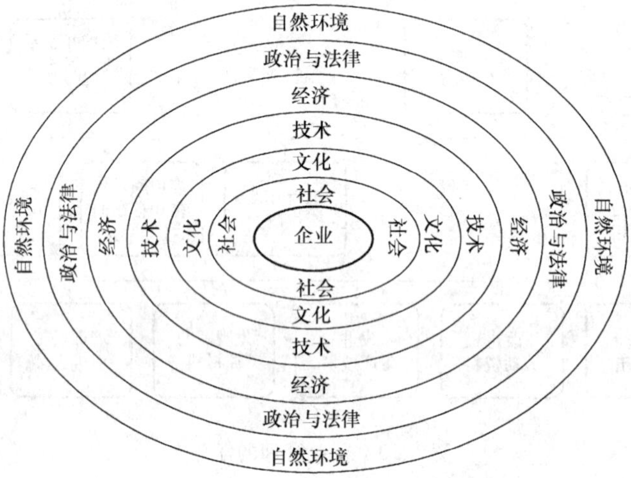

图 1-11 影响企业的环境因素

1. 经济环境

影响企业的经济环境中最重要的因素是市场环境，除此之外，还有宏观、微观经济环境和税收环境。

（1）宏观经济环境　企业所在国家或地区的宏观经济环境从总体上影响企业的经营和发展，其影响因素如图 1-12 所示。

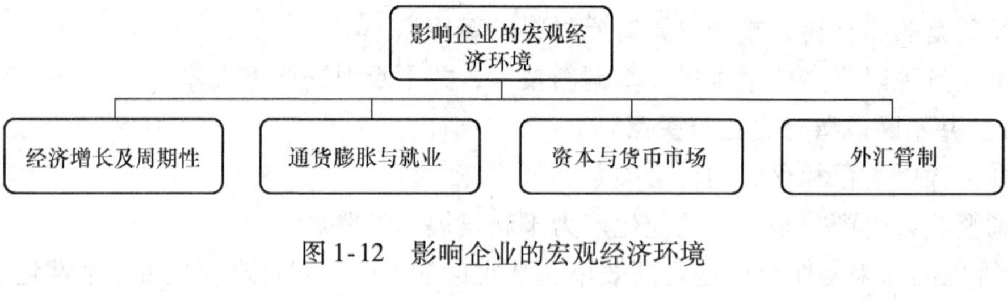

图 1-12 影响企业的宏观经济环境

1）在市场经济条件下，经济发展与运行带有一定的波动性，大体上经历复苏、繁荣、衰退和萧条几个阶段的循环，这种循环称为经济周期。在不同的经济周期，企业应相应采用不同的管理策略。

2）通货膨胀是指一个经济体在一段时间内货币数量增速大于实物数量增速，导致物价总水平上涨，于是单位货币的购买力下降。一个国家或地区在经济高速增长或进行大的结构性改变时，难以避免出现通货膨胀。过高的通货膨胀对企业将产生不利的影响。首先，政府面对高通货膨胀一般会紧缩银根，压缩财政开支，甚至用行政手段压缩固定资产投资规模，从而削减社会的总需求。需求的下降会不同程度影响企业的销售。其次，通货膨胀会使企业资产的账面值贬值。例如，企业几年前购置的固定资产，其账面价值只能按当时的历史数据记录，如果这几年有严重的通货膨胀，这些账面值按目前的价格水平就显然低估了资产的实际价值。由此，按账面值的折旧和摊销以及其他成本费用也被低估，成本少计了，利润虚增，所得税就得多交。所以，严重的通货膨胀会扭曲政府与企业的分配关系，对企业不利。在这种情况下，企业应积极争取在法规和政策允许的范围内对资产的账面值进行重估或对成本费用的核算方法作出调整，以求与政府之间保持正常的分配关系。另外，当宏观经济呈现高增长、高膨胀时，通常会伴随较高的就业水平。

3）货币市场是指以期限 1 年以内的金融工具为媒介，进行短期资金融通的市场。资本市场是指以期限 1 年以上的金融工具为媒介，进行长期资金交易活动的市场。企业在经营过程中不可避免地要从企业外部筹措或融通资金，如通过增配股票、发行债券和向金融机构借款以筹集必要的资金。当企业资金有剩余时，又可能要购买股票等对外投资。良好的资本和货币市场以及规范的相应法规是企业正常经营的重要的外部环境因素。

4）外汇管制是指一国政府为平衡国际收支和维持本国货币汇率而对外汇进出实行的限制性措施。当政府放松外汇管制后，企业在进行国际贸易时，更加自由方便。同时也使企业面临国内与国外两个方面的竞争。而且汇率也将随货币市场的供求而波动，这种波动必然会影响企业的进出口效益，同时也使企业承担较大的汇率风险。中国自 1997 年开始实行经常项目下的外汇与人民币的自由兑换，在 2012 年又提出逐步推进人民币资本项目下的自由兑换。中国的外汇管制在逐步放松。

（2）微观经济环境　企业外部微观经济环境指那些对企业的影响更频繁、更直接的外部环境因素，是与某一具体的决策活动和处理转换过程直接相关的各种特殊力量，是那些与企业目标的制订与实施直接相关的因素，如图1-13所示。

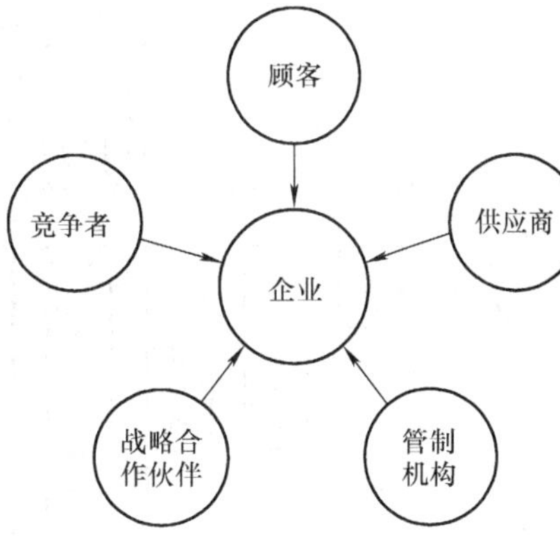

图 1-13　微观经济环境对企业的影响

1）顾客是那些购买企业产品或服务的个人或组织。顾客是一个企业的基础，并能使企业继续存在，只有顾客才能提供就业。正是为了满足顾客的需求和需要，社会才把物质生产资源托付给工商企业。一个企业可能要面对多种顾客，如个人和组织、批发商、零售商和最终消费者、国内和国外顾客等，企业的顾客会因受教育水平、收入水平、生活方式、地理条件等众多方面的不同而对企业的产品和服务提出不同的要求，企业在市场营销、质量管理、战略决策等方面必须充分关注顾客。

2）供应商是企业进行生产从外部获取投入的来源。对于一个企业来说，供应商可能是组织也可能是个人，企业从他们那里获得原材料、设备、劳动力、信息、能源等。供应商提供的产品和服务的质量、价格直接影响到企业的产品和服务的质量及成本水平，因此，许多企业对供应商有许多要求，如对供货质量、价格水平和供货时间的要求等。同时也给予长期合作的供应商一定的支持，日本的许多公司率先把供应商纳入到自己的生产体系之中。

3）竞争者是与本企业竞争资源的其他组织。企业与其竞争对手竞争的最大资源就是顾客为购买产品或服务而支付的货币。企业的竞争不仅局限于生产同类产品或提供同类服务的不同企业之间，如有时两个不相关的企业会因获得一笔贷款而竞争。非营利组织之间也存在竞争关系，不同地区的政府部门在吸引外商投资时相互竞争，不同单位在人才招募上也存在竞争等。

4）微观环境中包含的管制机构与宏观环境中的不同。这种管制机构主要有两类：一类是能够直接影响和控制企业行为的机构，如食品药物监督管理局、行业协会、工商行政部门等；另一类是社会公众机构，如消费者协会、新闻机构等。

5）战略合作伙伴关系是一种基于高度信任，伙伴成员间共享竞争优势和利益的长期性、战略性的协同发展关系，它能对外界产生独立和重大的影响。并为合作各方带来深远的意义。如 1979 年，美国福特汽车公司与日本马自达汽车公司结成战略联盟，合作在美国生产汽车。不仅企业之间可以结成战略联盟，企业与科研院校、政府部门也可以在某一共同利益的联系下结成战略联盟。

（3）税收环境　税收是国家按所制定的法律向经济单位和个人征收实物或货币。目前我国实行的是货币税额。税收是国家财政收入的主要形式。依法纳税是企业应尽的义务，而纳税支出也构成了企业生产经营活动开支的重要组成部分。因此，税收环境既是企业的经济环境也是必须正视的法律环境。目前我国在征税种如图 1-14 所示。

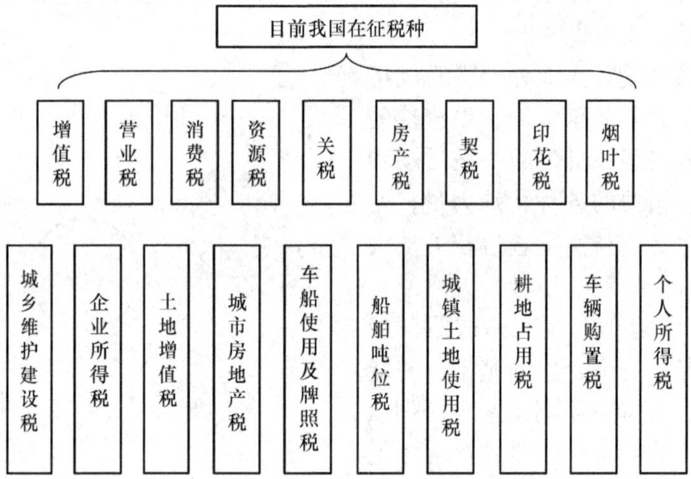

图 1-14　我国在征税种

企业管理者要全面掌握每一种税的税收条例及其实施细则。这些条例和细则都包括有共同的基本要素：征税对象、纳税人、税率、纳税环节、纳税期限、减免税以及违法处理等。增值税和企业所得税是上述税种中比较重要的税种。管理者要详细了解这些税的征收方法，以及税额与企业账务处理和财务安排的关系，争取在税法允许的范围内尽量减轻企业的税收负担。

2. 技术环境

技术环境是指一个企业所在国家或地区的技术水平，以及相应的技术条件、技术政策和技术发展的动向与潜力等。较好的技术环境可以使企业获得更高的生产率，生产更多品种的产品。无论是国内还是国际，获得突飞猛进发展的大企业，都是依靠先进技术取得优势的。技术环境对组织管理的影响是显著的，技术水平、技术条件、技术过程的变化，必然引发管理思想、管理方式与方法的更新。同时，对管理者的素质也提出了更高的要求。

技术环境对企业的影响，主要表现在以下三个方面。

（1）技术进步迅速　当前世界技术发展迅速，技术的影响范围广泛而且深入。技术的进步，使人类改变自然环境的能力大大加强，创造新资源、新效用的能力大大提高。在激烈竞争的社会环境中，如果一个企业成功发明或运用了新技术，可以在产品进入市场策略上占主宰地位；反之，竞争者技术的突破，则可能导致本企业的失败。企业的发展历史实际上就是技术进步的历史。

（2）产品寿命缩短　由于技术的迅速进步，从一项新的科学技术发明到形成社会生产力的时间大大缩短，进而加速了技术的更新换代，使得新产品生命周期（所谓产品生命周期，是指一种产品进入市场后，它的销售量和利润都会随时间推移而呈现一个由少到多和由多到少的过程，直到最终退出市场为止）也大为缩短。据统计，近几年来，约有40%以上的新产品寿命不超过10年，而70%以上的新产品无法享有10年的主宰地位。其原因是其他企业也在不断研究创新，以更好的产品组合性能来代替已有的旧产品。此外，顾客的个性化需求也在不断增加。所以企业不能只依赖某一单一产品，否则企业的生命将同该产品的生命一样短暂。例如，苹果手机iPhone，它现在的换代时间只有一年至一年半。产品生命周期的缩短，加速了新产品的开发研究，进而引起研究开发费用的大量增加。技术进步和需求多样化使得产品生命周期不断缩短，企业面临着缩短交货期、提高产品质量、降低成本和改进服务的压力。

（3）开展集体研究　由于现代技术的飞速发展及技术的专门性与复杂性，个人的能力根本不足以解决所有问题（如航天器的研究、试制等），这种问题只有通过集体的力量来解决。所谓集体研究，即组织一支队伍，有目标地联合攻关。当今世界各国，尤其是发达国家，科研机构齐全，企业也有自己的研究开发部门，一些重大的发明大多在集体研究机构或众多人合作下出现。

企业要想在市场上立于不败之地，就应该十分注意自身技术及设备的更新，尽可能采用最新技术生产出受顾客欢迎的新产品。

3. 政治和法律环境

政治与法律环境是指对企业经营活动具有现存的和潜在的作用与影响的政治力量，它直接影响到企业的管理政策。政治与法律环境由当权的政府构成，企业必须在既定的法律构架下从事生产和经营。

构成一个国家政治环境的要素有政权的稳定性、执政党所要推行的基本政策以及这些政策的连续性和稳定性（这些基本政策包括产业政策、税收政策、政府订货及补贴政策，国家确定的重点产业总是处于优先发展的地位。因此，处于重点行业的企业增长机会就多，发展空间就大。那些非重点发展的行业，发展速度就较缓慢，甚至停滞不前，因而处于这种行业的企业很难有所发展）、政府官员的廉洁勤奋程度、行政手续的繁简、政府的税收政策、社会开放及民主程度、政府对工商企业管理程度以及对外国投资企业管制制度等。

政府在一个国家的政治环境中起着决定性的作用，影响着企业和个人生活的各个方面。

它可以促进企业的发展，同时也制约和规范企业必须在法律法规允许的范围内从事生产经营活动。

政治和法律给企业的生产经营构成了复杂的环境。因此，企业管理人员要熟悉适用于本企业经营活动的法律和法规。所以一般企业通常都会聘请法律和政治方面的专家做顾问，来帮助预见和处理政治和法律问题，以减少决策失误。

4. 社会和文化环境

社会的道德观念、价值观念、风俗习惯、民众的受教育程度以及人口因素等都会影响到企业的生产和经营。

（1）社会环境　社会是人群生活所组成的各种组织体及行为规范与态度的集合。家庭、学术团体、公益团体、体育团体和宗教团体等都是社会组织，企业也是一个社会组织。企业与各种社会组织有着各种各样的联系，如每一位企业员工都来自于不同的家庭，家庭的氛围和家庭的教育都会影响员工的思想观念、行为习惯和工作态度；再如，李宁体育用品有限公司与体育团体的联系及相互间的影响。所以各种社会组织对企业的影响是巨大的。

（2）道德观与社会习俗　道德作为一种社会意识形态，有着无形的巨大力量。提高道德修养，人人自爱，社会和睦；道德沦丧，良知泯灭，必生祸乱。道德作为调节公民个人与个人、个人与社会关系的规范，具有行为准则的功能。

社会习俗是人们自发形成的，并为社会大多数人经常重复的行为方式。对人们行为的控制是非强制性的，是潜移默化的，是特定社会的产物，与社会制度变革有密切关系。

社会道德水平的高低与社会习俗的优劣，势必对企业产生巨大的影响。

（3）文化环境　文化因素强烈地影响着人们的购买决策和企业的经营行为。不同的国家有着不同的主导文化传统，也有着不同的亚文化群、不同的社会习俗和道德观念，从而会影响人们的消费方式和购买偏好，进而影响着企业的经营方式。

随着人们受教育水平的提高和对生活质量的更高要求，就会出现各种自发的利益团体，如消费者协会、环境保护组织等。一些利益团体对企业的行为有很大的影响力，甚至对企业的活动有很大的限制作用。

（4）人口因素　人口因素是一个极为重要的因素，包括人口规模、人口密度、地理分布、年龄分布、迁移及其增长、民族构成、职业构成、宗教信仰构成、家庭规模、家庭寿命周期的构成及发展趋势、收入水平、受教育程度等。人口规模制约着个人或家庭消费产品的市场规模，如食品工业市场与人口规模就密切相关。人口的地理分布决定消费者的地区分布，消费者地区分布密度越大，消费者的嗜好也越多样化，对市场的商品选择性也越大，这就意味着出现多种多样的市场机会。人口年龄分布决定以某年龄层为对象的产品的市场规模，例如，在高等学校集中的大学城中，人口年龄集中在18～30岁。各年龄层都使用的产品市场，对商品的选择性大，将带来产品多样化的机会。当年龄构成比例发生变化时，市场规模将随之变化，对以特定年龄层顾客为对象的企业来说，将成为市场机会或威胁。目前，全社会人口结构趋于老龄化，青壮年劳动力供应则相对紧张，从而影响企业劳动力的补充。但是另一方面，人口结构的老龄化又出现了一个老年人的市场，这就为生产老年人用品和提供老年人服务的企业提供了一个发展的机会，庞大的总人口数量再加上较高的购买力（有较多的个人可支配收入）就会形成一个巨大的市场。

5. 自然环境

自然环境指企业所处的生态环境和相关自然资源，包括土地、森林、河流、海洋、生物、矿产、能源和水源以及环境保护、生态平衡等方面的发展变化。相对于其他一般环境因素而言，自然资源环境是相对稳定的。自然资源因素与企业的厂址选择、原材料供应、产品输出、设备和生产技术的应用等众多方面都有着紧密的关系。随着经济和技术的发展，自然资源环境不论是从法律上还是从企业的社会责任角度来说，都必将成为企业必须关注的问题。对于任何企业来说，要有效地利用、开发自然资源环境，更要很好地保护环境。

环境保护的要求对企业的生产经营有着极为重要的影响。企业一定要保护好所在地区的环境，完善自己的社会责任。在自然资源有限的今天，企业管理主要面临日益减少的自然资源蕴藏量、不断升高的能源成本、污染日益严重的环境以及政府对自然资源的干预加剧等四大问题。

（二）企业对环境的影响

企业与环境是相互影响和相互作用的，企业不仅受到外部环境的影响，也会影响外部环境，甚至改变外部环境，从而设法形成有利于自己的环境，才能达到自己的目标。这种企业对环境的影响如图1-15所示，其主要有以下几个方面。

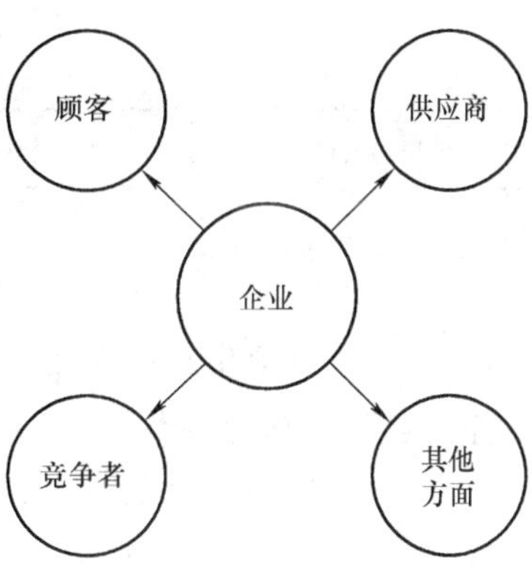

图1-15 企业对环境的影响

1. 影响供应商

每一个企业在进行生产的过程中都会面对很多供应商，企业可以采用许多方法对其供应商施加影响。其中最重要的策略之一就是不依靠一个供应商，同时依靠多个供应商，即便有时有的供应商提供的产品价格较高，企业也不放弃，这样可以避免过分依赖一个供应商，否则是相当危险的。

2. 影响竞争者

影响企业拥有顾客多少的重要因素是竞争者的数量及行为。企业要增加其产品在市场上的占有率，则必须从其他竞争者手中争夺市场，这就意味着企业必须给顾客更多的满足感。如果产品及价格相同，企业就要在包装、服务或企业形象等方面给顾客更好的感觉。

3. 影响顾客

企业取得成功的重要因素之一就是顾客。没有顾客，企业就不可能生存。企业的顾客可能是一个机构，如政府部门、学校、医院；可能是其他企业，如产品经销商、需要供货的企业；也可能是个人。

一个企业可以通过许多方法来影响其顾客。当市场上有大量的买方和卖方存在时，企业必须特别注意产品的价格、品质、服务及产品的样式等，才能不失去老顾客，同时吸引新顾客；当买方市场出现时，企业必须侧重产品质量、广告、企业形象等竞争性的工作；当卖方市场出现，甚至是企业独占市场时，企业更要注意产品质量、价格与服务，以避免使顾客产生不愉快的感觉，一旦出现其他的竞争企业，立刻失去大量顾客，同时要特别注意处理好与政府管制机构的关系。一个企业还可以使商品多用途化，来为某种商品开辟新的用途渠道，以争取新的顾客或从竞争者手中争取顾客；或者通过各种广告宣传等方式说服顾客，使顾客信服自己的产品，改变顾客的要求。

4. 影响其他方面

由于企业是现代社会的重要组成单元，是市场经济的微观主体，一个成功发展的企业不仅会影响到供应商、竞争者和顾客，甚至还会影响到政府的决策。例如，2008 年，受金融危机的影响，美国三大汽车企业通用、福特、克莱斯勒销量急剧下降，面临破产倒闭，三大汽车企业的命运已经足以威胁到整个国家的发展，美国国会不得不就此进行商讨。这些巨型企业的影响不仅是跨州还要跨国，甚至美国总统选举都要分析相关政策的选情因素。

四、企业经营管理

企业经营管理是指企业以市场为主要对象，通过商品生产和商品交换，为了实现企业的总体目标而进行的与企业外部环境达到动态平衡的一系列有组织的活动，所涉及内容如图 1-16所示。

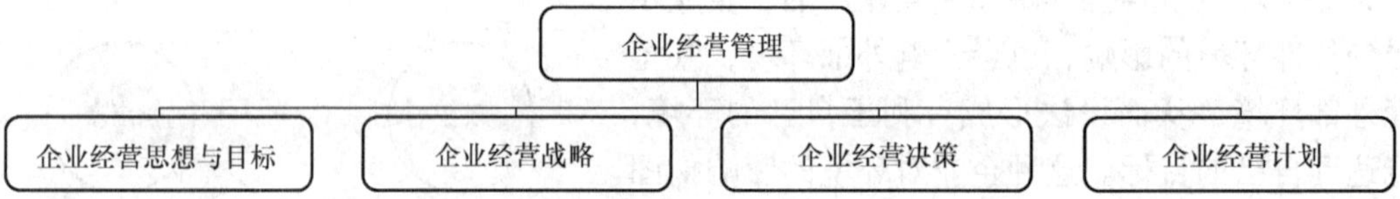

图 1-16　企业经营管理

（一）企业经营思想与目标体系

1. 企业经营活动的特点

企业经营活动的特点有三个，如图 1-17 所示。

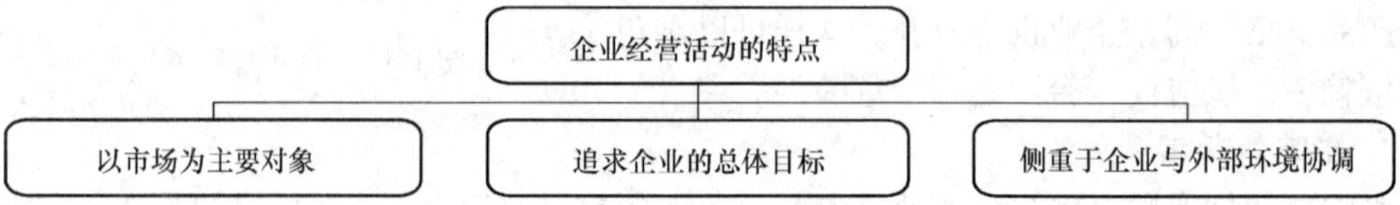

图 1-17　企业经营活动的特点

1）企业经营活动以市场为主要对象。在市场经济的环境下，企业的活动是通过市场机制来调控的。企业创造的劳动成果（即劳动产品）只有通过市场才能实现其价值；企业各种投入的需要只有通过市场才能得到供应，所以就要求企业必须以市场为中心。

2）企业经营活动追求的是企业的总体目标，而一般的生产技术活动，如生产管理、质量管理、设备管理、财务管理和人力资源管理等，只是企业经营活动的一部分，是为实现总体目标而进行的局部组织活动。

3）企业经营活动侧重于企业与外部环境协调，实现企业与外部环境的动态平衡。企业经营活动是在一定的外部环境和条件下进行的，这种外部环境和条件包括政治、经济、社会、法律和人文等因素，而这些因素又时刻都在发展和变化之中；同时，企业的自身内部条件也会对企业的生产经营活动产生一定的制约。

2. 企业经营活动的内容

企业经营活动主要包括以下内容，如图 1-18 所示。

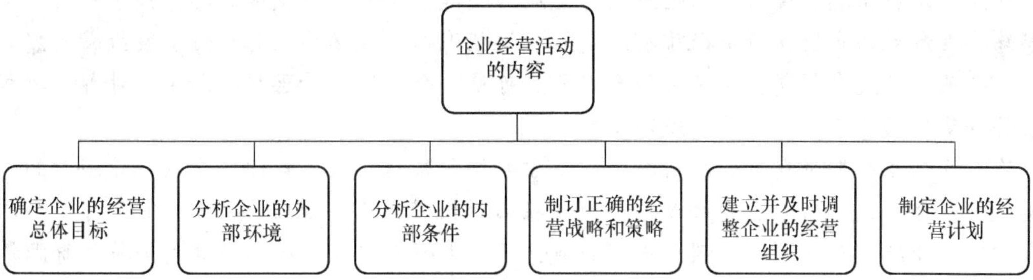

图 1-18　企业经营活动的内容

（1）确定企业的经营总体目标　确定企业的经营总体目标是企业经营活动的首要任务，企业有了经营总体目标，才有发展的动力和思路，才能不断发展和壮大。

（2）分析企业的外部环境　由于外部环境制约着企业的经营活动，因此，企业必须去研究分析环境变化对企业的影响，以便采取正确的措施，使企业的经营活动与外部环境达成动态平衡。对于一般企业来说，企业外部环境主要包括产品需求市场、原材料、燃料、动力、劳动力和土地以及资金的供应市场和竞争对手的情况等。

（3）分析企业的内部条件　分析企业的内部条件可以反映企业的经营实力。为了利用企业外部环境变化可能提供的有利机会，避免环境变化可能带来的风险，就必须充分了解企业自身的优劣之处，对企业状况作出正确评价，从而做到知己知彼，并不断地对企业的内部条件加以改善，与外部环境达成动态平衡。企业内部条件主要包括企业产品的市场竞争能力、企业技术创新的能力、企业抗风险能力以及处理公共关系的能力等。

（4）制订正确的经营战略和策略　为了实现企业的总体发展目标，就必须根据企业的外部环境和内部条件，制订出正确的经营战略。企业的经营战略是对企业长期的、全局性的经营问题的谋划，是实现企业目标的重大决策。

企业不仅要制订经营战略，还要随时根据企业面临的短期经营环境采取相应的应变策略。也就是说，经营策略主要是企业为实现经营战略而采取的短期的行动计划。战略与策略主要是目的与手段的关系。例如，企业为达到某一战略目标，在投资、技术改造、人才培训等方面采取的措施和方法，就称为投资策略、技术改造策略、人才培训策略等。

（5）建立并及时调整企业的经营组织　这是企业从事经营活动的重要保证。一个合理的、良好的经营组织必须具有高度的活力并能适应外部环境的变化，能够灵活地根据企业经营战略和策略变化进行调整。

（6）制订企业的经营计划　制订企业的经营计划就是制订关于经营战略和策略的具体安排，可分为中长期规划和年度经营计划。企业中长期规划是企业长期经营战略的具体化和数量化，是企业总体战略目标的体现。年度经营计划是企业一年中生产经营活动的具体纲领，是经营战略和规划的周期性安排，是实现战略和规划的基础。

3. 企业的经营思想

企业的经营思想是指正确认识企业外部环境和内部条件，指导企业决策，实现企业目标，求得企业生存和发展的思想，是企业从事生产经营活动的基本指导思想。企业经营思想的正确与否，将直接影响到企业的生存和发展。所谓正确，就是能顺应历史发展的潮流。

【案例 1-1】 海尔的经营思想

海尔原总裁张瑞敏说：一个企业生存发展的关键在于有一个发展思路，如果没有一个发展思路，在激烈的市场竞争中很难有所发展。现任海尔总裁杨绵绵对企业发展经营思想的认识是：企业如果没有创新，就不可能有发展。可见，企业的经营思想随着企业外部环境和内部条件的变化而改变，并不是一成不变的。

海尔在创业初期对质量的严格把关是海尔的经营思想，张瑞敏锤砸冰箱就是海尔的一个经典故事；今天，创新已成为海尔这个企业核心的经营思想。截止到 2012 年 5 月，海尔已经在中国、亚洲、大洋洲、欧洲、美洲新成立了五大研发中心，成为全球整合技术资源最迅速的企业。在这一完善的全球布局支撑下，海尔能够以覆盖最全的网络快速发现消费需求，并整合全球领先技术、设计专家进行创新研发，成为全球洗衣机技术创新的策源地。在马来西亚海尔洗衣机的价格可以卖到 3999 林吉特（1 马来西亚林吉特折合 2 元多人民币），其主要原因是有自主知识产权。海尔洗衣机有 32 项专利，其中发明专利 15 项，并且在这 15 项发明专利里有 2 项是国际发明专利，这就是海尔企业创新的结果。

企业的经营思想观念来源于对企业实际情况和外部环境的客观认识，以及对社会经济发展和技术进步的正确把握。企业经营思想主要的内容如图 1-19 所示。

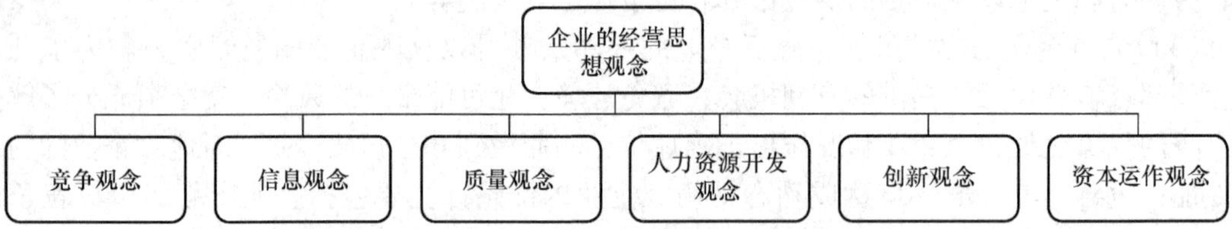

图 1-19 企业的经营思想观念

（1）竞争观念 企业只能在竞争中谋生存。市场机制之所以是一种有效的资源配置手段，其根本原因之一是存在竞争。竞争导致企业的优胜劣汰，竞争使社会资源配置给最优秀的企业。随着行业的发展，先进技术在同行业不同部门的使用，企业间的竞争越加激烈，企业不仅要面对国内的竞争者，还要面对更强有力的国外对手。

（2）信息观念 在信息社会时代，企业的经营成败在某种程度上取决于其所掌握的信息。与企业经营有关的信息主要有：市场需求信息，原材料及半成品供应信息，货币和资本市场信息，国家的政治、社会和经济信息等。

（3）质量观念 质量是企业的生命。成功企业的经验告诉人们，企业产品的好坏在很大程度上决定企业的命运。

（4）人力资源开发观念 企业竞争是人才的竞争，技术要求越高的企业，人才的问题就越突出。人具有主动性和创造力，其内在的潜力是无限的。因此，企业用于人力资源开发或者说对人力素质提高的投资比物力投资更加重要。

（5）创新观念 只有创新才能发展。市场经济条件下，墨守成规的企业是没有前途的。企业只有在产品工艺和技术上不断创新，才能保证在同行业的竞争中不被淘汰。

（6）资本运作观念 资本运作也是经营活动的一个方面，企业的生产和发展都离不开资金。企业通过什么方式来筹集资金；在企业发展的各个阶段，应该保持什么样的资本结构；当企业有富余资金时，怎样使这些资金保值和增值；在所有这些资本运作过程中，如何规避风险等。这些问题的正确决策对企业的生存和发展都是极其重要的。

4. 企业经营的目标体系

（1）企业经营目标的概念　企业经营目标是在一定时期企业生产经营活动预期要达到的成果，是企业生产经营活动目的性的反映与体现，是企业经营思想的具体化。企业经营目标分为长期、中期和短期三种。只有先确定长期经营目标，在长期经营目标指导下，再来协调中、短期目标，才能避免目光短浅，又可使长期目标的实现有可靠保证。企业经营目标通常以产量、品种、质量、销售收入、资金利润率和市场占有率等指标的未来发展规模和速度来表示。不同时期、不同类型的企业，确定经营目标的重点也各有不同。

企业经营目标不止一个，其中既有经济目标又有非经济目标，既有主要目标，又有从属目标。它们之间相互联系，形成一个目标体系。主要由经济收益和企业组织发展方向两方面的内容构成。它反映了一个组织所追求的价值，为企业各方面活动提供基本方向。它使企业能在一定的时期、一定的范围内适应环境趋势，又能使企业的经营活动保持连续性和稳定性。

（2）企业经营目标的内容　企业经营目标一般都是以恰当的指标来加以量化，只有这样才能在计划目标和经营目标之间进行比较，才能对经营状况实施有效的控制。对于一般的经营性企业，常用以下指标来度量相关的目标，如图 1-20 所示。

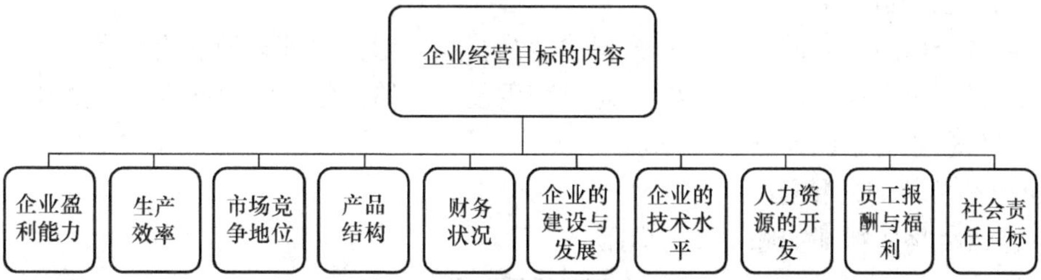

图 1-20　企业经营目标的内容

1）企业盈利能力是企业经营成效的表现，它常以利润、资产报酬率、所有者权益报酬率、每股平均收益、销售利润率等指标来表示。

2）生产效率是企业在市场竞争中立足的根本。衡量生产效率的指标常用的有产量、单位产品原料和能源耗用量、单位产品成本和废品率等。

3）市场竞争地位的高低是企业经营成效的表现之一，用以确定其在竞争中的相对实力，它通常以市场占有率来表示。市场占有率表示企业在市场中所占的份额，反映的是企业对市场的控制程度。该值越大，说明企业对市场的控制程度越大。

4）产品结构是指企业在特定的发展阶段，各种产品之间的数量比例关系。例如，新产品产值占企业总产值的比率、新产品销售额占企业总销售额的比率、新开发产品数和淘汰产品数等。

5）财务状况是企业经营实力的重要表现，它通常有总资产价值及构成比例、盈余资金额、资产负债比率、净资产额、流动比率和速动比率等。

6）企业的建设与发展是企业经营目标的重要方面。衡量指标有年销售额增长率、年销售利润增长率、生产能力增长率、固定资产投资额、技术改造和新产品开发的投入资金量等。

7）企业的技术水平是企业长期经营目标的重要内容。这方面的指标有主要生产设备的先进程度、拥有的专利和专有技术数量等。

8）人力资源的开发是企业经营的一个重要目标。企业的发展在很大程度上依赖于企业员工的素质和数量。在当今技术进步速度日益加快的年代，企业一方面要吸引优秀人才，另一方面要对已有员工加强培训以适应新的环境与岗位。人力资源开发已成为企业长期发展目标的重要方面。这方面的指标有技术人员占全部员工的比例、培训的强度和频率等。

9）员工报酬与福利应随着企业效益的增长相应提高，这是搞好企业内部管理、增加企业凝聚力的重要途径，也是企业经营目标的组成部分。这方面的指标有年工资水平和增长率、单位员工的福利开支和增长率等。

10）社会责任目标也是企业经营目标之一，企业既是经营性的实体，也是社会组成的细胞，企业也要承担社会责任，如残疾人就业、环境保护、社区建设以及非市场的各种公共关系等。事实上，企业在公众中树立良好形象本身也是企业的目标之一。

以上这十个方面的经营目标只是企业应考虑的目标的主要方面，并不包括企业长期发展目标的全部内容，每个企业要根据各自的具体情况和不同发展时期，制定适合于本企业的经营目标。

（二）企业经营战略

战略是对全局问题的筹划。企业经营战略是企业根据其外部环境和自身条件，为求得企业生存和发展，对企业发展目标的实现途径和手段的总体谋划，它是企业经营思想的集中体现，又是制订企业规划和计划的基础。

1. 企业经营战略的特征

企业经营战略的特征如图1-21所示。

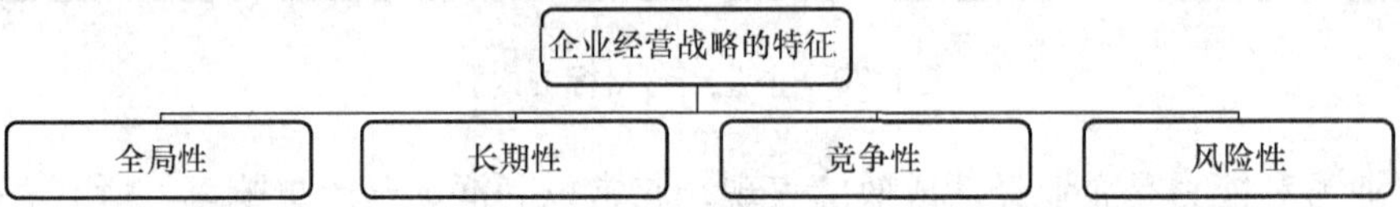

图1-21　企业经营战略的特征

（1）全局性　企业经营战略是研究企业全局的指导纲领，它所反映的是有关企业全局性问题的重大决策。但是也要注意，全局是由局部构成的，有时某些局部的成败对全局也会产生决定性的影响。

（2）长期性　经营战略往往着眼于未来相当长的一段时间，而不只在短时期内起作用，因此，经营战略带有长期性的特征。经营战略也不是不能改变的，在某一时期出现新情况时，企业应根据实际的经营情况及时对经营战略进行修正。经营战略应相对稳定，只有在企业的内、外环境发生重大变化时，才会引起战略的改变。

（3）竞争性　竞争是市场经济不可回避的现实，也正是因为有了竞争才确立了“战略”在经营管理中的主导地位。面对竞争，企业经营战略需要进行内、外部环境分析，明确自身的资源优势，设计适当的经营模式，形成特色经营，增强企业的对抗性和战斗力，推动企业长远、健康发展。

（4）风险性　企业作出任何一项决策都存在风险，战略决策也不例外。市场研究深入，行业发展预测准确，设立的远景目标客观，各战略阶段人、财、物等资源调配得当，战略形态选择科学，制定的战略就能引导企业健康、快速的发展。反之，仅凭个人主观判断市场，设立目标过于理想或对行业的发展趋势预测偏差，制定的战略就会产生管理误导，甚至给企业带来破产的风险。

2. 企业经营战略的分类

企业经营战略可以按其层次、态势、规模和市场竞争特性等几方面进行分类，如图 1-22 所示。

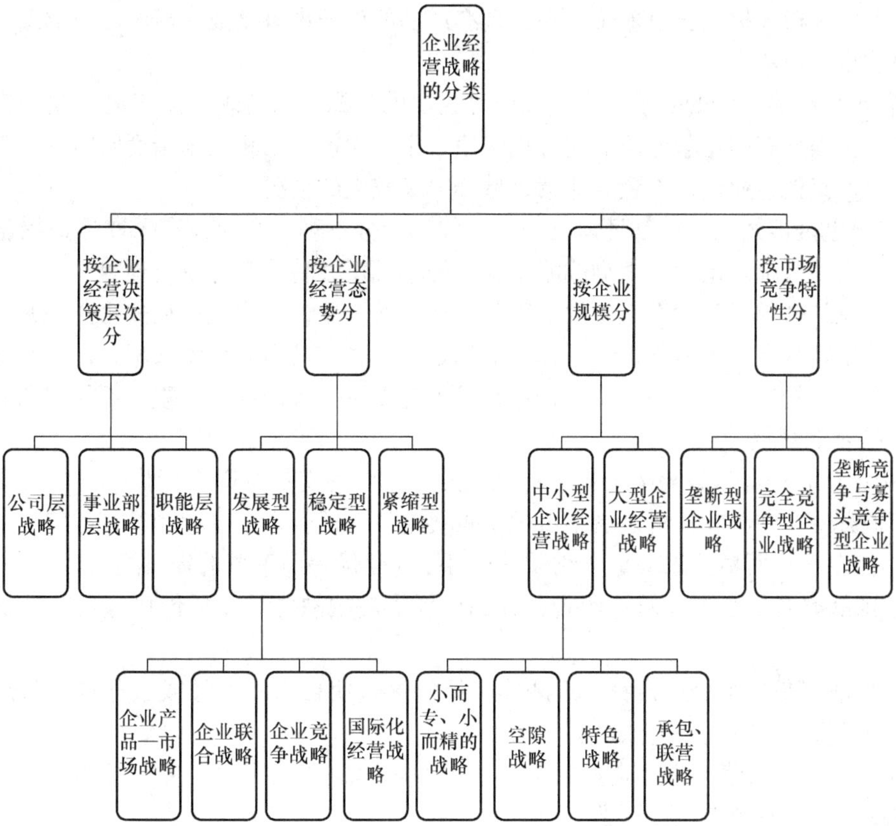

图 1-22　企业经营战略的分类

（1）按企业经营决策层次分　大型企业经营战略是一个庞大复杂的系统，可以分解为不同层次的子系统。一般对于大型企业，企业经营战略包括三个层次。

1）公司层战略是企业总体的指导性战略，决定企业经营方针、投资经营方向和远景目标等战略要素，是战略的核心。

2）事业部层战略是企业独立核算经营单位或相对独立的经营单位，遵照决策层的战略指导思想，通过竞争环境分析，侧重市场与产品，对自身生存和发展轨迹进行的长远谋划。

3）职能层战略是企业各职能部门遵照公司层的战略指导思想，结合事业部层战略，侧重分工协作，对本部门的长远目标、资源调配等战略支持保障体系进行的总体性谋划，如策划部战略、采购部战略、营销部战略等。

一个企业的发展战略不是一成不变的，也不是固定的去套用企业经营战略的三个层次，而是要因地、因时，灵活地运用经营战略对策，才能发挥企业的优势，创造出新的奇迹。对于只经营单一产业的企业，公司层与事业部层就没有必要加以区别，只有公司层战略与职能层战略两个层次。公司在制定总体战略时要考虑下一层次的情况，而下一层次的战略应服从和体现上一层次的战略意图。

（2）按企业经营态势分　按企业经营的态势，可将企业经营战略分为以下三种。

1）发展型战略适用于企业有发展和壮大自己的机会的情况，其特点是：投入大量资源，扩大产销规模，提高竞争地位，提高现有产品的市场占有率或用新产品开辟新市场。这是一种进攻型的态势。

2）稳定型战略强调的是投入少量或中等程度的资源，保持现有的产销规模和市场占有率，稳定和巩固现有的竞争地位。这种战略适用于企业效益已相当不错而暂时又没有进一步发展的机会，其他企业进入本企业经营领域屏障又较大的情况。

3）紧缩型战略适用于外部环境与内部条件都十分不利，企业只有采取撤退措施才能避免更大的损失的情况。企业紧缩型战略主要有缩小规模、转让归并及清理等。

作为企业的领导，一般都希望发展和壮大自己的企业，采取发展型战略。但是，如果环境不允许，主客观条件不具备，还不如采取稳定型战略，甚至紧缩型战略，以保存实力，等待机会。在激烈的市场竞争环境中，企业领导人应以所有者的利益为重，不能轻易冒险。

（3）按企业规模分

1）中小型企业经营战略随着市场的充分发育，市场交易费用不断降低，中小企业专业化强、管理方便，在国民经济发展中占据了重要地位。适合中小企业的经营战略有：

① 小而专、小而精的战略是企业根据自身专业化优势而采取的经营战略。

② 空隙战略是中小企业通过调查，找到市场供应空缺之处，凭借快速灵活的优势，进入空隙市场。

③ 特色战略是中小企业容易接近顾客，能够通过使自己的产品或服务具有与众不同的特色来吸引消费者，从而取得成功。

④ 承包、联营战略即中小企业依附于一个大企业或企业集团，接它们的长期订货，成为它们的一个加工承包单位或联营企业。

2）大型企业经营战略因大型企业一般都有经济规模的要求，即生产或加工过程要达到一定规模才能显示其经济效益。例如，轿车的装配企业一般要达到年产 20 万辆甚至更多，才能显示其低成本的优势。大型企业具有较强的科研开发、生产、销售和服务等功能，有较强的产品开发能力和市场开拓能力。但是，正因其规模大、管理层次多，信息传递速度较慢，对外界环境变化的反应也相对迟钝，产品和工艺的改变相对困难。因此，大型企业的经营战略更应予以重视。

（4）按市场竞争特性分　按经济学原理，一般可以把市场模式分为完全垄断、垄断竞争、寡头竞争和完全竞争等几种。显然，处于不同市场模式下的企业，其经营战略的侧重点也应是不同的。

1）垄断型企业的市场是反效率的。一般国家都有法律防止垄断的形成。但是有些行业具有自然垄断的属性，如铁路运输、城市公用设施（供水、供煤气、供电和公共交通）以及邮电、通信等，因其生产供应的规模经济的要求，自然地形成垄断的特征。垄断型企业一般都依赖于进入的屏障，不存在竞争的威胁，容易形成效率低下的局面。并且，这类企业的产出需求都具有稳定增长的趋势。因此，这类企业一般都采取稳定型战略。

2）完全竞争型市场模式，其产品具有相同性质，有众多企业供应。每一家企业仅占市场的很小份额。商品的价格由市场供求决定，企业只是价格的接受者。这类企业面对的主要是价格的竞争。所以企业只有不断地降低成本才能避免被挤出市场的危险。

3）在现实社会中，严格意义上的垄断型企业或完全竞争型企业是不多的。即便某种商品由一家企业独家生产和供应，该企业可以利用技术或社会经济屏障阻止别的企业进入该领域，却往往难以阻止别的企业开发相似的或可以替代的商品（或服务）与其竞争，使原来垄断的企业也面临竞争的威胁。这类既有垄断特性又有间接竞争特性的企业被称为垄断竞争型企业。例如，空运可能被高速铁路客运所替代。

寡头竞争型企业是由于生产和供应的规模经济要求，但由于国家法律等因素的限制，不允许形成独家垄断，最终由少数几家企业来供应市场，从而形成寡头竞争的局面，如生产航空器和大中型机电设备的企业。垄断竞争和寡头竞争企业的竞争对象明确，竞争的手段也多种多样，在考虑经营战略时也面临多种方案的选择。

3. 两种主要的企业经营战略

两种主要的企业经营战略是产品—市场战略和企业联合战略，如图 1-23 所示。

（1）企业产品—市场战略　在市场经济中，企业发展和生存主要取决于能否提供被市场所接受的产品（或服务）：

1）企业提供的产品的质量和功能是购买者所需要的。

2）产品的价格是购买者能够接受的。

3）产品的质量、功能和价格在市场上是有竞争力的。

4）产品销售后的收入要大于企业生产的成本，以获得一定的利润，能满足投资者的投资回报要求。

（2）企业联合战略　市场战略主要以产品和市场为对象，而联合战略则主要以竞争对手为对象。企业联合是指两个或两个以上企业或单位，逐步建立某种正式或非正式的合作，或者兼并、合并成一个整体。

（三）企业经营决策

企业的经营决策是在国家宏观产业政策与规划的指导下，以市场调查和市场预测结论为基本依据，为实现企业的经营目标，从两个以上的可行方案中选择一个最佳方案的分析判断过程。

1. 企业经营决策的要点

企业经营决策要点有以下五个方面，如图 1-24 所示。

（1）决策必须根据国家宏观规划的指导和市场需要　企业必须自觉地接受国民经济规划的指导，按照国家规划的整体目标和方向，根据国家制定的经济和社会发展战略、方针和产业政策，以市场为导向，以市场需求为中心进行经营决策。

（2）决策必须在正确的经营思想指导下进行　企业决策方案应该在企业外部环境、内

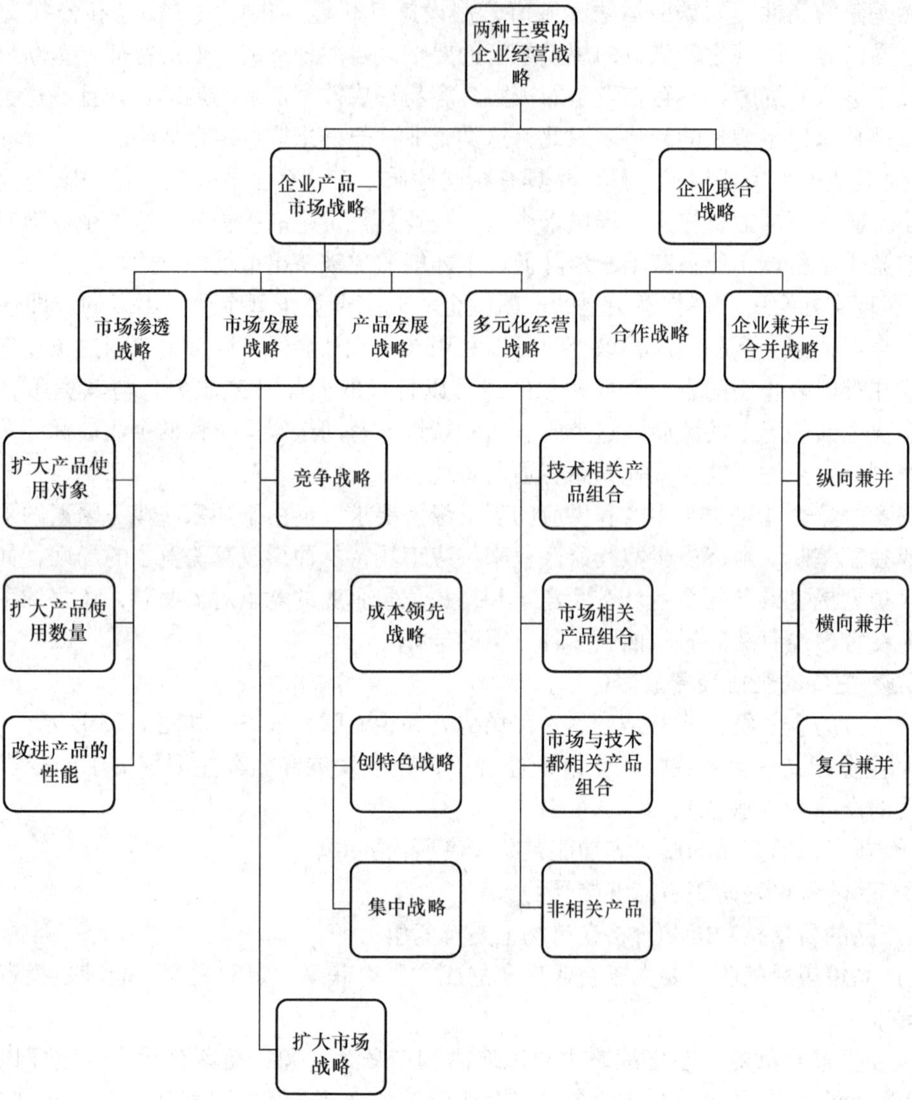

图 1-23　两种主要的企业经营战略

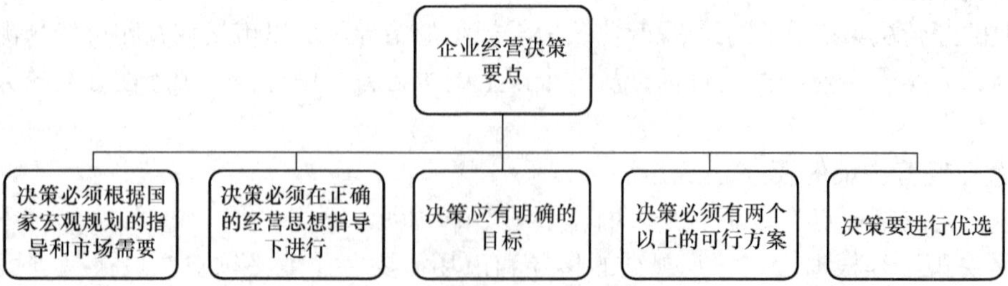

图 1-24　企业经营决策要点

部条件和企业经营目标三者的动态平衡中所产生。企业作出的决策必须符合国家现阶段社会发展的实际，适应社会市场经济环境的要求，有利于企业的健康发展。

（3）决策应有明确的目标　即要解决的问题必须十分明确。这个目标可以是经营目标，也可以是其体系中的中间目标和具体目标。

（4）决策必须有两个以上的可行方案　为了实现经营目标，在决策中必须提出几种可行方案，决策的过程就是对这些可行方案进行选择的过程。

（5）决策要进行优选　在对方案进行评价的基础上，要合理选择，这就是优选。优选方案不一定是最优的方案，因为最优的方案可能并未包含在已提出的可行方案之中，但它是可行方案中最令人满意的方案。

2. 企业经营决策的特点

企业经营决策由于科学技术的不断进步，企业规模的不断扩大，市场竞争程度的不断加剧以及企业目标的进一步多元化，过去那种只凭借领导者个人阅历、知识和智慧进行决策的经验决策时代已经过去了。在当今的政治经济条件下，现代企业经营决策有以下特点，如图1-25所示。

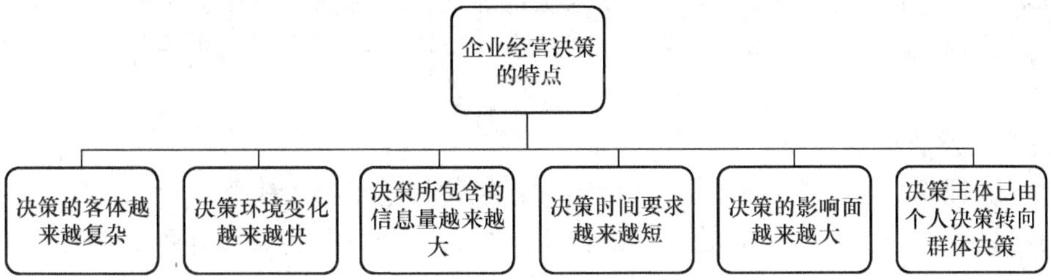

图1-25　企业经营决策的特点

（1）决策的客体越来越复杂　随着科学技术的不断发展，大工业生产的时代早已到来，企业规模和生产规模的不断扩大使企业具有广博性、多结构性、多变性和综合性；同时，企业的庞大系统势必造成组织层次多、信息链长、相互影响大、难以控制，这些特点导致了决策的复杂化。

（2）决策环境变化越来越快　今天的社会环境变化越来越快，从一个科学发现、发明转化为社会生产力的周期越来越短。据美国有关资料统计，这种转化在第一次世界大战之前为30年，第一次与第二次世界大战之间平均为16年，第二次世界大战以后平均为9年。而近10年来由于计算机技术的高速发展，从发明到应用的周期明显加快，有些计算机技术的转化周期甚至只用几个月的时间。随着新技术不断被应用，导致了社会环境的加速变化，给决策带来了更大的困难。

（3）决策所包含的信息量越来越大　随着企业规模和市场规模的不断扩大，产品、市场关联性的不断加强，决策的复杂程度越来越深，单凭个别决策者的个人经验和直觉必将使决策面临着极大的风险。现代决策要求在准确、及时和信息充分的基础上进行，那么所有相关联的市场、产品、企业内部和外部的信息就成为决策的最重要的依据。信息量的不断加大，不仅使处理信息的工作量加大，还使判断该信息的价值难度加大，从而使最后的决策复杂程度加大。

（4）决策时间要求越来越短　决策环境的快速变化，对决策时间和速度有了更高的要求，今天的决策已经不可能通过长时间的收集资料、调查研究和分析认证后再决策。因为这样必定要坐失良机，决策之后，也必定是时过境迁。市场的激烈竞争要求企业能尽早地先他人而动，尽快地抢占市场，在决策时，迅速地理清庞大复杂系统中各环节之间的相互关系，通过科学的信息工程手段从大量杂乱无章的信息中找出其规律性，并迅速地对此进行判断，作出决策。所以，整个的决策时间变得越来越短。

（5）决策的影响面越来越大　由于决策客体已变得越来越复杂，决策与整个企业各方面有着千丝万缕的联系，牵一发而动全身。决策成败的意义已不仅是在决策本身，还必须更多地考虑决策可能引起的企业相关联的环节，甚至社会相关联环节的一连串连锁反应。

（6）决策主体已由个人决策转向群体决策　在前工业时代，由于决策客体的规模小、变化慢、关联少，所以管理决策主要由个别的企业主要领导者进行，决策也多以领导者的个人经验和判断为主要依据。而进入后工业时代，大工业生产和组织化使得决策在量和质上都发生了根本的变化。决策的关联性使决策变得异常复杂，决策已不可能仅凭个别领导者的经验和胆略就能完成，它逐步向群体决策转变；同时，由于决策的技术化和知识化不断加强，不少专家、学者，甚至是企业外部的专业人士也加入到这个决策群中。为防止决策失误，决策技术被广泛地应用，主观判断的成分越来越少，决策已经成为了一种主要依靠决策技术的群体决策。

3. 企业经营决策的作用

现代管理理论认为，管理的重心在于经营，经营的重点在于决策。所以，搞好企业经营决策，对于企业的生存和发展有着重要的作用和意义。企业经营决策有四个作用，如图1-26所示。

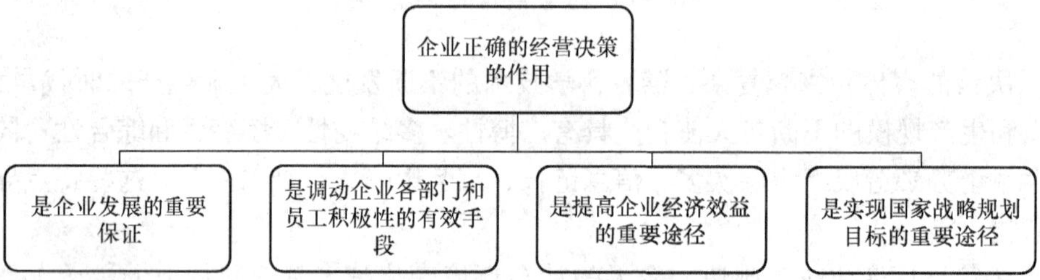

图1-26　企业正确的经营决策的作用

（1）正确的经营决策是企业发展的重要保证　企业的经营决策是关系企业总体发展和主要经营活动的战略性决策，它决定企业发展的方向和途径。正确的经营决策，可以使企业适应环境的变化和发展，提高企业的竞争能力和发展能力，使企业沿着正确的方向不断地发展壮大。反之，决策失误，将会给企业带来巨大损失，甚至导致企业破产。

（2）正确的经营决策是调动企业各部门和员工积极性的有效手段　决策理论的发展促进了企业实行分权化管理。经营决策为企业全部管理工作和经济活动制订了整体目标。通过目标管理体系的建立，能够调动各部门和全体员工的积极性，增强责任感，把思想和行动统一起来，更好地协作配合，使企业各项管理工作按照统一步调有秩序地进行。

（3）正确的经营决策是提高企业经济效益的重要途径　企业经营管理的中心问题不仅

是生产效率问题，更重要的是全面的和最终的实际经济效益问题。正确的经营决策能使企业的经济效益不断提高。

（4）正确的经营决策是实现国家战略规划目标的重要途径　搞好经营决策，能够促进社会效益的增长，国家战略规划目标的实现。

4. 企业经营决策的类型

在分析解决复杂的经济问题过程中，通常将分类作为常用的基本方法。按不同角度将企业决策分类如下，如图 1-27 所示。

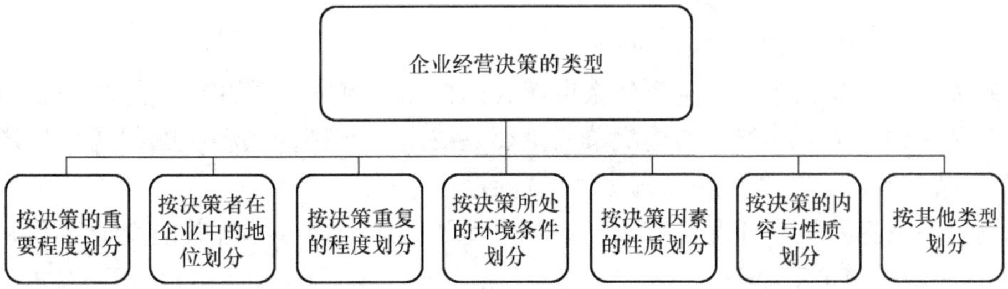

图 1-27　企业经营决策的类型

（1）按决策的重要程度划分

1）经营决策又称战略决策。它是为使企业与外部环境保持适应性，而对影响企业全局、左右企业长期发展的重大经营性问题所作的决策。经营决策多是非程序化、带有风险性的决策，如对经营方针、经营目标、生产规模、产品开发等方面的决策。其主要是企业高层领导的职责。

2）管理决策又称战术决策。它是为了执行和实施战略决策，合理而有效地处理企业内部的一些重大问题而作出的决策。管理决策是组织实施战略决策的短期具体决策，重点解决如何组织企业内部力量提高管理效能的问题。管理决策主要由中层或高层管理人员制定。

3）业务决策又称作业决策。这是企业为了提高管理效率和生产效率，更好地执行管理决策，对日常业务活动进行的安排。业务决策主要由企业基层管理人员制定。

（2）按决策者在企业中的地位划分

1）高层决策是由企业最高层所进行的决策，多是经营性决策。

2）中层决策是由企业中层所进行的决策，多是管理性决策。

3）基层决策是由企业基层所进行的决策，多是业务性决策。

（3）按决策重复的程度划分

1）程序化决策又称常规决策。指对企业日常生产经营工作中经常出现的不断重复的问题所进行的决策。处理此类问题已有一定的经验、程序和方法，可以按照常规办法处理。

2）非程序化决策又称例外决策。指对企业具有极大偶然性、随机性，又无先例可循，且有大量不确定性的问题所作的决策。这类决策往往是独一无二的，因此，在很大程度上依赖于决策者的知识、经验、洞察力及胆识来进行。

（4）按决策所处的环境条件划分

1）确定型决策。指在事件未来的自然状态（客观条件）已经完全确定的情况下的决策。

2）非确定型决策。指对未来事件的自然状态发生与否不能确定，而事件发生的概率也无法估计，完全凭个人经验和判断作出的决策。

3）风险型决策。指决策者对未来事件的自然状态只能估计出它发生的概率，并根据概率的大小进行的决策，这种决策是要承担一定的风险的。

（5）按决策因素的性质划分

1）定量分析决策是借助一定的工具和数学模型，对决策因素进行定量分析的决策。

2）定性分析决策是对一些决策因素不能进行定量分析，只能借助于决策者的知识、经验、分析和判断能力进行的决策。

（6）按经营决策的内容与性质划分

1）服务方向决策就是决定选择什么市场、选择几个市场、要不要改变原有的市场。

2）产品品种决策又称产品结构决策、主要是决定生产哪些品种、哪些是主导产品、发展哪些新产品、改造哪些老产品、淘汰哪些落后过时产品。

3）销售决策主要是与开发、扩大、占领市场及完成销售目标有关的企业政策和策略方面的决策，如产品定价策略等。

4）原材料供应决策是指除由国家统一分配的原材料外，对其他原材料的供应（主要指数量、质量、价格、交货时间和批次、批量等）方面需作出相应的决策。

5）企业改造决策需要有确定的目标、方针和规划。

6）财务决策主要是筹资决策和投资决策。

7）组织与人事决策是在企业外部环境变化和经营管理需要时，要对组织与人事进行调整。

8）联合方面的决策是企业要对是否与其他企业联合、按照什么方向、与什么对象联合、采取何种联合形式作出决策。

（7）按其他类型划分　按决策期限可分为长期、中期与短期决策；按决策方法可分为计量决策与非计量决策（定性决策）；按决策目标的多少可分为单目标决策与多目标决策；按决策实施的层次可分为单级决策与多级决策等。

5. 企业经营决策的原则

在企业的经营管理过程中，管理者应善于区分所面临的感性问题和理性问题。感性问题应由感情逻辑来解决以求其管理行为与组织环境相协调；对于理性的经营管理问题应用理性的思维去思考，以保证组织效率的提高为基本的思维取向与行为准则。

在进行经营决策时，在坚持利益最大化的同时，应遵守以下原则，如图 1-28 所示。

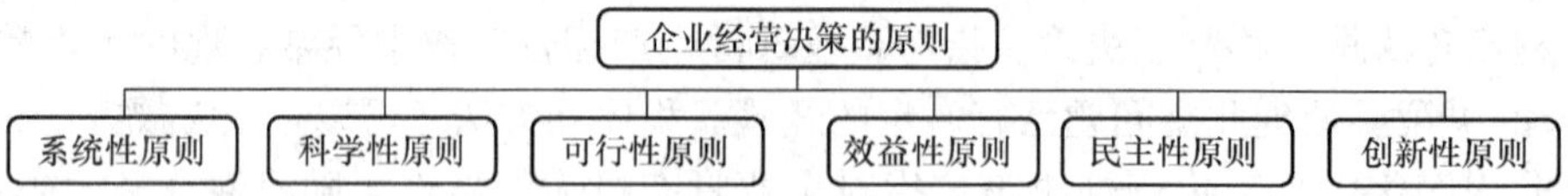

图 1-28　企业经营决策的原则

（1）系统性原则　企业是一个系统，其中各个环节紧密相连，因此，经营决策必须通过系统调查、科学预测，从整个企业经营系统出发，不断谋求企业外部环境、企业内部条件和企业经营目标的动态平衡。

（2）科学性原则　企业的经营决策必须具有科学的依据，要弄清外部环境和内部条件，遵循科学的决策程序，确定有效的决策标准，采用科学的决策方法，建立严格的决策控制系统，做好决策的组织工作。

（3）可行性原则　企业经营决策应从实际出发，认真研究企业外部环境和内部条件，采用定性和定量相结合的方法，对每个方案进行可行性分析，以保证决策方案行之有效。

（4）效益性原则　企业在进行经营决策的过程中，提高企业经济效益是根本目的，最优方案当然是以尽可能少的投入，取得尽可能多的收益。同时还要处理好速度与效益、眼前利益与长远利益、企业效益与社会效益之间的关系。

（5）民主性原则　决策方案要在民主的基础上制定和执行，要充分重视和发挥员工在整个决策过程中的作用。

（6）创新性原则　企业的外部和内部环境在不断变化，企业经营决策要有创造性思维和设想，经营管理方式也要有创新，使企业不断发展。

（四）企业经营计划

企业经营计划是企业围绕市场，为实现自身经营目标而进行的具体规划、安排和组织实施的一系列管理活动。企业经营计划是企业经营活动的先导，并始终贯穿于企业经营活动的全过程。

1. 制订企业经营计划的意义

（1）制订企业经营计划是防止未来不确定性的手段　社会在变，技术在变，市场也在变，人的价值观念同样也随之不断变化。计划是预期这种变化并设法消除变化对企业造成不良影响的一种手段。

（2）制订企业经营计划是减少浪费、提高效率的方法　计划可以使未来的组织活动均衡发展。通过计划前的研究、论证，能够减少不必要的活动，使企业的可用资源充分发挥作用，降低成本，提高效率。

（3）制订企业经营计划是管理者进行控制的基础　制订企业经营计划就确定了企业经营的目标和指标，这些目标和指标将被用来进行控制。计划职能和控制职能具有不可分离的联系。

2. 企业经营计划的种类

企业的经营活动是非常复杂的，所以企业的经营计划多种多样，如图 1-29 所示。

五、市场营销管理

市场营销是一种经济活动，是对产品、思想和服务进行构思、定价、促销和分销的计划和实施的过程，从而产生能满足个人和组织目标的交换。

企业市场营销管理的目的在于使企业的市场营销活动与复杂多变的市场营销环境相适应，这是企业经营成败的关键。市场营销涉及的内容如图 1-30 所示。

1. 市场营销概述

（1）市场　市场是指商品交换的总和，包括交易场所和市场机制。现代营销学所说的市场是具有特定的需要和意愿，而且愿意并能通过交换来满足这种需要或意愿的全部现实的和潜在的顾客。市场是由三个要素构成的，即

市场 = 人口 + 购买力 + 购买意愿

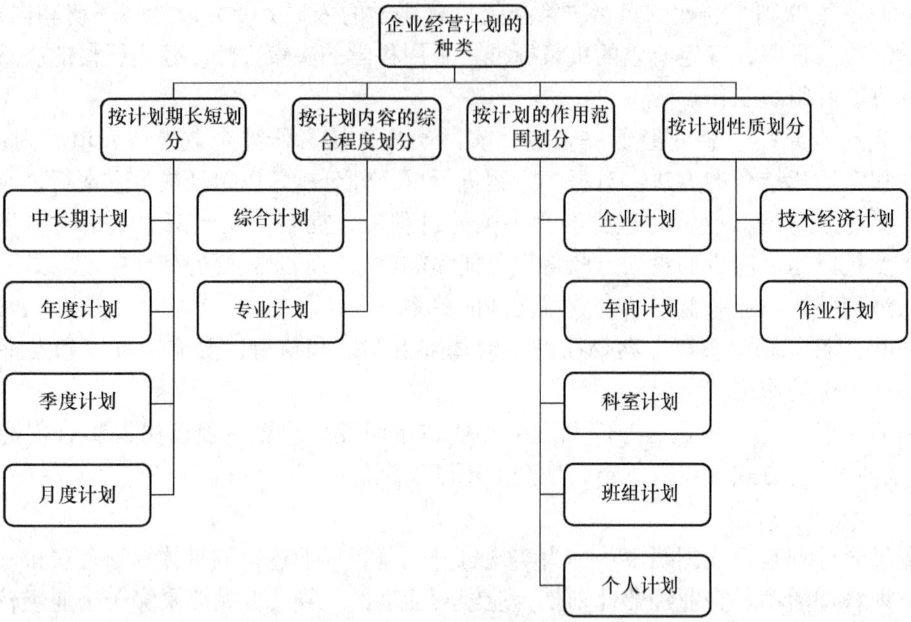

图 1-29　企业经营计划的种类

图 1-30　市场营销的内容

（2）影响市场需求的因素　影响市场需求的因素有多种，如图 1-31 所示。

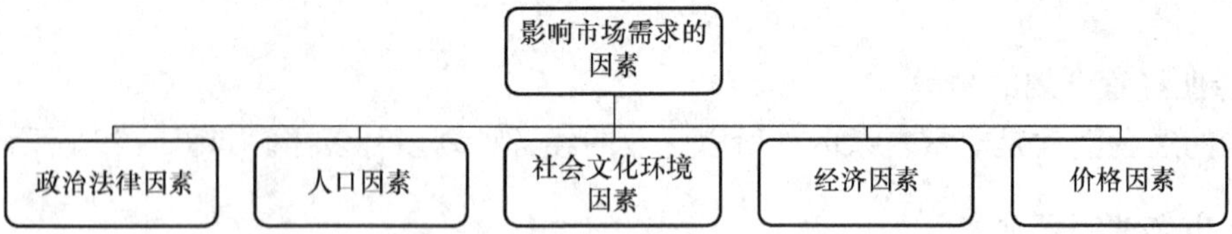

图 1-31　影响市场需求的因素

2. 市场营销环境

市场营销环境是指在营销活动之外，能够影响营销部门发展并保持与顾客良好关系的能力的各种力量和因素。

（1）市场营销环境因素　市场营销环境因素包括与企业营销活动有密切关系的各种因素，以及与企业不存在直接经济联系但可能给企业带来市场营销机会或潜在威胁的各种因素，如图 1-32 所示。

（2）市场营销环境的特点　市场营销环境的特点如图 1-33 所示。

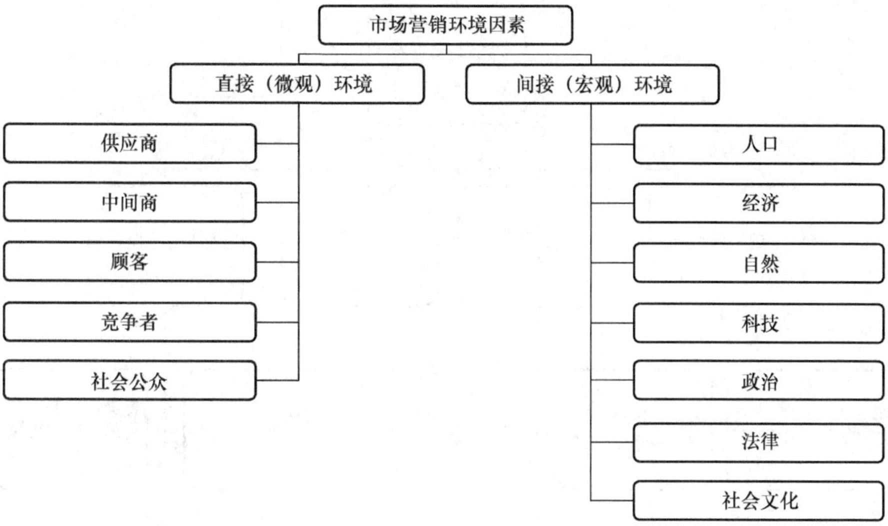

图 1-32　市场营销环境因素

图 1-33　市场营销环境的特点

（3）市场营销环境分析　市场营销环境分析是企业营销活动的基础，有利于企业寻求新的市场营销机会，为企业科学决策提供依据。

3. 市场营销调查与预测

市场营销调查是指企业为了特定的市场营销目标，通过科学方法有目的地收集和分析有关企业外部环境和经营管理方面的各种信息和资料，为制定适当的市场策略提供依据。

市场营销调查的分类如图 1-34 所示。

4. 市场营销策略

市场营销策略包含的内容如图 1-35 所示。

5. 市场营销管理

营销管理是指为了实现企业目标，建立和保持与目标市场之间的互利的交换关系，而对设计项目的分析、规划、实施和控制。营销管理的实质是需求管理，即对需求的水平、时机和性质进行有效的调解。

（1）市场营销的管理过程　这个过程即是企业为实现企业目标而发现、分析、选择和利用市场机会的管理过程，如图 1-36 所示。

（2）市场营销计划　企业为了实现对自身最为有利的目标，需要制订企业的市场营销计划。市场营销计划通常包括的内容如图 1-37 所示。

（3）市场营销组织的基本形式　市场营销是通过一定的组织机构进行的，市场营销组织的基本形式如图 1-38 所示。

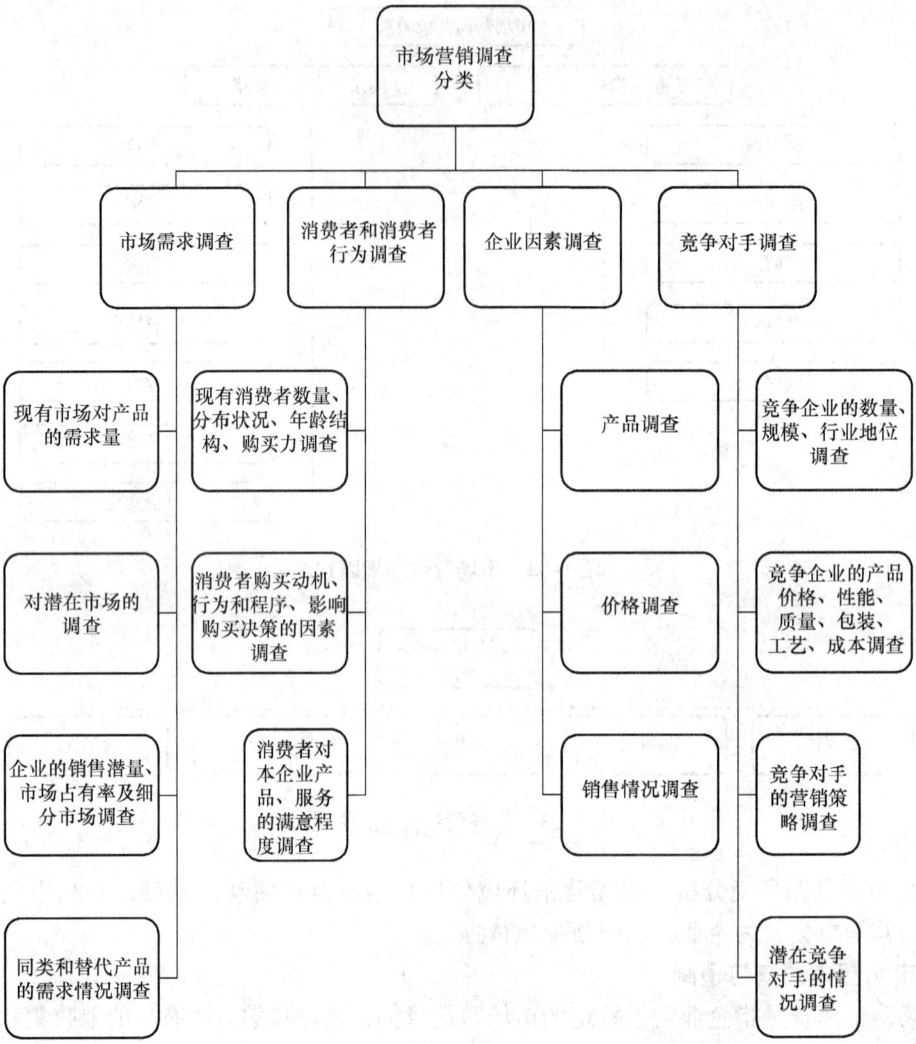

图 1-34　市场营销调查分类

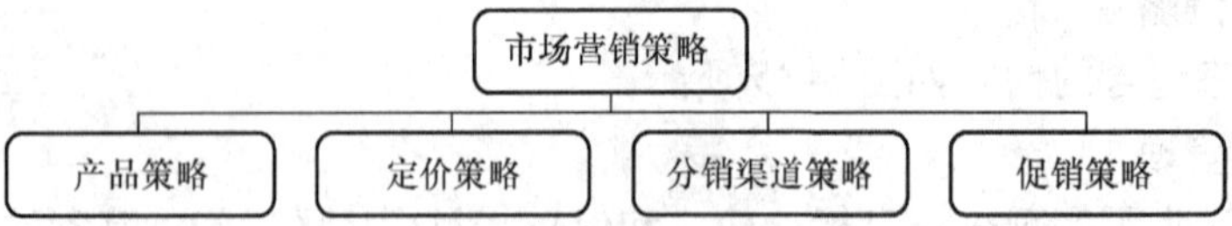

图 1-35　市场营销策略

图 1-36　市场营销管理过程

（4）市场营销控制　企业在实现营销计划时，会因环境的变化而面临很多不确定性，因而企业营销管理部门必须采取一定的措施对市场营销活动加以限制，使之与已经制订的计

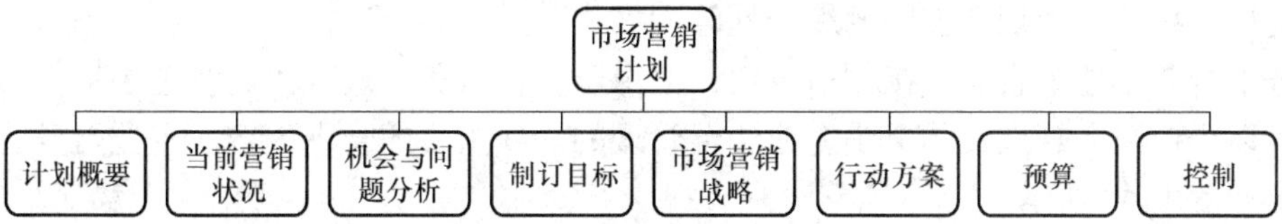

图 1-37　市场营销计划

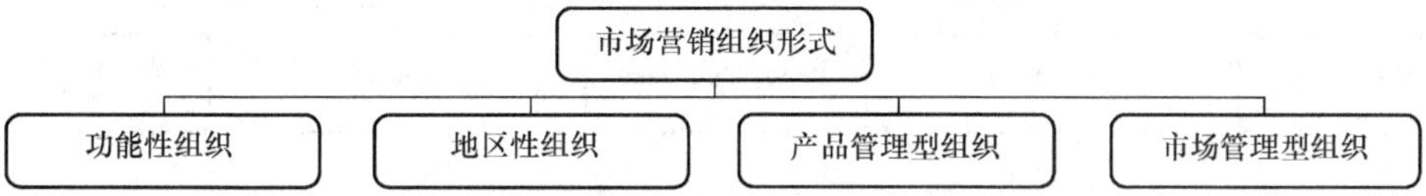

图 1-38　市场营销组织形式

划相一致，并在控制活动中通过不断评审和信息反馈，对市场战略及具体的营销活动进行调整。市场营销控制的方式如图 1-39 所示。

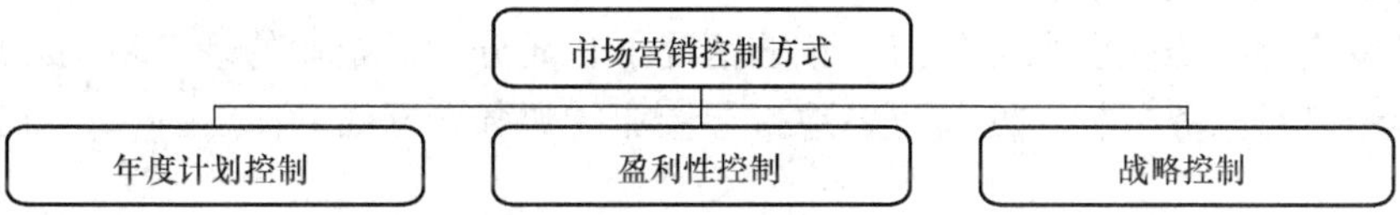

图 1-39　市场营销控制方式

6. 网络营销

网络营销是企业利用电子信息技术，以计算机网络为媒介和手段进行的各种营销活动。网络营销增强了生产者与消费者的直接联系。

（1）网络营销的功能　网络营销功能如图 1-40 所示。

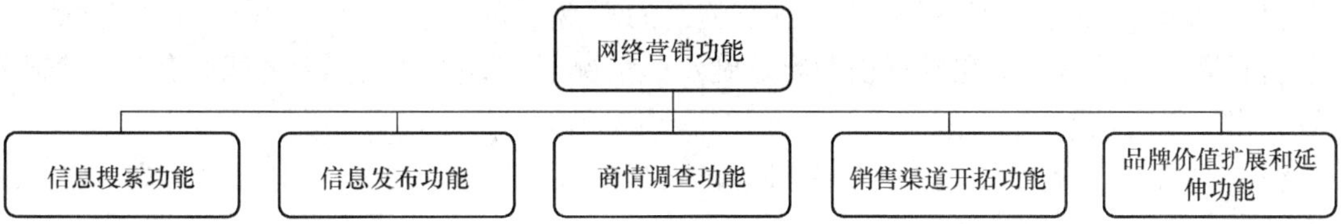

图 1-40　网络营销功能

（2）网络营销模式　网络营销模式如图 1-41 所示。

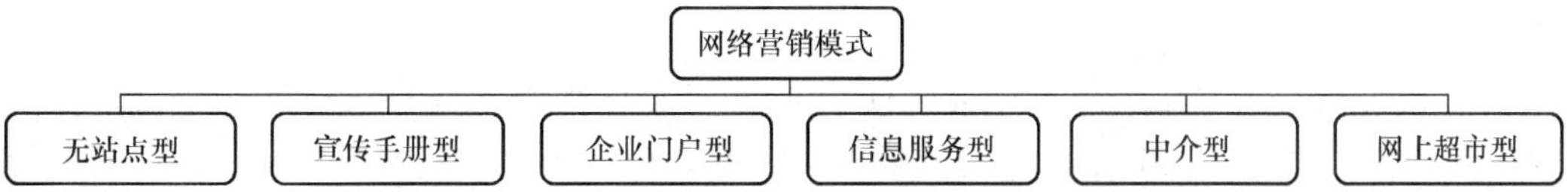

图 1-41　网络营销模式

六、企业财务管理

财务管理是企业组织财务活动、处理财务关系的经济管理工作，是通过价值形态对企业资金运动进行决策、计划和控制的综合性管理工作。

财务本身并不能为企业直接创造价值，但由于企业财务管理直接向管理层提供第一手的信息，所以企业财务管理实际上是企业经营管理的一项重要的管理内容。企业财务管理所涉及的内容如图 1-42 所示。

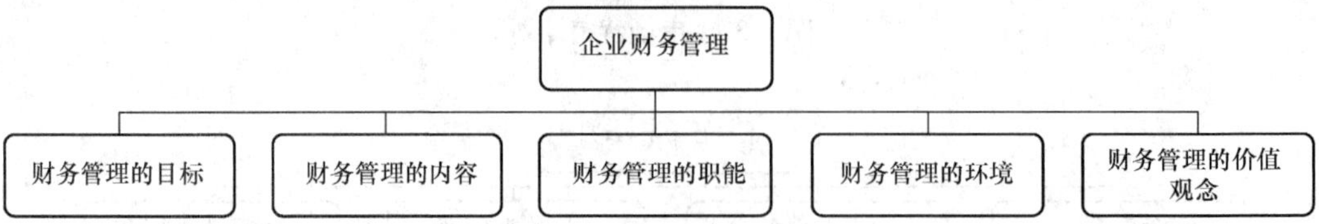

图 1-42　企业财务管理

1. 财务管理的目标

关于财务管理的目标有以下四种观点，如图 1-43 所示。但学术界对这四种观点存在争论，它们各有优点，同时也存在缺点，甚至是严重的缺点。在复杂的现实状况中，企业财务目标的制订者应该在与企业目标保持一致的情况下，充分考虑企业的现实基础和历史规律等因素，科学地制订财务目标，使其更好地指导企业的财务管理活动。

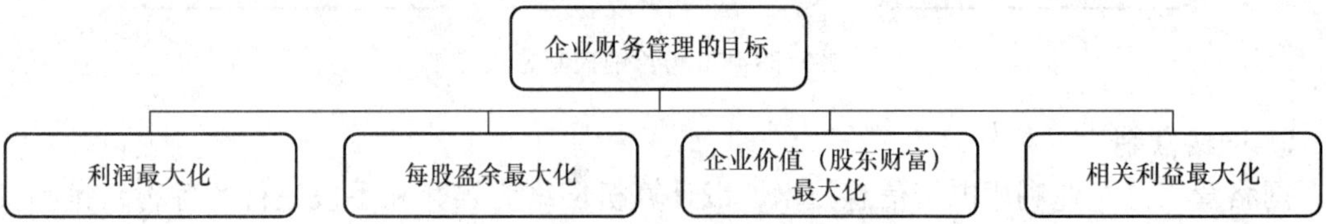

图 1-43　企业财务管理的目标

（1）利润最大化　利润代表了企业新创造的财富，利润越多说明企业的财富增加得越多。利润最大化就是假定在投资预期收益确定的情况下，财务管理行为将朝着有利于企业利润最大化的方向发展。

（2）每股盈余最大化　把企业的利润和股东投入的资本相联系，用每股利润（或权益资本净利率）作为企业的目标。

（3）企业价值（或股东财富）最大化　企业的价值在于它能给所有者带来未来报酬，包括获得股利和出售其股权换取资金。与商品的价值一样，企业的价值只有投入市场才能通过价格表现出来。企业的价值是其出售的价格，而个别股东的财富是其拥有股份转让时所得的现金。

（4）相关利益最大化　经济全球化使得企业与内、外部环境的联系越来越密切，企业不仅仅是股东的企业，同时也是所有利益相关者的企业，相关者利益最大化目标的基本思想就是在保证企业长期稳定发展的基础上，强调在企业价值增值中满足以股东为首的各利益群体的利益。

2. 财务管理的内容

财务管理的内容涉及六个方面，如图 1-44 所示。

（1）筹资活动　资金筹措是企业经营活动的一项重要内容。为满足企业生产经营的需

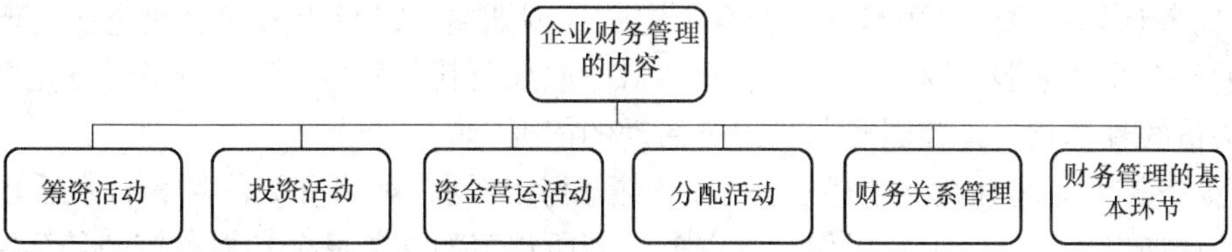

图 1-44　企业财务管理的内容

要、满足资本结构调整的需要和偿还债务的需要都需要筹措资金。

（2）投资活动　企业投资是指将筹集的资金投入使用的过程，包括企业内部使用资金的过程和对外投放资金的过程。企业在投资过程中，必须考虑投资规模；同时，企业还必须通过投资方向和投资方式的选择，来确定合理的投资结构。

（3）资金营运活动　资金营运是指企业在日常生产经营过程中所发生的资金收付活动。

（4）分配活动　分配是指企业对各种收入进行分割和分派的过程。随着分配过程的进行，资金退出或留存企业必然会影响企业的资金运动，这不仅表现在资金运动的规模上，而且表现在资金运动的结构上。因此，合理确定分配规模和方式是财务管理的主要内容之一。

（5）财务关系管理　企业资金的筹集、投放、使用、收入和分配，与企业上下左右各方面有着广泛的联系，从而形成各种财务关系，如图 1-45 所示。

财务关系影响着财务活动的规模和速度。财务部门应正确处理和协调与各有关方面的财务关系，取得国家、投资者和其他单位的信任，努力实现企业与其他各种财务主体之间的利益均衡，促进企业生产经营活动的正常开展，实现财务管理目标。

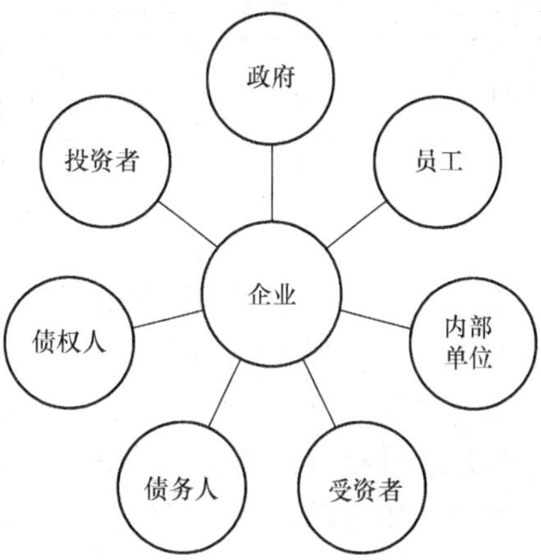

图 1-45　企业的财务关系

（6）财务管理的基本环节　财务管理环节是根据财务管理工作的程序及各部分间的内在关系划分的，由五个环节构成，如图 1-46 所示。财务管理的各个环节相互连接，形成财务管理工作的完整过程。

图 1-46　企业财务管理的基本环节

1）财务预测是根据企业财务活动的历史资料，根据目前的条件和要求，考虑未来发展趋势和要求，对企业未来的财务活动及财务成果作出科学的预计和测算。财务预测是财务决策的基础，是编制财务计划的前提，是组织企业日常财务活动的必要条件。

2）财务决策是指财务人员在财务管理目标的总体要求下，根据财务预算，采用一定方法从若干个备选方案中选出最优或满意方案的过程。财务决策是财务管理的核心环节。

3）财务计划又称财务预算，是指在一定的计划期内，以货币形式反映企业生产经营活动所需的资金及其来源、财务收入和支出、财务成果及其分配的计划。财务计划是财务预测和财务决策的具体化，是控制和分析财务活动的依据。

4）财务控制是指在财务管理过程中，根据财务计划，利用有关信息和特定手段对企业的财务活动加以影响或调节，以便实现财务计划所规定的财务目标。财务控制是落实财务计划和保证财务计划实现的有效措施。

5）财务分析的目的在于评估企业的财务状况和财务结果，检验财务计划目标的执行情况，找出财务运行中存在的问题和产生原因，并为以后的财务预测、决策和计划提供有用信息，提高企业经济效益。

3. 财务管理的职能

不论何种规模、何种性质的企业，也不论其财务机构、内部岗位、人员设置会有多少差别，企业财务管理都应具备以下七个方面的职能，如图 1-47 所示。

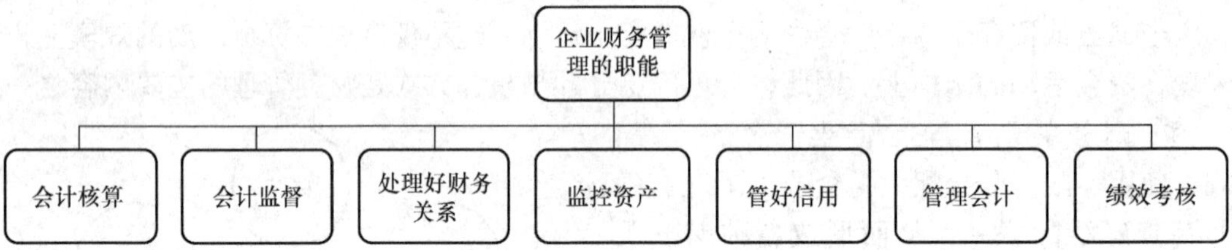

图 1-47　企业财务管理的职能

（1）会计核算　会计核算是企业财务管理的支撑，是企业财务最基础最重要的职能之一。会计核算有一套严格的确认、计量、记录和报告程序与方法。会计是用价值的方式来记录企业经营过程，反映经营得失，报告经营成果。会计的审核和计算只有在业务发生后才能进行，因此会计核算都是事后反映，并依据国家的统一会计制度、会计政策、会计法、会计准则、财务通则等进行分类整理。

（2）会计监督　除会计核算外，企业财务管理中最重要的职能就是会计监督。会计监督是全方位的，包含企业各个方面，其中对企业资金的监督是每家企业都非常重视的事。对任何企业来说，资金的运用与管理都是一件非常重要的事，作为企业价值管理的财务部门，其重要职能包含资金的筹集、调度与监管。

（3）处理好财务关系　企业经营过程中所涉及的财务关系很多，既有内部各部门之间的，也有企业与外部各供应商、客户、银行、税务、工商、政府等部门的财务关系，财务部门应协调好这些关系。

（4）监控资产　财务部门可通过定期与不定期进行资产的抽查与盘点，将企业资产实物与财务记录数据是否相符进行对比，从资产监管的角度来参与企业资产管理，以保证财务记录的真实性及企业资产的安全性与完整性。

（5）管好信用　企业经营都会与客户之间发生一些往来款项，其中不乏赊销。随着赊销业务的增加，企业可能会产生许多呆坏账，在毛利率不高的情况下，呆坏账往往超过企业全年利润，为控制呆坏账的发生，企业间的信用管理与控制也越来越被企业重视。

（6）管理会计　管理会计利用财务会计提供的会计信息及其他生产经营活动中的有关

资料，运用数学、统计学等方面的一系列技术和方法，实现对经济过程的预测、决策、规划、控制、责任考核评价等职能。它主要从管理的角度，根据决策者的需要重新将企业以往发生的财务事项进行重新组合、分解，利用趋势预测等方法，为决策者提供一些决策数据。企业财务应在会计核算与分析的基础上，结合管理会计，对企业生产经营、融资、投资方案等提供决策数据，做好参谋。

（7）绩效考核　绩效考核必须计量与比较各项完成的指标，这些计量与比较必然涉及会计方面价值计量，生产过程中的增值、费用控制、产值等，这些都是财务会计的计量范围，只有财务部门是专业和全面的，因此财务部门必须参与企业的绩效考核工作，绩效考核中的大部分计算工作成为财务职责工作的一部分，分解、计算各部门绩效是财务部门的职能之一。

4. 财务管理的环境

财务管理的环境是指对企业财务活动和财务管理产生影响作用的企业内外部条件的总和。企业要在一定的环境下进行财务活动，必然受到环境的影响。财务管理环境主要包括经济环境、法律环境和金融环境等，如图 1-48 所示。

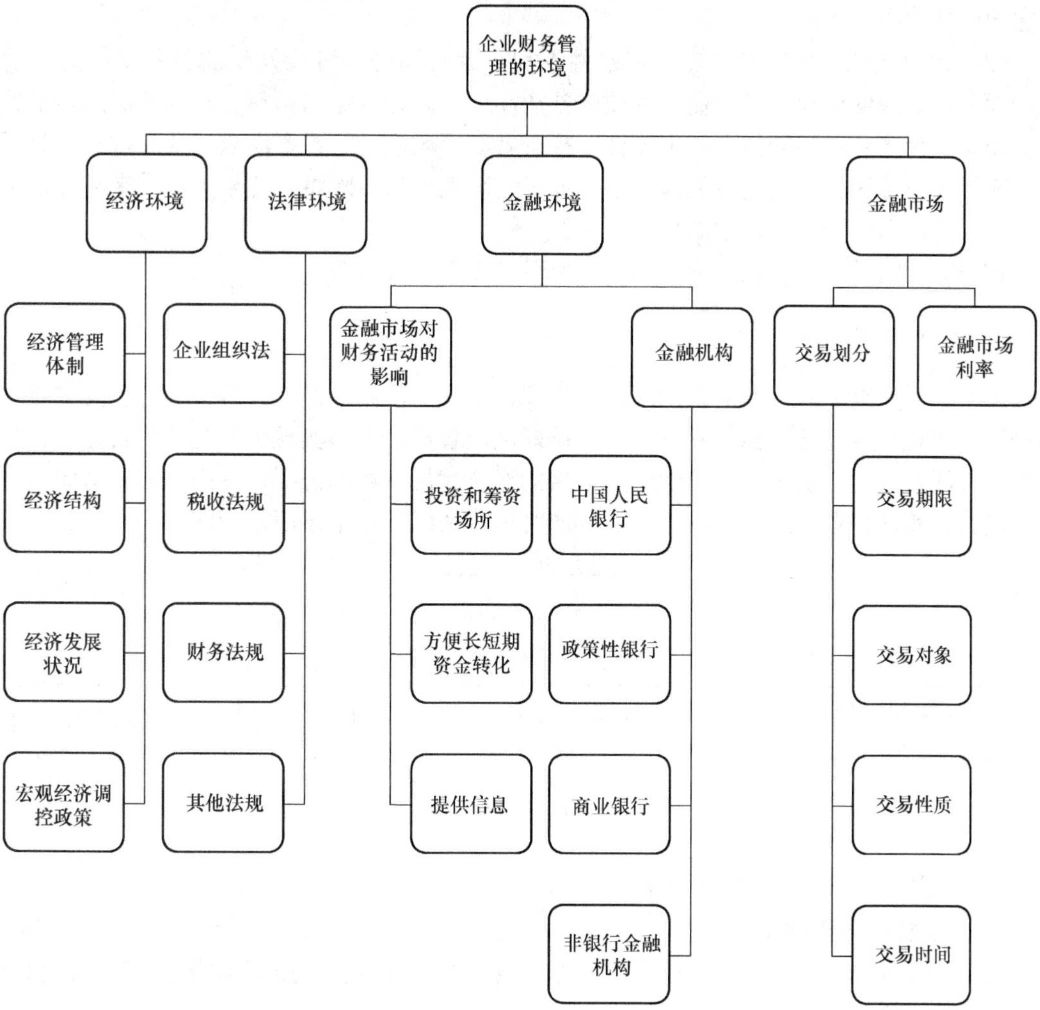

图 1-48　企业财务管理的环境

5. 财务管理的价值观念

企业财务管理的价值观念直接影响着企业财务活动的进行，以及财务管理目标的实现。企业财务管理的价值观念如图1-49所示。其中最主要的价值观念是资金的时间价值观念和风险观念。

图1-49　企业财务管理的价值观念

（1）资金的时间价值观念　资金的时间价值是指资金在经历一定时间的投资和再投资所增加的价值，是没有风险和通货膨胀条件下的社会平均资金的利润率。这种时间价值是资金在周转使用中产生的。

（2）风险观念　风险是指在一定条件下和一定时期内，可能发生的各种结果的变动程度。而财务管理的风险是指企业在各项财务活动中，因各种难以预料或难以控制的因素的作用，使企业无法获得预期报酬的可能性。投资者因冒风险进行投资而获得的超过资金时间价值的额外收益称为风险收益或风险报酬。如果正确地估计风险将可能给企业带来超过预期的收益，反之，则带来超过预期的损失。

财务管理的其他内容在这里略去，需要时请参看相关书籍。

七、企业生产管理

生产管理是企业对生产活动的计划、组织、指挥、协调与控制，是企业管理的重要组成部分，是实现企业经营目标的基本保证。搞好生产管理，能够实现生产管理的具体目标——高效、灵活、准时、安全、清洁地生产合格的产品满足市场的需要，提高企业的适应能力和竞争能力，实现企业的经营目标。企业生产管理涉及以下四个方面，如图1-50所示。

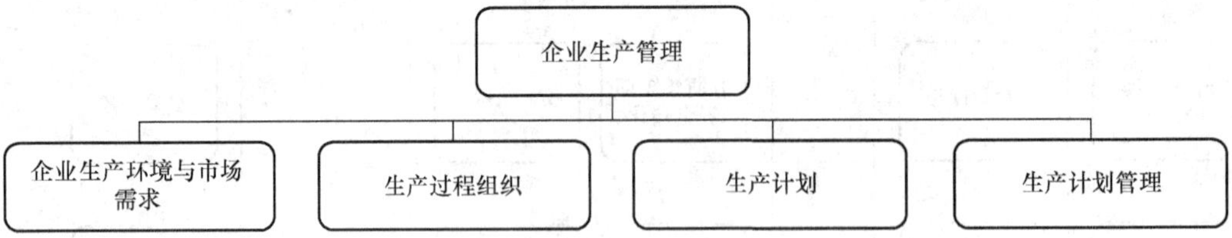

图1-50　企业生产管理

（一）企业生产环境与市场需求

1. 企业的生产环境

企业是在特定的环境下进行生产的，企业的生产目标、生产组织结构、生产方式和方法都应该适应生产环境的变化。

（1）企业生产的外部信息环境变化　由于计算机和网络技术的发展，社会已处于信息时代，企业生产需要满足社会及个人的需求。在买方市场上，社会及个人的需求越加具有多样性、适量性、多边性及个性化的特点，其满意度要求也越来越高，这使得产品生命周期也越来越短。企业必须通过完善的信息系统来获得全面的外部信息。

（2）企业生产的内部组织环境变化　为适应产品多样化、适量性、多边性及个性化的特点，流水线也实行混流生产，传统的管理控制结构也在发生变化。例如，采用针对某项生产任务或业务的小组工作方式等。

（3）生产技术的发展　现代制造技术的发展极其迅速，自动化水平越来越高。从单台机器的自动化，到计算机辅助设计（CAD）/制造（CAM），直到今天的计算机集成系统制造（Computer Intergrated Manufacturing System，CIMS）的自动化车间或工厂的新生产模式和发展方向的出现。企业必须在加强新产品开发的同时，全力采用新的技术与设备，才能大力提高产品质量和生产效率，进而提高经济效益，得以生存和发展。

2. 市场需求的变化

由于科学技术的飞速发展，产品寿命缩短，产品更新换代加快、产品多样化的趋势和买方市场的形成，使市场需求的变化加快。企业要生存，要占领市场，就必须很好地了解和满足顾客的需求，进行必要的市场调查和预测，了解市场需求及变化趋势。

（二）生产过程组织

产品的生产过程是从准备生产某种产品开始，到产品生产过程结束的全部过程。

生产过程组织是指为提高生产效率，缩短生产周期，对生产过程的各个组成部分从时间和空间上进行合理安排，使之能够相互衔接、密切配合的设计与组织工作。

1. 生产过程的构成

通常，工业企业生产过程可划分为五个部分，如图1-51所示。

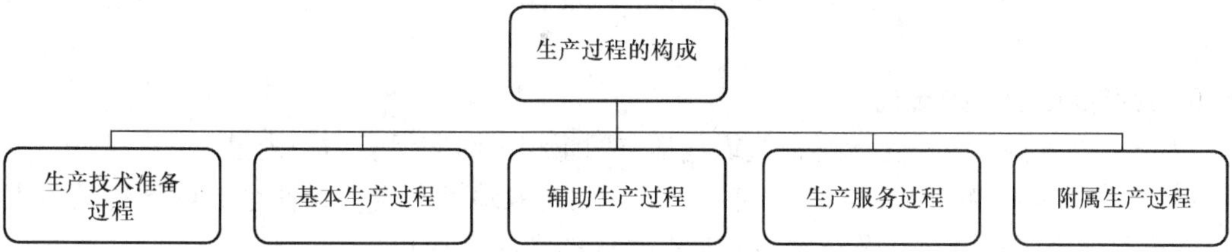

图1-51　生产过程的构成

（1）生产技术准备过程　即产品在投入生产前所进行的各种生产技术准备工作过程，包括产品设计、工艺设计、工艺装备设计与制造、标准化工作、定额的制订和修改、调整劳动组织和设备布置等。

（2）基本生产过程　即企业基本产品的生产加工过程。

（3）辅助生产过程　即为保证基本生产过程正常进行而进行的各种辅助性的生产活动。

（4）生产服务过程　即为基本生产和辅助生产服务的各种生产服务活动。

（5）附属生产过程　即企业根据自身条件和市场需要，生产某些非企业专业方向产品的生产过程。

2. 合理组织生产过程的基本要求

生产过程组织的目标是使产品在生产过程中的行程最短、时间最省、占用和耗费最少、效率最高、效益最好，具体要求如图 1-52 所示。

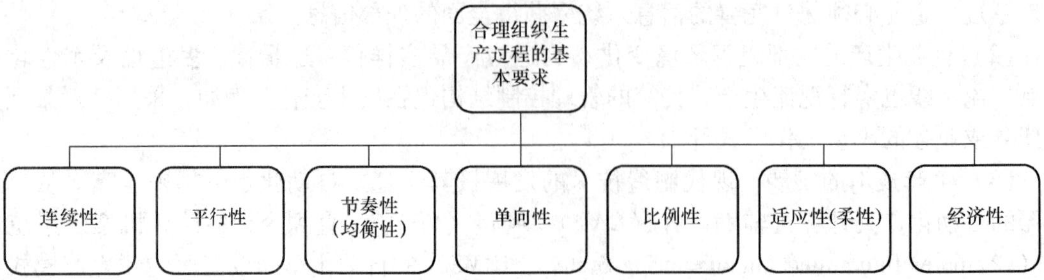

图 1-52　合理组织生产过程的基本要求

(1) 连续性　产品在生产过程各个阶段、各工序之间流转，连续不断，这与工厂布置、生产技术水平和管理工作的水平有关。

(2) 平行性　生产过程的各项活动、各工序同时实现平行作业，是生产过程连续性的必然要求。

(3) 节奏性（均衡性）　企业及其各个生产环节的工作都能够按计划进度要求有节奏地进行。

(4) 单向性　产品在生产过程中向一个方向转移，使移动路径最短。

(5) 比例性　为适应产品生产的要求，生产过程各阶段、各工序之间在生产能力上应保持一定的比例关系，如人数、设备、生产效率、班次等。

(6) 适应性（柔性）　生产过程具有灵活应变的能力，以适应市场需求的变化。

(7) 经济性　在生产过程中，以最少的消耗及资金占用，获得尽可能多的符合市场需求的产品。

3. 生产过程组织的形式

(1) 生产过程组织　生产过程组织包括空间组织和时间组织两项内容。

1) 生产过程的空间组织是为了使生产活动能高效地顺利进行，使企业内部各基本生产单位的内部设施、机器设备及运输装置具有合理的平面布置和空间布置。

2) 生产过程的时间组织是研究产品生产过程各环节在时间上的衔接和结合的方式。生产过程各环节之间时间衔接越紧密，生产周期越短，生产效率越高，生产成本越低。

(2) 生产过程组织的形式　生产过程组织的形式如图 1-53 所示。

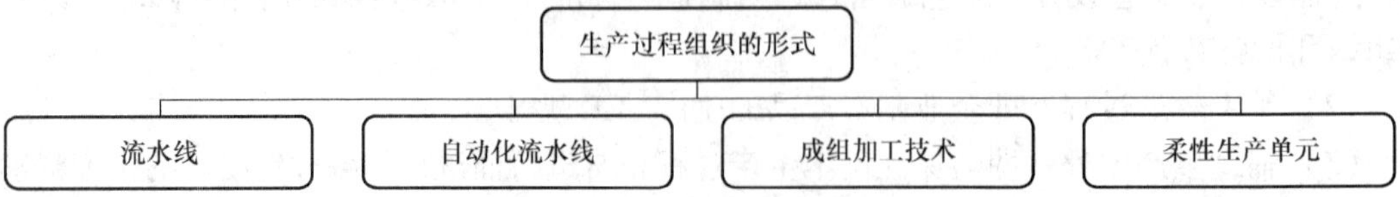

图 1-53　生产过程组织的形式

1) 流水线又称为流水作业，是指产品按照一定的工艺过程，顺序地通过各个工作地，并按照统一的生产速度（节拍）和路线，完成工序作业的生产过程组织形式。它将产品专业化的空间组织方式和平行移动的时间组织方式有机结合。

2）自动化流水线是流水线的高级形式，它依靠自动化机械体系实现产品的加工过程，是一种高度连续的、完全自动化的生产组织。同一般流水线相比，自动化流水线减少了工人需要量，消除了繁重的体力劳动，生产效率更高，产品质量更容易保证。

3）成组加工技术是用大批量的生产技术和专业化方法组织多品种生产，提高多品种小批量的生产效率。成组加工技术以零部件的相似性（主要指零件的材质结构、工艺等方面）和零件类型分布的稳定性、规律性为基础，对其进行分类、归并成组并组织生产。在成组技术应用中，出现了一具多用的成组夹具，可用于几种甚至几十种零件的加工。成组加工技术从根本上改变了传统的生产组织方法，它不以单一产品为生产对象，而是以“零件组”为对象编制成组工艺过程和成组作业计划。

成组加工单元就是使用成组技术，以“组”为对象，按照对象专业化布局方式，在一个生产单元内配备不同类型的加工设备，完成一组或几组零件的全部加工工艺的组织。采用成组加工单元，加工顺序可在组内灵活安排，多品种小批量生产可获得接近于大量流水生产的效率和效益。

4）柔性生产单元是以数控机床或数控加工中心为主体，依靠有效的成组作业计划，利用机器人和自动运输设备实现工件和刀具的传递、装卸及加工过程的全部自动化和一体化的生产组织。它是成组加工系统实现加工合理化的高级形式，它具有机床利用率高、加工制造与研制周期短、在制品及零件库存量低的优点。柔性制造单元与自动化立体仓库、自动装卸站、自动牵引车等结合，由中央计算机控制进行自动加工，就形成柔性制造系统。柔性制造单元与计算机辅助设计等功能的结合，则成为计算机一体化制造系统。

4. 影响企业生产过程组织的因素

影响企业生产过程组织的因素很复杂，主要因素如图1-54所示。

图1-54　影响企业生产过程组织的因素

（三）生产计划

企业的生产计划是企业在计划期内应完成的产品生产任务和进程的计划，是根据对需求的预测，从工厂能够适应需求的生产能力出发，为有效地满足预测和订货所确定的产品品种、质量、数量和交货日期，确定应在什么时候、在哪个车间生产和以什么方式生产才最经济合理。它是企业在计划期内完成生产目标的行动方案，是企业经营计划的重要组织部分，同时又是编制企业其他计划的主要依据。生产计划包含以下内容，如图1-55所示。

1. 生产计划的内容及类型

（1）生产计划工作的主要内容

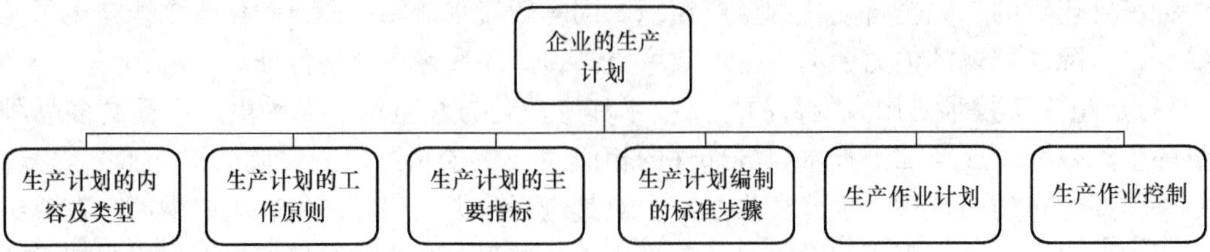

图1-55　企业的生产计划

1）调查和预测社会对产品的需求，核定企业的生产能力。

2）确定目标，制订策略。

3）选择计划方法，正确制订生产计划、库存计划、生产进度计划和计划工作程序以及计划的实施与控制方法。

（2）生产计划的类型　生产计划按照制订计划时间的长短分为长期、中期和短期计划三种。长期计划即生产方向的长远规划，可按五年或更长期限编制；中期计划是按两年或三年编制的生产发展规划；短期计划主要是年度生产计划。

企业生产计划一般为年度生产计划。年度生产计划是企业年度经营计划的重要组成部分，是编制物资材料采购、供应、库存、外协、人员、设备、资金计划的主要依据。其主要作用是充分利用企业资源，合理组织生产活动，提高企业生产效率和经济效益。

2. 生产计划的工作原则

生产计划工作是企业计划管理工作的一部分，生产计划除必须遵循计划管理的基本原则外，还必须结合生产计划工作自身的特点，贯彻下列原则要求。

（1）按需定产，以产促销原则　按需定产就是按照社会对产品品种、质量、数量与交货日期的需要来安排生产任务。由于市场需求是不断变化的，企业必须经常预测市场的需要，并按照社会需要组织生产，以满足社会的需要，扩大生产，增加企业效益。

按需定产、以产促销原则要求企业的生产计划既要根据预测的市场需求和订货合同中规定的产品品种、规格、质量、数量作为制订生产计划的依据，又要不断开发新产品或生产具有一定特色的优质产品，唤起新的需求，指导销售或用户需求的方向。只有这样，才能扩大销售，满足社会的需要，提高经济效益。

（2）合理利用生产能力原则　企业的生产计划同企业的生产能力要相适应，才能合理地充分利用企业生产能力。这就要求企业的生产计划工作必须做到以下几点。

1）生产计划安排的产品品种的生产工艺过程必须同企业的设备性能相一致。

2）生产计划的产品产量必须同企业生产设备能力相一致。

3）生产计划、出产进度安排平衡合理，使设备均衡负荷。

4）生产计划必须与销售计划互相衔接和协调一致。

（3）进行综合平衡原则　综合平衡是编制计划的原则和方法。生产计划指标的确立受到产、供、销和人、财、物各方面因素的制约，所以必须对它们进行综合平衡，使生产计划指标切合实际。综合平衡的作用就是以生产任务为中心，对设备生产能力、技术准备、物资供应、资金和劳动力等方面进行平衡，从而发现存在的不足和困难，提出措施设法解决，保证生产计划的完成。综合平衡的另一个重要作用是对各项经济指标进行平衡，即对产品的品种、产量、质量、成本、消耗、利润、资金等各项经济指标进行综合比较，在尽可能提高经济效益的目标下，对生产计划的各指标予以合理地调整，使确定的生产计划指标能够保证企业经营目标的实现。

（4）生产计划安排最优化　在一定的资源条件下，对生产进行合理安排，才能求得最佳的经济效益。生产计划安排最优化的内容包括两个方面：一是企业生产各品种的产量最优配合；二是计划安排动态最优化。

3. 生产计划的主要指标

生产计划的主要指标如图 1-56 所示。

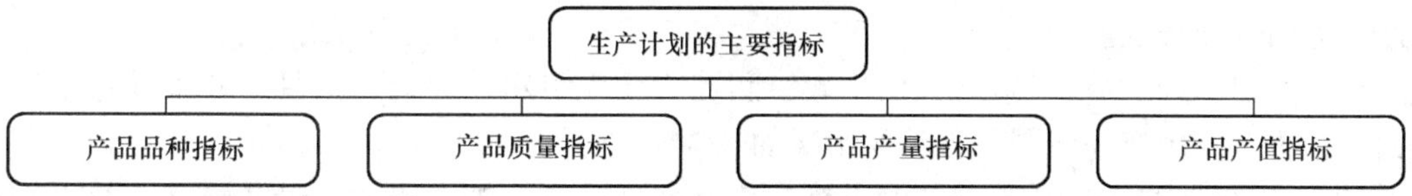

图 1-56　生产计划的主要指标

（1）产品品种指标　指企业在计划期内应该生产的品种、规格的名称和数量。

（2）产品质量指标　指企业在计划期内各种产品应该达到的质量标准。

（3）产品产量指标　指企业在计划期内应当生产的可供销售的工业产品的实物数量和工业性劳务的数量。产品产量指标通常采用实物单位或假定实物单位来计量。

（4）产品产值指标　产值指标是综合反映企业生产成果的价值指标，是用货币表示的企业生产产品的数量。企业产值指标有商品产值、总产值与净产值三种形式。

4. 生产计划编制的标准步骤

编制生产计划的标准步骤如图 1-57 所示。

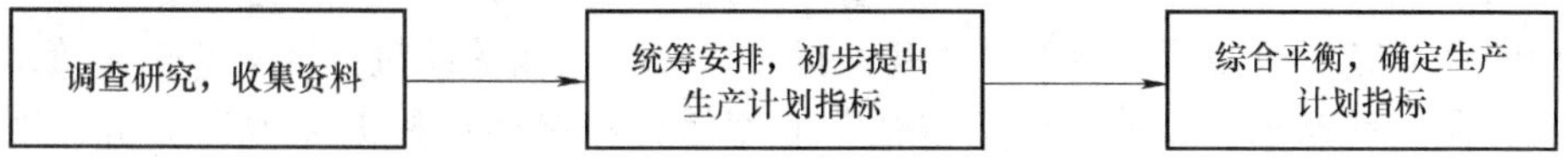

图 1-57　编制生产计划的标准步骤

（1）调查研究、收集资料　编制生产计划的主要依据有以下几方面。

1）企业长远发展规划，长期经济协议。

2）国内外市场的经济技术情报及市场预测资料。

3）计划期产品销售量，上期合同执行情况及成品库存量。

4）上期生产计划的完成情况。

5）技术措施计划与执行情况。

6）计划生产能力与产品工时定额。

7）产品试制、物资供应、设备检修、劳动力调配等方面的资料等。

（2）统筹安排，初步提出生产计划指标　应着眼于更好地满足社会需要和提高生产的经济效益，对全年的生产任务作出统筹安排。其中包括产量指标的选优和确定；产品出产进度的合理安排；各个产品品种的合理搭配生产；将企业的生产指标分解为各个分厂、车间的生产指标等工作。

（3）综合平衡，确定生产计划指标　把需要与可能结合起来，将初步提出的生产计划指标同各方面的条件进行平衡，使生产任务得到落实，确定生产计划，使企业的生产计划方案达到最佳。综合平衡内容主要包括以下几方面。

1）生产任务与生产能力之间的平衡，测算企业设备、生产面积对生产任务的保证程度。

2）生产任务与劳动力之间的平衡，测算劳动力的工种、数量以检查劳动生产率水平与生产任务的保证程度。

3）生产任务与物资供应之间的平衡，测算主要原材料、动力、工具、外协件对生产任务的保证程度及生产任务同材料消耗水平的适应程度。

4）生产任务与生产技术准备的平衡，测算产品试制、工艺准备、设备维修、技术措施等与生产任务的适应和衔接程度。

5）生产任务与资金占用的平衡，测算流动资金对生产任务的保证程度和合理性。

6）生产指标之间的平衡。

5. 生产作业计划

生产作业计划是生产计划的具体落实计划，是企业组织日常生产调度活动的依据。它是将企业生产计划规定的生产任务，具体落实到企业各车间、工段、班组、工作地以至每个工人，并在时间上将生产任务分配到月、旬、周、日以至每个轮班。

生产作业计划工作包括生产作业计划的编制和生产作业控制。生产作业控制是在作业计划执行过程中所进行的生产调度和作业核算工作。

（1）期量标准（作业标准）　指在一定的生产技术及组织条件下，对劳动对象在生产期限和生产数量方面所规定的标准数据。期量标准是编制生产作业计划的重要依据之一，不同生产类型的企业有不同的期量标准。大量大批生产类型企业的期量标准有节拍、流水线工作指标图表、在制品定额；成批生产类型企业的期量标准有生产周期、生产批量、生产间隔期、生产提前期、在制品定额；单件小批生产类型企业的期量标准有生产周期、生产提前期、产品生产周期图表。

下面简单介绍六种主要期量标准。

1）流水线工作指标图表也称流水线标准计划图表，它为每个工作地规定了详细的工作制度，使各个工作地严格地按规定的计划节拍进行生产。

2）在制品占用量定额是指在一定时间、地点和具体的生产技术组织条件下，为保证生产连续而均衡地进行所必需的在制品数量标准。在制品是指从原材料投入生产开始到成品入库为止，处于生产过程中尚未完工的所有零、部件的总称。保持一定数量的在制品是正常生产的客观需要。在制品数量不足，会使前后工序脱节，生产中断；在制品数量过多，又会造成资金积压。因此，企业必须根据具体情况合理地确定在制品占用量定额，并对在制品进行有效的控制。

3）批量是指一次投入（或产出）的同一种产品的数量。在实际生产中，每投入一批新的产品，都需要对设备进行一次调整，还需要进行生产结束的整理工作。这些准备与结束工作要耗费一定的时间和资金，当生产任务一定时，批量不同，调整时间和资金就不同。批量增大，批次可减少，有利于稳定产品质量和提高劳动生产率，降低生产费用。但是，批量过大，就会延长产品生产周期，增加了在制品储备和占用较多的流动资金，增加保管工作量和贮存保管费用。反之，由于批量小，批次增加，设备调整次数增加，相应地调整费用也会增加。因此，每个企业都必须根据自身的具体情况，全面分析上述因素的影响，通过科学的分析计算方法，确定出合理的批量。

4）生产间隔期也称生产重复期或投入、出产间隔期，是相邻两批同种产品（零件）投入（或产出）的时间间隔。

5）生产周期指从原材料投入生产开始，一直到产品完成为止所经过的全部生产过程的日历时间。它是确定产品投入和产出提前期的依据。生产周期分工序生产周期、工艺阶段的生产周期与产品生产周期。产品生产周期决定于产品各工艺阶段的生产周期，而工艺阶段的生产周期决定于该阶段各工序的生产周期。

6）生产提前期指产品在各工艺阶段投入或产出的时间比成品生产日期应提前的时间。前者称投入提前期，后者称产出提前期。有了提前期标准，可以根据生产计划或合同规定的产品交货期限，正确确定各生产环节投入和出产产品的时间。各生产环节（车间）的投入或产出提前期，都是以最后生产环节（车间）产出时间为基础按反工艺顺序确定的，在计算某车间的提前期时，先确定出产提前期，后确定投入提前期。

（2）编制生产作业计划　编制生产作业计划就是确定各个生产环节在月度内每旬、每周、每日的生产任务。编制生产作业计划所需的主要资料有年季度生产计划、国家对企业临时分配的任务、企业订货合同、产品有关技术资料、期量标准、设备及人员配备情况等。生产作业计划主要包括全厂生产作业计划和车间生产作业计划两部分。全厂生产作业计划主要是编制各车间的生产任务和生产进度。车间生产作业计划主要是确定工段、班组、个人的生产任务。编制生产作业计划一般是先编制全厂的生产作业计划，后编制车间的生产作业计划。

6. 生产作业控制

生产作业控制就是对生产作业计划在执行过程中的监督、检查、调度和校正。生产作业控制的内容如图 1-58 所示。

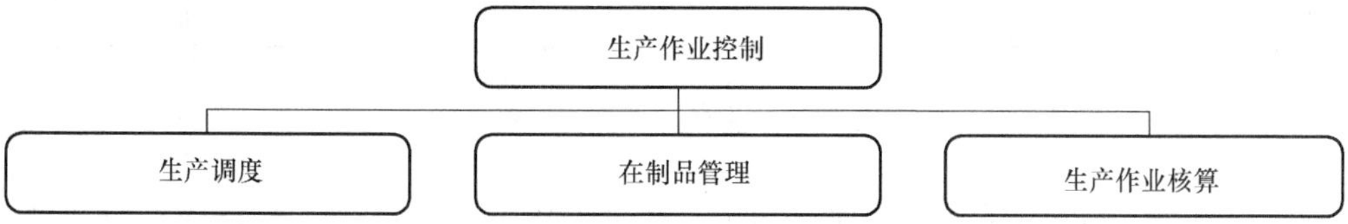

图 1-58　生产作业控制的内容

（1）生产调度　生产调度是指对执行生产作业计划的过程直接进行控制和调节。生产调度工作的基本任务是以生产作业计划为依据，全面地掌握和了解生产活动的过程，组织和动员各方面的力量为生产服务，并根据实际情况，灵活机动地组织日常生产，迅速及时地处理生产中出现的各种矛盾，充分利用富余的能力，克服薄弱环节。必要时，应对生产作业计划进行适当的调整和补充，使生产过程中各个环节能相互协调地进行，以保证生产任务的完成。

（2）在制品管理　在制品管理工作就是为了保证生产各环节连续、均衡地进行生产，而对在制品及库存半成品进行计划、协调和控制的工作。

（3）生产作业核算　生产作业核算是通过对生产实际状况的检查，及时反映生产作业计划的执行情况。生产作业核算的主要内容有以下两个方面。

1）对产品产量、品种、进度的完成情况进行核算和分析。

2）对在制品、半成品的流动变化情况进行分析和统计等。

（四）生产计划管理

1. 生产计划安排标准

（1）产量优选　企业的产量任务的确定，首先考虑市场的需求，同时也应考虑充分利用企业的生产能力，增加利润。产量与利润的关系可以运用盈亏平衡点法来衡量。所谓盈亏平衡点，就是当产量增加到一定界限时，产品生产所支付的固定费用和变动费用才能为销售收入所抵偿；产品产量小于这个界限，企业就要亏损；产品产量大于这个界限，企业才有盈利。这个界限就称为盈亏平衡点。

（2）产品生产进度安排　产品生产进度安排就是在编制生产计划时，将全年生产任务具体安排到各个季度和月份。合理安排产品的生产进度，可以进一步落实企业销售计划，为完成计划和合同的交货数量和期限提供了保证；同时有效利用企业的人力和设备，提高劳动生产率，从而提高企业的经济效益。生产进度安排形式如图 1-59 所示。

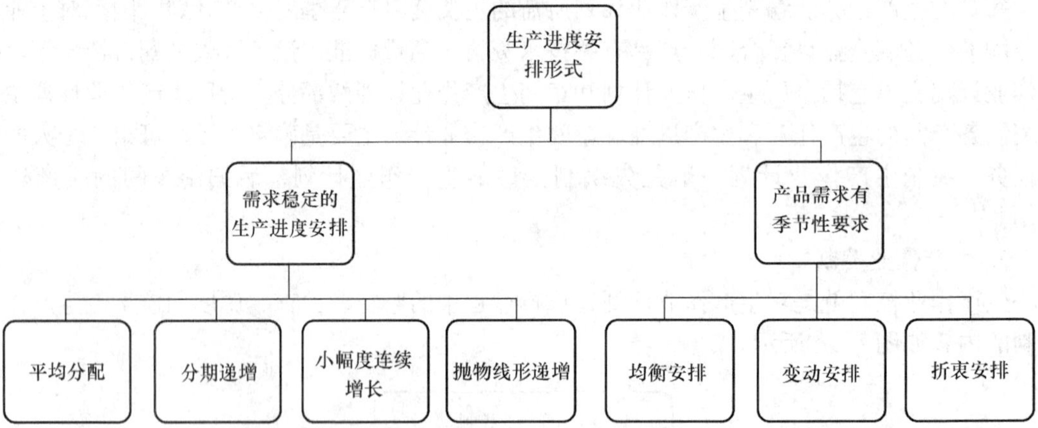

图 1-59　生产进度安排形式

（3）品种搭配　企业在进行多种产品生产时，安排生产计划不仅要合理安排产品的出产进度，还要考虑同一时期内将哪些产品搭配在一起生产。这是生产多品种产品的企业在安排生产计划时的重要工作。以下是多品种搭配的注意事项。

1）应先安排经常生产的产品与产量比较大的产品。

2）对于其他品种采用逐一大批量集中完成全年任务的方式。

3）新老产品交替要有一定的交叉时间，即新产品产量逐渐增加，老产品产量逐渐减少。

4）将尖端产品与一般产品、复杂产品与简单产品、大型产品与小型产品合理搭配。

5）确定各品种集中完成的先后顺序时，要考虑生产技术准备工作的完成期限，关键材料和外协件的供应期限等因素。

（4）车间生产任务安排　车间生产任务安排应实现以下要求：

1）必须保证整个企业的生产计划得到实现。

2）要缩短生产周期和减少流动资金占用量，以提高生产的经济效益。

3）要充分利用车间的生产能力，规定的任务应适合车间的设备条件。

2. 生产能力指标标准

（1）生产能力的概念　企业的生产能力是指企业固定资产在一定时间内和一定技术组织条件下，经过综合平衡以后，能够生产一定种类产品的最大数量。企业制订生产计划的依据之一就是生产能力，它在一定时期内是相对稳定的。根据核定生产能力时所依据的条件以及生产能力的用途不同，企业的生产能力可分为下面三种。

1）设计能力。设计能力是指新建或改建企业在设计任务书和技术设计文件中所规定的正常条件下达到的生产能力，是生产性固定资产在最充分利用工作时间和最完善的技术组织条件下应该达到的最高生产能力。

2）查定能力。查定能力是指企业生产了一段时期以后，由于技术变革，对原设计能力重新调查、分析、核定下来的生产能力，通常用于没有经过正规设计的企业。查定能力是根据年度内可能实现的、先进的组织技术措施来计算确定的。

3）计划能力。计划能力也称现有能力，是指企业在计划年度内实际能够达到的生产能力。

设计能力和查定能力可以作为确定企业生产规模、编制企业长远规划、安排企业基本建设和技术改造计划的依据；计划能力则是企业编制年度计划、确定生产指标的依据。

（2）生产能力的计量单位　常用的生产能力的计量单位有以下几种。

1）用常规实物量表示的计量单位，如数量单位个、件、台等和质量单位吨（t）、千克（kg）等。

2）用标准产品表示的计量单位，如电动机用千瓦等。

3）用代表产品表示的计量单位通常是指企业具有发展方向的主要产品，在产量、结构工艺上具有代表性，如汽车生产企业的一种车辆。

4）用平方米/小时（m^2/h）表示的计量单位指单位时间内的产量是以平方米表示的。

3. 决定生产能力标准的因素

企业生产能力的大小受到诸多因素的影响，但主要由以下三个因素决定。

（1）生产中固定资产的数量　指企业在查定时期内所拥有的全部能够用于工业生产的机器设备、厂房和其他生产性建筑物的面积。

（2）固定资产的工作时间　指机器设备的全部有效工作时间和生产面积的全部利用时间。

（3）固定资产的生产效率　从机器设备的角度，是指单位机器设备的产量定额或单位产品的台时定额；从生产面积的角度，是指单位产品占用的生产面积的大小和时间的长短。

4. 提高生产能力的途径

提高生产能力的途径有四个方面。

1）改善设备的时间利用。

2）降低设备的使用强度。

3）管理生产中的设备。

4）充分利用生产面积。

（五）新型生产方式

新型生产方式涉及计算机集成制造系统、柔性制造系统、丰田生产方式等。

1. 计算机集成制造系统（CIMS）

计算机集成制造系统作为制造自动化技术的最新发展、工业自动化的革命性成果，它代表了当今工厂综合自动化的最高水平，未来工厂中的操作工人将会由各种机器人代替，实现工厂无人化。

2. 柔性制造系统

柔性制造系统是在成组技术的基础上，以多台（种）数控机床或数组柔性制造单元为核心，通过自动化物流系统将其连接，统一由主控计算机和相关软件进行控制和管理，组成多品种变批量和混流方式生产的自动化制造系统。柔性制造系统已进入实用阶段。

3. 丰田生产方式

丰田生产方式是关于生产系统设计和运作的综合体系，它用精益求精的态度和科学的方法来控制和管理汽车的设计开发、工程技术、采购、制造、储运、销售和售后服务的每一个环节，从而达到以最小的投入创造出最大价值的目的。这其中的每一个环节以及各环节之间的衔接都是经过精心筹划和计算的。

丰田生产方式使落后美国汽车生产数十年的丰田公司超越了全世界最大的汽车生产厂家——美国的通用汽车公司，在2008年成为了产销世界第一的汽车公司。所以丰田生产方式自20世纪80年代开始，被全世界的汽车制造企业学习、研究、应用。

八、质量管理

目前“质量第一”已成为工商界的信念，大力开展质量管理的研究与实践已成为企业在竞争中取胜的主要手段。“质量是企业的生命”这一理念已为企业界所认同，质量管理是企业管理的重要部分。本书将在第三章专门阐述质量管理内容。

九、人力资源开发与管理

人是组织最重要的资产，也是竞争力的关键因素。因此，不管是何种机构都越来越重视人力资源的开发管理。

（一）人力资源与人力资源管理概述

1. 人力资源的含义

人力资源是以具有劳动能力的劳动者的数量和质量表示的资源，是企业经营中最活跃最积极的生产要素。人的劳动能力包括体能和智能两个方面，体能是指对劳动负荷的承载能力和消除疲劳的能力。由于人体是劳动能力存在的载体，因此，人力资源便表现为具有劳动能力的人口。

人力资源是进行社会生产的最基本的资源，与其他资源相比，它具有以下特点。

（1）能动性　人能有意识地认识世界，并能通过教育和培训，使自己获得更高的劳动素质和能力，人作为劳动力的所有者可以自主择业，创造性地劳动。

（2）时效性　人在生命周期的不同阶段的体能和智能是不同的，各阶段的劳动能力也是不同的，因而人力资源在各个时期可利用的程度也不同，在开发人力资源时要重视其规律性。

（3）智力性　人是科学文化的载体，人不仅可以利用智力创造价值，而且能在创造价值的同时增加智慧。人的这种智慧可以传播和积累。

（4）社会性　人类劳动是群体性劳动，员工们置身于企业之中，企业在一定的社会环境下生存和发展。所以，人力资源管理要注意组织文化建设，注重人与人、个体与群体、人与社会的关系及利益的协调与整合。

2. 人力资源的分类

人力资源可以从不同的角度进行分类。美国传统的人力资源分类如图 1-60 所示，美国新的人力资源分类如图 1-61 所示，中国现行的企业员工分类如图 1-62 所示。

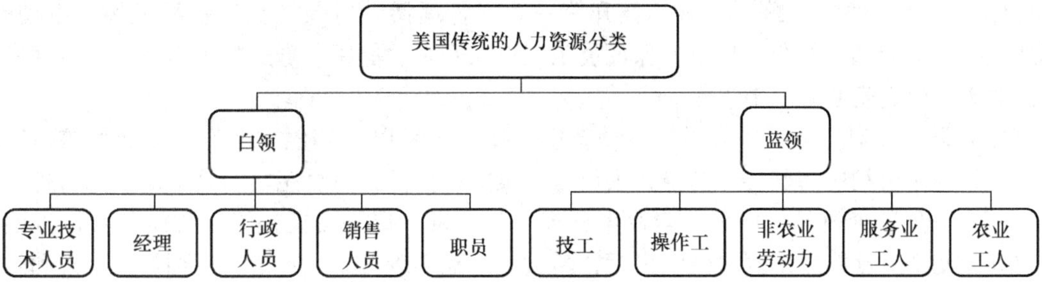

图 1-60　美国传统的人力资源分类

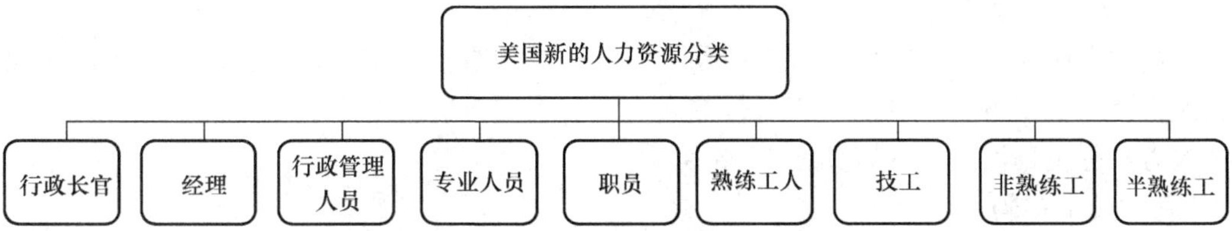

图 1-61　美国新的人力资源分类

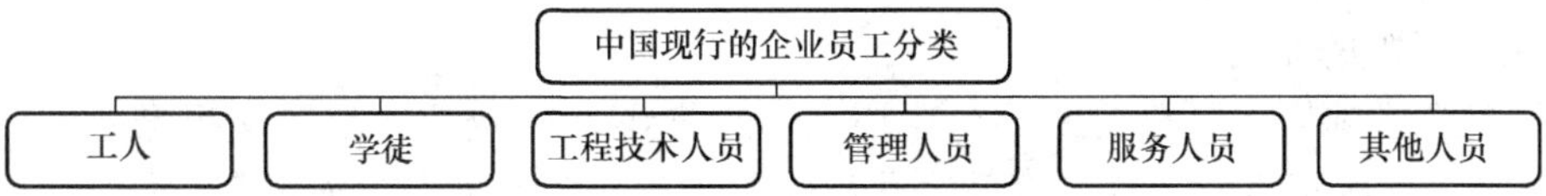

图 1-62　中国现行的企业员工分类

3. 人力资源的重要性

从经济学的观点来看，人力资源在社会经济发展过程中处于第一资源的重要地位。

4. 人力资源管理的概念

人力资源管理是指管理者为实现组织的战略目标，利用现代化的科学技术和管理理论对不断获得的人力资源所进行的整合、奖酬、调控、开发各环节的总和。其结果能提高组织的生产率和竞争力，同时，也能提高员工的工作生活质量和增加工作满意感。

5. 人力资源管理的目标

人力资源开发的目标就是提高人力资源的适用率、发挥率、有效率。

（1）提高人力资源的使用效能　保证组织对人力资源的需求得到最大限度的满足，通过取得人力资源使用效能的最大化来实现企业利润的最大化，使人力资源的使用价值达到最大。

（2）充分调动员工的工作积极性　使其潜能得到最大限度的发挥。

（3）促进员工全面发展　以人为本，使企业员工得到全面发展是企业人力资源管理追求的最高境界。人力资源管理要以员工为中心，培养员工多方面的能力。

6. 人力资源管理的基本职能

（1）获取　根据企业目标确定的所需员工条件，通过规划、招聘、考试、测评、选拔、获取企业所需人员。

（2）整合　整合是使员工之间和睦相处、协调共事、取得群体认同的过程，是员工融入组织，使企业内部的员工个体的目标、行为、态度趋向企业的要求和理念，使之形成高度的合作与协调，发挥集体优势，提高企业的生产力和效益的过程。

（3）保持　通过薪酬、考核、晋升等一系列管理活动，保持员工的积极性、主动性、创造性，维护劳动者的合法权益，保证员工工作在安全、健康、舒适的工作环境，以增进员工满意感，使之安心满意地工作。

（4）调控　对员工工作成果、劳动态度、技能水平以及其他方面作出全面考核、鉴定和评价，为作出相应的奖惩、升降、去留等决策提供依据，对员工实行公平的动态管理。

（5）开发　通过员工培训、职业生涯规划与开发，促进员工知识、技能和其他方面素质提高，使其劳动能力得到增强和发挥，最大限度地实现其个人价值，达到员工个人和企业共同发展的目的。

（二）人力资源规划

通过对企业人力资源的供需分析，预见人才需求的数量和质量要求，结合市场供需确定企业人力资源工作策略，制定切实可行的人力资源规划方案。

人力资源规划涉及的内容如图 1-63 所示。

（三）员工招聘

员工招聘即企业根据人力资源管理规划，从组织内部和外部吸收人力资源的过程。员工招聘包括员工招募、甄选和聘用等内容。

1. 员工招聘的原则

（1）计划性原则　不论是新建企业还是已正常运行的企业，都应该根据企业的发展目标、生产计划、人事变化、生产经营变化以及行业变化等因素制订人力需求计划。

（2）公正性原则　将招聘工作置于公开监督之下，防止以权谋私、假公济私的现象，确保招聘制度给予合格应征者平等的获选机会，择优选拔录用员工，促进企业的发展。

（3）科学性原则　制订科学的岗位用人标准和规范，作为企业考核选拔人员的客观依据；形成科学的考核方法体系，保证招聘工作的公正性；制订科学而实用的操作程序，使招聘工作高效率地进行。

2. 员工招聘程序

根据员工招聘的原则，按一定的程序实施招聘工作，如图 1-64 所示。

3. 测试、选拔与录用

常用的员工招聘测试方法有笔试、面试、心理测试和情景模拟（如上海通用汽车公司

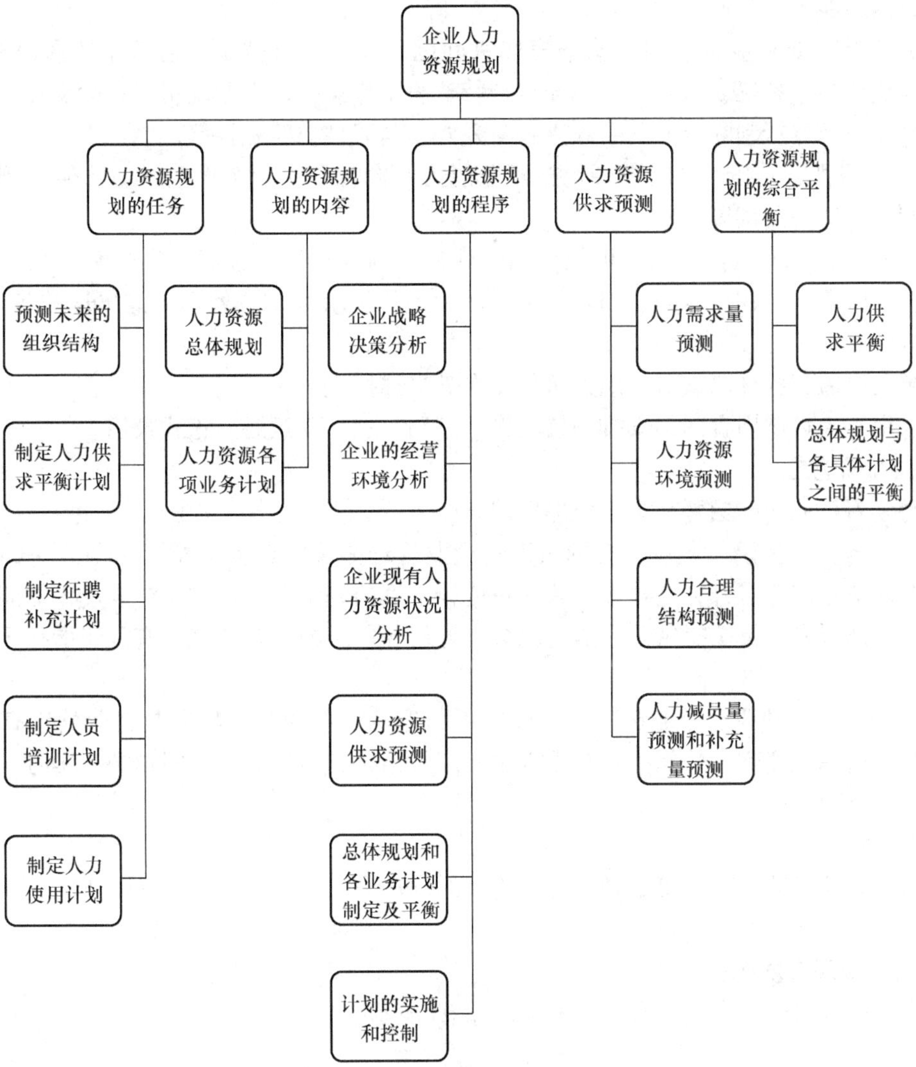

图 1-63 企业人力资源规划

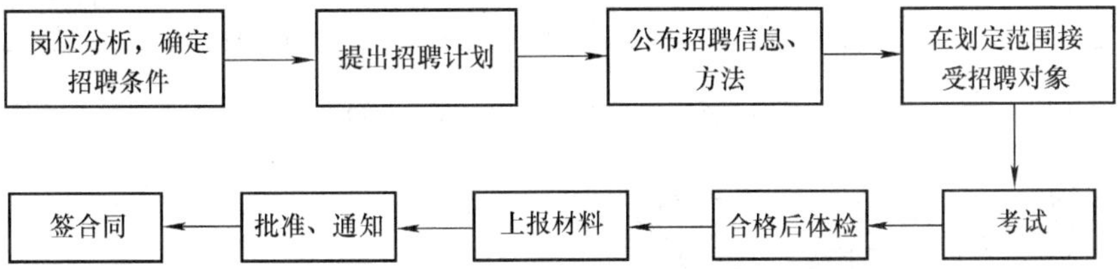

图 1-64 企业员工招聘程序

招聘过程必须经过人事评估）等。

（1）笔试 通过纸笔测验的方式对被试者的知识广度、深度和结构进行考查。可以有效地测验应聘者的基本知识、专业知识、管理知识、相关知识以及综合分析能力、文字表达能力等方面的能力。

（2）面试　要求被试者用口头语言回答问题，以便了解被试者心理素质和潜在能力。面试的重点内容包括仪表风度、专业知识与特长、工作经验、求职动机、人际交往与沟通技巧、应变能力、分析判断能力、个人兴趣与爱好、与职位的匹配性等。

（3）心理测试　心理测试主要包括职业能力倾向性测试、个性测试、价值观测试、职业兴趣测试、情商测试等。

（4）情景模拟　根据被试者可能承担的任务，编制一套与该职位实际情况相似的测试项目，将被试者安排在模拟的、逼真的工作环境中，要求被试者处理可能出现的各种问题，用多种方法测试其心理素质、潜在能力的一系列方法。

在被试者通过各种测试后，用人单位要在其中选拔优秀者。

与录用者签订试用合同，安排初始工作、试用，一切满意后，正式录用。

4. 员工招聘方法

招聘分为企业内部招聘和企业外部招聘。

（1）企业内部招聘　企业现有的员工是企业管理岗位的最大的招聘来源。内部招聘对象的主要来源是内部晋升，这种提拔建立在比较了解的基础上，往往更注重员工的能力而不是学历。内部晋升给员工提供了发展的机会，能培养员工的奉献精神，有利于增强企业的凝聚力。

（2）企业外部招聘　企业员工需要经常不断地从外部招聘，特别是企业处于高速成长期或需要大量用人之际。外部招聘常用方法有广告招聘、招聘会、校园招聘、实习、中介公司以及网上招聘等。

（四）人力资源开发

人力资源开发即发现、发展和充分利用人的创造力，以提高企业劳动生产率和经济效益的活动。

1. 人力资源开发的基本途径

人力资源开发的基本途径有四个，如图 1-65 所示。

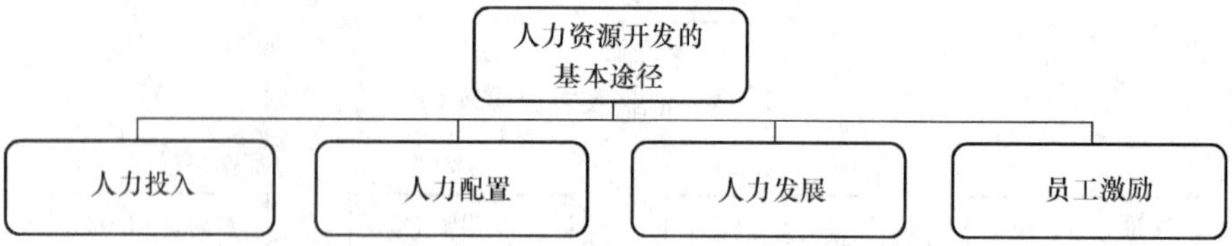

图 1-65　人力资源开发的基本途径

（1）人力投入　人力投入是指选择适量并满足需要的人力资源，投入到企业的生产经营活动中去，以达到最佳规模经济效益。

（2）人力配置　人力配置是将投入的人力安排到企业中最需要、最能发挥其才干的岗位上，以保持生产系统的协调。合理配置人力，就是调整和优化企业的劳动组合，使生产经营各环节人力均衡，使人岗匹配，有利于每个人作用的充分发挥。

（3）人力发展　人力发展是指通过教育培训，提高劳动者的素质。

（4）员工激励　员工激励是指激发人的热情，调动人的积极性，使其潜在的能力充分发挥出来。

2. 员工激励和培训

有关员工激励和培训将在本书第四章第二节班组人员管理中详细讲述，在此不再赘述。

（五）绩效考核

绩效考核是指考评主体对照工作目标或绩效标准，采用科学的考评方法，从工作成绩、工作能力和工作态度三个方面评定员工，考核结果是员工晋升、接受奖惩、发放工资、接受培训等的有效依据，它有利于调动员工的积极性和创造性，检查和改进人力资源管理工作。

1. 员工绩效考核的种类

1）按主体分——有自我、上级、下级、同事、外部、顾客和混合考核等。

2）按时间分——有年度、长期、经常性考核。

3）按技术手段分——有定性、定量考核及包括模糊综合考核在内的中性考核。

4）按作用分——有控制性、分配性、配置性、培训性考核。

5）按目的分——有诊断性、鉴定性、评价性考核。

2. 员工考核的目的

（1）人事管理决策

1）考核是薪酬管理的重要手段。

2）考核结果是员工调迁、升降、淘汰的重要标准，因为通过考核可以评估员工对任用职位的胜任程度及其发展潜力。

3）考核结果可以对公司现有员工与组织进一步发展的需要之间的差距作出评价，为人力资源开发计划提出方向和依据。

（2）员工职业发展

1）考核可以确定员工培训开发的方向。

2）考核给员工提供了自我评价和升迁的机会。

（3）企业管理诊断　员工绩效考核是企业运行状况诊断的重要内容，并可以作为组织绩效改进的一个有力措施。

1）考核结果可以作为评价整个企业生产效率的一个指标。

2）考核结果可以作为企业管理部门评价检验工时制度、工作方法、组织结构、领导行为方式、工作条件、劳动设备及环境效果和价值的标准。

3）考核结果可提供给企业中生产、供应、销售、财务等职能部门，供制定有关决策时作为参考依据。

4）考核是绩效控制的重要手段。

3. 员工考核的内容

员工考核应从四个方面进行，即德、能、勤、绩。

（1）德　德是一个人的灵魂，指人的政治思想素质和道德素质，用以统帅才能。

【案例 1-2】

下面是摘自 2008 年《工人日报》王如明的《欣赏别人》的一段文字：我国台湾作家林清玄当记者时，曾报道过一个作案手法非常细腻、独特，作案上千起才第一次被捉住的神偷。林清玄在报道的最后情不自禁地发出感叹：“像心思如此细密，手法那么灵巧，风格这样独特的小偷，做任何一行都会有成就的吧！”

林清玄没想到，他在20年前无心写下的几句话，竟影响了一个青年的一生——当年的小偷已成为我国台湾饮食界的大老板。“林先生的那篇特稿，打破了我生活中的盲点，使我想，为什么除了做小偷，我没有想过做正当的事呢?”从此，他脱胎换骨，重新做人，迎来了新的人生。

这段文字充分地说明了“德用以统帅才能”。

企业对员工的道德考核主要看员工的价值观是否与企业一致。德从三个方面决定了员工对企业可能的贡献大小。

1）行为方向——目的。

2）行为强弱——努力程度。

3）行为方式——手段。

（2）能　能是指一个人的能力素质，即认识世界和改造世界的本领。

能力表现在一个人所具有的常识，掌握的专业知识、相关知识、技能、技术、技巧，积累的工作经验，以及是否具有良好的身体素质。

能力考核以素质为依据，结合员工的具体工作表现进行判断，如图1-66所示。

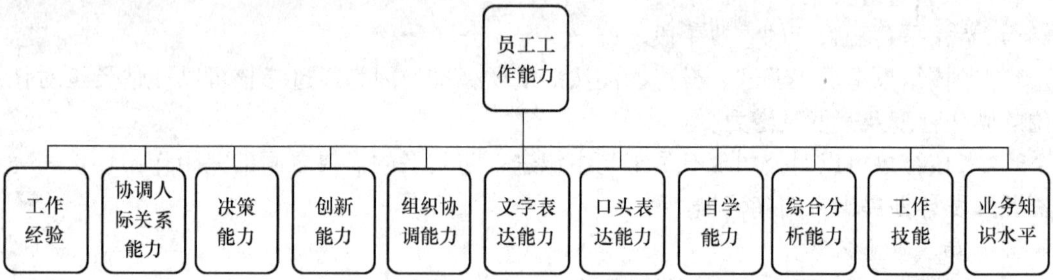

图1-66　员工工作能力

（3）勤　勤指勤奋敬业精神，即工作态度：工作积极性、创造性、主动性、纪律性和出勤率。工作态度是工作能力向工作业绩转换的“中介”，工作态度的考核从下面四个方面进行。

1）工作积极性。

2）工作责任心。

3）工作协作性。

4）工作纪律性。

（4）绩　绩是指员工在一定的时间与条件下完成某一任务所取得的业绩、成效、效果、效率和效益。绩效考核主要看工作效率、工作任务完成的质与量和工作效益，如图1-67所示。

有关绩效考核的其他内容在此不再讲述，必要时请参看相关书籍。

（六）薪酬管理

1. 薪酬的含义

薪酬指企业所付出的人力成本，即企业因使用员工劳动，为员工对企业所做的贡献而付出的经济性报酬。薪酬包括直接薪酬（如基本工资、津贴补贴和股权）和间接薪酬（如福

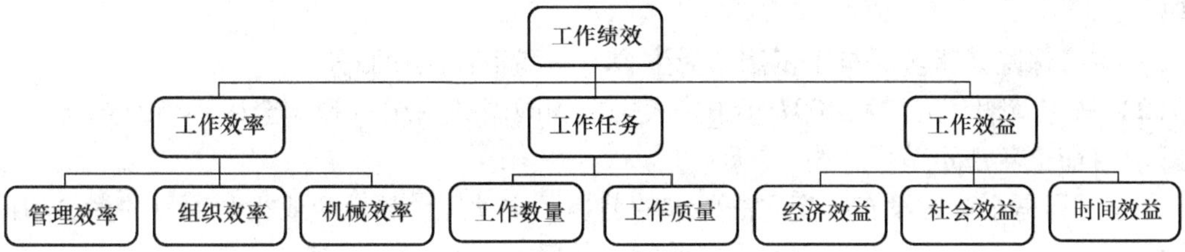

图1-67　工作绩效的内容

利）。所以薪酬不仅仅是工资。

2. 基本工资制度

基本工资制度也称工资等级制度，员工按工资标准领取的工资构成了全部工资收入的基本部分。目前企业中流行的主要基本工资制度包括以下五个方面。

（1）岗位工资制度　它是根据员工目前所在职位来决定员工报酬的一种工资制度。特点是员工只能根据目前的职位取得报酬。职位变化，报酬随之变化。

（2）技能工资制度　它是根据员工所拥有的与工作相关的技能与知识水平来决定员工报酬的一种工资制度。它是上述岗位工资制度的替代方案。它的特点是员工的基本报酬是基于技术而不是资历来支付的。

（3）绩效工资制度　它是根据员工的表现或绩效来决定员工报酬的一种工资制度。这种工资制度最能体现收入与贡献挂钩的经济利益原则。

（4）结构工资制度　这是我国目前比较普及的工资制度。在结构工资中，既有职位工资部分，也有资历工资、技能工资的成分，还有随工作表现浮动的部分。

（5）年薪制　对企业董事长、总经理等高管层实行的经营者年薪制。它是以年度为单位确定经营者的基本收入，并视经营成果分档浮动发放风险收入的工资制度。

3. 员工福利

福利是指组织为员工提供的除工资与奖金之外的一切物质待遇。员工福利可以分为两部分：法定福利和企业福利。

法定福利是指按国家法律法规和政策规定必须发生的福利项目，它要求企业只要建立并存在，就有义务和责任按照国家统一规定的福利项目和标准支付，不受企业所有制、经济效益和支付能力的影响。法定福利包括以下两种。

（1）社会保险　社会保险包括五种保险：养老保险、医疗保险、工伤保险、失业保险和生育保险。

1）养老保险是国家为保障劳动者退休后的基本生活的一种社会保险制度。

2）医疗保险是指劳动者非因公患病、负伤、残疾和死亡时获得经济帮助的一种社会保险制度。

3）工伤保险是国家对因公负伤、致残、死亡而暂时或永久丧失劳动能力的劳动者及其供养家属提供经济帮助的一种社会保险制度。工伤保险包括因公负伤保险、患职业病保险、因公致残保险和因公死亡保险等。

4）失业保险是国家为保障失业劳动者的基本生活而给予经济帮助的社会性保险制度。失业保险待遇包括失业救济金、困难补助金、患病医疗补助金、丧葬补助金、遗属抚恤金等。

5）生育保险是指参保员工依法享受生育津贴和生育医疗服务。

（2）法定节假日　按照2007年中华人民共和国国务院颁布的《全国年节及纪念日放假办法》，目前全年法定节假日为11天。

企业福利是企业在没有政府立法要求的前提下主动提供的。企业福利项目的多少和标准的高低，取决于企业的经济效益及高层管理者的经营理念。

合理、科学的工资报酬福利体系关系到组织中员工队伍的稳定与否。人力资源管理部门要从员工的资历、职级、岗位及实际表现和工作成绩等方面，来为员工制定相应的、具有吸引力的工资报酬福利标准和制度。工资报酬应随着员工的工作职务升降、工作岗位的变换、工作表现的好坏与工作成绩进行相应的调整，不能只升不降。

十、企业物流管理与设备管理

（一）企业物流管理

1. 物流管理概述

（1）物流管理的概念　物流是指利用现代信息技术和设备，将物品从供应地向接收地准确、及时、安全、保质保量、门到门的合理化服务模式和先进的服务流程。

（2）物流管理的目标　现代物流管理与一般的企业管理不同，主要是对供应链的管理，管理范围超出了单个企业的边界。

供应链的国家标准定义为生产与流通过程中所涉及将产品或服务提供给最终用户的上游与下游企业所形成的网链结构。

1）现代物流管理的外在目标有以下几个方面：

① 现代物流管理以实现客户满意为第一目标，客户既包括物品需求方，还包括物流业务的委托方。

② 现代物流管理以整体最优为目的，所谓整体最优是指供应链最优或行业最优。

③ 现代物流管理既重视效率更重视效果。

2）现代物流管理的内在目标有以下几个方面：

① 在管理层面上表现为对运输、储存、装卸、库存、配送、信息等基本功能要素实施优化管理，实现物流要素的系统最佳。

② 在管理中心上表现为注重物流的效率化和效果化，以较低的成本和优良的顾客服务完成商品实体从供应地到消费地的运动。

（3）物流管理的原则

1）坚持物流合理化，这是物流管理的最根本原则。物流合理化就是在兼顾成本与服务的前提下，对物流系统的构成要素进行调整改进，实现物流系统整体优化的过程。

2）物流发展需要科学的规划和指引。

3）坚持削减物流成本，提升物流增值性服务。

4）坚持7R原则，即在服务上坚持适合的质量、适合的数量、适合的时间、适合的地点、优良的印象、适当的价格和适合的商品。

（4）物流管理的基本内容　物流管理涉及多个层面的内容，可以从不同角度分类，如图1-68所示。

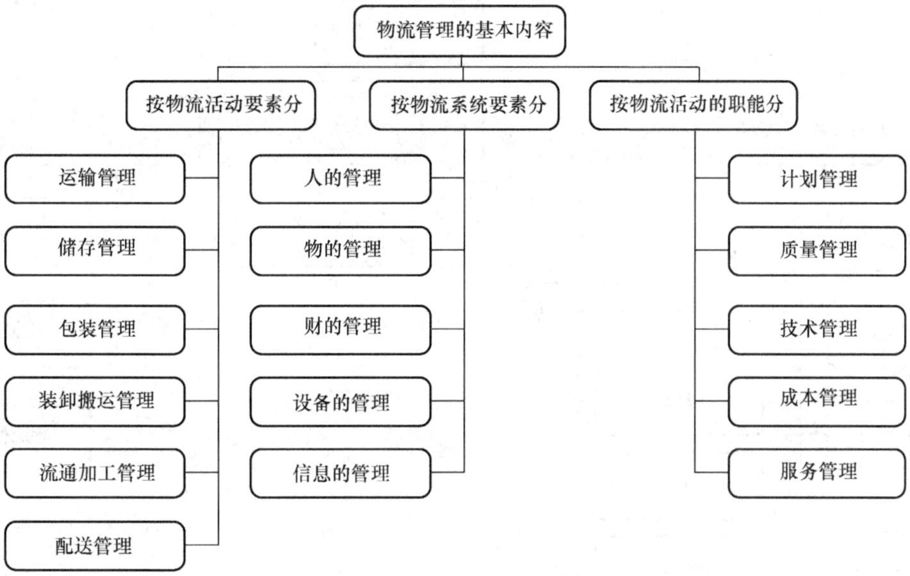

图 1-68　物流管理的基本内容

2. 物流作业管理

物流作业管理涉及以下六个方面，如图 1-69 所示。

图 1-69　物流作业管理

3. 物流成本管理

（1）物流成本与成本管理的概念

1）物流成本是指物品在空间位移过程中所耗费的各种劳动和物化劳动的货币表现，即物品在各种物流作业流程中所支出的人力、财力和物力的总和。

2）物流成本管理是以成本为手段的物流管理，通过物流活动的管理降低物流费用。

（2）物流成本的分类　在计算物流成本时，必须对物流成本进行科学的分类，可以按以下三个方面分类，如图 1-70 所示。

（3）物流成本的合理化管理　物流成本的合理化管理就是要以较低成本来提高物流效率。物流成本合理化管理的流程如图 1-71 所示。

4. 物流服务管理

（1）物流服务管理的作用　现代物流管理以顾客满意为第一目标，物流服务管理已经成为现代物流管理的重要内容。主要表现在以下几个方面。

1）物流服务方式的选择对降低物流成本具有重要意义。

2）物流服务水平已经构成企业的一项重要的竞争力。

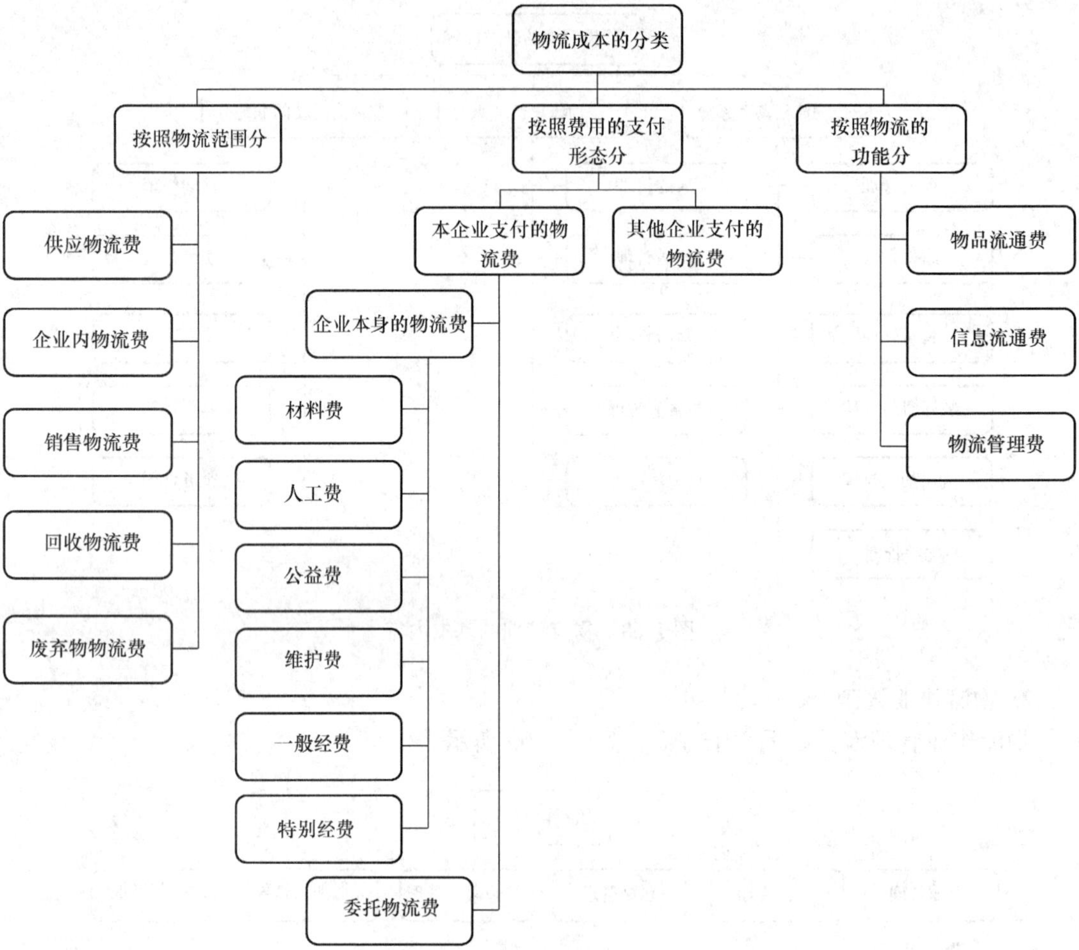

图1-70　物流成本的分类

3）物流服务水平对企业的经营绩效影响重大。

4）物流服务是有效连接供应商、厂商、批发商和零售商的重要手段。

（2）物流服务战略　物流服务不但要面向委托方，还要面向委托方的最终客户，因此，在制定物流服务战略时应考虑以下几个方面的问题。

1）企业应全方位把握顾客的要求，从供应链组织的角度统筹安排物流服务。

2）因顾客不同，所需的物流服务也是不同的，企业应当将物流服务确定为企业的核心服务进行系统化的流程开发。

3）企业的物流服务应与顾客的特点、层次相符合。

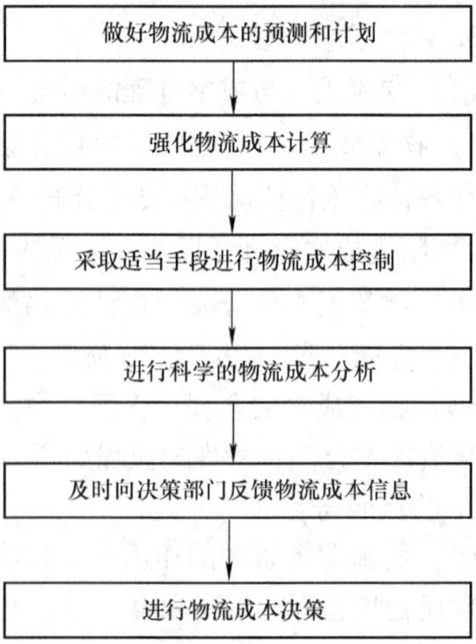

图1-71　物流成本合理化管理的流程

4）企业在确定物流服务水平时，应采取差别化的物流服务战略，创造自己的特色。

5）企业要在一定的时间间隔后，对物流服务水平进行评估和改进。

5. 物流管理思想与方法

企业物流管理思想和方法会随着经济环境的变化而变化，主要表现在以下几个方面，如图1-72 所示。

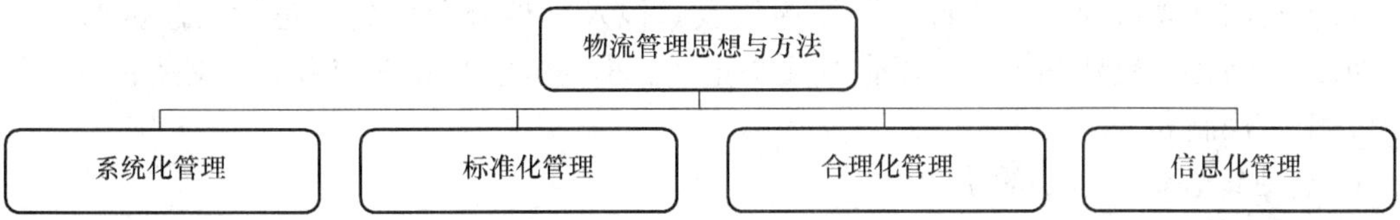

图 1-72　物流管理思想与方法

6. 物流与企业经营

（1）企业的价值创造过程　企业的价值创造过程是一个开发并满足顾客需求的过程。企业的价值创造过程由三个过程构成，如图 1-73 所示。

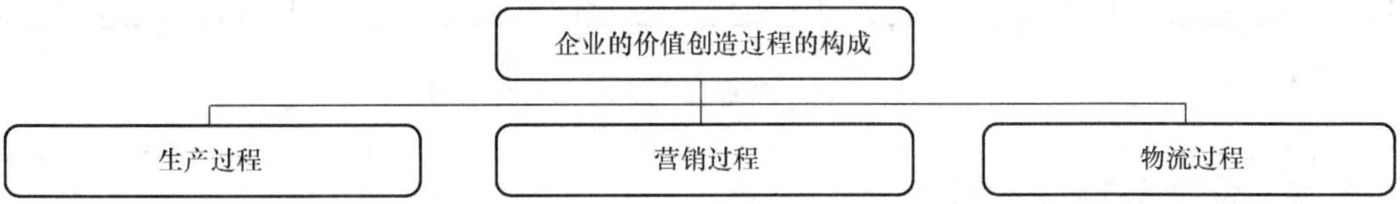

图 1-73　企业的价值创造过程的构成

（2）物流在企业经营过程中的职能　物流的职能有四种，如图 1-74 所示。

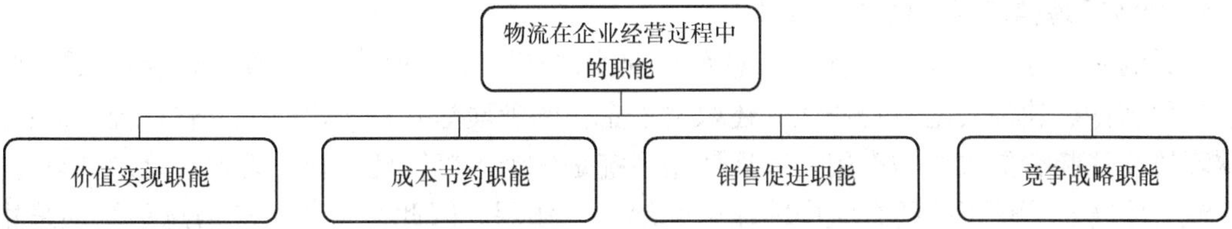

图 1-74　物流在企业经营过程中的职能

（二）设备管理

设备管理是以企业经营目标为依据，通过一系列的技术、经济、组织措施，对设备的全过程进行的科学管理，即实行从设备的规划工作起直至报废的整个过程的管理。

在企业的生产经营活动中，设备管理的主要任务是为企业提供优良而又经济的技术装备，使企业的生产经营活动建立在最佳的物质技术基础之上，保证生产经营顺利进行，以确保企业提高产品质量，提高生产效率，增加产品种类，降低生产成本，进行安全文明生产，从而使企业获得最高经济效益。设备管理水平是企业的管理水平、生产发展水平和市场竞争能力的重要标志之一。

有关生产现场的设备管理将在第四章生产现场班组管理中详细讲述。

十一、企业管理信息系统

信息技术飞速发展改变着传统经济结构和社会秩序，企业所处的是以网络为媒介、客户为中心，将企业组织结构、技术研发、生产制造、市场营销、售后服务紧密连接在一起的信息经济环境，服务于管理领域的企业管理信息系统势必应运而生。

1. 企业管理信息系统的定义

企业管理信息系统是由人和计算机网络集成，能提供企业管理所需信息以支持企业的生产经营和决策的人机系统。

系统利用计算机硬件、软件、网络通信设备以及其他办公设备，进行信息的收集、传输、加工、储存、更新和维护，以企业战略竞优、提高效益和效率为目的，支持企业的高层决策、中层控制和基层运作。

2. 企业管理信息系统的功能

企业管理信息系统的主要功能如图1-75所示。

图1-75　企业管理信息系统的主要功能

3. 企业管理信息系统的构成

企业管理信息系统由决策支持系统、工业控制系统、办公自动化系统以及数据库、模型库、方法库、知识库和与上级机关及外界交换信息的接口构成。

4. 企业管理信息系统的适用条件

大量的研究与实践表明，管理信息系统应用的成败不仅取决于技术、资金、互联网系统、应用软件、软件实施等硬环境，还取决于企业的管理基础、文化底蕴等软环境，而且这些软环境往往起着更重要的作用。管理信息系统是一个人机管理系统，管理信息系统只有在信息流通顺畅、管理规范的企业中才能更好地发挥作用。因此，企业管理信息系统的采用，要求企业具有如下条件：

1）规范化的管理体制。

2）具备实施战略管理的基础或条件。

3）培训一批能够熟练应用管理信息系统的人才。

4）健全的绩效评价体系。

思考题

1. 企业管理的任务是什么？
2. 影响企业管理的外部环境有哪些？
3. 企业对环境有影响吗？
4. 什么是企业经营管理？
5. 企业经营管理的内容有哪些？
6. 什么是市场？构成市场的三个要素是什么？
7. 企业的财务管理只是记账、跑跑银行吗？

8. 财务管理涉及什么内容？具备有什么职能？
9. 企业生产过程组织的形式有哪些？
10. 什么是生产调度？
11. 什么是人力资源？人力资源如何分类？
12. 员工绩效考核的目的、内容是什么？
13. 员工薪酬仅仅是工资吗？
14. 员工法定福利中的社会保险有哪些？
15. 物流的定义是什么？
16. 物流在企业经营过程中的职能有哪些？
17. 物流作业管理涉及哪些内容？
18. 什么是企业管理信息系统？
19. 企业管理信息系统的主要功能有哪些？
20. 无论什么样的企业都能采用企业管理信息系统吗？

第五节 企业文化

企业文化是企业的“灵魂”，是企业的核心竞争力之一，是企业持续发展的重要力量源泉。它是在一定条件下通过实践形成的，并为组织成员遵循的共同意识、价值观念、职业道德、行为规范和准则，是企业以价值为核心的文化管理模式。

美国最负有盛名的管理学大师托马斯·彼得斯认为，在经营的最成功的公司里，居第一位的并不是严格的规章制度或利润指标，而是企业文化或公司文化。

一、企业文化的含义

企业文化是指一个企业在运行过程中形成的，并为企业员工普遍接受和共同奉行的理想、价值观念、职业道德、行为规范和准则。它是企业所创造的具有自身特点的物质和精神文化，是企业所形成的具有自身个性的经营宗旨、价值观和道德行为准则的综合表现，是企业以价值为核心的文化管理模式。

二、企业文化的特点

稳定的企业都会形成有自己特色的企业文化，通常企业文化具有以下特点：

（1）积累性　企业文化是一个系统，由许多方面构成，不是随时可以形成和改变的。一旦形成，就具备了作为思想和行为交流的平台价值。

（2）双刃性　企业文化一旦形成，既有利于沟通，又会形成排斥创新和新文化形成的惰性。需要企业人员善于利用企业文化的力量从事所希望的活动。

（3）双重性　当说“每个企业都有自己的企业文化”时，并没有说明这些企业文化究竟是好还是不好，因为有些文化内涵能够促进企业发展，有些文化内涵可能阻碍企业的发展。但是，当说一个企业想做企业文化方面的建设时，比如说确立企业的核心价值观或做员工培训时，这个意义上的“企业文化”就是特指好的企业文化。

（4）实践性　企业文化总是与管理实践和氛围相联系的，要实际在具体的企业中感受才能知道这个企业文化的特点。企业文化是在一定条件下通过实践形成的。

三、企业文化的作用

企业文化通常具有以下作用：

（1）导向作用　用人性化管理方法，将员工个人目标引导到企业目标上来。所谓人性化管理或人本管理，并不是依靠人情的管理，而是把人性化中的优点加以发挥，使企业目标与员工成长、自我实现的目标相一致。

（2）凝聚作用　企业文化能够提供凝聚力和向心力。好的企业文化具有精神的魅力，能够吸引人才。一个企业要发展，没有好的企业文化环境和强有力的企业文化建设是不行的。企业文化是吸引和留住人才的法宝。

（3）约束作用　对企业而言，没有好的企业文化，企业办不好，或者竞争力不强；而有好的企业文化，也不能决定企业必胜。但企业文化可以强化企业优势，或减少不良习性对企业的影响。

（4）促进作用　企业文化有助于促进经济效益。但在思考企业文化的意义时，也不能完全停留在直接追求经济效益上，否则根本建立不起好的企业文化。因为，不重视文化价值的人，不可能有好的文化感受和追求。

（5）激励作用　文化激励包括营造公平竞争的环境、营造讲效率的环境，高层与员工有更多的沟通，塑造好的企业形象让员工自豪，员工的参与感更强等。

（6）辐射作用　企业文化塑造着企业形象，优良的企业形象是企业成功的标志。这包括两个方面：一是内部形象，它可以激发员工对本公司的自豪感、责任感和崇尚心理；二是外部形象，它能够更深刻地反映出企业文化的特点和内涵。企业形象还可能对国内外其他企业产生一定的影响，具有巨大的辐射作用。

四、企业文化的结构

企业文化的结构是指企业文化的构成、形式、层次、内容、类型等的比例关系和位置关系。

企业文化结构可以分为四层，如图 1-76 所示。第一层是表层的物质文化；第二层是浅层的行为文化；第三层是中层的制度文化；第四层是核心层的精神文化。

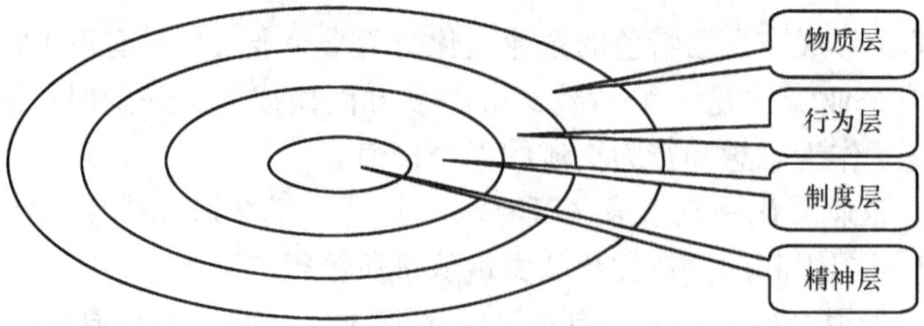

图 1-76　企业文化结构模型

（1）企业文化的物质层　这一层也称为企业的物质文化层，它是企业员工创造的产品和各种物质设施等构成的器物文化，是以物质形态为主要研究对象的表层企业文化。企业生产的产品和提供的服务是企业生产经营的成果，它是企业物质文化的首要内容。其次是企业创造的生产环境、企业建筑、企业广告、产品包装与设计等，它们都是企业物质文化的主要内容。

（2）企业文化的行为层　企业文化的行为层又称为企业行为文化，是指企业员工在生产经营、学习娱乐中产生的活动文化。它包括企业经营、教育宣传、人际关系活动、文娱体育活动中产生的文化现象。它是企业经营作风、精神面貌、人际关系的动态体现，也是企业精神、企业价值观的折射，主要分为企业家的行为、企业模范人物行为、企业员工行为。

（3）企业文化的制度层　企业文化的制度层又称为企业制度文化，主要包括企业领导体制、企业组织机构和企业管理制度三个方面。

（4）企业文化的精神层　企业文化的精神层又称为企业精神文化，相对于企业物质文化和行为文化来说，企业精神文化是一种更深层次的文化现象，在整个企业文化系统中，它处于核心的地位，主要是指企业或组织的领导和成员共同信守的基本信念、价值标准、职业道德和精神风貌。精神层是企业文化的核心和灵魂。

五、企业文化的内容

根据企业文化的定义，其内容是十分广泛的，但其中最主要的应包括如下几点。

1. 经营哲学

经营哲学也称企业哲学，是一个企业特有的从事生产经营和管理活动的方法论原则。它是指导企业行为的基础。一个企业在激烈的市场竞争环境中，面临着各种矛盾和多种选择，要求企业有一个科学的方法论来指导，有一套逻辑思维的程序来决定自己的行为，这就是经营哲学。例如，日本松下公司“讲求经济效益，重视生存的意志，事事谋求生存和发展”，这就是它的战略决策哲学。

2. 价值观念

价值观念是人们基于某种功利性或道义性的追求而对人们（个人、组织）本身的存在、行为和行为结果进行评价的基本观点。

企业的价值观是指企业员工对企业存在的意义、经营目的、经营宗旨的价值评价和为之追求的整体化、个异化的群体意识，是企业全体员工共同的价值准则。只有在共同的价值准则基础上才能产生企业正确的价值目标，才会有奋力追求价值目标的行为，企业才有希望。因此，企业价值观决定着员工行为的取向，关系企业的生死存亡。

3. 企业精神

企业精神是指企业基于自身特定的性质、任务、宗旨、时代要求和发展方向，经过精心培养而形成的企业成员群体的精神风貌。企业精神要通过全体员工有意识的实践活动体现出来。

企业精神是企业文化的核心，在整个企业文化中占有支配的地位。企业精神通常用一些既富于哲理，又简洁明快的语言予以表达，便于员工铭记在心，时刻用于激励自己；也便于对外宣传，容易在人们脑海里形成印象，从而在社会上形成个性鲜明的企业形象。如一汽集团公司的企业精神：学习、创新、抗争、自强。

4. 企业道德

企业道德是指调整本企业与其他企业之间、企业与顾客之间、企业内部员工之间关系的行为规范的总和。

企业道德与法律规范和制度规范不同，不具有强制性和约束力，但具有积极的示范效应和强烈的感染力，当被人们认可和接受后具有自我约束力。因此，它具有更广泛的适应性，是约束企业和员工行为的重要手段。

5. 团队意识

团队意识是指组织成员的集体观念。团队意识是企业内部凝聚力形成的重要心理因素。企业团队意识的形成使企业的每个员工把自己的工作和行为都看成是实现企业目标的一个组成部分，使他们对自己作为企业的成员而感到自豪，对企业的成就产生荣誉感，从而把企业看成是自己利益的共同体和归属。因此，他们就会为实现企业的目标而努力奋斗，自觉地克服与实现企业目标不一致的行为。

6. 企业形象

企业形象是企业通过外部特征和经营实力表现出来的，被消费者和公众所认同的企业总体印象。由外部特征表现出来的企业形象称为表层形象，如招牌、门面、徽标、广告、商标、服饰、营业环境等，这些都给人以直观的感觉，容易形成印象；通过经营实力表现出来的形象称为深层形象，它是企业内部要素的集中体现，如人员素质、生产经营能力、管理水平、资本实力、产品质量等。表层形象是以深层形象为基础，没有深层形象这个基础，表层形象就是虚假的，也不能长久地保持。

7. 企业制度

企业制度是在生产经营实践活动中形成的，对人的行为带有强制性，并能保障一定权利的各种规定。从企业文化的层次结构看，企业制度属中间层次，它是精神文化的表现形式，是物质文化实现的保证。企业制度作为员工行为规范的模式，使个人的活动得以合理进行，内外人际关系得以协调，员工的共同利益受到保护，从而使企业有序地组织起来为实现企业目标而努力。

六、企业文化的建设

企业文化建设是指与企业文化相关理念的形成、塑造、传播等过程。

美国知名管理行为和领导权威约翰·科特教授专著《企业文化与经营业绩》一书中，对企业经营业绩影响力的研究显示，企业文化对企业长期经营业绩有重大作用，这个作用不是促进，而是直接提高，见表1-1。

表1-1　企业文化的影响力

1987～1991年美国22个行业72家公司的调研结果	重视企业文化的公司	不重视企业文化的公司
总收入平均增长率	682%	166%
员工收入增长率	282%	36%
公司股票价格增长率	901%	74%
公司净收入增长率	956%	10%

可见企业文化建设能够提升企业的核心竞争力，对企业的长期发展是非常重要的。那么，企业文化建设应遵循哪些原则？采用什么方法呢？

（一）企业文化建设原则

1. 强化以人为中心

文化应以人为载体，人是文化生成与承载的第一要素。企业文化中的人不仅仅是指企业家、管理者，也包括企业的全体员工。企业文化建设中要强调关心人、尊重人、理解人和信任人。

2. 表里一致，切忌形式主义

企业文化要通过企业或员工的行为和外部形态表现出来，这就容易形成表里不一致的现象。建设企业文化必须首先从员工的思想观念入手，树立正确的价值观念和哲学思想，在此基础上形成企业精神和企业形象，防止搞形式主义，言行不一。

3. 注重个异性

个异性是企业文化的一个重要特征。文化本来就是在本身组织发展的历史过程中形成的。每个企业都有自己的历史传统和经营特点，企业文化建设要充分利用这一点，建设具有自己特色的文化。企业有了自己的特色，而且被顾客所公认，才能在企业之林中独树一帜，才有竞争的优势。

4. 不能忽视经济性

企业是一个经济组织，企业文化是微观经济组织文化，应具有经济性。所谓经济性，是指企业文化必须为企业的经济活动服务，要有利于提高企业生产力和经济效益，有利于企业的生存和发展。

5. 继承传统文化的精华

中华民族坚持人的平等性，认为“人皆为尧舜”，这是过去中国革命的思想基础。这种思想的增值开发并用于现代企业的文化建设，将为企业员工提供平等竞争的机会，有利于倡导按劳分配，同工同酬的运行机制。

（二）企业文化建设方法

1. 晨会、夕会、总结会

晨会、夕会就是在每天的上班前和下班前用若干时间宣讲公司的价值观念。总结会是月度、季度、年度部门和全公司的例会，这些会议应该固定下来，成为公司的制度及公司企业文化的一部分。

2. 思想小结

思想小结就是定期让员工按照企业文化的内容对照自己的行为，自我评判是否做到了企业要求，如何改进。

3. 张贴宣传企业文化的标语

把企业文化的核心观念写成标语，张贴于企业显要位置。

4. 树先进典型

给员工树立一种形象化的行为标准和观念标志，通过典型员工可形象具体地明白“何为工作积极”“何为工作主动”“何为敬业精神”“何为成本观念”“何为效率高”，从而提升员工的行为。上述的这些行为都是很难量化描述的，只有具体形象才可使员工充分理解。

5. 权威宣讲

引入外部的权威进行宣讲是一种建设企业文化的好方法。

6. 外出参观学习

外出参观学习也是建设企业文化的方法，这无疑向广大员工暗示：企业管理当局对员工所提出的要求是有道理的，因为别人已经做到这一点，而我们没有做到这些是因为我们努力不够，我们应该向别人学习改进工作。

7. 故事

有关企业的故事在企业内部流传，会起到企业文化建设的作用。

8. 企业创业、发展史陈列室

陈列一切与企业发展相关的物品。

9. 文体活动

将企业文化的价值观贯穿在企业的歌唱、舞蹈、体育比赛、各种晚会等活动中。

10. 引进新人，引进新文化

引进新的员工，必然会带来些新的文化，新文化与旧文化融合就形成另一种新文化。

11. 开展互评活动

互评活动是员工对照企业文化要求当众评价同事工作状态，也当众评价自己做得如何，并由同事评价自己做得如何，通过互评活动，摆明矛盾、消除分歧、改正缺点、发扬优点、明辨是非，以达到工作状态的优化。

12. 领导人的榜样作用

在企业文化形成的过程当中，领导人的榜样作用有很大的影响。

13. 创办企业报刊

企业报刊是企业文化建设的重要组成部分，也是企业文化的重要载体。企业报刊更是向企业内部及外部所有与企业相关的公众和顾客宣传企业的窗口。

七、一汽—大众汽车有限公司的企业文化

不同的企业有着不同的企业文化，一汽—大众汽车有限公司不但有自己的企业文化，而且能与时俱进地给企业文化注入新的活力。当一个企业发展成大规模的企业时，靠的是企业文化的渗透、影响而带来全体员工意识和行为的转变。实现年产百万辆的目标，需要的就是一个优秀的团队、优秀的公司文化所带来的核心竞争力。图 1-77 所示为一汽—大众汽车有限公司企业文化体系框架，企业文化体系中各要素有着各自的含义。

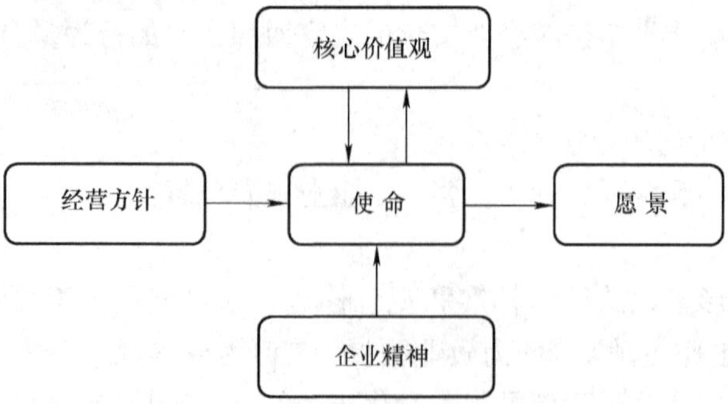

图 1-77　一汽—大众企业文化体系框架

企业文化体系中各要素的含义如下：

（1）使命　企业对自身生存发展的长远定位，企业的基本性质和存在的理由。

（2）愿景　使命实现之后所呈现的景象。

（3）核心价值观　在企业经营管理中遵循的基本信念和原则，它是衡量行为的标尺，判断是非的依据。

（4）企业精神　企业在实现使命过程中，所表现出来的一种群体意识和精神风貌。展示这是一个什么样的团队、什么样的人。

（5）经营方针　应对市场竞争，实现使命、愿景过程中，企业在经营上采取的长期策略和指导思想。

（一）一汽—大众企业文化核心理念及其内涵

1. 一汽—大众企业文化核心理念

（1）使命　造价值经典汽车，促人、车、社会和谐。

（2）愿景　中国最优秀的汽车合资企业、员工眼中最具吸引力的公司。

（3）核心价值观　诚信创造价值，尊重成就共赢。

（4）企业精神　学习、进取、合作、创新。

（5）经营方针　市场导向、管理创新、质量至上、技术领先。

2. 一汽—大众企业文化核心理念的内涵

（1）一汽—大众汽车有限公司的使命　造价值经典汽车，促人、车、社会和谐的内涵。

为了营造和谐的地球家园，平衡需求和资源之间的关系，提升用户的生活品质。一汽—大众人要不断地通过领先的技术、精益的制造、严谨的服务向用户提供价值经典的汽车产品，肩负起推动中国汽车工业发展的社会责任。

有一个“工匠砌墙”的现代寓言故事：三个工匠在砌墙，有人问：你在做什么？第一个人说：我在砌砖头。第二个人说：我在建一座大厦。第三个人则回答：我在建一座美丽的城市。结果，第一个人终身为工匠；第二个人后来成了一位业绩卓著的工程师；第三个人则竞选上了市长。通过这则寓言我们得到启示：同样的工作，不同高度的使命感，会有不同高度的成就。

（2）一汽—大众汽车有限公司的愿景　中国最优秀的汽车合资企业、员工眼中最具吸引力的公司的内涵。

1）中国最优秀的汽车合资企业的内涵。

① 整合国内外先进技术资源，持续地为中国市场提供最受用户欢迎的产品。

② 一汽—大众成为中国高品质汽车的代名词。

③ 持续领先的市场占有率，行业领先的社会效益和经济效益。

④ 国人关注、员工自豪、支撑并推动公司战略发展的企业文化。

⑤ 充满活力、富有创造性、勇争第一的员工队伍。

⑥ 国内最受尊重的企业公民。

2）员工眼中最具吸引力的公司的内涵。

① 提供有趣的工作，员工发展有空间，施展有舞台。

② 尊重员工的付出与成就。

③ 稳定的工作岗位、最好的工作条件、和谐的工作氛围。

④ 与绩效挂钩、有竞争力、令人羡慕的薪酬、福利。

⑤ 员工以做一汽—大众人而自豪。

⑥ 尊重员工个人发展意愿，为员工提供发展机遇，保持员工能力和价值不断提升。

⑦ 关心员工身心健康，倡导科学工作，健康生活，全面提升员工的幸福感及生活品位。

(3) 一汽—大众汽车有限公司的核心价值观　诚信创造价值，尊重成就共赢的内涵。

为用户创造价值，是一汽—大众人的首要责任。诚信是公司立人立业之本，是赢得用户、合作伙伴和社会公众信赖的基础，是员工为用户创造价值过程中遵循的基本道德准则。

尊重创造和谐，尊重是融洽合作的基础，要尊重不同的文化，不同的利益诉求，求大同存小异，在发展公司事业的过程中，实现用户、合作伙伴、员工与股东的共赢，从而实现公司的可持续发展。

(4) 一汽—大众汽车有限公司的企业精神　学习、进取、合作、创新的内涵。

1) 学习精神的内涵。学习是进取、合作和创新的基础。学习是一汽—大众人创业以来形成的首要精神。面对困难和问题，一汽—大众人有学习的决心和恒心，通过学习可以培养起进取的信心、合作的勇气和创新的激情。学习精神的内涵如下：

① 学习是员工和企业走向成功（赢得未来）的关键。

② 在实践中终身学习，学以致用，永不自满。

③ 博采众长，融会贯通，为我所用。向世界先进的企业学习，向竞争对手学习，不断吸取最先进的思想文化，在管理和技术上与时俱进。

2) 进取精神的内涵。进取是学习的动力源泉，是永不气馁、永不自满的昂扬的工作态度。进取精神的内涵有以下几点：

① 保持勇往直前、积极向上的精神风貌。

② 勇担重任，勇争第一，不断超越。

③ 敢于亮剑，剑锋所指，所向披靡。

④ 行如猎豹、目光敏锐、反应迅捷、决策果断、执行坚定。

3) 合作精神的内涵。合作是学习型组织的博弈策略，是伙伴进取模式，是共赢的基础。合作精神的内涵有以下几点：

① 精诚合作是一汽—大众生存和发展的基础。

② 一汽—大众利益最大化是股东双方利益的根本所在。

③ 员工、用户、供应商、经销商是我们事业成功的伙伴。

④ 合作，特别是勇于在竞争中合作，是一汽—大众人应有的胸怀。

⑤ 坚持内部用户原则、主动服务就是最好的合作。

⑥ 坦诚相待、求同存异、共进共赢。

⑦ 同一梦想、同一团队、同一声音（用团队精神实现共同的目标）。

4) 创新精神的内涵。创新是学习型组织的崇高追求，是员工和组织进步的灵魂，是公司赢得未来的关键。创新精神的内涵有以下几点：

① 创新是一汽—大众实现跨越发展的原动力。

② 发现问题就是发现财富，解决问题就是创造财富。

③ 永不满足现有成就，坚持不懈地提出新主意和新方案。

④ 在创新过程中，让员工享受自我价值实现的快乐。

[**案例 1-3**]　王洪军是一汽—大众汽车有限公司一名普通的钣金返修工人，立足岗位22年，不断地学习新知识，面对困难勇于进取，持续改进、积极创新、善于合作，发明创新钣金修复工具120多种3000多件，制作出让德国专家为之赞叹，具有国际水准的展车。同时，把自己的研究发明成果向工友们传授，获得了国家科技进步二等奖。王洪军的身上充分体现了一汽—大众“学习、进取、合作、创新”的企业精神，是公司优秀员工的杰出代表。

⑤ 用不断地创新成果引领用户的需求。

⑥ 点滴的改善都体现创新精神，创新永无止境。

（5）一汽—大众汽车有限公司的经营方针　市场导向、管理创新、质量至上、技术领先的内涵。

1）市场导向的内涵。

① 市场导向就是用户导向（用户第一、贴近用户）。

② 只有将用户的利益放在第一位，员工和股东的利益才能得以实现。

③ 企业内部的各种标准，永远以用户的需求、期望和意愿为导向。

④ 企业一切工作的目的都是为用户创造价值。

⑤ 创造性地满足用户的需求、引领市场的发展 。

2）管理创新的内涵。

① 管理创新是为了更好、更快、更省地满足用户的需求，是一汽—大众持续发展、提升综合竞争力的必然要求。

② 管理创新是激发员工创造热情、提升员工价值的过程。

③ 管理创新主要体现在企业文化、领导力、组织架构、人力资源、商务模式、体系流程、项目管理、生产运作等管理领域。

④ 实现管理创新的关键在于员工的参与和支持。

3）质量至上的内涵。

① 以用户的满意和期望，作为对质量始终不渝的追求，让一汽—大众成为高品质汽车的代名词。

② 以先进的技术、科学的管理、优质的服务，作为质量不断提高的保证。

③ 以产品安全和环境保护，作为对社会的责任。

④ 保证产品质量是做好其他任何工作的前提。

⑤ 可靠的质量就是对用户最好的关爱。

⑥ 质量是公司实现规模效益的保证。

4）技术领先的内涵。

① 通过领先的技术创造市场竞争优势。

② 为中国市场提供高品质产品。

③ 在用户心中树立科技价值的典范。

思　考　题

1. 简述企业文化的含义及其作用。
2. 建设企业文化的基本原则是什么？
3. 一汽—大众汽车有限公司企业文化的核心理念是什么？

第二章 丰田生产方式

Toyota Production System（TPS）源自于日本丰田汽车公司（以下简称丰田），是关于生产系统设计和运作的综合体系，它用精益求精的态度和科学的方法来控制和管理汽车的设计开发、工程技术、采购、制造、储运、销售和售后服务的每一个环节，从而达到以最小的投入创造出最大价值的目的。

在这里把 TPS 作为丰田内部通用的一种高度集中的生产方式进行阐述，译作“丰田生产方式”。作为一种生产方式，其基本思想是“彻底消除浪费”，通过生产的整体化，追求产品制造的合理性以及质量至上的成本节约。

1979 年大野耐一著的《丰田生产方式》出版，书中系统地揭开了丰田卓越的秘密，涵盖其准时化（JIT）、自働化、看板、标准化作业等生产管理的各种理念。大野耐一也因为他构建的新式经营思想，并成功地用于指导生产实践，被称为“日本企业复活之父”和“生产管理教父”。

一、丰田 2002 年以来的业绩

2002 年，丰田获利 81.3 亿美元，比通用、福特、克莱斯勒美国前三大汽车公司的获利总和还多，同时也是过去 10 年所有汽车制造商中年度获利最高者。

2003 年，美国三大汽车公司股价下跌，丰田的股价却比 2002 年上涨了 24%，截至 2003 年，丰田的市值为 1050 亿美元，比美国三大汽车公司的市值总和还要高。

2005 年全球汽车利润下降。但是，丰田在美国的销售增长了 10.7%，市场占有率升至 13.2%。丰田汽车的 2005 财政年度的净利润达到创纪录的 13721 亿日元。

2006 年丰田财政年度报告显示，丰田全球销量持续第 7 年增长，达 852 万辆；丰田销售额为 23948 万亿日元，同比增长了 13.8%；净利润为 1.644 万亿日元，同比增幅高达 19.8%。

2007 年，丰田全球汽车销量仅比通用少 3106 辆。

2008 年，丰田超越了保持 77 年产销量位居世界第一的美国通用汽车公司，成为世界第一。

丰田的起步比欧美晚 40 年，公司又处于资源匮乏、国土面积小的日本，公司经受了 1973 ~ 1974 年严重的世界性经济危机，还遭遇了 20 世纪 90 年代泡沫经济破灭后的长期不景气和近年来亚洲金融风暴的袭击。然而，丰田却有如此出色的表现，这都得益于被世人称为“丰田黑匣子”的丰田生产方式。

二、丰田生产方式成功案例

丰田生产方式不仅有效应用于生产系统，还广泛应用于营销、管理、服务、行政等各种产业和工作中。其中不乏成功案例：

1）日本相生损害保险公司学习运用丰田的“现场现物主义”和“业务的标准化”，借助现场与销售商一起开发保险的促销技术，使一年更新一次的汽车保险续保率从85%上升到95%。

2）1998年，佳能的御手洗富士夫社长开始聘请丰田生产方式的专家山田来指导，将所有工厂都转换成丰田式的生产模式。此后3年间，在全公司取得的成绩相当于员工减少1.7万人，空间减少54万平方米，其改善的速度之快堪称行业第一。

第一节　丰田生产方式的产生

汽车由大量不同零部件组装而成，在年销售量千万件以上的商品中，汽车是唯一由上万件零部件组成的。反过来说，在零部件超过万件以上的产品中汽车是唯一有千万辆以上年销售市场的产品。所以，汽车工业是一个影响极大的工业，汽车工业的生产方式对其相关联产业的影响是极其深远，并具有决定意义的。

一、汽车工业生产方式的变迁

纵观世界汽车工业发展历程，其生产方式的变迁可以分为三个阶段，即小批量生产、大量生产与多品种小批量生产方式。

1. 小批量生产方式（手工作业生产方式）

在最早的时候，汽车是为少数人生产的奢侈品。它针对消费者提出的具体要求，来为其“量身定制”产品，每件产品都是靠具有高工艺水平的工匠单件制作，其产品存在因手艺不同所造成的质量不一的问题。在这种方式下，产量不可能提高，而且即使提高产量也不会带来成本的降低。汽车消费品的供给一直处于一种短缺的状态，这是大批量生产方式出现以前（机器化工业初期）一直存在的普遍现象。

2. 大量生产方式

工业产业革命后，随着泰勒发明的科学管理法则的推广应用，促成小批量生产方式发展至大量生产方式的另一次工业革命。亨利·福特与通用汽车公司的阿尔弗莱德·斯隆开创了世界制造业的新纪元，在1913年开始使用运输带生产线大量生产T型车，把欧洲企业领先了若干世纪的单件生产方式转变为大量生产方式。这使通用与福特两家汽车公司在20世纪60年代成为世界汽车的霸权王国，美国很快控制了世界经济。

1913年亨利·福特在底特律的海兰公园工厂首创世界上第一条汽车流水装配生产线，大量生产方式从此产生了。该生产线将一辆车的生产时间从最初的22小时18秒降到93秒，使生产率提高850倍。到1914年由93秒降到24秒。在1925年10月30日，福特公司一天就造出了9000多辆车。

大量生产方式的优点：在人们需求稳定且单一的情况下，以流水线形式生产大批量、少品种的产品，它能实现“规模经济”，降低单位成本，并由此带来价格上的竞争力。在当年，由于汽车生产的品种比较单一，大量生产方式确实给美国的汽车工业创造了可观的经济效益。

大量生产方式的缺点：一旦市场需求出现多样化、特殊化和不稳定时，危机就会出现。

大量生产方式是通过精通某一领域的专业人员设计产品，雇用非熟练与半熟练的作业人员采用昂贵的专用设备进行生产。装配线上的作业人员只要完成自己的工作即可。只有专门负责流水线的高级管理人员才有权让生产线停下来。用很多的库存、设备和人员来保证不间断生产。质量问题往往在生产很多的产品后才会被发现。生产线刚性很强，换型困难。

被称为大量生产方式的福特生产技术，直至 1973 年的经济高速增长时代为止都是很好的生产方式。但是，在石油危机以后的经济低速增长时代，随着人们对产品需求的变化，大量生产方式的缺点逐步显现出来。

3. 多品种小批量的生产方式

随着市场的发展，单一品种大量生产的状况发生了变化，人们对产品的需求出现多样化，造成产品品种多，批量又不大的新的生产情况，大量生产方式已经不能满足需要。这时需要一种适合多品种小批量的生产方式，这种多品种小批量的生产具有以下特点。

1）多品种小批量生产中，需要使用一种设备生产多种产品，或由一个车间承担多道工序进行装配和加工。

2）多品种小批量生产的产品多而且各不相同，加工工序繁多。因此，不可能像大量生产那样采用较多的自动化或半自动化的加工设备，很难形成流水生产线，自动化程度显然不如大量生产类型高。

3）多品种小批量生产时，往往被加工的对象在车间内频繁地由一个工作中心转换到另一个工作中心，形成复杂的工艺路线。

丰田生产方式就是根据这一需求，结合丰田自身的实际情况构建的多品种小批量的生产方式。

4. 汽车工业三种生产方式（具体区别见表 2-1）

表 2-1　三种生产方式的具体区别

特性	小批量生产方式	大量生产方式	多品种小批量的生产方式
工艺	简单，利用非标准的零部件和通用工具设备	复杂，应用标准件、专用机床。产品改型时要花费很多时间与成本	高度柔性生产，应用标准尺寸的零部件总成。相当容易改型生产新产品
劳动力	高度熟练技术作业人员	非常熟练的设计人员，非熟练与半熟练的可更换生产作业人员。每人有单一的任务	团队组织，多技能工，不仅可操作多台、多种设备，还可以做简单维修，人人对产品负责，作业人员参与管理
协作配套厂关系	关系密切，大多数协作厂位于一个城市	关系松散，有大量库存，以便在协作厂发生变化时，使生产连续进行	关系密切，共同开发，应用准时化送货系统，尽量靠近协作厂与顾客
产量	低	高	高
产品品种	品种多，产品按照顾客的特种要求制作	标准设计，品种少，变型少	品种多，变型容易

二、丰田生产方式的起源

1. 丰田生产方式产生的背景

福特公司的大批量生产方式是以低成本的单一品种来满足市场需求，因为当时福特汽车公司有充足的现金、完整的供应体系，及庞大的美国与国际市场。而丰田经历了13年的努力，到1950年只生产了2685辆轿车，而当时福特公司的鲁奇厂一天就生产7000辆轿车。

第二次世界大战后日本企业缺乏资金和外汇，没有大规模的资金投入以大量引进外国技术（无法使用大批量生产的设备），所以，丰田不可能走大批量生产方式的道路来保证日本国内的汽车生产达到有竞争力的规模。

2. 丰田生产方式的创造者——大野耐一

第二次世界大战后，日本转入战后经济恢复期。20世纪40年代，日本工业的劳动生产率仅为美国工业劳动生产率的1/10。在如此严峻的现实面前，当时作为丰田自动车工业株式会社社长的丰田喜一郎提出：“用三年时间赶上美国！否则，日本的汽车产业将难以为继！”。

对于日本工业劳动生产率与美国的差距，当时担任举母工厂第二机械工场主任的大野耐一认为：这并不是美国人付出了日本人10倍的体力，一定是日本人在生产中存在严重的浪费和不合理现象。只要消除了这些浪费和不合理现象，劳动生产率就应该成为现在的10倍。这种理念，最后成了丰田生产方式的出发点。也就是说，丰田生产方式的基本思想是彻底消除浪费。

在20世纪50年代，丰田创始人丰田喜一郎和大野耐一考察了福特汽车公司轿车厂，认为福特的大批量生产方式存在一个问题：在整个价值链上存放大量在制品，硬性向下个流程推移，需要进行改进。丰田喜一郎在吸收美国福特生产方式的基础上，经过全面考虑，结合丰田自身的实际情况，提出了“准时化”的思想。丰田前副社长大野耐一根据丰田喜一郎“准时化”及丰田佐吉“自働化”的思想，经过不断地改善、创新逐渐形成了一套完整的管理理论和方法体系——丰田生产方式。

3. 丰田生产方式的基本思想

丰田生产方式为达到企业对员工、社会和产品负责的目的，以彻底消除浪费的思想为目标，在现场改善的基础上，采用“准时化”与“自働化”方式与方法，追求产品制造的合理性。

丰田生产方式的基本思想有以下几点。

1）通过生产的整体化，追求产品制造的合理性。

2）以现场为中心，使现场充满活力。

3）产品质量至上。

4）降低成本，彻底消除浪费。

三、美国和日本汽车工业的发展

美国和日本汽车工业的发展史见表2-2，它可以帮助人们更直接地了解丰田生产方式如何成就了丰田。

表 2-2　美国和日本汽车工业的发展史

美国汽车工业的发展	日本汽车工业的发展
1896 年美国的杜里埃兄弟制造并生产了 13 辆以汽油为燃料的四轮汽车	1931 年丰田喜一郎成功研制出了一台 4 马力（2942 瓦）的汽车发动机
1903 年亨利·福特成立福特汽车公司	1933 年丰田喜一郎在丰田纺织公司设立汽车部
1908 年通用汽车公司成立	1935 年丰田制造了第一辆 A1 型轿车和 G1 型货车
1908 年福特公司推出“T 型车”，当年生产量就达 1.9 万辆	1936 年“AA”的丰田轿车（A1 型轿车改进）开始投产，最初月产量仅有 150 辆
1910 年“T 型车”的年产量高达 7.8 万辆	1937 年成立“丰田汽车工业株式会社”
1913 年福特公司已实现了汽车的流水线生产，生产一辆汽车仅用 93 秒	1938 年，丰田公司在日本举母镇（丰田市）成立。标志着日本汽车工业的建立
1914 年福特公司运用大批量流水线生产方式，使一辆汽车的生产时间降为 24 秒	1940 年丰田的汽车产量达到了 15000 辆
1916 年美国汽车销量首度突破 100 万辆	1941 年 12 月～1945 年 8 月第二次世界大战，日本的工业几乎毁坏殆尽，丰田工厂也不例外
1920 年美国汽车销量超过 200 万辆	1947 年 1 月第一辆小型轿车——丰田 SA 的样车试制成功
1925 年福特公司 10 秒钟就可以生产一辆汽车	1950 年丰田英二到福特考察后，认为大量生产方式不适用于日本，与大野耐一一起开始构建丰田生产方式
1925 年克莱斯勒汽车公司成立	1950 年丰田的汽车总产量回升到了 12000 辆
1925 年福特公司在日本横滨建立了汽车组装厂	1962 年丰田开始进军欧洲。这一年，丰田汽车产量首次突破了 100 万辆
1927 年通用汽车公司一跃成为美国汽车工业的霸主，并保持 77 年	1973 年和 1979 年的两度石油危机成了丰田发展的契机，节省燃油的丰田的小型汽车受到青睐
1927 年通用汽车公司在大阪投资建厂，年生产能力万辆。而这时，日本还没有开始建立汽车工业	1982 年丰田年人均生产 55 辆汽车，人均利润 14000 美元。而通用汽车公司年人均生产 6 辆汽车，人均利润 1400 美元。劳动效率戏剧性发生逆转
1929 年美国汽车销量冲破 500 万辆	2008 年丰田取代通用汽车公司，成为全世界产销第一的汽车生产商

四、丰田生产方式引起全球关注

从 20 世纪 50 年代到 20 世纪 70 年代，丰田虽以独特的生产方式取得了显著的成就，但当时日本及整个西方经济均呈现高速增长态势（在这 20 年里，西方世界创造的财富几乎超过了其以往 200 年的总和），企业采用大批量生产方式也能取得相当规模的经济效益。因此，这一时期丰田生产方式并没有受到重视，仅在丰田及其配套商的部分日本企业中得以实施。

1973 年 10 月，第四次中东战争爆发，阿拉伯石油输出国组织（OAPEC）采取石油禁运措施，石油危机将整个西方经济带入了黑暗的缓慢成长期，人类首次陷入能源恐慌的噩梦之中，全球经济大衰退，百业萧条。允许不合格品存在和保持大量安全库存等的大批量生产方式所存在的弱点日趋明显。

石油危机以后，经济省油的日本小型汽车开始崛起，丰田的业绩开始上升，丰田生产方式开始引起世人关注，在日本汽车工业企业中得到迅速普及，并体现了巨大的优越性，使整个日本的汽车工业生产水平迈上一个新台阶，并在 1980 年以 1100 万辆的产量全面超过美国，成为世界汽车生产第一大国。

此后，丰田生产方式不仅成为世界汽车产业界仿效的标杆，甚至跨越行业，升华为企业管理的新基准。

精益生产方式——欧美人眼中的丰田生产方式。欧美企业认为精益生产就是日本企业通过对企业内部的系统结构、人员组织、运行方式和市场供求等方面浪费的降低，来精简生产过程中一切无用、多余的东西，使生产系统能很快适应顾客需求的不断变化，最终达到包括市场供销在内的生产各方面最好的结果。

精益生产方式是 1985 年美国麻省理工学院国际机动车辆计划的技术、政策与工业发展中心（IMVP）历时五年，在全世界对轿车、载货汽车进行全面调查后，以丰田生产方式为基础总结出来的日本汽车生产商的生产方式。在美国教授詹姆斯·沃麦克《改变世界的机器》的一书中，IMVP 的专家经过对全世界汽车生产商的调查，在进行大量统计数据的对比分析后，指出与大量生产方式相比，精益生产方式可带来的效益如下。

1）所需的人力资源无论是在产品开发、生产系统，还是工厂的其他部门，与大量生产方式下的工厂相比，均能减至 1/2。

2）新产品开发周期可减至 1/2 或 2/3。

3）在制品可减至大量生产方式下一般水平的 1/10。

4）工厂占用空间可减至采用大量生产方式工厂的 1/2。

5）成品库存可减至大量生产方式工厂平均库存水平的 1/4。

6）产品质量可提高 3 倍。

思　考　题

1. 简述汽车工业生产方式的变迁？
2. 汽车工业三种生产方式的区别是什么？

第二节　丰田生产方式的基本理念

一、丰田生产方式的理论框架

丰田生产方式的理论框架包含“一个目标”、“两大支柱”和“一大基础”。

1. 一个目标

一个目标是指低成本、高效率、高质量地进行生产，最大限度地使顾客满意。

2. 两大支柱

两大支柱是“准时化”（Just in Time，JIT）**和“自働化”**（带有人字旁）。

3. 一大基础

一大基础指现场改善。现场改善是丰田生产方式的基础，这里的改善是指从局部到整体的改善，是消除一切浪费的持续改善。

二、丰田生产方式架构屋

丰田总裁张富士夫为使传授、推进“丰田生产方式”变得更加容易，提出了一个简单的表达方法——“丰田生产方式架构屋”（图2-1）。于是，“架构屋”成为现代制造业中最广为人知的丰田生产方式标志之一。用代表结构体系的“架构屋”来表示丰田生产方式，即一间房子的屋顶、梁柱与地基若不稳固，这间房子也不会坚固，只要其中任何一个环节出问题，就会使整个体制出问题。

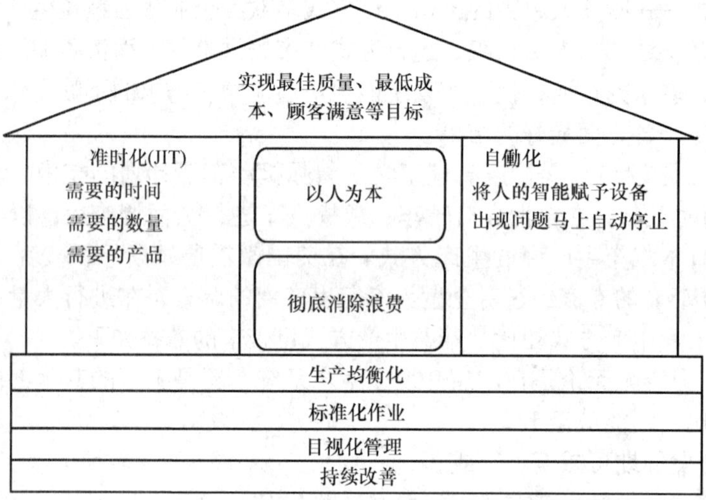

图2-1　丰田生产方式架构屋

“丰田生产方式架构屋”的目标（即屋顶）是实现最佳质量、最低成本、顾客满意；丰田生产方式两大支柱是准时化与“自働化”，相当于支撑屋顶的柱子，如果支柱不牢固，就无法支撑屋顶（即丰田生产方式的目标）；“架构屋”的基础（即地基）必须是稳定的，地基由几项要素构成，其中包括稳固、可靠的标准化作业（Standardized Work）、目视化管理、持续改善，以及生产均衡化。在这里持续改善是最基础、最根本的，可以说没有改善就没有丰田生产方式。生产均衡化是为了维持生产体系的稳定，并使存货降低至最少。

“架构屋”的核心之一是彻底消除浪费，以降低产品的成本。

“架构屋”的另一核心是“以人为本”，体现了丰田生产方式对人才的重视及人本主义的理念。

“架构屋”中的每一个要素本身都很重要，但更重要的是这些要素彼此之间相互强化。如准时化表示尽可能避免使用库存方式来缓冲生产过程中可能出现的问题，所以要求生产“一个流”，生产线一次只加工一件产品，也就是一旦出现问题，立即显现出来。这就会强化“自働化”，使生产流程一出现问题便自动停止，相关人员必须立即解决问题，恢复生产线的运转。

三、丰田生产方式的原则

“丰田生产方式”历经几十年的发展和完善，不再仅仅是一套工具，已经上升到一种理论的高度，其基本理念可概括为以下几个原则。

1. “利润”原则

丰田认为丰田生产方式是“赚钱的工业工程”，换而言之，是要追求产品利润的最大化，而产品的利润构成如下：

$$利润=(售价-成本)\times 数量$$

图 2-2 所示为利润的构成，从图中可以看出增加利润有三种方法。

方法一：提高市场售价（当供应不大于需求时）。

方法二：降低制造成本（当需求大于供应时）。

方法三：增加产品数量。

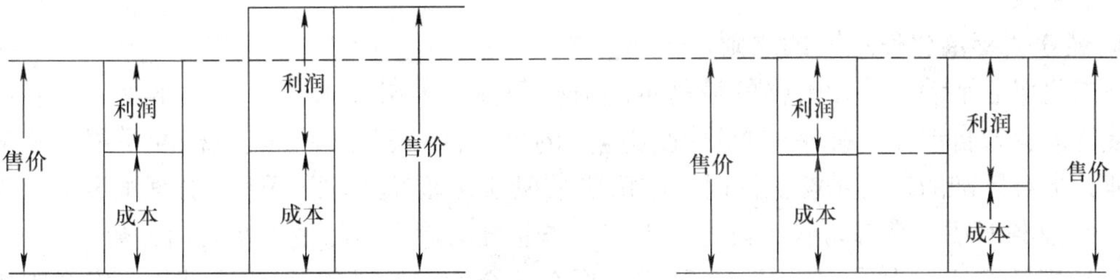

图 2-2 利润的构成

很显然，当今汽车市场环境处于汽车的供应量大于需求量的经济环境中，如果通过提高售价（方法一）来达到提高利润的目的是不可行的；而通过增加单位时间内生产的产品数量（方法三）来提高利润，就要提高生产劳动效率，即提高生产节拍，从而降低产品的单价成本。但是现代生产管理中的生产节拍由生产量来决定，而生产量的大小最终取决于市场的需求，所以也受到制约。那么只能通过降低生产制造过程中的成本（方法二）来提高产品利润。

同类产品的成本根据其制造方法和运输方式等的不同而有所不同，大致可以分为两部分：

（1）所有企业都相同的成本　如材料成本、零部件的单价、能源单价、劳动单价、设备费折旧等。

（2）根据企业不同而不同的成本　主要指根据生产方式——生产制造的过程和方法不同可以改变的成本，如作业人员数量、作业方法、使用设备、占用土地、生产工艺等。

降低成本主要从以上两方面着手，尤其是第二部分，也就是说产生利润的源泉在于制造过程和方法，如果制造过程和方法不同，产生的成本也会大不相同。要尽力发现生产制造过程中的不必要流程，彻底地排除掉，从而最大限度地降低成本。丰田生产方式就是通过不断地降低这部分的成本来提高利润。

所以，降低成本的主要方法就是要消除在生产制造过程中的浪费，而生产中的浪费现象主要存在于以下两方面。

1）作业人员作业的实际内容。

2）效率的差别。

所谓的效率是指单位时间完成的工作量，或劳动效果与劳动量的比率。丰田生产方式在强调提高效率的同时，要力求消除其中的浪费，以实现真正的效率。

2. 树立“问题意识”的原则

丰田生产方式要求树立“发现问题，解决问题”的问题意识的理念。强调把生产现场中潜在的问题点暴露出来，以便进一步改善。其中采用的手段主要包括：不允许生产过剩，追求“零库存”（注：零库存的“零”并非是“完全没有”的意思，而是指把库存尽量减到“最少的必要程度”，丰田生产方式中其他“零”的概念也如此，如零损失、零故障等。），目视化管理，停线制度等。例如，库存问题，库存就像水库中的水平面，水位下的石头是内部问题，即生产能力问题、设备问题、生产线不平衡问题、工艺问题、团队合作问题等，这些问题在库存水位高的时候，一下子就埋在河底下，什么都看不见了。也就是说，库存的高水位将掩盖生产过程中的问题。因此，丰田生产方式追求“零库存”是发现问题最有力的手段。

3. 遵守“标准化作业”的原则

标准化作业活动是持续改善的最基本的前提条件。丰田要求“标准化作业”必须由现场直接管理者亲自制作，确保“标准化作业”的可行性和实效性，避免标准脱离实际或实际作业人员对标准的理解不够。同时，丰田要求现场管理者具备以下五个方面的素质。

（1）业务素质　掌握材料、设备、工艺、作业方法等方面的技术及其相关知识。

（2）责任意识　为尽管理职责，要求掌握有关企业方针/目标、生产计划、安全规则以及业务处理等方面的相关知识。

（3）改善技术　掌握不断研究作业内容，消除浪费所需的知识。

（4）育人技术　掌握有效培养多技能工的技巧。

（5）组织领导能力　具有能充分调动所属员工积极性的技巧。

4. “现场、现物、现实”的现场原则

丰田生产方式强调“以现场为主”的基本理念，现场是一个有机体，管理部门要亲临现场，为现场生产“提供服务”，扶持现场，充分挖掘现场的潜能，建立现场的自律机制，使现场处于主导地位。远离现场很难及时准确地把握问题，不利于采取措施，进行改进。

5. 坚持“持续改善”的原则

持续改善并不是丰田生产方式独有的原则，在上世纪 50 年代美国提出的全面质量管理的原则之一就是持续改进原则，在目前企业通用的 ISO9000：2008 质量管理体系标准，以及汽车工业相关标准 QS－9000 质量体系要求（美国克莱斯勒、福特、通用等使用）、VDA6.1（大众和其他德国公司所用）等各大标准体系都强调了持续改进原则的应用。

丰田生产方式强调通过不断地改善，最终实现“集小变以成大变，化不可能为可能”的目的。持续改善活动主要借助于准时化和“自働化”生产，两者之间即相互制约又相互促进。也就是说，准时化和“自働化”生产促使所有相关要素不得不致力于进行持续的改善。

6. “以人为本”的原则

“以人为本”的理念是丰田生产方式的核心之一，主要体现在“多技能工”制度上。在以往大量生产的时代，为追求高产量，就将作业彻底地细分化。例如，拧螺钉的作业人员，每天固定拧那几个螺钉；鞋厂的作业人员，每天仅做右边的鞋子，做了十年，却不会做左边的鞋子。这种简单机械化工作做久了就会厌倦，使人得不到尊重。从而导致生产率低下，破坏团队合作的精神。丰田生产方式的“多技能工”制度，不但提升了生产率，而且尊重人性的尊严。另外，丰田生产方式中的合理化建议、创意改善提案制度、人才育成、各种自主管理活动等，都是“以人为本”原则的具体表现。丰田认为人是创造价值的财富，他们有一个口号“造钱、造物、造人”，甚至把“人才”写成“人财”，这都充分体现其“以人为本”的理念。

7. 树立“全员参与”的团队意识原则

丰田生产方式强调团队合作意识，任何汽车产品的生产，都不是一个人能够完成的，全员的参与是必要的。生产就如同音乐，有旋律（物流）、有节拍（均衡生产）、还有相互之间的和谐（标准化作业），而这些是要靠一支训练有素、协调一致的乐队（团队）来保证的。

8. “责任化”的原则

丰田生产方式的“责任化”理念主要反映在“不合格品不转入后工序”原则的落实。确保生产“合格品”，这是生产活动的首要条件，任何要素也不能作为轻视质量的理由，否则就是“本末倒置”。

丰田强调合格产品是“制造”出来的，不是“检验”出来的；检验被认为是一种不创造价值的浪费，检验活动的最终目的是为了消除不合格，并非是挑选不合格。因此，无论什么时候都要求由造成不合格的部门或作业人员自己负责返修或返工，其目的就是为了找出真正的原因，彻底消除不合格。这种明确目的，各尽其职的要求就是丰田生产方式“责任化”理念的具体表现。

四、消除生产现场的浪费

所谓浪费就是不产生任何附加价值的动作、方法、行为和计划。现场活动包括“有附加价值的”和“没有附加价值”的活动，那些不产生附加价值的活动应坚决予以消除。用不同的评判标准去判断一个动作、行为、方法或计划时，所得到的浪费程度是不同的。

排除不必要的流程，就能提高效率。丰田将作业流程分为以下三类。

第一类：可以提高产品附加价值的作业，如生产作业中的安装零部件、夹紧、焊接；物流作业中的存放作业，提取作业，包装作业等。

第二类：虽然无附加价值，但在现有工作条件下是必要的程序，如生产作业中的提取零部件作业、分检作业等。

第三类：本来不必要的作业和流程，如生产作业中的无料等待、不必要的寻找等。

统计结果表明，在生产过程中只有15%的劳动是有效的，见表2-3。

表2-3　劳动的有效性

序号	比例	劳动的实际效果
1	5%	不知道在干什么
2	25%	在等待
3	30%	为增加库存而工作
4	25%	以低效率或低标准工作
5	15%	有效劳动

同时，丰田生产方式提出在现场生产中存在七大无附加价值的浪费，并且在管理中针对七大浪费进行改善，从而达到降低成本获取最大利润的目的。

1. 库存的浪费

库存浪费是指过量库存占用库位，产生空间和保管成本以及长期积压产品损耗的浪费。产生的原因主要有以下几方面。

1）认为有库存是正常的。

2）生产线各部分的设备运转和作业人员操作速度步调不一致，导致生产线某些部分出现供过于求，或供不应求的情况，致使人员闲置或货物堆积而得不到及时有效的处理，致使产生各种在制库存。

3）大批量生产导致库存，把仓库（库位）之间的搬运视为正常。

4）物流混乱，呆滞原材料，在制品、成品等未及时处理。

5）不按计划，过度提早生产。

丰田生产方式认为“库存是万恶之源”。这是丰田对浪费的见解与传统见解最不同的地方，也是丰田创造最大利益的原动力。丰田生产方式中几乎所有的改善行动都直接或间接地和消除库存有关。库存会造成下列的浪费。

（1）产生不必要的浪费　当库存增加时，搬运量将增加，需要增加堆积和放置的场所，需要增加防护措施，日常管理和领用时需要增加寻找的额外时间等，甚至盘点的时间都要增加，这些都是浪费。

（2）无法保证先入先出　先入先出（First In，First Out，FIFO）是一种维持生产和运输顺序的实践方法。先进入加工工序或是存放地点的零件，也应该是先加工完毕或是先被取出的产品。这保证了库存的零件不会放置太久，从而减少质量问题。先入先出是实施拉动式生产系统的一个必要条件。

当库存增加时，新的零部件压在原来的零部件上，原来的零部件要想优先使用，就必须进行额外的搬运。而如果为省事，先使用新的零部件，原来的零部件长期放置会带来老化、磕碰、锈蚀等质量问题的发生。

（3）损失利息及管理费用　当库存增加时，用于生产经营活动的资金会大量压在库存上，不仅造成资金总额增大，还会增加利息和库房的管理费用。

（4）物品的价值会减低，变成呆滞品　当库存增加时，库存量会大于使用量，甚至会造成长期的积压，特别是当产品换型时，为盘活这些积压品，需要降价处理或需要进行额外的投入。

（5）占用厂房空间，造成多余的工场、仓库建设投资的浪费　当库存增加时，就需要额外增加放置场所，却不带来效益。另外，丰田生产方式认为库存会隐藏生产过程中的问题点，出现问题时可以用库存先顶上，问题就不能及时地被发现解决。

（6）由于库存量的存在，造成设备能力及人员需求的误判　当设备能力不平衡时，看不出人员是否过剩（库存越多，越不容易看出），也无法了解。丰田绝对不允许它存在，所以丰田生产方式力争零库存。

2. 制造过多（早）的浪费

传统生产方式认为制造过多与过早能够提高效率，减少故障停机造成的产能损失，平衡车间生产力。这是对获取产品利润的误解，因为真正利润的产生是从销售而来，而不是效率与产能。制造过多与过早，销售量并没增加，仅是增加了库存量。

所以，制造过多或提早完成，在丰田被视为最大的浪费。丰田生产方式所强调的是准时化生产，也就是“在需要的时候，做出需要的数量的所需的产品”，此外都属于浪费。而所谓需要的东西和需要的时候，就是指顾客已决定要买的数量与时间。如顾客只要100个，而每个1元，如果考虑设备能力，生产了150个，这售价却不会是150元，因为多余的50个并没有卖出去，仅是变成库存，因此利润也就无从产生。换句话说，多做了是浪费。

因此，丰田生产方式绝不允许制造过多（早），原因有以下几点。

1）只是提早用掉了费用（材料费、人工费）而已，并不能得到什么好处。

2）把“等待的浪费”等问题隐藏起来，使管理人员漠视等待的发生和存在。

3）积压在制品，其结果不但会使生产周期变长，而且会使现场作业需要的空间变大，设备间的距离因此加大，要求增加厂房，这样必然会导致产品利润的降低。

所谓在制品（Work in Process，WIP）是指某工序在生产过程中某一刻需要加工的半成品（相对各工序而言）。

4）产生搬运、堆积的浪费，并使得先入先出的作业产生困难。因为生产能力的增长大于销售能力的增长，没有控制住产量，各工序都在“努力”生产，现场中会堆满在制品，库房中堆满成品，从而造成巨大浪费。

3. 等待的浪费

等待就是闲着没事，等着下一个动作的来临。等待的浪费包括等待物料、前工序产品、设备维修、工具及其他辅助用具等。主要表现为：停工待料、作业不平衡、安排作业不当、质量不合格等。

（1）物料不足导致的等待　指由于某些原因，前工序的零部件尚未运达或零件欠缺等因素，导致后道工序无法进行加工作业。

（2）自动化加工导致的等待　这是一种“监视设备”的浪费，有些工厂买了一些速度快、价格高的自动化设备，为了使其能正常运转或其他原因（如排除小故障、补充材料等），通常还会另外安排人员站在旁边监视、等待。

（3）管理与计划不当导致的等待　安排作业不当、作业不平衡导致的部分工序等待前工序产品交付；每天工作量变动大；因作业标准不完善导致的部分工序生产效率降低，从而导致整个生产线不平衡；机器设备、人员等有富余，所以常处于等待状态。另外，沟通不畅通，人与人之间或部门与部门之间配合不默契也会造成等待。

要想改善等待浪费，现场管理人员要进行等待、停线的统计和分析，并进行分类识别，通过等待、停线专题分析，找出原因并找到解决办法，防止重复出现，消除等待的浪费，提高企业的运行效率。

4. 搬运的浪费

搬运浪费是指由于存在不必要的搬运距离，或者由于暂时性放置导致的多次搬运等所产生的浪费。搬运是一种无效的劳动，不能带来附加价值。但是，有时搬运是必需的动作，所以，大多数人默认它的存在，而不设法消除它。这一点如同库存的浪费——少量的库存是必需的，但不能过多。搬运的浪费表现在以下几个方面。

1）设备布置采用传统的大量生产方式布置。按设备类型进行“小岛式”机群布置形式所致。

所谓的“小岛式”机群设备布置形式，就是把同一类型的机械设备布置在一起，如按车床组、铣床组、磨床组等分区进行布置。在这种布置方式下，相邻前后工序的加工设备之间的距离可能非常远，工序之间要有在制品库存，容易产生搬运、等待、生产过剩等浪费现象。

2）生产布局或物料放置位置不合理，导致搬运路线过长。

3）搬运工具不合理，没有采用包装、捆扎等方式，导致搬运前的准备时间过长、搬运后的处理时间过长。

4）搬运计划与生产计划不匹配，导致搬运批量不当、搬运次数过多。

5）在不可能完全消除搬运的情况下，应重新调整生产布局，尽量减少搬运的距离，从而减少浪费。

5. 加工的浪费

加工的浪费指的是过度或过多加工的浪费。过度加工浪费是指加工质量或精度超过了顾客的要求而造成的资源浪费，包括浪费了不必要的工时、能源，增加了设备损耗，占用了作业空间等。过多加工浪费是指在制造过程中，有一些加工程序是可以省略、合并、重排或简化的。加工的浪费表现在以下几个方面。

1）额外的加工工序。

2）加工精度超过了工艺的要求或顾客的要求。

3）过度的修饰。

4）频繁的分类、测试、检验。

6. 动作的浪费

动作的浪费是指任何对产品不增值的人员或设备的动作、行为（即不必要的动作）。如果生产车间规划不合理，生产模式设计不周全，生产动作不规范统一等，就会产生动作的浪费。

（1）两手空闲的浪费　主要是指作业人员在等待。许多设备在进行加工时，作业人员有一小段时间无事可做，两手处于空闲状态。

（2）单手空闲的浪费　作业过程中，只使用一只手，另一只手处于空闲、等待的状态。

（3）作业动作的浪费　作业动作不标准，动作不连贯、有停顿等。

（4）动作幅度的浪费　动作幅度太大，以至于不得不努力地晃动身体甚至需要移动两步以上进行作业。

（5）过度的伸展、弯腰的浪费　伸展是由于物品放置过高，作业人员需要伸臂、垫脚才能取物；弯腰动作是由于零件或作业位置太低，需要作业人员弯腰才能完成的动作。

（6）走动的浪费　走动频繁，为拿取物料、工具时步行过多。

（7）寻找的浪费　花费时间去寻找或查找工具、材料。

动作的浪费在生产过程中大量存在，但是由于动作分析太过细微，而且又显得不太重要，所以，很少有人去关心和改善。但是，随着人员成本越来越高，人员效率的提升就变得重要起来，减少不必要的动作来消除动作浪费的现象也就变得非常重要。

7. 不合格品的浪费

不合格品的浪费是指因生产的产品不合格而导致的产品检验、返修或报废造成的浪费。主要表现为工序生产无作业标准或有作业标准未按标准作业，管理不严密、松懈。不合格品的浪费包括两方面。

（1）内部损失　任何不合格品的产生，都会造成原材料、辅助材料、设备、人工等的浪费，额外的修复、挑选、追加检查人员等都是额外的成本支出。

（2）外部损失　由于产品不合格导致降价处理、订单取消和市场信誉损失等。

不合格品的存在导致检查人员和检查环节的增加，但检查人员的增加只能减少不合格品流出，却无法减少不合格品的产生。减少不合格品浪费的关键是第一次就把事情做好，不生产不合格品，追求产品“零缺陷”。

总之，丰田生产方式的主要思想就是要用一切办法来消除、减少一切没有附加价值的活动。例如，检验、搬运和等待等造成的浪费，具体方法就是推行“零返修率”、“零缺陷”，必须做一个零件合格一个零件，在生产的源头就杜绝不合格零部件、原材料流入生产后道工序，追求零废品率。

思　考　题

1. 丰田生产方式的理论框架是什么？
2. 丰田生产方式中提出的浪费的概念是什么？
3. 丰田生产方式把作业流程分为几类，分别是什么？
4. 什么是生产现场的“七大”浪费？
5. 丰田生产方式的两大支柱是什么？

第三节　丰田“召回门”事件

2008 年丰田翻开了世界汽车历史新的一页，以 897 万辆的销量超过称霸世界车坛 77 年的美国通用汽车 835 万辆的销量，成为全球最大的汽车生产商，成就了丰田汽车成为世界第一的夙愿，但 2009 年开始到 2010 年频频出现的汽车质量问题：“脚垫门”、“踏板门”、“制动门”等事件，迅速让丰田陷入全球范围大规模的“召回”迷局，令具有“改变世界的机器”——丰田生产方式遭到质疑，这真的是丰田生产方式的失败吗？

一、丰田“召回门”事件简述

1. “脚垫门”召回事件

2009 年底，丰田汽车曝出“脚垫门”事件，由于脚垫设计缺陷，前排（驾驶员）处的脚垫“向前滑动并卡住油门”而引发“只能加速不能制动”的严重事故。丰田先后召回 700 多万辆各型汽车。这一“脚垫门”事件给丰田带来了巨大的经济和声誉上的损失。

2. “踏板门”召回事件

“踏板门”是指汽车的加速踏板因设计问题在踩下去之后可能无法恢复到正常位置，存在极大安全隐患。丰田对此问题的解释是：车辆由于加速踏板的踏板臂和摩擦杆的滑动面经过长时间使用，在低温的条件下使用暖风时，在滑动面发生结霜，使摩擦增大，使用加速踏板时有阻滞，可能影响车辆的加减速。

由于加速踏板和脚垫的原因，2010 年 1 月起，丰田汽车在欧洲、美国、中南美洲和中东等地区召回数百万辆汽车，在中国也召回大约 7.5 万辆 RAV4。

3. “制动门”召回事件

2010 年最畅销的混合动力车普锐斯在日本后来又曝出制动系统存在问题，丰田汽车称部分普锐斯出现制动故障，原因在软件问题。制动时，普锐斯的防锁制动系统会出现短暂的线路中断，从而导致不到1秒钟的延迟。举例来说，如果制动前普锐斯车速为100公里每小时，那么汽车要继续前行约27米后，制动系统才会起动。继2009年底的“脚垫门”和2010年1月的“踏板门”后，丰田再次卷入全球范围的大规模召回。

2010年2月5日，在日本名古屋，丰田总裁丰田章男在记者会上就丰田汽车全球召回事件道歉。

丰田几次全球性召回事件，最终演化成丰田汽车近年来最大的危机。4个月内，丰田汽车全球召回总量接近1000万辆，除了支付巨额的召回费用、停止生产等带来的损失外，丰田汽车还面临着前所未有的信任危机。

如此规模浩大的召回，让昔日光环加身的丰田汽车的形象大跌。有人认为这是丰田引以为傲的丰田生产方式的失败，真的如此吗?

二、丰田“召回门”事件原因分析

就其生产方式而言，对于丰田接连出现的质量问题和召回事件进行分析。

首先，可以从丰田近几年的发展进行一下分析。

（1）过度追求国际化　日本富士通综合研究所首席研究员柯隆称：“丰田的症结在于过度的国际化，以及内部质量控制体系出现问题。”

1995年，在时任丰田总裁奥田硕的带领下，丰田对全球市场大举进攻。到2000年，丰田在全球扩张方面的投入已高达135亿美元。

2002年，时任丰田总裁的张富士夫提出，丰田汽车要在2010年前后夺取全球汽车市场15%的份额。为此，丰田汽车在全球范围建立新的工厂、扩大生产规模。2007年2月，丰田在美国密西西比州建立其北美的第八家工厂。

但2008年，美国的汽车销售陷入低迷，丰田在北美的库存积压严重，公司几乎陷入全面生产过剩的境地。当时丰田汽车的全球产能在1000万辆左右，但其当年的销售计划仅660万辆。这就是被丰田生产方式认为“万恶之源”的库存浪费和“最大浪费”的制造过多的浪费。同时，这也与丰田生产方式的两大支柱之一准时化生产（在需要的时候按需要的数量生产所需要的产品）背道而驰。丰田现任总裁丰田章男在解释大规模召回原因时也指出：丰田发展速度过快。原本丰田非常重视的一些东西可能被自身所破坏掉了。丰田章男还表示，过去的飞速扩张严重浪费了公司的资源。

（2）过度追求利润最大化，强调成本控制，使产品质量难以保障　前丰田总裁渡边捷昭在2000年策划并制订了“21世纪成本竞争力建设（CCC21）”计划。当时丰田汽车正在北美、欧洲和亚洲扩张，为消除重复采购，该计划涵盖设计、生产和采购。渡边捷昭曾经誓言在三年间将丰田所用零件的成本降低30%，并且真的在三年间为丰田节省成本约1兆日元（约合90亿美元）。这一令人不可思议的目标，居然被他实现了。渡边捷昭的成本控制手法被称作“拧干毛巾上的最后一滴水”。一个典型的例子是，为了进一步降低成本，他甚至将丰田汽车车门扶手的型号由原来的35种减少到3种。当时美国《商业周刊》曾有报道称，雷诺日产汽车公司CEO卡洛斯·戈恩被外界称为“成本杀手”，但如果遇到渡边捷昭，他会发现自己根本就是“小巫见大巫”。在完成三年节约成本1兆日元的奇迹背后也隐藏着巨大危机。过于注重压缩成本，并追求以尽可能低的代价占领最大份额的市场，导致丰田大量使用低层次供货商，对产品质量的控制下降。过度强调成本控制，使得一向以产品质量著称的丰田遭此大祸。而为了进一步降低成本，渡边捷昭又建立了尽可能在更多车型上使用相同部件的原则，这种做法使得一个部件导致多个车型同时出现问题。

丰田生产方式的核心之一是消除一切浪费，降低成本。也就是说成本的降低来自浪费的消除，而不是单纯降低成本。过度的成本压缩，必然导致产品质量难以保障。

其次，丰田对召回事件的解释和反思。

丰田总裁丰田章男表示，相对于丰田以往的造车理念从顺序上来说，近年来可能出现了一些变化："从创业以来，关于汽车制造和生产方面所坚持的优先顺序是，第一位应该是产品安全，第二位是质量，第三位是数量。还有一点就是关于成本方面，成本绝对是放在后边的。"而且丰田章男表示，在过去的一段时间内，丰田曾经有一段时间受到了过度好评，在这些好评中，可能有一段时间事业重心朝着收益为主的方向来发展。

丰田生产方式一直非常强调"以人为本"，同时还有准时化生产。在这方面，应该从接受消费者的订单一直到交车给消费者的过程中，始终能给消费者提供不断的跟踪、不断的修正，形成一个有效的循环，这个循环运转得越有效，效率也会越高，品牌也会提升越快。在这个循环中，人才培养是非常重要的一个环节。丰田章男承认最近几年的发展速度过快，已超过了人才培养、人才成长的速度，导致了此次大规模的质量问题。

综上所述，导致丰田出现问题的原因并非是错误的生产方式，而是不当的管理决策。

三、回归丰田生产方式，丰田再创奇迹

"召回门"事件后，2009 年受命于危难的丰田喜一郎的孙子丰田章男，对其产生原因进行了反思：混淆了原丰田生产方式的优先顺序，以至于无法像从前一样停下脚步、仔细思考、做出改进，没能坚守传统，悉心聆听消费者的声音，对于发生的问题丰田需要进一步地回归丰田生产方式的原点、基本点，重新审视丰田的生产方式。

就 2012 年 7 月丰田公布的数据来看，其在全球范围内汽车累计产量已突破 2 亿辆大关。截止 2012 年 6 月底，丰田在日本本土总计产量超过 1. 45 亿辆，而在海外工厂产量超过 0. 55 亿辆，总数达到 2 亿辆以上。不仅产量创造了纪录，就连销量也是位于全球第一。据美联社报道，丰田汽车制造商 2012 年上半年的全球销量达到了 497 万辆，超过了大众和通用，重返世界第一的宝座。而通用上半年的销量为 467 万辆，大众为 445 万辆。

从 2010 年初丰田章男频频就召回事件向全球消费者道歉，对丰田存在的问题进行反思，并决定回归丰田生产方式的原点，到 2012 年上半年，丰田登全球第一的位置，这不能不说这是丰田生产方式创造的又一大奇迹。这恰恰说明：丰田"召回门"事件并不是丰田生产方式出现了问题，相反是由于丰田引以为傲的丰田生产方式没有被正确运用所致。

思考题

1. 你如何看待丰田"召回门"事件？
2. 试分析丰田"召回门"事件产生的原因。

第四节 准时化

准时化（JIT）是指在生产系统的各个环节、各个工序"在需要的时候，按需要的量，

生产出所需要的产品”。它是丰田生产方式的两大支柱之一，其目的在于彻底消除浪费。准时化以拉动式生产为基础，以均衡化生产（Leveling System）为前提条件。

丰田的准时化生产与其国情十分有关，日本国土面积狭小，而人口密度大，加之自然资源贫乏，因此在生产管理中，就必须充分利用各种资源，避免各种可能的浪费；另一方面，土地昂贵，工厂布局必须尽量合理，占地面积小，同时要求物流通畅，减少仓储面积。准时化生产的创立者们认为，生产技术的改进固然可以降低生产成本，但当生产工艺上的差异不存在或很小时，只能采取合理配置使用设备、人员、材料等资源的方式，才能较多地降低成本。

一、准时化（JIT）生产的起源

在20世纪中叶以前，世界汽车生产商均采用福特式的大量生产方式——推动式生产，就是计划部门根据市场需求，按产品构成清单对需求进行计算，得出每种产品的需要量和各生产阶段的生产前置时间，确定每个部件的投入产出计划，按计划发出生产和订货的指令。当时，这种推动式生产方式以其规模性制造的成本优势为企业创造了巨大的收益。

然而随着经济的不断发展，需求的差异性暴露了这种生产模式的缺陷。20世纪后半期，整个汽车市场进入了一个市场需求多样化的新阶段，汽车制造业开始围绕如何有效地组织多品种小批量生产进行探讨。

大野耐一意识到推动式大量生产的缺陷，认为需采取一种更灵活、更能适应市场需求变化的生产方式。在这种历史背景下，丰田喜一郎有过这样一种构想，他说：“像汽车生产这种综合工业，最好把每个必要的零部件，非常准时地集中到装配线上，作业人员每天只做必要的数量。”1953年大野耐一把丰田喜一郎这个思路应用到汽车的生产现场，并综合了批量生产和单件生产特点和优点，创造了一种在多品种小批量混合生产条件下高质量、低消耗的生产方式，形成了一套严谨成熟的“准时化生产”体系。

准时化生产促进了日本汽车制造业的飞速发展，准时化生产被当做日本企业成功的秘诀在世界范围内受到广泛尊崇。准时化随后便在欧洲和美国的一些企业中推广开来，并与源自日本的其他生产、流通方式一起被西方企业称为“日本化模式”。

二、准时化生产的概念

准时化生产的基本思想就是：“在需要的时候，按需要的量，生产出所需要的产品”。准时化生产的前提是“准时”生产，即在需要的时间和地点完成生产。它的核心是追求一种“零库存”的生产系统。通过对生产过程中人、设备、材料等要素的有效使用，消除各种无效劳动和浪费，消除一切只增加成本，而不向产品中增加价值的过程，准时化生产有效运用多种方法和手段，确保这一目标的实现。

准时化生产强调“准时”和“按需要”生产，它要求生产过程中各个环节衔接的准时化，没有不必要的物流停顿和库存，按顾客的需要数量进行生产。准时化生产的最终目标是利润最大化，基本目标是降低成本，准时化生产的具体生产目标有以下几点。

（1）废品率最低（零废品） 消除各种不合理因素，并对加工过程中的每一工序精益求精。

（2）库存量最低（零库存） 库存是生产计划不合理、过程不协调、操作不规范的表现。

（3）减少零件搬运量　零件搬运是非增值操作，减少零件和装配件运送量与搬运次数，可以节约装配时间，并减少这一过程中可能出现的问题。

（4）设备故障率低　低的设备故障率是生产线对新产品方案作出快速反应的保障。

（5）批量小　多品种、小批量生产安排可以对顾客需求作出快速反应。

（6）生产周期最短　短的生产周期与小批量相结合的系统，应变能力强，柔性好。

（7）准备时间最短（零准备时间）　准备时间长短与批量选择有关，如果准备时间趋于零，准备成本也趋于零，就有可能采用极小批量。

三、实现准时化生产的技术承载——拉动式生产

大野耐一从美国超市中获得灵感，让每道工序根据后工序的需要来安排本工序的不同生产，像超市货架上的商品一样。这样，每道工序都成为前工序的顾客，同时又是后工序的超市。这种模式（即拉动式生产方式）是由后工序的需求拉动的。它与传统的推动式生产方式（即由前工序的产出来推动后工序的模式）形成鲜明对比，如图 2-3 所示。

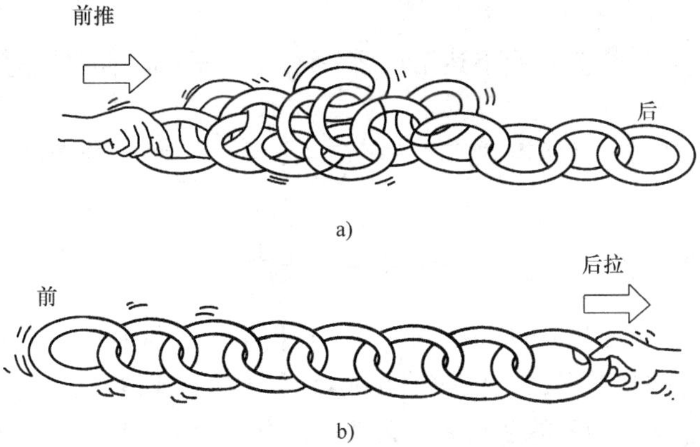

图 2-3　推动式生产与拉动式生产的区别
a）推动式生产　b）拉动式生产

1. 推动式生产方式（Push Production）

推动式生产方式简单地说，就是各工序按生产计划进行生产。前工序无需为后工序负责，生产出产品后按照计划把产品送达后工序即可。总体的生产是一种从上道工序向下道工序“推动”的过程。

其生产安排就是计划部门根据市场需求，按产品构成清单对需求进行计算，得出每种产品的需要量和各生产阶段的生产前置时间，确定每个部件的投入产出计划，按计划发出生产和订货的指令。在推动式生产方式下，生产控制就是要保证按生产计划的要求按时、按质、按量完成任务，每一工序的作业人员注重的是自己所在工序的生产效率，各个工序之间相互独立，在制品存货量较大。

推动生产方式的特点：

1）各个工序之间相互独立，在制品存货量较大。

2）为了分解每个零部件的精确生产时间，需要大量计算。

3）如果出现异常状况，要对整个计划进行调整。

4）为了保证按时交货，必须保有相当水平的安全库存。

按丰田生产方式的观点来看，在制品存量大和高水平的安全库存是七大浪费之首“万恶之源”，会掩饰很多生产管理中出现的问题，使问题得不到及时的解决。

2. 拉动式生产方式（Pull Production）

拉动式生产方式简单地说，就是按顾客需求拉动生产计划安排。在生产过程中，每道工序都把后工序看做是顾客，工序完成计划的目标就是满足后工序的生产需求。

拉动式生产方式是以看板管理为手段，采用“取料制”，即本工序根据“市场”——后工序需要进行生产，同时，会根据本工序需要的在制品数量到前工序去取料，从而形成拉动式生产控制，绝不多生产一件产品。在拉动式生产过程中是把生产计划下达给最后的工序，指示什么时间、生产多少、什么类型的产品，这样由后工序依次向前工序领取所需求的零部件；用这种倒过来运送的管理方法一步一步逆着生产工序向上推进，一直上溯到原材料供应部门，从而满足“准时化”条件，管理工作量便可减到最低限度。拉动式生产实现的基础和前提条件是5S与目视化管理。

拉动式生产的特点：

1）生产计划（生产指令）只下达给最后一道工序——最后的成品数量与市场需求保持一致。

2）各工序只生产后工序所需的产品——避免了生产不必要的产品，避免和减少了在制品的库存量。

四、实现准时化生产的基础——“一个流”生产

“一个流”生产（One Piece Flow ，OPF），是指生产过程中，作业人员一次只加工一个产品或部件，在理想的状态下，工位间的在制品为“零”或者在生产线内任何两道工序间的在制品数不得超过下道工序的装夹数。各工序只有一个工件在流动，使工序从毛坯到成品的加工过程始终处于不停滞、不堆积、不超越的流动状态，是一种工序间在制品向“零”挑战的生产管理方式，其思想是改善型的。通过追求“一个流”，使各种问题、浪费和矛盾明显化，迫使人们主动解决现场存在的各种问题，实现人尽其才、物尽其用、时尽其效。“一个流”生产是同步化生产的高级形式，实现“一个流”生产，要求生产必须按生产节拍进行，按标准化作业进行操作。

“一个流”是实现均衡化生产的前提，也是准时化生产的核心，是消除浪费的最好方法。

1. 单件流动

“一个流”生产的第一要点就是要使产品生产的各道工序做到几乎同步进行，使产品实现单件生产、单件流动。单件流动是为了避免以批量单位进行加工，前工序的加工一结束就立刻转到后工序，从而使得工序间在制品的数量接近于“零”。

2. 按加工顺序排列设备

传统的设备布置采取“小岛式”机群布置，容易产生搬运、等待、生产过剩等浪费现象。“一个流”生产要求放弃按设备类型排列的布局，而是按照加工顺序来排列生产设备，尽可能使设备的布置流水线化，即形成相互衔接的生产线。真正做到只有“一个流”。实现

这种布置方式的前提是工序间的平衡，否则同样会造成在制品库存、等待等浪费现象。

3. 按节拍进行生产

“一个流”生产还要求各道工序严格按照一定的节拍进行生产。如果各道工序的生产节拍不一致，将会出现产品积压和停滞，无法形成“一个流”。因此，应该设法让生产慢的设备快起来，生产快的设备适当减慢速度，每道工序都按节拍进行生产，从而使整个生产过程顺畅。

4. 站立式走动作业

从准时化生产的角度来讲，为了调整生产节拍，有可能需要一个作业人员同时操作两个或多个设备，这就要求作业人员不能坐着工作，而应该采用站立走动的作业方式，从而提高工作效率。

5. 培养多技能工

在传统生产方式中，作业人员通常只会操作一种设备。当前工序的设备生产能力很强而后工序的设备生产能力较弱时，很容易造成前工序的作业人员空闲而后工序的作业人员过于繁忙，从而导致生产不均衡。因此，“一个流”生产要求作业人员能够操作多台生产设备，通过培养多技能工来均衡整个生产节拍。此外，培养多技能工还有利于作业人员的调整。

6. 使用小型、便宜的柔性化设备

由于大型设备的生产能力很强，很容易让后工序无法及时跟上，从而导致大量的在制品积压。此外，大型设备还会造成投资和占地面积的增加。因此，准时化生产不主张采用自动化程度高、生产批量大的设备，而主张采用小型、便宜的设备。在不影响生产的前提下，越便宜的设备越好，这样不但投资少，而且灵活性高。

7. 设备“U”形布置

如果将生产设备一字摆开，作业人员从第一台设备到最后一台设备就需要走动很远的距离，从而造成严重的人力浪费。因此，“一个流”生产要求将生产设备按照“U”字形来排列，从入口到出口形成一个完整的“U”形，这样就可以减少由于不同工序之间的在制品传递而造成的走动，减少时间和搬运的浪费，提高生产效率。

8. 标准化作业

标准化作业就是要求每一个岗位、每一道工序都有一份标准作业指导书，作业人员按照作业指导书的要求工作，这样就能强制作业人员严格按照既定的生产节拍进行生产。如果作业没有标准化，那么生产一个产品的时间就得不到控制，无法控制生产节拍，更无法保证形成“一个流”。

五、实现准时化生产的管理工具——看板管理

准时化生产方式的目标是要最终实现零库存，而看板提供了一个朝着这个方向迈进的工具。

看板是实现准时化生产最重要的管理工具，看板是用来控制生产现场的生产计划工具。“看板”具体而言，是一张卡片，最常用的是装在长方形塑胶套中的一枚纸卡。这种纸卡大致分为两类：一是“取货指令”或“搬运指令”；二是“生产指令”。它在丰田内部以及丰田和协作企业之间运用，起到传递情报和指令的作用。具体形式随不同的企业而有差别。看板上的信息通常包括零件号码、产品名称、制造编号、容器形式、容器容量、看板编号、移

送地点和零件外观等。

1. 看板的形式

实际生产管理中使用的看板形式很多，运送零件小车、工位器具或物料箱上的标签、指示部件吊运场所的标签、流水生产线上各种颜色的小球或信号灯等。

2. 看板的分类

看板根据其形式、需要和用途的不同，可以分为五类。

（1）三角形看板　三角形看板（图2-4）主要为“5S”管理服务。看板内容主要标示各种物品的名称，如成品区、在制品区、原材料区等，将看板统一放置在现场划分好的区域内的固定位置。

（2）设备看板　设备看板可粘贴于设备上，也可在不影响人流、物流及作业的情况下放置于设备周边合适的位置。设备看板的内容包括设备的基本情况、点检情况、点检部位示意图、主要故障处理程序、管理职责等内容。

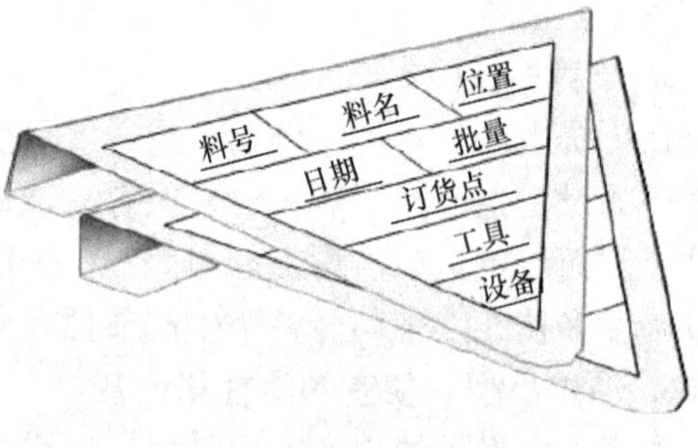

图2-4　三角形看板示例

（3）质量看板　质量看板的主要内容有生产现场每日、每周、每月的质量状况分析、质量趋势图、质量事故的件数及说明、作业人员的技能状况、部门方针等。

（4）生产管理看板　生产管理看板的内容包括作业计划、计划的完成率、生产作业进度、设备运行与维护状况、车间的组织结构等内容。

（5）工序管理看板　工序管理看板主要指车间内在工序之间使用的看板，如在制品看板、领取看板以及临时看板等。

1）在制品看板记载后续工序必须生产和定购的零件、组件的种类和数量。包括工序内看板、信号看板等。

工序内看板是指某工序进行加工时所使用的看板。这种看板用于装配线以及即使生产多种产品也不需要实质性的作业更换时间（作业更换时间接近于零）的工序，例如，机加工工序的加工看板。

信号看板是在不得不进行成批生产的工序之间所使用的看板。如树脂成形工序、模锻工序等。信号看板挂在成批制作出的产品上，当该批产品的数量减少到基准数时摘下看板，送回到生产工序，然后生产工序按该看板的指示开始生产。另外，从零部件出库到生产工序，也可利用信号看板来进行指示配送。

2）领取看板记载后续工序应该向之前工序领取的零件、组件种类和数量。包括工序间看板、对外订货看板等；种类一般可区分为领料看板和生产看板两种。

工序间看板是指工厂内部后工序到前工序领取所需的零部件时所使用的看板，根据看板就可到前一道工序领取。

对外订货看板是针对外部的协作厂家所使用的看板。对外订货看板上必须记载进货单位的名称和进货时间、每次进货的数量等信息。对外订货看板与工序间看板类似，只是“前工序”不是内部的工序而是供应商，通过外协看板的方式，从最后一道工序慢慢往前拉动，直至供应商。因此，有时候企业会要求供应商也推行准时化生产方式。

3）临时看板是在进行设备保全、设备修理、临时任务或需要加班生产的时候所使用的看板。与其他种类的看板不同的是，临时看板主要是为了完成非计划内的生产或设备维护等任务，因而灵活性比较大。

3. 看板管理五大原则

为使看板系统有效运行，必须严格遵循以下使用规则。

（1）后工序领取原则　彻底改变现有流程和方法，使后工序只有在必要的时候，才向前工序领取必要数量的零部件。

（2）生产均衡化原则　前工序只生产后工序需要数量的产品，以补充被后工序领取的零件，生产系统结合输送带式系统，使生产达到均衡。

（3）不合格品不交给后工序原则　不合格品不交给后工序，后工序没有库存，这样，后工序一旦发现不合格品必须停止生产，可以马上找到不合格品送回前工序。

（4）看板的使用数目最少原则　看板的数量代表零件的最大库存量，看板的使用数目尽量减少以降低库存。

（5）看板适应需求变动原则　计划的变更由市场的需求和生产的紧急状况决定，看板应能够适应这种需求变动，依照看板取下的数目就可以得到新的需求数量。

4. 看板的作用

准时化生产中，看板的主要作用是生产以及运送的工作指令；防止过量生产和过量运送；进行“目视化管理”的工具；改善的工具。

（1）生产以及运送的工作指令　看板中记载着生产量、时间、方法、顺序以及运送量、运送时间、运送目的地、放置场所、搬运工具等信息，从本工序逐次向前工序追溯，在本工序将所使用的零部件上所带的看板取下，以此再去前工序领取。“后工序领取”以及“准时化生产”就是这样通过看板来实现的。

（2）防止过量生产和过量运送　看板必须按照既定的运用规则来使用。其中一条规则是：“没有看板不能生产，也不能运送”。根据这一规则，看板数量减少，则生产量也相应减少。由于看板所表示的只是需要的数量，因此通过看板的运用能够做到自动防止过量生产以及适量运送。

（3）进行“目视化管理”的工具　看板的另一条运用规则是：“看板必须在实物上存放，前工序按照看板取下的顺序进行生产”。根据这一规则，作业现场的管理人员对生产的优先顺序能够一目了然，易于管理。通过看板就可知道后工序的作业进展情况、库存情况等。

（4）改善的工具　在准时化生产中，通过不断减少看板数量来减少在制品的储存数量。当设备出现故障、不合格品数目增加时，就会影响到后工序的生产，这样问题马上就被暴露出来，给改善提供契机。

总之，看板作为一种生产管理手段，非常独特，看板方式也可以说是准时化生产最显著的特点之一。但看板不等同于准时化生产，准时化生产说到底是一种生产管理系统技术，而看板只是一种管理手段。看板只有在工序一体化、生产均衡化、生产同步化的前提下，才有可能被运用。

5. 看板与准时化生产的关系

看板管理可以说是准时化生产中最独特的部分，因此也有人将准时化生产称为“看板方式”。但是严格地讲，这种概念也不正确。日本筑波大学的门田安弘教授曾指出：“丰田生产方式是一个完整的生产技术综合体，而看板管理仅仅是实现准时化生产的工具之一。把看板管理等同于丰田生产方式是一种非常错误的认识。”

准时化生产的本质是一种生产管理技术，而看板只不过是一种管理工具。决不能把准时化生产与看板方式等同起来。看板只有在工序一体化、生产均衡化、生产同步化的前提下，才有可能运用。

六、准时化生产的技术支持体系

丰田前总裁张富士夫谈到：“一般而言，当你试图应用丰田生产方式时，应该做的第一件事就是把生产均衡化，这是生产控制或生产管理者的首要责任。”大野耐一则说：“相较于快速、起跑领先，但偶尔停下来打盹的兔子，慢但稳定的乌龟较不会导致浪费情形，表现也将令人满意。唯有当所有作业人员都变成行动缓慢但稳定持续的乌龟时，才能实现丰田生产方式。”实现生产均衡化是杜绝不均衡的基础，而去除不均衡是消除浪费与负荷过重的基础。准时化生产的技术支持体系如图 2-5 所示。

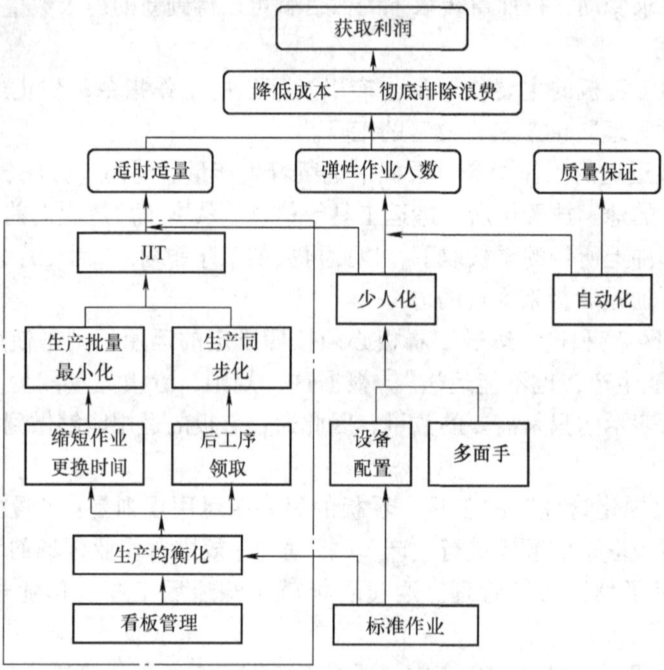

图 2-5　准时化生产的技术支持体系

1. 生产均衡化（平准化）

汽车流水线生产一般有两种形式：单一品种流水线和多品种混合的流水线。从形式上看，前者是一种或很少几种产品长期大量生产，后者是多品种成批生产方式，即在一定时间内其产品品种是单一的。这与社会对产品需求的多样化发生矛盾。如果采取增加库存产品的办法，势必大量占用企业的流动资金；如果按产品相应地组织生产，又会打乱流水线节拍，造成生产不均衡。生产均衡化能够克服这一矛盾。

（1）生产均衡化的含义　生产均衡化是在多品种生产条件下，科学地组织和管理可变流水线上多个品种产品投产顺序的一种最优化方法。能保证在制造多种产品时，在同一条流水线上，做到产品产量、品种和工时都均衡。它要求生产线上的生产平稳地、均衡地进行，不仅要达到产量上的均衡，而且要保证品种、工时和生产负荷都均衡。生产均衡化是看板管理和准时化生产的重要基础，是拉动式生产的前提，它要求把生产过程中产品的数量的波动尽可能控制到最小。

（2）生产均衡化的特征 流水线加工的对象不是一种，各加工对象在结构上和工艺上是相近的；属于多品种混流的流水生产方式，并且小批量，多批次；按最优化的投产顺序进行生产。

（3）生产均衡化对生产计划安排的影响

1）传统的生产计划安排。通常是采用分段生产的方式，即集中生产完一种产品以后，再去生产另外一种产品。例如，按照先后次序生产 A、B、C 这三种产品，见表 2-4。但是如果市场需求改变了，对 A 的需求并不急迫，而对 C 的需求却很紧急，这时候再去生产 C 已经来不及了。这样通常会导致 A 产品库存时间较长，而 C 产品却半个月无货供应市场，甚至导致失去市场。

表 2-4 传统生产计划安排

<table>
<tr><th colspan="6">某月生产计划</th></tr>
<tr><th rowspan="2">品种</th><th rowspan="2">数量</th><th colspan="4">周次</th></tr>
<tr><th>1</th><th>2</th><th>3</th><th>4</th></tr>
<tr><td>A</td><td>1000</td><td colspan="2">←1000→</td><td></td><td></td></tr>
<tr><td>B</td><td>600</td><td></td><td colspan="2">←600→</td><td></td></tr>
<tr><td>C</td><td>400</td><td></td><td></td><td></td><td>←400→</td></tr>
</table>

2）生产均衡化改进后的生产计划安排。为了解决传统生产计划安排所出现的问题，可以用生产均衡化来改进生产计划，见表 2-5。如每月工作日 20 天，如果减少批量，每天生产 A 产品 50 个，B 产品 30 个，C 产品 20 个。一个月 20 天重复 20 次，这样情况就会好得多。

表 2-5 均衡化生产计划安排

<table>
<tr><th colspan="6">某月生产计划</th></tr>
<tr><th rowspan="2">品种</th><th rowspan="2">数量</th><th colspan="4">周次</th></tr>
<tr><th>1</th><th>2</th><th>3</th><th>4</th></tr>
<tr><td>A</td><td>1000</td><td colspan="4">←50件/每日→</td></tr>
<tr><td>B</td><td>600</td><td colspan="4">←30件/每日→</td></tr>
<tr><td>C</td><td>400</td><td colspan="4">←20件/每日→</td></tr>
</table>

对于顾客来讲，无论需要哪种产品，每天都可以得到，产品积压与短缺的情况将大大减少，企业内部资源的利用情况也将好得多。但是，月生产频率为 20，作业切换时间为原生

产安排（月生产频率为1）的20倍。要避免这种损失，就要设法减少每次作业切换时间。如果每次作业切换时间降为原来的1/20，则可以补偿这种损失。

2. 订单决定生产数量

在准时化生产中，生产一个产品要花多少时间，不是由机器设备或作业人员的作业速度决定的，而是由市场的订单数量来决定的。

如果市场一天的需要量是100个，工作时间是480分钟，那么就应该使生产线每隔4.8分钟生产出一个产品，而不是连续生产得越多越快越好；如果市场需要量增加为一天200个，那么就应该每隔2.4分钟生产出一个产品。反之，若需要量减少为一天50个，就应该每隔9.6分钟生产出一个产品。这也是准时化生产的要求。

3. 生产同步化

生产同步化是准时化生产的核心思想之一，就是要尽量使工序间在制品的库存接近于零。因此，前工序的加工一结束，就应该能够立即转到下一工序中去。也就是说，生产同步化是实现准时化生产的一个基本原则。它与历来的各个作业工序之间相互独立，各工序的作业人员在加工出来的产品积累到一定数量以后一次运送到下一工序的做法完全不同，是使装配和机加工的生产几乎同步进行，是产品实行单件生产、单件流动的一种方法。为了实现这一点，准时化生产方式在设备布置和作业人员的配置上采取了一种全新的方法。

（1）设备布置　生产同步化也要求根据加工顺序来布置设备。并通过开发小型简易设备、缩短作业更换时间、使集中工序分散化等方法来实现生产同步化。

（2）弹性配置作业人数，缩短作业更换时间　根据生产量的变动，弹性地增减各生产线的作业人数，以及尽量用较少的人力完成较多的生产。通过合理布置设备，考虑作业人员的步行时间、场地利用等因素的合理性，实现作业人员可以一人多机、多工序操作，达到“少人化”。

实现生产同步化的关键问题还要缩短作业更换时间。作业更换时间由以下三个部分组成。

1）内部时间。必须停机才能进行的作业更换时间。

2）外部时间。即使不停机也可进行的作业更换时间，如模具、工夹具的准备、整理时间。

3）调整时间。作业更换完毕后为保证质量所进行的调整、检查等所需的时间。

作业更换时间的缩短主要依靠改善作业方法、改善工夹具、提高作业人员的作业更换速度以及开发小型、简易设备等方法。

（3）质量保证方法　在准时化生产中，通过将质量管理贯穿于每一工序之中来实现提高质量与降低成本的一致性，具体方法是“自働化”。

丰田生产方式质量保证的“三不原则”，即“不制造不合格品、不流出不合格品、不接受不合格品”。这是对待不合格品的基本原则，是保证质量实现“零不合格”的基础。

1）不制造不合格品。这是首先必须保证的，只有不制造不合格品才能使得不流出和不接受不合格品变为可能。

2）不流出不合格品。作业人员一旦发现不合格品，必须及时停机，将不合格品在本工序截下，并且在本工序内完成处置和制定防止再发生的对策。

3）不接受不合格品。后工序人员一旦发现不合格品，将立即在本工序实施停机，并就此通知前工序。前工序人员需立即停止生产，追查原因，采取对策，控制不合格品的流出。

（4）生产节拍合理化　它是实现准时化生产的基础。同步化生产中的另一个重要概念是生产节拍。所谓生产节拍，是指生产一个产品所需要的时间。准时化生产要求生产节拍根据市场需求的变化而变化。

思考题

1. 什么是准时化生产？
2. 准时化生产的生产目标是什么？
3. 拉动式生产的概念，它与推动式大量生产的区别是什么？
4. 什么是“一个流”生产？
5. 什么是看板？看板的分类？
6. 看板管理的原则是什么？
7. 看板与准时化生产的关系是什么？
8. 简述准时化生产的技术支持体系。

第五节　自　働　化

丰田生产方式的另一大支柱是自働化。自働化是保证产品高质量的控制手段，其目的是实现零缺陷制造和节省人工。

一、自働化的起源

1926年丰田佐吉研制了具有类似人的“智能”的自动织机。它装上了“使设备能够判断状态好坏的装置”，在经线断了或者纬线用完的时候，不需要人的监视，能够立即自动停止运转，避免出现大量的不合格品，从而减少人员、提高劳动效率。

大野耐一受此启发，把一个传感器装到设备上，并装了一个灯光显示板——指示灯，当设备或生产出现异常时，设备停止，指示灯点亮，管理及维修保全人员马上知道，大大提高了工作效率。而且一道工序出现故障所有工序都停止，问题被表面化并能被及时发现，大家就会想办法及时解决这一问题，改善由此开始。这一方法运用的最后结果，使生产线的有效运转率提升到了95%。

于是，在丰田这种“带自动停止装置的设备”得到了大力推广和使用。丰田的任何一个工厂——几乎所有的机器设备，都装有自动停止装置，总而言之，它们是被赋予了“人的智慧”的机器。这样的设备，它们正常运转的时候不用作业人员监视，只是在设备发生异常情况、停止运转的时候去处理就可以了。所以，一个作业人员可以管理好几台设备；随着作业人员的逐渐减少，生产效率也会有飞跃地提高。

二、自働化的概念

1. 自働化的含义

大野耐一对“自働化”的阐述是：带有人字旁的“自働化”机械（图2-6）的意思；在丰田是指“带自动停止装置”的设备。这里所说的“自动停止装置”是指“固定位置停止方式”、“质量保险装置”、“防错/防呆装置”等。

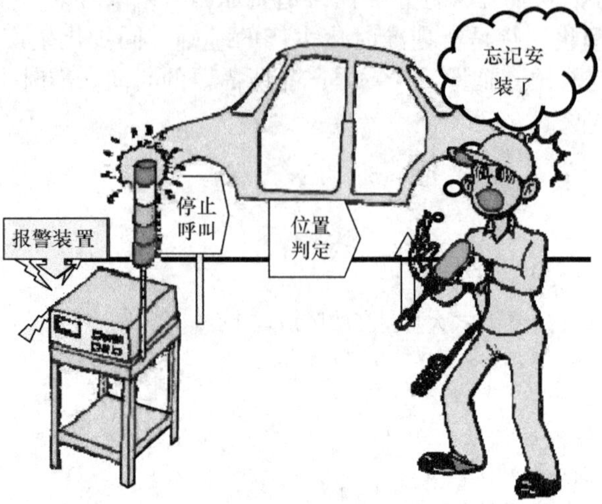

图 2-6 “自働化”机械

自働化包含的机制：第一，使设备或生产线能够自动检测不合格品；第二，生产第一线的设备操作作业人员发现产品或设备的问题时，有权自行停止生产的管理机制。

2. 自働化与自动化的区别

自动化：早期的自动化，人们只需按动电钮，设备就会自动地运转起来，完成预定的工作。但是，这种自动化设备没有发现加工质量缺陷的能力，也不会在出现加工质量缺陷时停止工作。若设备发生异常，瞬间就会制造出几百个甚至上千个不合格品，造成浪费及成本增加。

自働化：给自动化的“动”字加上人字旁后，管理的意义大大地改变了。“自働化”将“人的智能”赋予设备，使不合格品的产出率降到最低，同时工时降低了，工作效率提高了，从而达到降低人工成本和材料成本的目的；设备问题也被明确化并能防止再发生，设备能自律地控制不正常的情况和具有人的判断力。它体现了丰田“流出防止”的“三不”原则，体现了“质量来源于每道工序”的管理理念。自働化与自动化的区别见表 2-6。

表 2-6 自働化与自动化的区别

序号	“自働化”	自动化
1	异常发生时，机械设备本身可检测出异常并自动停止	异常发生时，如果没人按动停止开关，机械设备会不停地运转
2	机械、刀具、夹具的故障可预先防止，不会生产出不合格品	出现异常时，发现迟缓，有损坏机械、刀具、夹具的危险
3	容易掌握发生异常的原因，可以防止再发生	不能很快发现异常的原因，难以防止再发生
4	能实现少人化	只能实现省力化

3. 另一个“自働化”：手工作业线的“自働化”——固定位置停止（自动定位停止）

固定位置停止（图 2-7）是装配线的停线方法之一。在手工作业生产线树立“机械出现异常马上停机”的观点，出现异常作业人员要就地停线，并通知监督管理者。

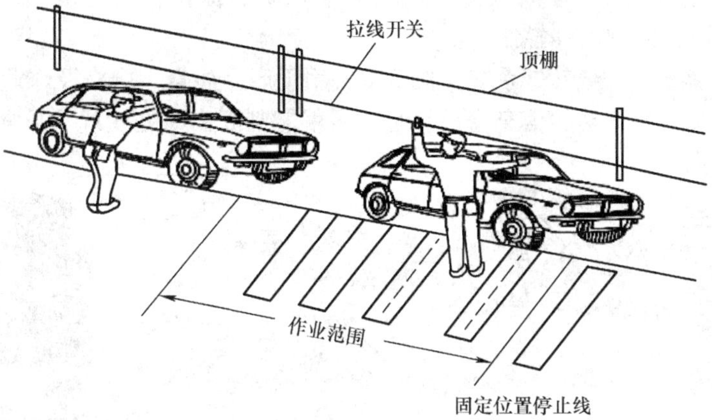

图 2-7　固定位置停止

当在装配线上某一工位的作业发现异常时（作业跟不上、有质量问题），马上按下固定位置停止开关（即呼叫开关），此时，指示灯声光报警，但装配线并不马上停止，而是运行到固定的位置（定位置）后才停止。班组长和流动工得到报警后，如果在在制品到达此位置前将异常消除，再次按动开关，生产线不停；如果未能及时解除，生产线将自动停止。定位置停止的意义是可以避免其他工位的作业人员因中断正常操作导致的产品质量问题。

三、自働化的实施

1. 人的动作与设备的动作分离

（1）自働化是一个人对一台设备的监视的解放　一个循环结束后设备自动停止，在设备工作期间，人可以从事其他的工作。

1）人将设备停在恰当的位置。

2）设备自动停在恰当的位置。

3）设备完成一个循环后自动停止。

4）设备自动取下工件。

5）设备自动安装工件、起动。

6）设备自动投料、搬运。

（2）实现人与设备动作分离的工具　实现人与设备动作分离的工具主要有防错装置、AB 控制、“安东”（Andon，也有的译作“按灯”）系统等，这些工具解放人对设备的异常监视，实现人与设备的动作分离。

1）防错/防呆装置。为了发现不合格品、防止机械设备发生故障，当发生异常或发现异常时，能马上停线而成本较低但可靠性高的装置。它是针对不合格品或操作失误等异常现象所采取的预防措施。采用这种装置，作业人员可以安心地、有节奏地操作，可以收到提高生产效率、降低成本的效果。在生产过程中，有些人为的失误是无法避免的，所以防错装置在丰田生产管理中普遍使用，不给作业人员犯错误的机会。如作业忘记或失误时，设备不能起动；操作过程失误时，报警装置鸣叫，设备停止；出现加工错误时，运送带会阻挡不合格的工件，保证其不流到下道工序等；

2）AB 控制。指为使工序间或工序内的标准在制品保持在一定范围内，根据两点（A 点、B 点）有无产品来判断和控制。

3）“安东”系统。“安东”系统（图 2-8）用于产品质量不合格及作业异常等异常发生场合，是指导相关人员行动的信息窗口，是一眼就能判断出何处发现了异常的电子显示板。

图 2-8 “安东”系统

“安东”系统通常安装在大型工厂的较长的生产、装配流水线上。把每道工序用数字灯显示，各工序用一条尼龙绳顺着生产线连接到电子显示板，哪道工序有了问题马上就拉绳，电子显示板上相应工序的灯就亮，一般设置红色或黄色这样两种信号灯，由作业人员来控制。

如果出现零部件用完、不合格品或设备故障等异常情况时，作业人员拉下拉绳。拉绳拉下后，警告灯点亮和声音蜂鸣器开始报警。如果在制品是在离“固定位置停止线”的少于 70% 的位置，则该工位黄色信号灯被点亮；如果在制品是在离“固定位置停止线”的 70% 以上的位置，则该工位黄色信号灯闪烁，以传递该生产线将要停线的信息；而当在制品是到达“固定位置停止线”时，红灯点亮，生产线将暂时停线。直到异常排除，生产线停线管理人员拉下拉绳，红色信号灯关掉，生产线才重新恢复运行。

所以，从这一点来看，“安东”系统也是一种目视化管理，但它又不仅仅是目视化管理，其主要的是无论哪道工序的作业人员都有权拉绳停线，不合格品绝不流入后工序。作业人员会担心这样随便拉绳，生产线总停，任务怎么完成？但为了保证质量就是要停线，只有生产线停下来，问题才能引起重视，才能快速得到解决。停线是为了不停线，多停是为了将来少停或不停，由于大家都重视停线，停线的次数和时间就少了，实际生产的质量和效率反而提高了。

“安东”系统有时和电子生产管理组合或安装在一起。除了用于异常管理，它还能够提供关于生产线各种生产的信息，包括生产状态、原料状态、质量状况以及设备状况。此外，还同时可以显示实时数据，如每月或每日生产任务、实际完成情况、停工时间等。根据显示板上提供的信息，作业人员可以更加有效地进行具体工作。如果辅助不同的音乐报警，则可以让作业人员和管理人员清楚了解到其辖区内发生的具体问题。而且管理人员还可以根据显示板上显示的信息识别并且消除生产过程中的瓶颈问题，并能从控制室或者远程监测站监测生产状态、物料处理以及设备运行状况。

（3）通过防止异常的再度发生来提高生产效率。

2. 质量在工序内制造

一般性的质量保证方法是在最终工序由专门检查员检查；而丰田生产方式的理念是在工序内造就产品质量。即在各道工序内对产品质量进行检查，由防错装置保证质量，实现“在工序内造就质量”，不仅可以防止不合格品的流出，同时还可以明确异常所在，通过改善防止问题再发生。

质量在工位内制造就是凭借“出现异常时设备停止，人也停工”的方法来保证全部工件的质量。它包括不接受不合格品、不加工不合格品、不转移不合格品。

（1）出现异常停机装置　包括：固定位置停止装置、刀具折断自动停机装置，一旦工件装反，工件就装不上夹具，一有作业失误，机械就不起动、自动修正作业失误，而后进行加工、在后工序查出前工序发生的不合格、加工规定数量后就自动停止。

（2）显示异常所在位置的装置　发生异常时，设备自动报警或作业人员停止作业、起动“安东”系统通知管理者，管理者当场采取对策处理异常。最大限度减少产生异常工位对其他作业人员的影响。

（3）控制质量异常的方法　控制质量异常的方法有两种：设备自身检测和人工检测相结合。

1）设备自身检测到出现质量异常或设备异常情况自动停止，或者使用自动停止装置，如自动检测器、防错装置等。

2）人工检测是依靠从始至终、定量检查的方法，防止不合格品的流失，杜绝质量异常的出现。

（4）质量检查的方法　质量检查的方法有以下几点。

1）初始检查。即在进行交接班，换模具、刀具，修理、调整设备之后生产的第一件零件被称作初始工件。根据对初始零件的检查，来保证其后在同样条件下、用同样方法所生产的产品的质量。

2）终了检查。即对当日设备停止时最后所生产的零件进行质量检查，通过当班开始时的检查和当班结束时的检查，从而保证在当班期间内所生产的零件的质量。

3）定量检查。即每当生产一定数量的零件后，都要检查各工序的生产质量，实施方法有两种：一是自动生产线，即生产一定数量后，设备自动停止，检查员检查质量后，重新起动设备；二是手工生产线，即生产一定数量后，指示灯开启，作业人员停止生产线，进行各工序的质量检查。

3. 异常管理

从某种意义上讲，现场管理就是对生产异常情况的预防和管理。为了能够检测、控制、解决生产过程中的错误、突发、失控状况，而制定一系列措施、管理手段。例如，车间的自动报警装置，防错装置，作业人员异常目视板，QC 工程表，设备能力表的运用等。异常管理内容如图 2-9 所示。

（1）确定异常　确定什么是异常，制定异常标准。

1）检查是否按作业标准进行正确操作。

2）培训作业人员让其遵守作业标准（作业要领书、刀具换模作业要领书、质量检查要领书等）。

3）确定保全管理项目。

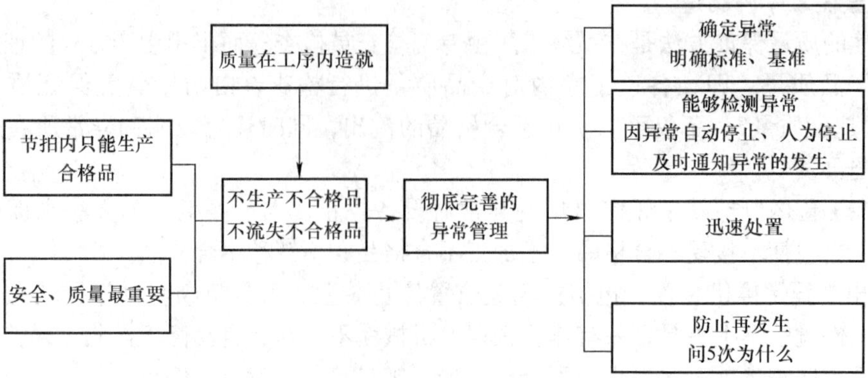

图2-9　异常管理内容

4）确定各工位的质量管理项目：作业标准、QC工程表、质量检查标准、简易检具。

5）防止质量确认遗漏，人与设备的方面——质量保证（Quality Assuarance，QA网络）。QA网络活动就是进行高效的改善活动，即研究出厂的质量保证状态在整个工厂处于什么状态，对每个工程的要素作业都要进行水平评价及等级评定，明确工位上的问题点和改善的优先顺序，最有成效地推进工位改善活动。“发生防止”和“流出防止”两个方面分别设立基准，进行定量评价。

“发生防止”指防止生产过程中出现有质量缺陷的不合格品；“流出防止”指防止有质量缺陷的不合格品从制造、检查过程流出。

（2）检测异常　按照异常标准，在工位、工序、班组内进行异常检测，并且在内部进行确认的质量。

（3）对异常进行处置　对确定的异常采取纠正措施，进行处置。

（4）追究真因，防止再发生　连续问5次为什么（即5W问题法），找到问题发生的最根本的原因，针对真因制定对策，防止问题再发生。

四、实现自働化的方法和手段

1. 目视化管理

在实施自働化的时候，会有各种各样的“目视化管理”手段监控着生产线的状态和物的流动。例如，“安东”系统、固定位置停止的起止标记线、呼叫灯和指示灯牌、标准作业票、看板、生产管理板、存放场表示板和库存物品表示板等都是目视化管理的手段。

虽然目视化管理方式对实现“自働化”有效果，但它只起着查明异常情况的作用。对异常情况的修正和改善还要靠管理人员及作业人员来进行。

2. 少人化

自働化的目的是提高效率，提高效率有两种方法，一是扩大产量，二是减少人员。丰田生产方式强调按需求数量生产，而需求数量取决于市场的需要，不能随意增减。很明显，通过扩大产量来提高效率，降低成本是行不通的，所以只能是减少人员，即“少人化”。

（1）实施自动化——省力化　自动化的实施，可以降低劳动强度，实现省力化，但不能消除作业中的浪费，如引进高性能的机器，即使节省0.9人的工作量，也只是使作业人员更轻松而已。0.1 人的工作量同样还是需要一个人。

（2）省人化　自働化以省人化为目标，当减产的时候，减少人员，必须取得作业人员的理解，得到他们的协助。因此，要让作业人员充分认识到除作业所必需的时间外，他确实还有闲余时间。例如，生产线的运转节拍时间是50秒，自己只用35秒就做完了，那余下的15秒什么都没做，只是站着而已，让他自己都认识到有空余时间，这样再给他增加作业量的阻力也就会减少了。

减少人员时，从优秀的人员中减少，让其去担当更重要的工作。这对作业人员会有很大的激励作用。

（3）为使准时化和自働化同时实现——提高效率的少人化　少人化比省人化更能反映出事物的本质。是指在不降低生产效率的同时，根据需要的生产数量用很少的几个人就可以生产的生产线或组织。需要以最少的作业人员来对应市场的需求，把这个称为少人化。

（4）省人化和少人化的区别　省人化通过作业改善（作业改善同改进设备不一样，改进设备一般只能提高成本而不是降低）来减少人数，降低成本。少人化是配合生产量的变动，调整人员编制。

（5）少人化活动的推进方法　少人化强调是以最少的人数来配合生产量的方法。为了配合市场的快速变迁，采用不浪费的较少人数从事生产，对人员、设备、作业方式等有关生产结构均必须加以探究，才能完全符合生产少人化的基本思维与实际做法。主要包括以下几点。

1）流程化生产。让在制品一个接着一个根据工序规定顺序完成所有生产作业，确实达到均衡化的目标，建立以最少人数与最适合机器从事生产的根基。

2）标准化作业。生产作业标准化，当生产计划变更、产能变动、人员变动等状况发生时，可以减少进行职场教育训练的时间与费用，能够短期内顺利完成变更项目。

3）人机可分离。传统自动化往往是作业人员必须一直在机器旁监视，无法完全离开，机器需要作业人员的帮助才能完成生产任务，少人化生产则尽量设法做到人员的工作与机器的运作能各自分开独立。

4）作业人员多机台或多工序作业。训练作业人员能同时承担生产线前后几个相关工序的作业，作业人员不再是仅会操作一台或一种机器的单能工，应积极使全员成为多技能工。

5）可移动机器。采取少人化作业时生产变化机会很大，固定式机器设备的拆卸与安装不便，所以采取的机器应具备体积小与易拆装的特点。如在机器、料架的下方安装可移动的脚轮，使搬运与移动更为便利。

6）非固定人员编制。传统生产作业不论产量多少，作业人员均采用固定编制，生产少人化则采用非固定作业人员编制，作业人员可根据生产量的多少进行调整。

7）交接互助区。当多技能工在进行作业时，前后交接的过程不可能完全划分清楚，应由作业人员互助合作，共同完成。

总之，在消费需求不断变化时，制造厂商为了生存与持续发展，必须随市场的需求变化，通过降低制造成本来赢得利润。而具有灵活弹性特色的生产“少人化”制造策略，是降低成本的具体可行方法之一。

五、自働化的意义

1. 适应需求的变化

因为生产完所需要的产品机器就停下来，而且生产的产品又都是合格品，所以通过“自働化”可以消除过剩的库存，实现准时化生产和对需求变化的响应。

2. 以人为本，尊重人格

在以自働化为基础的质量管理中，如果生产工序中发生了异常现象，生产就停下来，避免了产生不合格品或过量生产的浪费，体现了对作业人员劳动的尊重。另外，生产线一停下来，就必须马上关注问题、查明真因并采取防止再发生的改善措施，因而增强了对人格的尊重。

六、准时化和自働化的关系

大野耐一曾用打棒球来比喻丰田生产方式的两大支柱——准时化和自働化之间的关系：“准时化”是发挥球队队员间相互配合的协作精神；“自働化”则是提高每一个队员的个人技术。棒球场上的每个选手，相当于生产线上的各道工序。他们只有及时控球，相互密切配合，才能准确击球，快速跑垒，并成功触垒。丰田生产的各个工序也是如此，要做到及时、密切的配合才能有条不紊地完成生产的全过程。

思　考　题

1. 什么是自働化？
2. 自働化与自动化的区别是什么？
3. 固定位置停止的含义是什么？
4. 实现自働化的手段有哪些？
5. 简述自働化的意义。
6. 简述“准时化”和“自働化”的关系。

第六节　标准化作业

标准化作业（Standard Operating Procedure，SOP）是指在标准节拍内，将多技能工所操作的多种不同机床的作业方法标准化。它是实现均衡化生产和“一个流”的又一重要前提。

一、标准化作业的概念

1. 标准化作业的含义

标准化作业是以人的动作为中心，按照没有浪费的顺序、安全且有效地生产出高质量产品的作业方法，使之标准化。它是以人的动作为中心，将人、物、机器有效地组合，充分考虑现场管理中的质量、成本、生产物流的时机、安全等因素，按目标设定的最有效作业标准，要求全员必须遵守，严格实施并不断改善。

在丰田生产方式中制定标准化作业的人不是技术人员，而是现场管理人员（班组长），同时也负责标准化作业的修订工作。标准化作业并非一成不变，它会随着作业条件的变化而变化，如作业的改善、机器的更改、生产线的调整、生产量的变化等。

2. 标准化作业的特性

标准化作业的前提是以人的动作为中心，进行反复的实施作业，其具有以下特性。

1）在作业中，能够反复进行的实施作业，可以建立标准化作业。因为这是以人的动作作为研究对象，是根据人的四肢以及眼睛的动态来建立标准化作业的。

2）在机械设备以及生产线的运行中，不能有太多故障发生。机械设备经常发生故障，就会产生长时间的停止运作，要实施反复的同样作业，就很困难。而且在维修故障的同时，也产生大量的浪费。零部件送货不及时也会产生长时间的等待，造成浪费。所以，要想使改善效果良好，就必须事前检查确保机械设备良好运作，消除故障原因，物流也应及时、准确。

3）标准化作业要求产品的质量要尽可能保证，以减少作业过程问题的发生（前工序带来的问题和本工序的问题）。例如，在装配作业中，如果总是因零件、车身出现问题而无法装配，就会造成装配时的作业内容和作业时间变化很大，如此一来，就无法实施反复的作业。

3. 标准化作业和作业标准的区别

标准化作业是以人的动作为中心，强调的是人的动作。它由三个基本要素组成：节拍时间、作业顺序、标准手持。

作业标准是对作业人员的作业要求，是每个作业人员进行作业的基本行动准则，强调的是作业的过程和结果应满足作业标准的要求。它是根据工艺图样、安全规则、环境要求等制定的必要作业内容、使用什么工具和要达到的目标。

4. 标准化作业的目的

（1）标准化作业的根本目的　使用必要的、最小数量的作业人员进行生产——少人化；实现与准时化生产有关的各工序的同步化；把在制品的“标准手持量”限制在必要的最小数量——标准手持。

（2）标准化作业的直接目的　明确安全的、低成本的生产产品所必需的制造方法；标准化作业是改善的工具。

二、标准化作业的三要素

标准化作业的三要素包括生产节拍（Takt Time，T·T）、标准化作业顺序、标准手持量（也称标准在制品存量、标准在库等）。

1. 生产节拍（T·T）

所谓生产节拍，是指生产一个产品所需要的时间，是指一个零件（或总成）的生产或装配作业按需要应该在多长时间内完成。它是实现准时化生产的基础。

生产节拍（T·T）= 每日的工作时间（定时）/每日需要生产的数量

从公式中可知，由于每日的工作时间是固定的，生产节拍就由每日所需生产数量决定，而每日所需生产数量是由生产计划决定的。

传统的生产管理采用固定的生产节拍，认为机器使用与否都要折旧，计入成本费，为了避免损失，应尽量使机器100%开动，即想方设法使生产量去适应生产能力。生产计划按照生产线具备的生产能力来安排，其生产节拍是固定不变的。

而在准时化生产中，则认为如果为了提高机器利用率而生产现在并不需要的产品，这些过剩产品所带来的损失更大。机器的利用率应以满足必要的生产量为基准，应使机器生产能力适应生产量的要求，准时化生产中的生产量由市场决定。生产计划是基于市场预测和订货情况而制定出来的，所以每天的生产数量不是一定的，而是变动的。生产节拍不是固定不变的，是随着生产量的变化而变化的。

循环时间（Cycle Time，C·T）是指作业人员一个人进行标准化作业时，顺利完成一个循环的实际作业时间（包括步行时间，不包括空手等待时间），是按照操作顺序进行一个循环作业的最短时间，而且必须是可以连续作业的最短时间。累积数次加工循环发生一次的定时监测、换刀、处理空箱等作业的时间，不纳入循环时间计算。

2. 标准化作业顺序

标准化作业顺序是指作业人员能够最高效地生产合格品的生产作业顺序，它是实现高效率的重要保证，是多技能工在同时操作多台不同机床时所应遵循的作业顺序，即取材料、上机加工、加工结束后取下及再传给另一台机床的顺序，这种顺序在不同作业人员间共同遵循着。

作业顺序应该是没有多余动作的作业顺序，是效率最高的作业顺序。只有深入生产现场进行仔细观察，认真分析作业人员的每一个动作，把手、足、眼的活动分解，使其做到动作最少、路线最短才能制定出好的作业顺序。只有所有的作业人员都能在标准节拍内完成自己的作业，同一个生产线才能达成生产能力的平衡。

3. 标准手持量

标准手持量是指按照标准化作业规定的作业顺序进行操作时，在一个工序内保持储备最低的在制品数量，它应包括仍在机器上加工的在制品（入料口和成品区的在库不属于标准手持）。也就是能够让标准化作业顺利进行的最少的中间在制品数量。如果工序内没有这些数量的在制品，那么各工序将无法同步作业。

决定标准手持量的基本规则是从作业顺序和有无机器自动加工来考虑。

丰田生产方式不仅要做到使零部件及时到达各生产现场，而且要求严格设定标准手持量，尽量设法减少在制品存量，使之维持在最低水平。

三、标准化作业文件

常用的标准化作业文件有工序能力表、标准作业组合票（表）、标准作业票（卡）、标准作业要领书等。标准化作业的制定顺序是：确定标准节拍时间；观测时间（人的手动作业时间，机器加工时间）；制定各工序能力表；制定标准作业组合票；确定标准手持量；制定标准作业票。

其中工序能力表、标准作业组合票、标准作业票是丰田生产方式最常用的作业文件，在丰田又被称作“标准作业三件套”或“标准三票”。下面以某厂某零件的螺纹孔的加工为例简单介绍“标准作业三件套”及其使用。

1. 工序能力表——确定标准化作业的顺序

所谓的工序能力是指各工序加工零件的生产能力。即各工序（机器）进行生产时，考虑到手动作业时间、机器的加工时间、更换刀具的时间，单班所能加工的最大数量。

工序能力表（见表2-7）是在各道工序加工零件时，记录各道工序的生产能力，记录手动作业时间、机床自动进给时间及换刀时间，并计算生产能力。它是在制作标准化作业时，决定作业组合的基准，同时也是改善的线索。根据这张表的内容可以很快地了解这个生产线有何瓶颈；了解哪台机器究竟何处需要加以改善，以满足不同生产量和节拍的要求。

表 2-7　工序能力表

科长	工长	工序能力表	零件号		形式		班组	姓名
			零件名称	进气歧管	个数	920		

工序	工序名称	设备型号	基本时间/秒 手动作业时间	基本时间/秒 自动运送时间	基本时间/秒 完成时间	刀具 更换频次	刀具 更换时间/秒	加工能力/分钟	备注
1	增压机安装端面加工	Mi－1764	3	25	28	100	60		3 25
2	增压孔钻孔	DR－2424	3	21	24	1000	30		3 21
3	增压孔攻螺纹	TP－1101	3	11	14	1000	30		3 11
4	质量检查（1/1）（螺纹直径）		5		5				
		合计	14						

2. 标准作业组合票

标准作业组合票（图 2-10）是为了作业分配，即决定作业程序所使用的一种作业文件，

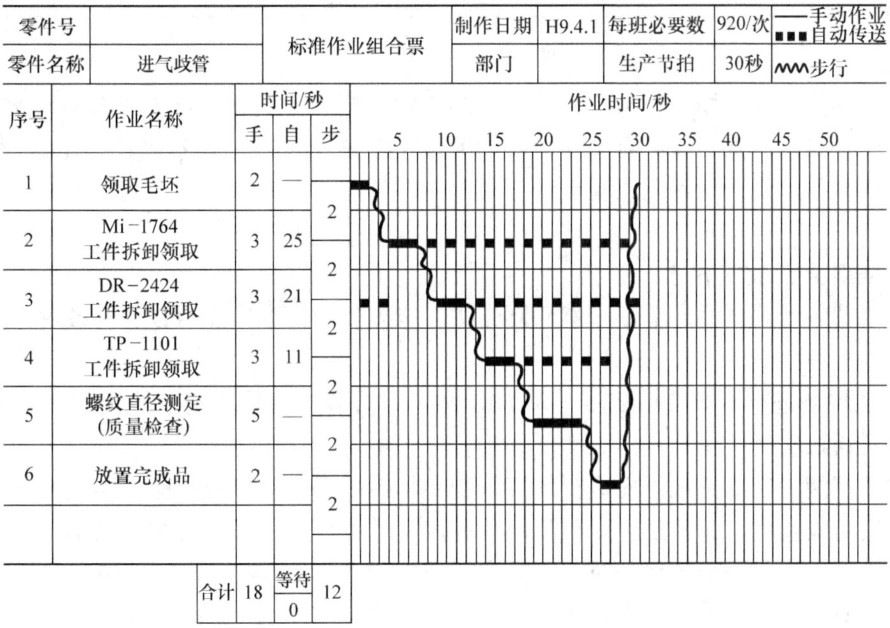

图 2-10　标准作业组合票

明确各工序的手工作业时间、步行时间及机械作业的经过时间。并研究在生产节拍内一个作业人员能负责多大范围最有效的作业。另外，还要记入自动进给时间（包括传送时间），看人和机器能不能进行更有效的组合。可以利用这张表来分析每一个作业人员的工作量以及对工作的熟练程度和技术水平等问题，以便作为如何加强改善的参考。

3. 标准作业票

标准作业票（见图 2-11）是为了了解全体作业人员的作业状态，记录每一个人的作业

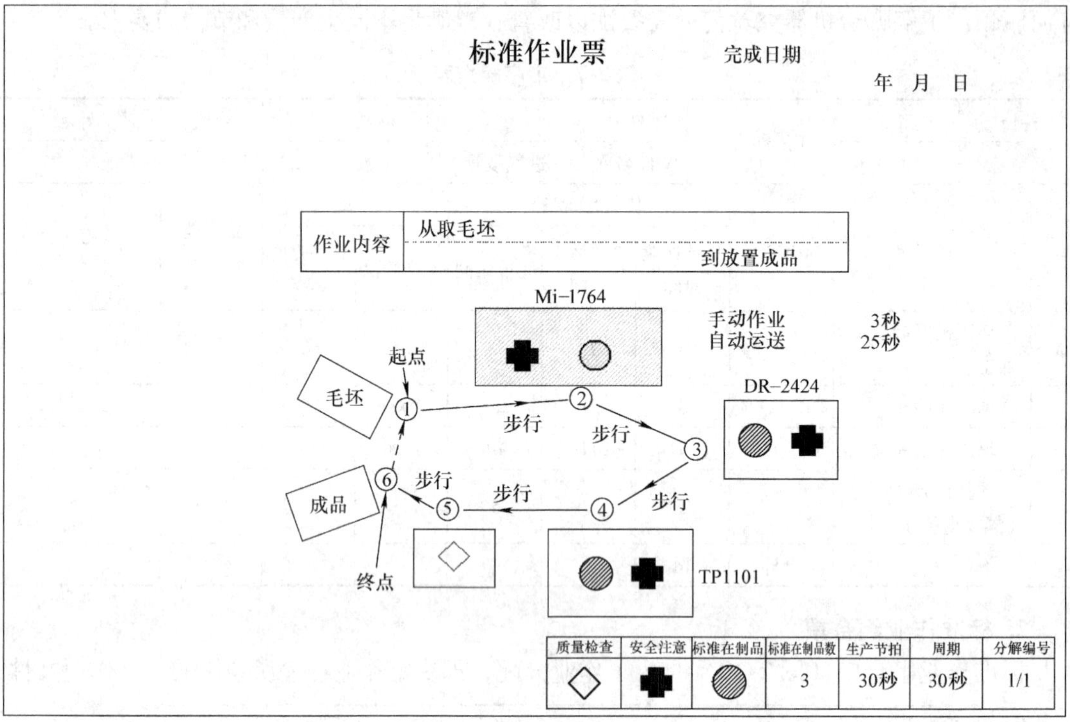

图 2-11 标准作业票

范围，公布在生产线现场。将每个作业人员的作业范围明示出来，除标准作业三要素以外，还要记录质量确认、安全及注意事项等。标准作业票在现场公示出来（目视化），利于各项规定的贯彻执行，是管理者现场管理的工具之一，是监督者发现工位问题点和指导作业人员的依据。

4. 标准作业的制定程序

首先要到现场观测生产节拍，然后制作工序能力表和标准作业组合票，最后完成标准作业票。

（1）在现场进行生产节拍观测　基本的生产节拍由生产量决定，但生产实际过程中的节拍还是要通过实际操作，具体观测后确定。

节拍的观测一定要到现场先进行观察，初步掌握现场实际作业顺序、作业方法，确定观测位置，决定作业项目，并把作业项目填写在表中，按作业项目进行时间测定；观测完成后进行整理计算，求出每个循环的时间，决定循环时间 C・T（取 10 次循环中时间最小的值）；求出各项作业的时间，最后再根据决定的循环时间 C・T，决定作业项目的时间。

在观测时间时，应注意以下几项内容：

1）中途不能停表，将各项作业结束时的秒表指针数字如实填写在时间观测表上。

2）观测次数必须在 10 次左右。

3）例外的作业内容、时间在其发生时也要逐一记录。

（2）制作工序能力表　工序能力表是用来核算生产线瓶颈工序在哪里，分析出影响因素是机器作业还是手动作业。在核算生产线各工序加工过程中，要考虑到手动作业时间、机器的加工时间、更换刀具的时间，单班所能加工的最大数量。而且机器的加工能力是与人的因素、刀具的换刀频次等因素相关联的。

所谓的瓶颈，就是瓶子最细的地方，就像一个木桶，能装多少水取决于最短的那块木板，其他的木板再长，也没用。那么这块短木板就是这个桶的瓶颈。生产瓶颈指整个生产系统中最薄弱的环节，是阻碍生产顺利进行的主要因素。突破瓶颈因素，就能提高整个生产过程的效率。而造成生产瓶颈的原因很多，生产瓶颈可能是因为某个机器落后；也可能是因为原材料供应不及时，造成间歇性的停工待料；还可能是由于作业人员技能水平不行。

（3）制作标准作业组合票　标准作业组合票是考察标准作业中每个作业人员承担的作业范围，制定的前提条件是现场测量出循环时间 C · T 和已经核算出生产节拍 T · T。

（4）制作标准作业票　制作标准作业票原则上要求一人一张，悬挂在生产线旁最明显的地方。它的作用是：各作业人员必须遵守的作业准则；起到监督人员目视化管理的检查表的作用；管理人员评价现场监督人员工作能力的依据。标准作业票应该不断地改善也不断地修订，一成不变的标准作业票说明现场没有进行改善。

5. 其他标准作业文件

（1）标准作业要领书　也称标准作业指导书，是在标准作业票的基础上细化操作要点，如标准作业顺序中各项操作内容、操作顺序、作业重点、作业指示图、使用工具、质量要求、操作要求、安全标准和机器操作证等。标准作业要领书的制作根据各工艺的不同会略有不同。

制定了标准作业要领书后，就要利用要领书在现场对作业人员进行指导教育，使作业人员掌握正确的加工方法，按照作业要领书进行加工作业。

（2）要素山积表　要素山积表用于确定生产线各工位的要素作业时间，在目视化管理板上以搭积木的方式，对全班的工作内容进行要素拆解和重新排列，以发现操作中存在的浪费，并予以消除，同时确定最简单、科学的作业顺序。

四、标准化作业——现场改善的出发点

标准化作业是现场改善的基础，标准化作业是完全以人的动作作为基础，进行合理的作业研究而得出来的。如果生产过程中每一次作业程序都不相同，或是作业动作有偏差，那么该项作业就没有标准化；如果一项工作流程没有标准化，即使不断进行改善作业，其改善效果也不容易维持。因此，在一个没有标准化作业的生产线上，即使进行改善也是没有意义的。

标准作业改善后，要以新的标准作业进行生产，并且要明确改善的地方。持续性的改善活动是改善标准作业的有效途径。

思　考　题

1. 标准化作业的含义是什么？
2. 标准化作业和作业标准的区别是什么？
3. 什么是标准作业三件套？
4. 简述制作标准化作业的程序。
5. 什么是生产瓶颈？
6. 节拍观测时的注意事项有哪些？
7. 你还知道哪些标准作业文件？

第七节 “5S”管理

“5S”管理是现场改善的基础，是指作业场所的一系列净化活动，在生产现场中对人员、机器、材料、方法等生产要素进行有效的管理，是一种现场管理办法。5S 是指整理（Seiri）、整顿（Seiton）、清扫（Seiso）、清洁（Seiketsu）、素养（Shitsuke）等五个项目，因日语的罗马拼音均为“S”开头，所以简称为 5S。

一、“5S”管理的起源与发展

1955 年，日本为了确保作业空间和安全，提出“安全始于整理、整顿，终于整理、整顿”的宣传口号，当时只推行了前两个 S。后因生产和质量控制的需要而又逐步提出了后三个 S，即清扫、清洁、素养，从而使其适用范围进一步拓展。到了 1986 年，日本的 5S 的著作逐渐问世，对整个现场管理模式起到了冲击的作用，并由此掀起了“5S”管理的热潮。

日系企业将 5S 作为推行各种质量管理方法的基础，使第二次世界大战后日本的产品质量得以迅速地提升，奠定了其经济大国的地位。在丰田公司的倡导推行下，5S 在塑造企业的形象、降低成本、准时交货、安全生产、高度的标准化、创造令人心旷神怡的工作场所、现场改善等方面发挥了巨大作用，逐渐被各国的管理界所认识。

根据进一步发展的需要，在原来 5S 的基础上又增加了节约（Save）、安全（Safety）、习惯化（Shiukanka）、服务（Service）及坚持（Shikoku），形成了所谓“6S”、“7S”、“8S”、“10S”等，但是万变不离其宗，都是从“5S”里衍生出来的。

通过实施“5S”管理，可以实现现场管理的三大目的——“质量、成本、交货期”水平的提高。即通过彻底贯彻“5S”管理，可以“高质量、低成本、迅速而且安全地供应顾客所希望的产品”。

二、“5S”管理的概念

1. 整理（Seiri）**——1S**

（1）定义　把需要的东西和不需要的东西明确地分开，把不需要的东西扔掉，现场只保留必需的物品。

（2）整理的目的　改善和增加作业面积；现场无杂物，行道通畅，提高工作效率；减少磕碰的机会，保障安全，提高质量；消除管理上的混放、混料等差错事故；有利于减少库存量，节约资金；改变作风，提高工作情绪。

（3）整理的意义　把要与不要的人、事、物分开，再将不需要的人、事、物加以处理，对生产现场的物品摆放和停滞的物品进行分类，区分什么是现场需要的，什么是现场不需要的；其次，对于现场不需要的物品，诸如用剩的材料、切屑、废品、多余的工具等，要坚决清理出生产现场，这项工作的重点在于坚决把现场不需要的东西清理掉。对于车间里各个工序或机器的前后、通道左右、厂房上下、工具箱内外，以及车间的各个死角，都要彻底搜寻和清理，达到现场没有无用之物的要求。

2. 整顿（Seiton）**——2S**

（1）定义　把需要的物品按需要时便于使用的原则，依规定定位、定方法摆放整齐有序，做好标识，以便谁都清楚明白，便于管理。

（2）整顿的目的　不浪费时间寻找物品，提高工作效率和产品质量，保障生产安全。

（3）整顿的意义　把需要的物品加以定量、定位。通过前一步整理后，对生产现场需要留下的物品进行科学合理的布置和摆放，以便用最快的速度取得所需之物，在最有效的规章、制度和最简捷的流程下完成作业。

（4）整顿的要点　物品摆放要有固定的地点和区域（定置管理），以便于寻找，消除因混放而造成的差错；物品摆放地点要科学合理。例如，根据物品使用的频率，经常使用的东西应放得近些（如放在作业区内），偶尔使用或不常使用的东西则应放得远些（如集中放在车间某处）；物品摆放目视化，使定量装载的物品做到过目知数，摆放不同物品的区域采用不同的色彩和标记加以区别。

3. 清扫（Seiso）**——3S**

（1）定义　把不需要的东西清除掉，清除现场内的“脏污”、清除作业区域的物料垃圾。

（2）清扫的目的　清除“脏污”，保持现场干净、明亮。

（3）清扫的意义　将工作场所之污垢去除，使问题的发生根源很容易被发现，是实施自主保养的第一步，主要是在提高机器能力。

（4）清扫的要点　自己使用的物品，如设备、工具等，要自己清扫，而不要依赖他人，不增加专门的清扫工；对设备的清扫，着眼于对设备的维护保养。清扫设备要同设备的点检结合起来，清扫即点检；清扫设备要同时做设备的润滑工作，清扫也是保养；清扫也是为了改善。当清扫地面发现有飞屑和油水泄漏时，要查明原因，并采取措施加以改进。

4. 清洁（Seiketsu）**——4S**

（1）定义　将整理、整顿、清扫实施的做法制度化、规范化，维持其成果，使现场保持“清洁”状态。

（2）清洁的目的　认真维护并坚持整理、整顿、清扫的效果，使其保持“清洁”状态。

（3）清洁的意义　通过对整理、整顿、清扫活动的坚持与深入，从而消除发生潜在的危险源。创造一个良好的工作环境，使职工能愉快地工作。

（4）清洁的要点　车间环境不仅要整齐，而且要做到清洁卫生，保证作业人员身体健康，提高作业人员劳动热情；不仅物品要清洁，而且作业人员本身也要做到清洁，如工作服要清洁，仪表要整洁；作业人员不仅要做到形体上的清洁，而且要做到精神上的“清洁”，待人要讲礼貌、要尊重别人；要使环境不受污染，进一步消除浑浊的空气、粉尘、噪声和污染源，消灭职业病。

5. 素养（Shitsuke）**——5S**

（1）定义　素养是指通过以上4S活动，使作业人员按章操作、依规行事，养成良好的作业习惯，从而使每个作业人员都成为有教养的人。

（2）素养的目的　提升“作业人员的素质”，培养对任何工作都讲究认真负责的作业人员。

（3）素养的意义　努力提高作业人员的自身修养，养成严格遵守规章制度的习惯和作风，素养是“5S”活动的核心。

6. "5S"之间的相互关系（图 2-12）

整理是整顿的基础，整顿又是整理的巩固，清扫显现整理、整顿的效果，而通过清洁和素养，形成持续改善气氛。

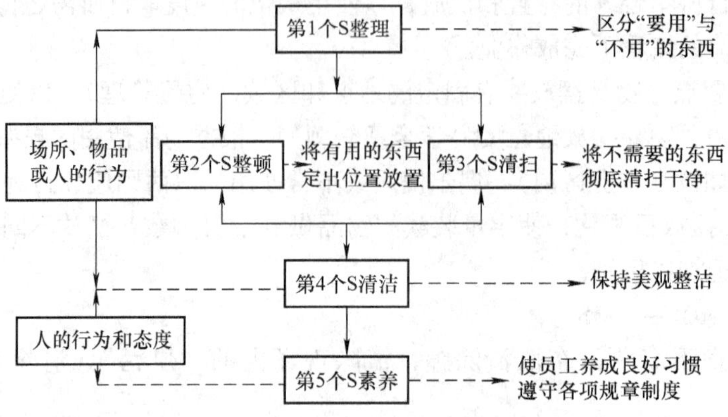

图 2-12 "5S"之间的相互关系

三、实施"5S"管理的意义

推行实施"5S"管理，首先要求全员必须树立问题意识，树立消除潜藏在工厂里的浪费现象、异常现象和各种问题的意识，也就是意识的改革。其次，有必要把工厂中的浪费现象、异常现象和各种问题搞清楚，让任何人一看就明白。整理、整顿是现场改善的第一步，同时，为让"5S"管理一目了然，必须进行目视化管理。

推行"5S"管理最终要达到以下八个目的。

1. 改善和提高企业形象

整齐、整洁的工作环境，容易吸引顾客，让顾客心情舒畅；同时，由于口碑的相传，企业会成为其他企业的学习榜样，从而能大大提高企业的威望。

2. 提高工作效率

良好的工作环境和工作氛围，再加上很有修养的合作伙伴，作业人员可以集中精神，认认真真地干好本职工作，必然能提高效率。如果作业人员处于一个杂乱无序的工作环境中，情绪就会受到影响，从而导致工作效率下降。所以"5S"管理是促成效率提高的有效途径之一。

3. 改善零件在库周转率

需要时能立即取出有用的物品，供需间物流通畅，这样可以极大地减少寻找所需物品时所滞留的时间。因此，能有效地改善零件在库房中的周转率。

4. 减少直至消除故障，保证质量

好质量来自好的工作环境。而工作环境只有通过经常性的清扫、点检和检查，不断地净化，才能有效地避免污损东西或损坏机械，维持设备的高效率，提高生产质量。

5. 保障安全生产

整理、整顿、清扫，必须做到储存明确，东西摆在定位上物归原位，工作场所内都应保持宽敞、明亮，通道随时都是畅通的，地上不能摆设不该放置的东西，工厂有条不紊，意外事件的发生自然就会相应地大为减少，当然安全就有了保障。

6. 降低生产成本

通过实行或推行“5S”管理，能大大地减少作业人员、机器、场所、时间等方面的浪费，从而降低生产成本。

7. 改善员工的精神面貌，使企业更有活力

“5S”管理可以明显地改善员工的精神面貌，使企业焕发一种强大的活力。员工都有尊严和成就感，对工作尽心尽力，并带动改善意识形态。

8. 缩短作业周期，确保交货

推行“5S”管理，通过实施整理、整顿、清扫、清洁来实现标准的管理，企业的管理就会一目了然，使异常的现象明显化，减少浪费。生产就能相应地非常顺畅，作业效率必然提高，作业周期相应地缩短，确保交货日期万无一失。

四、“5S”的现场管理法

1. “5S”管理实施注意事项

整理：正确的价值意识——“使用价值”，而不是“原购买价值”。

整顿：正确的方法——“三要素、三定” + 整顿的技术。

清扫：责任化——明确岗位“5S”管理的责任。

清洁：制度化及考核——“5S”时间，稽查、竞争、奖罚。

素养：长期化——晨会、礼仪守则。

“5S”管理是现场管理的基础，是全员生产维修（TPM）的前提，是全面质量管理（TQM）的第一步，也是ISO9000有效推行的保证。“5S”管理能够营造一种“人人积极参与，事事遵守标准”的良好氛围。实施ISO9000、全员生产维修、全面质量管理等活动的效果是隐蔽的、长期性的，一时难以看到显著的效果。而“5S”管理5S活动的效果是立竿见影的，可以通过在短期内获得显著效果来增强企业员工的信心。

2. “5S”管理现场实施的方法

（1）定点照相法　所谓定点照相，就是对同一地点，面对同一方向，进行持续性的照相，其目的就是把现场不合理现象，包括作业、机器、流程与工作方法予以定点拍摄，并且进行连续性改善的一种手法。

（2）红牌（红标签）作战　红牌作战中的红色牌子或者标签，用来区分日常生产活动中非必需品。将平常生产活动中非必需品贴上红色标签，这样可以使作业人员和管理人员一目了然地看出什么东西是必需品，什么东西是多余的。而贴红牌的对象包括库存、机器及空间等。

（3）目视化管理　在“5S”管理过程中，采用目视化管理的方式、方法，使作业人员能一眼就知道何处有什么东西，有多少数量，同时也可以将现场管理的内容、流程以及订货、交货日程等制作成看板，使作业易于了解，以进行必要的作业。

思 考 题

1. “5S”的定义是什么？
2. 现场实施“5S”的意义是什么？

3. “5S”管理现场实施的方法有哪些？

第八节　目视化管理

在日常活动中，人是通过“五感”（视觉、嗅觉、听觉、触觉、味觉）来感知事物的。根据统计，人通过“五感”感知事物的比例是：视觉约占85%、听觉占11%，有关嗅觉、触觉和味觉只占3% ~4%。所以，适当利用视觉化的工具，将会使人们的生活更安全、更方便、更愉快。

在生产现场管理中，强调各种管理状态、管理方法，达到“一目了然”，从而容易明白、易于遵守，让员工自主性地理解、接受、执行各项工作。

一、目视化管理的概念

1. 什么是目视化管理

目视化管理是指利用形象、直观、色彩适宜的各种视觉感知信息揭示管理状况和作业方法，来组织现场生产活动，让作业人员一看就明白，是提高生产效率的一种管理方法，也是一种利用视觉来进行管理的科学方法。

目视化管理是通过视觉采集信息后，利用大脑对其进行简单判断（并非逻辑思考）而直接产生“对”或“错”的结论，最大的优点是直接、快捷，目视化管理就是“用眼睛看得懂而非大脑想”的管理方法。

2. 目视化管理的特点

（1）视觉化　以视觉信号显示为基本手段，大家都看得见，如标示、标识、颜色等。

（2）透明化　尽可能地使管理者的要求和意图让大家看得见，借以推动自主管理及自主控制；将需要看到的地方显露出来。

（3）公开化　现场作业人员可以通过目视方式，将自己的建议、成果、感想展示出来，相互交流。

（4）界限化　标明正常与异常的定量管理界限，使之“一目了然”。

3. 目视化管理的基本要求

（1）统一　目视化管理要实行标准化，各种标准、色彩、符号都应统一制作、统一管理。

（2）简约　目视内容要简明扼要，各种视觉显示信号应简明易懂、一目了然，能被快速理解，即使刚入职新员工也能一看便明白。

（3）鲜明　目视指示必须鲜明，容易引起注意。各种视觉显示信号要清晰，位置放置适宜，现场作业人员以最佳作业姿势作业时都能看得清。

（4）严格　目视化内容要求规范、直接，现场所有作业人员都必须严格遵守和执行，有错必纠，有功必赏，赏罚分明。

（5）实用　要具有实际使用价值，讲究实效。目视化内容、放置场所等都必须具有实用性。

4. 目视化管理的目的和意义

目视化管理的目的是把工厂中潜在的问题暴露出来，让管理者和作业人员一看就知道异常情况的所在。

目视化管理的意义就是创建“透明的”的工作场所，使任何人都可以判断出正常与否，使问题表面化。只有这样，所有的管理活动才可以得到真正的落实、改善和提高。

5. 目视化管理的作用

目视化管理在生产现场管理中显示着巨大的作用：目视化管理以后的区域整齐、规范，令人赏心悦目；更重要的是它能让基层保全人员和作业人员容易发现异常，一眼望去即知其应有的状态、实际的状态及两者的差异和问题所在；目视化管理是一切现场管理、改善活动的基础。

二、目视化管理的内容

1. 规章制度与工作标准的公开化

为了维护统一的组织和严格的纪律，实现文明、安全生产，凡是与现场作业人员密切相关的规章制度、标准等，都需要公布于众；与岗位作业人员直接有关的，应分别展示在岗位上，如安全制度、标准化作业文件等，并要始终保持完整、正确和洁净。

2. 生产任务与完成情况的图表化

现场是协作劳动的场所，因此，凡是需要大家共同完成的任务都应公布于众。计划指标、工作实际完成情况等按期进行公布，利用图表让大家看出计划完成中出现的问题和发展的趋势，以求按质、按量、按期地完成各项任务。

3. 与定置管理相结合，实现视觉显示资讯的标准化

为了消除物品混放和误置，必须实行定置管理。运用清晰的、标准化的标志线、标志牌和标志色等将不同区域、通道或辅助工具（如料架、工具箱等）的位置区域固定，不得任意更改。

4. 生产作业控制手段的形象直观与使用方便化

为了有效地进行生产作业控制，使每个生产环节，每道工序都能严格按质、按量、按期进行生产，杜绝过量生产，要采用与现场工作状况相适应的信号，以便在后工序发生故障或由于其他原因停止生产，而不需要前工序供应在制品时，作业人员看到信号，能及时停止投入（如“安东”系统）。

5. 物品的码放和运送的数量标准化

物品码放和运送实行标准化，可以充分发挥目视化管理的长处。例如，各类工位器具，如物料小车，运送的箱、盒、盘等，应按要求设计并按标准数量盛装，这样，操作、搬运和检验人员点数时既方便又准确。如对物料小车的设计和制造，要保证其每次只能送固定数量的零件。

6. 现场人员着装的统一化与实行挂牌制度

现场人员的着装不仅起劳动保护的作用，在机械化生产条件下，也是正规化、标准化的内容之一。挂牌制度包括单位挂牌和个人佩戴标志。个人佩戴标志有胸章、胸标、臂章等。

7. 颜色的标准化管理

颜色是现场管理中常用的一种视觉信号，目视化管理要求科学、合理、巧妙地运用色彩，用红、黄、蓝、绿、白等几种颜色来管理，让作业人员自然、直觉地和标示灯相结合，达到每一个人对问题都有相同的认识和解释。颜色的管理要实现统一的标准化管理，颜色的含义尽量参考国家、行业标准或企业标准。例如，在涉及安全的区域采用国家标准 GB 2893—2008《安全色》规定的相关颜色进行标示。

三、目视化管理的工具

目视化管理常用的工具有红牌、看板、信号灯、操作流程图、区域线、生产管理板等。

1. 红牌（红标签）

红牌就是“5S”管理中第 1S 整理的红牌作战中的红色牌子或者红标签，即将生产现场中非必需的物品，贴上红色标签，使之目视化，是改善的基础起点。

红牌是印制了特定表格的红色卡片，目的是用来标示生产领域的非必需品或者标示企业中存在的各类问题，从而督促对这些非必需品及其他问题的处理。之所以选择红色，是因为红色引人注目，现场生产中一般红色代表有问题。

红牌应包含的内容有以下四个方面。

（1）红牌的基本信息　如哪天挂的红牌，谁挂的红牌，红牌挂在哪个物品上了，这个物品在哪个地方？

（2）挂红牌物品的分类　一个生产区域，当然并存着各种各样不同的物品，如工具、设备、在制品、原材料、文具等，所以当给一个物品挂上红牌的时候，得给它归个类，这对以后的正确处理有帮助。

（3）挂红牌的原因　一个物品被认定为非必需品，一定是有理由的，把这个物品被认定为非必需品的理由确定下来以后，后续的处理方法才能准确地落实下去。如对于报废的物品，是当垃圾丢掉，还是当废金属卖掉？对于不合格品是低价卖掉，还是返修后将其变成合格品？

（4）挂红牌物品的处理方法　当上面的内容填写好之后，剩下的就是填写这个物品的正确的处理方法。这些方法可以是让这个物品放回到应放置的区域、丢掉、卖掉或放到某个储藏室等。

2. 看板

看板管理是准时化生产的重要管理工具，同时也是目视化管理的重要工具之一。看板上明确标示作业信息，如取什么货、取多少、什么时间、到什么地点取货和怎样搬运等情况。各工序的作业人员只要一看到看板，其生产数量、时间、方法、顺序及搬运时间、搬运对象等就会完全清楚。看板在任何时候都必须与实物一起移动，因而它能够控制过量制造、指明生产顺序及简化现场管理程序。

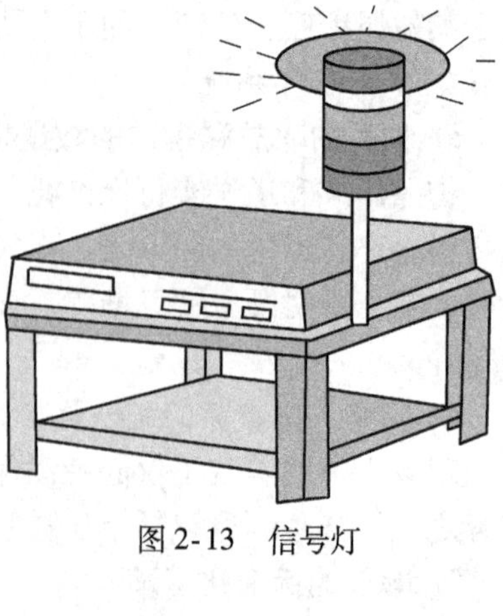
图 2-13　信号灯

3. 信号灯

在生产现场，管理人员需要随时了解作业人员或机器是否在正常作业，当工序内发生异常时，信号灯（图 2-13）点亮，通知管理人员。

信号灯可以分为以下几类。

（1）发声信号灯　适用于物料请求，当工序内物料用完或者应该供应零部件时，信号灯亮，发声器发声，通知物流人员及时地供应物料，信号灯也是看板管理中的一个重要项目。

（2）运转指示灯 检查显示设备状态的运转、开动、转换或停止的状况。有的指示灯在设备停止时还能显示其停止原因。

（3）生产进度灯 一般安装在装配生产线，在手动或半自动生产线，用于装配线节拍的控制。帮助作业人员把握进度，防止作业的迟缓。

4. 操作流程图

操作流程图是描述工序重点和作业顺序的简明指示书，也称为步骤图，用于指导生产作业。特别是工序比较复杂的车间，在看板管理上一定要有个操作流程图，如一个车间，原材料进来后，第一个流程可能是签收，第二个工序可能是点料，第三个工序可能是转换等，以此类推，这就称为操作流程图。

5. 反面教材（极限样件）

反面教材（极限样件）一般由现场实物结合柏拉图来表示，目的是让现场的作业人员了解不合格的现象及后果。通常放在现场的显著位置，让人一看就明白，它是不能够正常使用的，或是由违规操作导致的。

6. 提醒板

提醒板是通过一些自主管理的方法来最大限度地减少遗漏或遗忘，如有的车间内的进出口处设立目视化管理板，上面显示今天有多少产品、要在何时、送到何处，或者什么产品、一定要在何时生产完毕。

7. 区域线

区域线（图2-14）就是对物品放置的场所或通道等区域，用彩色线条把它画出，是定置管理的方法之一，主要用于整理与整顿。

图2-14 区域线示例

8. 警示线

警示线就是在仓库或其他物品放置处，用来表示最大或最小库存量的彩色线条。

9. 告示板

告示板是一种及时管理的道具，也就是公告，如会议通知，告示板就是书写这些内容的。

10. 电子生产管理板

电子生产管理板是揭示生产线的生产状况、进度的表示板，记入生产实绩、设备开动率、异常原因（停线、故障）等。通过生产管理板很容易查找出影响生产的问题点，是改善活动的着眼点。电子生产管理板有时和“安东”系统组合或安装在一起，如图2-15所示。

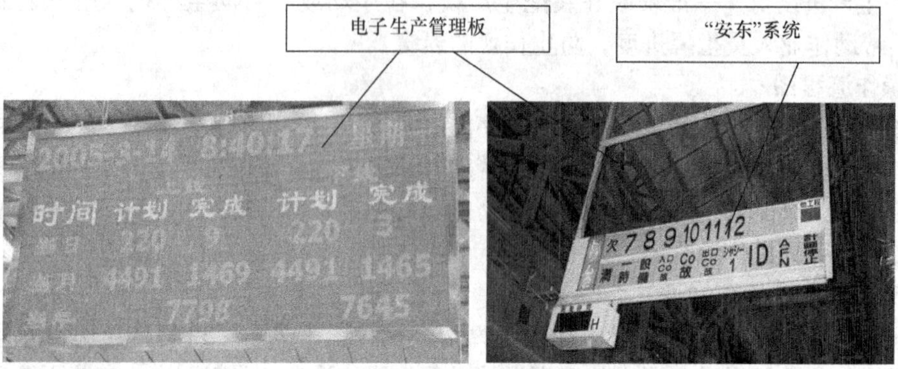

图2-15　电子生产管理板与“安东”系统组合示例

11. 目视化管理工具的应用实例

部分目视化管理工具的应用实例见表2-8。

表2-8　目视化管理工具的应用实例

应用实例	实现的方法	产生的作用
区域划线	用油漆在地面上刷出线条；用彩色胶带贴于地面上形成线条	划分通道和工作场所，保持通道畅通；对工作区域划线，确定各区域功能；防止物品随意移动或搬动后不能归位
物品的形迹管理	在物品放置处画上该物品的形状；标出物品名称、使用者或借出者；必要时进行台账管理	明示物品放置的位置和数量；物品取走后的状况一目了然；防止需要时找不到工具的现象发生
安全库存量与最大库存量	明示应该放置何种物品；明示最大库存量和安全库存量；明示物品数量不足时如何对策	防止过量采购；防止断货，以免影响生产
仪表指针异常标示	在仪表指针的正常范围上标示成绿色，异常范围上标示成红色	使仪表的指针是否处于正常一目了然
“5S”管理的实施情况确认表	设置现场“5S”责任区；设计表格内容	明确职责，明示该区域的“5S”责任人；明确要求，明示日常实施内容和要求；监督日常“5S”的实施情况

思　考　题

1. 什么是目视化管理？
2. 目视化管理的特点是什么？
3. 目视化管理的目的和意义是什么？

4. 目视化管理的基本要求有哪些?
5. 目视化管理的基本内容有哪些?
6. 目视化管理的工具有哪些?
7. 你知道哪些目视化管理的实际应用?

第九节 现场改善

全员参与的现场改善活动，是丰田生产方式的基础，也是丰田强大生命力的源泉。持续不断的现场改善是提高质量、降低成本、保证按期交货、提高生产效率的根本手段，也是生产系统不断完善的根本保证。

一、现场改善（Gemba Kaizen）的概念

通常人们所指的现场，是狭义的现场，是指制造产品或提供服务的地方，可以简单地称为工作场所。

现场（Gemba）在日语中的意思是“事情真正发生的地方”，指的是实际发生行动的场所，通常用于工厂车间和其他任何创造价值的生产现场。现场的五大要素：人员（Man）、设备（Machine）、材料（Material）、作业方法（Method）、作业环境（Environment）。俗称“4M1E”。

改善（Kaizen）在日语中的意思是“连续不断地改进、完善”。所以，现场改善就是指“对企业不同领域或工作位置上所做的不断地改进和完善”，是立足于现场的持续改善。

“现场改善”与欧美管理方式的最大不同之处在于：它不需要复杂的技术、繁琐的程序和昂贵的设备，只要通过全面质量管理、准时化生产、目视化管理等，就能消除浪费，提高产品质量和利润。

二、现场改善的起源

第二次世界大战后，美国重建日本经济，帮助日本引进美国军火工业广泛采用的“工业内部培训”——督导人员训练（Training Within Industries，TWI），同时引进的还有美国空军发明的经理人管理技能培训（Management Training，MT）。通过这两项培训技术的引进，日本政府充分认识到，使员工得到足够职业培训的重要性、改进和完善的重要性、员工相互关系的重要性以及把人和工作方法相结合、科学合理地使用“计划——执行——检查”的益处。

通过这两项培训的引进，并结合日本的实际情况，日本先后发展了一些管理理论，如全面质量管理（TQM）、准时化生产（JIT）等，逐渐形成了完整的现场改善体系。

丰田的现场改善还强调人在过程中的作用，强调“以人为本，全员参与”的改善，员工受到了尊重，产生自主、自发的改善的意愿，才能充分运用自己的智慧自主、自发进行持续不断的改善。

丰田的现场改善强调以过程为主，只有通过对过程的改善才能得到更好的结果。如果原计划的结果没有完成，那么肯定是某个过程出了问题，这时就要找出产生问题的过程并予以纠正。导入现场改善的过程本身也需要用以过程为主的思考方式，如戴明环（PDCA 循环），

质量、成本、交货期（QCD），全面质量管理（TQM），全员生产性维修（TPM）以及准时化生产（JIT）。

三、现场改善的原则

1. 现场改善的基本原则

现场管理的两个主要问题：一是维持；二是改善。

维持：所有定常的业务工作（包括细节的日常工作），用标准、流程的形式把它确定下来，并依此来执行和实施。维持的特点是以前做过的已经标准化的作业的保持，即 SDCA 模式（标准化——实施——检查——改进）。

改善：在维持的基础上，对标准、流程进行改进，使之更有利于质量、成本、交货期和效果向更好的方向改变。改善的特点是以前没有做过的，目前着手要做的作业改善，即 PDCA 模式（计划——实施——检查——改进）；完成后使之标准化、流程化再次进入 SDCA 模式，变成日常工作，进行维持。

（1）环境维持　即坚持进行 5S 管理。5S 是现场改善的基础，整理、整顿是改善的第一步。经过整理、整顿，物品实现标准化定置管理，可以使异常和浪费明显化，找到改善的着眼点。

（2）消除浪费　消除生产现场潜在的七大浪费是改善的主要目的。

（3）标准化　找到潜在的浪费现象、异常现象，制定改进措施，进行标准化，是实现改善的最终目标。

2. 实施现场改善应树立的观念

1）丢掉对工艺原有的僵化的看法。

2）积极思考问题如何解决，事情怎样做，而不是寻找不做的理由。

3）不找借口，对现有方法提出质疑。

4）不要求完美，但要马上实施，虽然有时不能完全达成预期目标。

5）发现错误，立即纠正。

6）现场改善活动要少花钱，最好不花钱。

7）排除一切障碍，寻找解决方法。

8）问上五次“为什么”（5W），寻找问题的真正原因。

9）集思广益而不仅仅是个人的意见。

10）现场改善无处不在，永不停止。

四、如何推进现场改善

1. 现场改善的前提和对象

（1）改善的前提　制定明确的作业标准和把握现状，即找出问题点。

（2）改善的着眼点　现场改善首先必须树立问题意识，丰田所谓的问题是指理想状态（目标状态）与现状的差距。丰田认为没有哪一项工作是不存在问题的。要从工作的真正目的出发，带着强烈的问题意识，主动地发现问题。改善的着眼点是准时化、自働化、标准化作业。

1）准时化是按照物品和信息进行流程图写实，发现物品和信息的停滞问题；进行没有停滞的改善。改善的根本：一是减少在制品存量的改善；二是防止前工序停滞的改善。

2）自働化是人和机械的工作分离，即发生异常机器可以自动停止。改善的根本：一是区分人和机械的工作，观察人的作业和机器的作业是否做到了有效结合；二是使异常明显化，能时刻发现异常，也就是使生产异常管理目视化，并能防止异常再发生。

3）标准化作业是动态的，是需要不断改善的。无论人还是机器的能力没有界限，能够比现状更有效率地进行生产，要进行持续不断的改善。改善的根本：一是作业改善；二是设备改善。标准化作业改善包括作业标准的重新制定、作业方法的改变、重新分配作业量、标明物品的配置及放置场所、作业动作本身的改善等，是以标准化作业为起始点来考虑的。设备的改善包括对设备的改进改良、引进新装置、使设备自动化的改善，所需费用也相当昂贵，设备的改善通常会带来成本的增加。

所以，通过改善消除浪费、降低成本，首先要考虑的是标准化作业的改善，其次才是设备的改善。

2. 标准化作业改善的推进方法

下面以标准化作业的改善为例介绍如何推进现场改善。标准化作业的改善分四个步骤，如图 2-16 所示。

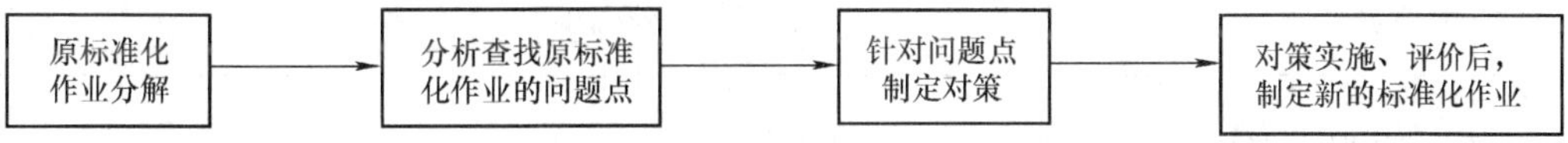

图 2-16 标准化作业改善的步骤

（1）原标准化作业的分解

1）实际记录当前的作业方法，列出所有作业内容明细（分解到作业过程的每一个动作）。

2）区分作业内容的类别，如搬运作业、手工作业、机器作业等。

3）找出作业中的状态、条件和问题点。

（2）分析查找原标准化作业的问题点　针对原标准化作业中的问题点进行分析，查找问题的真正原因。查找问题原因的常用方法有 5M1E 分析法、5W2H 分析法、动作分析法，并对作业安全性、环境适宜性等进行分析。

1）应用 5M1E 分析法，即从现场管理中的六大要素进行分析，5M1E 的具体含义如下：

① 人（Man）——作业人员对质量的认识、良好的工作习惯，必要的技能等。

② 机器（Machine）——机器设备、工夹具等有无损坏、缺陷，或是计划外的停机。

③ 材料（Material）——材料的成分、性能，材料有无缺陷或短缺。

④ 方法（Method）——加工工艺、标准化作业，维护以及管理方法。

⑤ 量（Measurement）——测量时采取的方法是否标准、正确。

⑥ 环境（Environment）——工作场所的温度、湿度、照明和清洁条件等。

2）5W2H 分析法又称七何分析法，针对存在的问题用五个以 W 开头的英语单词和两个以 H 开头的英语单词进行设问，从而找到解决问题的线索。所谓的 5W2H 含义及设问方法如下：

① 什么（What）——目的、对象是什么？做什么工作？

② 为什么（Why）——为什么要这么做？这是必要的吗？原因是什么？

③ 何时（When）——什么时机最适宜？何时完成？

④ 何处（Where）——在什么地方做？从哪里入手？

⑤ 谁（Who）——谁负责？由谁做最合适？

⑥ 怎么做（How）——怎么做更好？如何提高效率？如何实施？方法怎样？

⑦ 多少（How much）——做到什么程度？数量、质量如何？耗费多少？

3）动作分析法就是利用动作分析进行现场作业改善，它是提高动作效率，促进生产力的一种有效技术。动作分析在作业程序决定以后，寻找并消除人体各种动作的浪费，以寻求省力、省时、安全和经济的动作。对动作进行有效性分析见表2-9。

表2-9　动作有效性分析

序号	动　作	序号	动　作
1	双手的动作应同时并对称	6	应有适当的照明设备，工作台及坐椅式样和高度使作业人员保持良好的姿势
2	人体的动作应尽量少而简单，但能得到满意结果	7	尽量解除手的工作，而以夹具或足踏工具代替手
3	尽可能利用物体的功能，曲线运动较方向突变的直线运动为佳，弹道式运动较受控制的运动轻快；动作尽可能使之有轻松的节奏	8	可能时，应将两种或两种以上工具合并为一
4	工具、物料应置于固定场所及作业人员前面近处，并依最佳的工作顺序排列	9	手指分别工作时，各指负荷应按其本能予以分配
5	零件、物料应尽量利用其质量送至作业人员近前	10	工具及物料应尽可能预放在工作位置（事前定位）

4）进行作业安全性、环境适宜性分析。作业安全性分析主要指作业中是否存在安全隐患，是否正确使用了安全标识、设置了安全设施等。而环境适宜性分析主要指整理、整顿是否有效进行，5S是否得到实施，不合格品放置是否合理等。

（3）针对问题点，制定对策　通过分析去除不必要的项目，以更好的顺序安排作业，对必要项目简单化，使作业更安全、适宜。

（4）对策实施　评价后，制定新的标准化作业。让相关作业人员理解并认同新对策，对新对策标准化。

五、现场改善的作用

进行现场改善的作用有以下几个方面。

1. 降低成本

这里的降低成本包括两个方面的内容，一是从事一项改善本身的投入要少，改善活动不赞成高投入的改进；二是从事的改善项目不管是从质量、交期还是效率方面着手，归根到底都是要能够为企业节省经费，节约成本是改善的最终目的。

2. 优化管理

管理活动是否能更加快速、更加有效地进行，离不开对作业内容和方法的不断改进和优化。

3. 形成改善文化

通过全员的持续改善活动，将改善和创新思维渗透到企业的每一个角落，形成企业的改善文化，使改善成为一种习惯。

六、现场改善的手段和工具

1. PDCA 循环

PDCA 最早是由美国质量统计控制之父 Shewhat（休哈特）提出的 PDS（Plan Do See）演化而来的，由美国质量管理专家戴明改进成为 PDCA 模式，所以又称为“戴明环”（图 2-17），它是目前各种质量管理体系（ISO9000，QS－9000，VDA6 等）持续改进中通用的工具。PDCA 的含义如下：

P（Plan）——计划目标，确定方针和一个过程的目标，以及实现目标所需要采取的改革方案或活动计划。

D（Do）——实施方案或计划，实际去做，以实现计划中内容的细节。

C（Check）——检查，根据执行效果来评价改进结果，注意效果，找出问题。

A（Act）——行动改进，对总结检查的结果进行处理，成功的经验加以肯定并适当推广、标准化；失败的教训加以总结，未解决的问题放到下一个 PDCA 循环里。

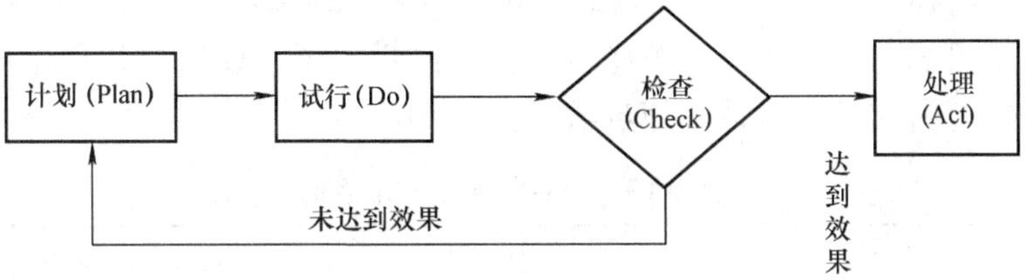

图 2-17　PDCA 循环

PDCA 循环过程不是运行一次就结束的，而是周而复始地进行，一个循环完了，将改善后的方法对策再一次标准化，然后重新开始这个循环，改善活动就这样阶梯式上升。任何一个或一种标准化作业只是代表目前的最好的作业方法，但随着科学技术的不断进步，改善是永无止境的，所以，要始终想到现在的作业方法还有不足存在，是改善的一个起点。标准化作业与改善的关系如图 2-18 所示。

2. “现场、现物、现实”的“三现主义”

现场不仅是所有改善活动的场所，也是所有信息的来源地。“现场、现物、现实”指的是：

现场（现地）——解决问题要到问题发生的场所去，把现场看作问题发生的根源，扶植现场工作，为现场服务，确立现场的主导地位。

现物——对发生问题的对象进行现场确认，认为现场的问题往往有形有据，哪里发生了问题，对什么造成影响，都应加以明确，不注意小事、细节，永远难以找出问题根源。

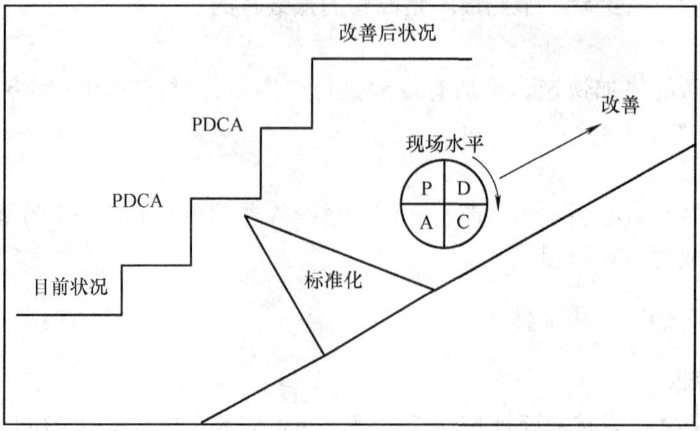

图 2-18　标准化作业与改善的关系

现实——依据现场、现物的事实和数据进行分析，找出问题的真正根源。

丰田生产方式强调，在研究问题和解决问题时一定要到现场去，亲眼确认具体问题（现物），具体分析，才能找出产生问题的真正原因，并据此提出和落实符合实际的解决方法和措施。不单凭资料、想象作判断，要用自己的眼睛看现场的人、设备、物、作业方法并作出判断。按照“现场第一”的方针采取行动。

现场、现物改善的成效取决于员工的素质，两者是相辅相成的。丰田生产方式要求建立有效于现场管理的目视化管理体系和立足于现场运作的生产均衡化。

3. 寻找真因、解决问题的方法——“5W”问题法

对于一种现象自问自答5个“为什么”，就可以查明事情的真因，即隐藏在背后的“真正的原因”。针对真因，制定对策。例如，一台机器停机了，如果要找到停机的根本原因，就要连续问5次“为什么”，具体实施步骤见表2-10。

表 2-10　“5W”实施方法示例

序号	自问	Why	自答
1	为什么机器停了	1W	因为超负荷，熔丝断了
2	为什么超负荷了呢	2W	因为轴承部分的润滑不够
3	为什么润滑不够	3W	因为油泵吸不上油来
4	为什么吸不上油来呢	4W	因为油泵轴磨损，松动了
5	为什么磨损了呢	5W	因为没有安装过滤器，混进了铁屑

反复追问上述5个“为什么”就会发现需要安装过滤器。如果“为什么”没有问到底，只是换上熔丝或者换上油泵轴，就不能从本质上解决问题，同样的故障以后就会再次发生。

4. 创意改善提案活动

1950年，被誉为“日本的福特”的前丰田社长丰田英二，借鉴了美国福特公司“动脑筋创新”制度，率先在丰田开始了创意改善提案活动，其目的就是为了通过不断的开发员工的个人改善和创新能力，改善公司的经营。

创意改善提案是指员工在生产、技术、品质、材料、财务、管理等公司的全部活动中，把认为对公司经营有利的革新、改善、合理化建议都提出来，并写在规范的提案报告书上，这就是创意改善提案。创意改善提案活动鼓励提案者自主实施。

创意改善提案活动（在丰田被称之为创意功夫）是一种自下而上的改善活动，是以独创性的思考方法或设计，使问题点解决、不合格消除，使工作比以前做得更好。公司通过一定的制度化的奖励措施，引导和鼓励员工积极主动地提出并实施任何有利于改善企业经营，提高管理能力的改善活动。

5. 全面质量管理 QC 小组活动

QC 小组活动遵循 QC 活动解决问题的流程（表 2-11），在改善过程中也要使用到全面质量管理中的 QC 七大工具。

表 2-11　QC 活动解决问题的流程

序号	步骤	实施内容	要点	PDCA 循环
1	选定主题	决定想要解决的问题	确认效果、实现的可能性	P
2	把握现状与设定目标	决定应当改善的项目与目标	正确地把握问题的实际情况	
3	制作活动计划	制作具体的活动日程	依照 5W1E 进行整理	
4	分析原因	找出导致该结果的原因	反复问为什么、为什么	
5	对策的制定与实施	进行改善	不要实施难度太高的对策	D
6	确认效果	确认实施的事情	在数据的基础上进行评价	C
7	标准化	对操作方法实行标准	制定可以遵守的标准	A

6. 目视化管理

目视化管理的最基本的原则就是将问题显现化。所以用目视化管理手段辅助改善活动，可以暴露问题，使问题一目了然，利于进行有目的的改善；目视化管理还可以帮助全体员工随时了解生产现场情况。利用目视化管理，把标准化作业张贴在现场，使大家明白质量、成本、交货期等的最新情况，更容易发现问题并尽快解决。

7. 看板

通过不断减少看板数量来减少在制品的中间储存。当设备出现故障、不合格品数目增加时，就会影响到后道工序的生产，从而暴露问题。

另外，根据看板的运用规则之一，即不能把不合格品送往后工序，这时后工序所需得不到满足，就会造成全线停工，立即使问题暴露，就必须马上采取改善措施来解决问题。通过改善活动不仅使问题得到了解决，也使生产线的能力不断增强，提高了生产率。

思　考　题

1. 现场改善的含义是什么？
2. 现场改善的着眼点是什么？
3. 简述标准化作业改善的步骤。
4. 现场改善的手段和工具有哪些？
5. 现场改善的作用是什么？
6. 什么是 PDCA 循环？
7. 什么是“三现主义”？

第十节　全员生产维修

全员生产维修（Total Productive Maintenance，TPM）是通过开展全员维修与保养的活动，建立设备保全系统，追求企业生产效率极限的改善活动。它是通过对作业人员进行所操作设备的原理、构造、机能的培训以及点检工作的反复进行，提高作业人员早期发现设备故障以及事故隐患的能力，来追求设备零故障的目标，最大限度地提高可动率和稼动率。

全员生产维修在提升设备总效率方面有着非常惊人的效果，作为丰田生产方式管理系统的一个设备管理子系统，实践证明，实施全员生产维修可以将设备的总效率提升50%～90%。

一、全员生产维修的概念

全员生产维修是以达到最高的设备综合效率为目标，确立以设备整个使用寿命周期为对象的生产维修全系统，涉及设备的计划、使用、维修等所有部门，从最高领导到第一线作业人员全员参加，依靠开展小组自主活动来推行的生产维修。全员生产维修是消除停机浪费最有力的措施。

全员生产维修是由全面质量管理演变而来的。全面质量管理是美国戴明博士在第二次世界大战结束不久后在日本工作时提出的一种早期统计程序和效果质量控制概念。丰田对原来的全面质量管理概念做了一些修正，形成了全员生产维修的概念。全员生产维修强调人的重要性，是一种全员参与的生产维修方式，其要点就在“生产维修”及“全员参与”上。通过建立一个全员参与的生产维修活动，使设备性能达到最优。

二、设备维修发展历程

（1）事后维修　这是最早期的维修方式，即出了故障再修，不坏不修。

（2）预防维修　这是以检查为基础的维修，利用状态监测和故障诊断技术对设备进行预测，有针对性地对故障隐患加以排除，从而避免和减少停机损失，分定期维修和预知维修两种方式。

（3）改善维修　改善维修是不断地利用先进的工艺方法和技术，改正设备的某些缺陷和先天不足，提高设备的先进性、可靠性及维修性，提高设备的利用率。

（4）维修预防　维修预防实际就是可维修性设计，提倡在设计阶段就认真考虑设备的可靠性和维修性问题，从根本上防止故障和事故的发生，减少和避免维修。

（5）生产维修　生产维修是一种以生产为中心，为生产服务的一种维修体制。它包含了以上四种维修方式的具体内容。对不重要的设备仍然实行事后维修，对重要设备则实行预防维修，同时在修理中对设备进行改善维修，设备选型或自行开发设备时则关注设备的维修性（即维修预防）。

（6）全员生产维修　维修思想的延伸，强调全员参与。

三、维修思想的新理念——全员生产维修

1. 追求“零”的精神

敢于追求故障率为零、环境污染为零、安全事故为零等，虽然明知实际上做不到，但还

是会朝着这个目标去努力。这种高起点的追求，必将延伸出高质量的工作，生产出高质量的产品。

2. 维修工作重点的转移

事后修理是最消极、最浪费的修理方式。维修思想的延伸无疑必须把工作重点转移到预防性维修上来，通过全员参与预防性的点检与修理，把隐患消除在萌芽中，同时最大限度地降低事实故障。

3. 全员生产维修的目标

全员生产维修的目标即停机为零、废品为零、事故为零、速度损失为零。要达到这一目标，就要消除设备的损失，如故障损失、器具调整损失、检查停机损失、速度下降损失等。通过开展全员生产维修，将所有损失事先预防，做到零故障、零灾害、零不合格，使生产效率最大化的同时，达到最小的消耗。

（1）停机为零　指计划外的设备停机时间为零。计划外的停机对生产造成的冲击相当大，使整个生产过程发生困难，造成资源闲置等浪费。计划时间要有一个合理值，不能为了满足非计划停机为零而使计划停机时间值达到很高。

（2）废品为零　指由设备原因造成的废品为零。"完美的质量需要完善的机器"，机器是保证产品质量的关键，而人是保证机器好坏的关键。

（3）事故为零　指设备运行过程中事故为零。设备事故的危害非常大，影响生产不说，可能会造成人身伤害，严重的可能会"机毁人亡"。

（4）速度损失为零　指设备速度降低造成的产量损失为零。由于设备保养不好，设备精度降低而不能按高速度使用设备，等于降低了设备性能。

四、全员生产维修的八大支柱

全员生产维修的八大支柱组成关系如图2-19所示。

1. 个别改善——促进生产效率化

（1）个别改善的含义　主要是对重复故障、"瓶颈"环节、损失大、故障率高的设备进行的有针对性的消除故障（损失）、提升设备效率的活动。

（2）个别改善的方法　分析问题的PM方法。所谓PM法是指在TPM活动中逐渐形成的一种最常见的分析问题的方法。它强调分析问题时要从现象入手，并遵循现场、现物、现实的三现原则，研究问题发生的根本原因，也称2P5M+1W法。2P是指现象（Phenomenon）、物理（Physical）；5M指人（Man）、机理（Mechanism）、材料（Material）、设备（Machine）、方法（Method）；1W指为什么（Why）。

（3）实施个别改善的意义　根据木桶原理，迅速找到生产线的短板，并给予改善，这样做能够用最小的投入，产生最大的效果，既可以改善现状，又能够最大程度给作业人员良好的示范及为改善活动热身。

2. 自主保全——以作业人员为中心

自主保全是以作业人员为主，对设备、装置依据标准凭着个人的五感（听、触、嗅、看、味）来进行检查，并且对润滑、紧固等保全技术加以适当的教育训练，使其能对常见的小故障做简单的修理。

（1）自主保全的含义　自主保全就是通过作业人员对其使用设备和现场进行自主维持

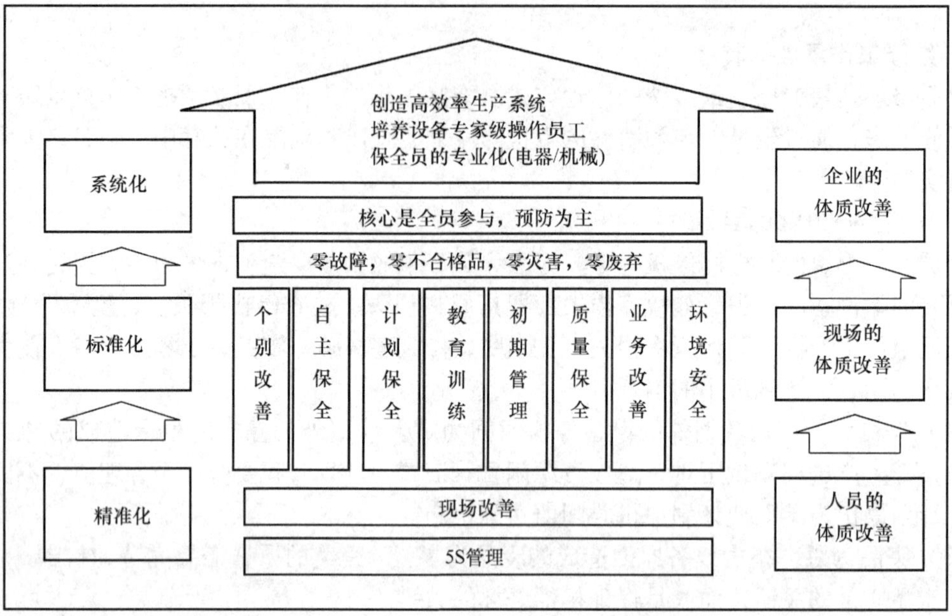

图 2-19　TPM 八大支柱

和改善，从而实现并维持现场和设备的最佳状态。作业人员对设备进行日常润滑、紧固和清扫，在接触设备的过程中可以感知设备异常，做到事先防止其发生故障。

（2）实施自主保全的意义　自主保全是设备使用部门在设备管理部门的指导和支持下，自行对设备实施日常管理和维护。实施自主保全是自主管理最基本的要求，要求作业人员熟悉设备构造和性能；会正确操作、保养及诊断故障等。

（3）自主保全展开的七个步骤

第一步：初期清扫（清扫点检）。

第二步：发生源、问题点或污染源实施对策。

第三步：自主保全临时标准的制定。

第四步：培训与总点检（点检设备机能并复原）。

第五步：自主管理、自主点检（有效标准）。

第六步：整理、整顿标准化（管理项目）。

第七步：持续改善（自主管理的彻底化）。

（4）当作业人员进行自主保全活动发现自己不能解决的问题时，应采用如下方法：

方法一：通过车间内部的“安东”等呼叫系统通知维修人员。

方法二：通过“设备问题票”的方法通知维修人员。

“设备问题票”（表 2-12）是一种目视化的设备问题记录或通知，是成功推进自主保全、“5S”或前期管理活动比较有效的方法之一。即当发现设备存在需要加以改善的问题，而作业人员自己无法解决时，用设备问题票记录存在的问题并挂在问题发生的设备上，提示相关人员及时解决，当相关问题得到解决经确认后，摘下存档。

表 2-12 设备问题票——样表

序号	存在问题	提出人	提出时间	解决人	解决时间	确认人	确认时间

3. 计划保全（专业保全）**——以维修部门为主**

以专业维修人员的保全为主的活动，由维修部门来执行，目的是提高设备的可靠度，缩短修理时间或减少故障发生，从而实现零故障。培养一批专业人士，专门解决企业面临的设备管理问题。建立完整的计划保全体制的五大步骤如下。

（1）日常保养　如给油、点检、调整、清扫等。

（2）巡回点检　维修部门的点检。

（3）定期整备　调整、换油、零件交换等。

（4）预防修理　对异常发现的修理。

（5）更新修理　对劣化回复的修理。

4. 教育训练——提升运转/保全技能

技能教育训练能够营造学习和人员培养的氛围，创造人才辈出的局面，是 TPM 展开的重要基础之一。技能教育训练包括以下两部分。

（1）自主保全教育训练　以作业人员为主的自主保全活动中，对作业人员的设备知识、保全技术的基本技能等方面进行教育训练。

（2）计划保全教育训练　以维修人员为主的计划保全活动中的教育训练。培养目标是从单技能向多技能发展。

5. 初期管理（前期管理、初期改善）——导入新产品/新设备

初期管理也称保全预防，即在新设备的计划或设计阶段，要进行充分论证，在考虑现有设备存在的优缺点的基础上，考虑维修信息、新技术的应用，进行设备可靠性、可维修性、可操作性、安全性等的设计，以减少维修费用及设备故障。

6. 质量保全——构筑质量保全体制

质量保全是指由保全人员为消除由于设备精度、设备结构、加工条件所引起的零部件或整车的质量不合格所采取的维修、改善活动。目的是创造良好的机制，实现不合格品为零，做到产品零缺陷。

7. 业务改善——间接管理部门效率化

所谓间接部门是指那些不直接参与生产活动的部门，间接部门的效率改善活动可以参考生产部门的改善活动进行。

业务改善的目的是追求间接业务的效率化，充分发挥各部门的组织机能；培养具备维持和改善业务效率化的人才。

消除阻碍生产系统效率化的因素，充实和强化业务机能。

8. 环境安全——安全、卫生和环境管理

环境安全管理可以创造良好的工作和运行环境。安全、环境卫生和污染管理在工厂管理上

是相当重要的，它是保障生产活动正常进行的基础。目的是建立能预防事故、灾害发生的体制；消除不安全作业（行为）；并通过建立有效的监督检查机制，将事故、灾害控制为零。

企业可以通过取得 OHSAS18000 职业健康安全管理体系、ISO14000 环境管理体系等管理体系第三方认证来提高自身安全环境管理水平。

进行 OHSAS18000 职业健康安全管理体系认证的目的是使企业能够控制其职业安全卫生危险，持续改进职业安全卫生绩效。要求建立危险源辨识、危险评价和危险控制计划。危险源的辨识应覆盖公司所有的活动、设备设施、人员和服务等，同时对过去、现在和将来的正常、异常和紧急情况进行综合考虑。

进行 ISO14000 环境管理体系认证的目的是规范企业和社会团体等所有组织的环境行为，以达到节省资源、减少环境污染、改善环境质量、促进经济持续、健康发展的目的。

五、全员生产维修的评价指标

1. 设备的可动率

（1）定义　设备的可动率是设备实际负荷时间与理论负荷时间的比值。

（2）计算方法　设备可动率＝实际负荷时间/理论负荷时间＝（理论负荷时间－停机时间）/理论负荷时间。理论负荷时间指从一天（或一个月）的生产时间扣除计划保全时间、生产计划上所需的时间；停机时间指因故障、调整、工具（模具）更换等而造成停机的时间；实际负荷时间是理论负荷时间扣除停机时间。

例如，某车间全月设备负荷时间为 9730 分，设备故障时间为 23 分，则

$$设备可动率=(9730-23)/9730\times100\%=99.8\%$$

2. 点检执行率

（1）定义　实际应检的点数与点检基准要求的点数的比值。

（2）要求　生产设备 100% 都要纳入点检范围。

（3）评价　对点检执行情况，由专人（设备管理员）进行记录统计并进行评价。

3. 设备问题票执行率

（1）定义　设备问题票实施数量与所有提出数量的比值。

（2）评价　设备问题票的执行情况要进行记录统计，并要定期进行检查、评价。

4. 故障时间

（1）定义　指当月所有设备故障所造成的停机时间的累计。

（2）评价　设备停机时间要进行记录统计，并要定期进行检查、评价。

六、全员生产维修与全面质量管理的区别

全员生产维修是在总结以往设备维护的经验基础上发展的，包括全面质量管理（TQM），两者之间的区别见表 2-13。

表 2-13　全员生产维修（TPM）与全面质量管理（TQM）的区别

区分	TQM	TPM
活动的目的	企业管理体系改善（管理改善、业绩改善、员工培养）	设备保全
改善对象	产品质量 重视产出和不合格品	设备及公司全部重视投入和制定对策

（续）

区分	TQM	TPM
采取的措施	管理的体系、标准化	现场、现物
人才培养	分析手法（QC 七大手法）	固有的技术（保全技术）
小集团活动	自发式集团活动 QC 小组	职务活动和自发活动
活动目标	质量提高，降低不合格品率	追求零损耗，损耗的排除

思考题

1. 简述设备维修的发展历程。
2. 全员生产维修的目标是什么？
3. 简述全员生产维修的八大支柱。
4. 全员生产维修的评价指标有哪些？

第十一节 人才育成

20 世纪 80 年代初“以人为本”是风靡西方的企业管理文化，称为“人本管理”，其着眼点在于满足员工的合理需求，从而进一步调动员工的积极性。

1985 年美国麻省理工学院国际机动车辆计划的技术、政策与工业发展中心（IMVP）历时 5 年，以丰田生产方式为基础对日本汽车的生产方式进行了总结，并称之为精益生产方式。但丰田认为这种说法并不全面，精益生产方式只总结出了丰田生产方式中的部分内容，还有一部分内容没有体现出来，那就是丰田的人才育成理念。

一、丰田人才育成的概念

一个人的所有才能中，只有 10%（或更少）是天赋；有 90% 以上是能够通过努力学习与不断练习而获得的。丰田成功的精髓就是以良好基础为起点（有学习能力并且有求知欲的个人），通过不断的努力与练习，开发员工的特定才能。

同时，丰田认为企业是由人、财、物三个要素构成的。丰田提出的口号：既要造车，也要造就人，而且是“先造人，再造车”。这一个口号实际是人才育成的理念，也正是这一个理念支撑着丰田半个多世纪的成就。

凭借着这个特有的人才培养体系，通过不断地培养和造就对企业忠诚、富有改善创新精神和具有较高技能和素质的员工，鼓励员工不断地持续改善，从而创造了世界制造业史上的神话。

前丰田汽车社长张富士夫说过：“我们最重视的是确实执行与采取行动。我们总是要求员工何不采取行动尝试不同的方法呢？于是，通过不断改进，或应该说是靠不断尝试的行动获得改进，就能提升业务与积累知识。”积聚人才、知人善用、强化员工的工作技能和改善技能的训练，通过育人造车，创造利润。

丰田生产方式中的人才育成，不是普通意义上的员工培训，而是指企业为了使其员工获取相应的价值观、行为规范意识以及相关知识和技能，以提高员工绩效，提升员工忠诚度而作出的有计划的、有系统的学习、培训。

人才育成，它不同于一般意义的人才培养，两者之间有很大区别。“人才培养”注重培养的过程，“培养”后不一定成“才”，没有对结果的要求；而“人才育成”注重的是结果，要“育”就得“成”，有对结果的评估在里面。

二、丰田人才育成理念的起源

丰田的人才育成理念由来已久，它是丰田的几代领导者在各种经营环境下建立起来的育人体系。丰田通过自下而上的决策、培养作业人员成为“多技能工”，给每个员工“创造机会均等”的工作环境等，把员工看成是公司的成员而不是雇员，使其具有归属感。丰田通过教育，培养有知识、有能力、有干劲、有敬业精神的人，来消除汽车生产经营过程中的各种难以预料的不利因素的影响，从而实现准时化生产，实现生产系统的柔性，以不变应万变。

丰田前社长石田退三就是建立这种育人体系的大师。当时，丰田经历战后劳资危机、举步艰难。面对严峻、复杂的形势，石田退三认为“造就人才”是最重要的一条，因此提出了“造人运动”，建立培训制度。“造人运动”给丰田带来了勃勃生机，铸就了丰田的伟大事业，石田退三也被丰田尊称“复兴之祖”。

前丰田社长丰田英二同样也是一位人才育成大师，他倡导的创意改善提案活动，其目的就是为了通过不断地开发员工的个人改善和创新能力，改善公司的经营，使个人得到成长。

三、丰田人才育成的方法

通常，人才育成的培训形态大致可分为三类：在岗培训、离岗培训和员工自修。

1. 在岗培训（On the Job Traning，OJT）

在岗培训也称在职培训，这种方法是指在工作现场内，由班组长或技能娴熟的员工通过日常作业，对普通员工或新员工进行有计划的指导。指导的内容包括员工在工作中所需要的知识、技能、工作方法等。它的特点是在具体工作中，双方一边示范讲解、一边实践学习。有不明了之处可以当场询问、补充、纠正，还可以在互动中发现以往工作操作中的不足、不合理之处，共同改善。

2. 离岗培训（Off the Job Traning，OFF－JT）

离岗培训也称集中培训或脱产培训，就是接受培训的员工，脱离工作，集中在一定时间内，利用外部或内部的培训设施进行培训的一种方式。也有专门针对升级员工进行的升级教育，甚至还会安排员工去其他企业观摩学习。但是由于这种培训方式需要脱离工作岗位，不易于实时进行。

3. 员工自修（Self Development 简称 SD）

员工自修也称自我开发，这种方法就是员工自学在工作中所需要的知识、专业技术等。从企业的角度，要给员工积极创造学习的条件和环境，如设立员工阅览室、构建查阅资料的基础设施、定期开展读书交流会等。

4. 三种培训方式的关系

把这三种培训方式有机地结合起来，才能达到有效提高员工工作能力的目的。

在岗培训是开发员工能力的核心和重要途径，可以说只有一边工作、一边体会、一边摸索、一边感悟才能更快地掌握业务知识、提高工作技能和能力。在岗培训的长处在于，可以在工作中进行培训，学习工作两不耽误，培训与受训的双方都不必另外投入时间、精力和费用，而且能使培训和实际工作密切联系，形成教与学的互动；其短处在于，负责培训的人如果不擅长教育别人，则培训效果会不理想，而且工作一忙起来，往往就顾不上认真、详细地说明讲解。需要强调的是，在岗培训必须建立在提前制订计划与目标的基础之上，否则单纯地让员工“一边工作一边学习知识技能”，就不叫在岗培训。

由于在岗培训是针对实际的、具体的工作来进行指导，其主要的目的是对思考力进行训练（当然，同时也可以进行知识的传递）。相比较而言，离岗培训的主要目的就是系统地传授知识。可以说，如果没有离岗培训，仅通过在岗培训进行人才培养也是基本可以实现的；而如果没有在岗培训，仅通过离岗培训却不可能有效地进行人才培养。因为如果没有强大的思考力作支撑，单纯地通过知识的灌输是不可能有效地形成所需要的各项能力，这也就奠定了在岗培训在人才培养中的主体地位。

5. 员工激励机制

在丰田，实行的是职能工资制，员工能力的高低，一个重要的评价要素就是你能胜任岗位的数量。胜任岗位多，当某岗位缺人时，可以补足；胜任岗位越多，工作复杂程度就越高，工作能力越强，自然就应该得到较高待遇。所以，多技能工培养是丰田现场作业人员的主要培训方式。多技能工培养的方法之一是岗位轮换。

岗位轮换一直是丰田引以为自豪的一种人才培养方式，也是员工职业发展的主要渠道。丰田不主张定岗、定编、定员。因为定岗、定编、定员在短时间内是节约了成本，但无法培养多技能工，没有足够的替补队伍。丰田的作业人员，在一个岗位工作一段时间后，经过考核，如果评价结果为优秀，根据其个人意愿可轮换到另一个相邻岗位工作。如果一个班内所有岗位都轮换一遍后，基本就具备了当班长的资格，如果该作业人员还具有一定的管理能力就可以候补晋升班长。当然也可以轮换到另一个班组进行作业。如果能在一个组内担任多技能，即具备了当组长的资格，依此类推。

岗位轮换不仅减少长期从事一项工作带来的单调枯燥感，由于与薪酬、晋升相联系，而且作为多技能工、师傅是非常荣幸的事，会提高其进取心、积极性、责任感、忠诚度。在丰田，通过岗位轮换，有不少一线作业人员成为工段长、车间主任、厂长等公司领导者。

四、丰田人才育成的法宝——创意改善提案活动

创意改善提案通过员工为解决问题悉心钻研、提出方案、实施改善、实现目标、得到奖励、自我成长，使员工能力得到开发和活用，养成经常考虑问题的习惯，树立发现问题的意识。创意改善提案根据提案的评价效果设立相应的奖励制度，建立员工激励机制。

丰田的创意改善提案活动一直被全体丰田员工视为提升自己改善能力、改善人与人之间的交流、提高个人参与公司的经营意识、提高现场工作能力的法宝。许多一线的作业人员通过提案活动提升了自己的改善能力，成为丰田掌握现场技能操作和现场改善技术的优秀人才。

公司通过创意改善提案活动开发员工个人能力，开拓个人发现问题的意识，改善并提高提案者的能力；创造易于劳动的工作场所，不断发现问题点，通过改善使劳动场所趋于完美；提高工作场所的活力，提案活动加强员工间的交流，提高团队协作能力；创造出成果，通过改善使企业直接获得效益。

五、丰田人才育成的重要载体——丰田技能训练道场

技能训练道场是丰田企业内部培训和技能训练的基地，道场培训是一种全新的人才培养方式。技能训练道场是丰田人才育成的重要载体，被誉为企业人才育成的“摇篮”。

丰田在世界各地的工厂以及其合作厂均建有企业内部训练道场，如图 2-20 所示。这些训练道场设置了各种技能培训设施，模拟实际生产现场，提供从基础理论到实际操作全方位的专业培训。

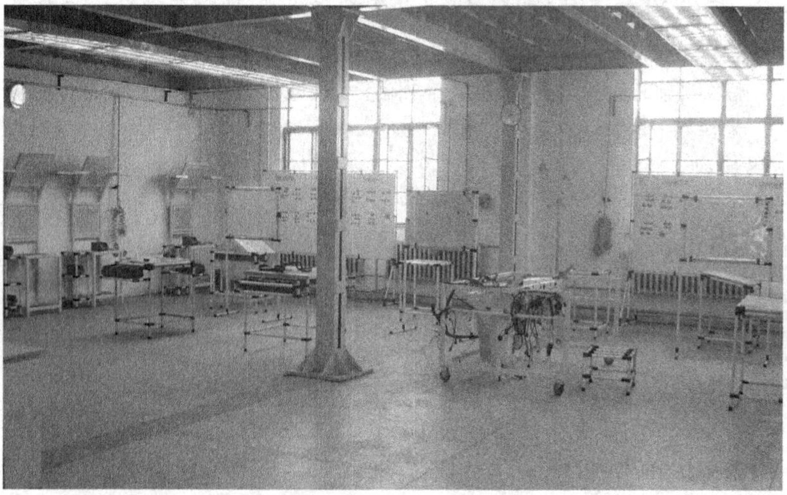

图 2-20 技能训练道场

丰田技能训练道场为丰田培育了无数能够发现问题、解决问题，拥有高水平多技能的员工，同时形成了丰田特色的教育体系与人才培育机制。

思 考 题

1. 简述丰田人才育成的概念。
2. 丰田人才育成的方法有哪些？
3. 简述丰田三种主要人才育成的方法的关系。
4. 你对岗位轮换的理解是什么？
5. 简述学习丰田生产方式的收获与感想。

第三章　质量管理

质量管理是指确定质量方针、目标和职责，并通过质量体系中的质量策划、质量控制、质量保证和质量改进来使其实现的所有管理职能的全部活动。

对企业来讲，质量管理要具有以下三项基本任务。第一，制定质量方针、目标以及实施规划。目的是通过规划来指导和组织各部门和各岗位的工作，激发全员为实现质量目标而不断努力。第二，实施质量保证。目的是通过质量保证的一系列活动，使质量管理工作处于受控状态。第三，实施质量控制。目的是对质量形成的全部过程进行监控，排除过程中的各种干扰因素，达到质量标准。

第一节　质量基础知识

一、质量的内涵

质量是质量管理中最基本的概念，有些场合也把质量称为品质。

根据国际标准化组织在 ISO 9000：2000《质量管理体系基础和术语》中的定义，质量是一组固有特性满足要求的程度。在这个定义中，“固有”是指在某事或某物中本来就有的特性，如物的特性（如机械性能）、感官的特性（如气味、噪声、色彩等）；特性可以是“固有的”，也可以是“赋予的”“固有的”是指事物本身就具有的（如螺栓的直径），“赋予的”是指完成产品后因不同的要求而对产品增加的特性（如产品的价格）；“要求”是指“明示的、通常隐含的或必须履行的需求或期望”，“明示的”是指规定的要求，“通常隐含的”是指组织、顾客或其他相关方的惯例或一般做法，所考虑的需求或期望是不言而喻的，“必须履行”是指满足顾客要求和法律法规的要求。定义中的质量可以是产品质量与服务质量，可以是活动或过程，也可以是组织、体系或人以及上述各项的组合。因此质量的概念范围比较广泛。

二、质量的特点

（一）质量的经济性

由于汇集了质量价值的表现，价廉物美实际上是反映了人们的价值取向，物有所值就是表明质量有经济性的表征。虽然顾客和组织关注的角度是不同的，但是对经济性的考虑是一致的。高质量意味着最少的投入，获得最大效益的产品。

（二）质量的广义性

在质量管理体系涉及的范畴里，组织的相关方对组织的产品、过程或体系都可能提出要求。而产品、过程或体系又都具有固有特性，因此，质量不仅是指产品质量或服务质量，也可以是过程和体系的质量。

（三）质量的时效性

由于组织的顾客和其他相关方对组织和产品、过程和体系的需求和期望是不断变化的，例如，原来被认为是质量好的产品会因为顾客需求的提高而不再受到顾客的欢迎，因此，组织应不断调整对质量的要求。

（四）质量的相对性

组织的顾客和其他相关方可能对同一产品的功能提出不同的需求，也可能对同一产品的不同功能提出不同的需求，需求不同，质量要求就不同，只有满足需求的产品才会被认为是好产品。

三、与质量相关的概念

（一）组织

组织是指“职责、权限和相互关系得到安排的一组人员及设施”。例如，公司、集团、商行、社团、研究机构或上述组织的部分或组合。可以这样理解，组织是由两个或两个以上的个人为了实现共同的目标组合而成的有机整体，安排通常是有序的。

（二）过程

过程是指“一组将输入转化为输出的相互关联或相互作用的活动”。过程由输入、实施活动和输出三个环节组成。过程包括产品实现过程和产品支持过程。

（三）产品

产品是指“过程的结果”。产品有四种通用的类别：服务（如商贸、运输）；软件（如计算机程序、字典）；硬件（如发动机机械零件、电视机）；流程性材料（如润滑油）。

许多产品由不同类别的产品构成，服务、软件、硬件或流程性材料的区分取决于其主导成分。例如，“汽车”由硬件（如汽车齿轮）、流程性材料（如燃料、冷却液、电流）、软件（如发动机控制软件、汽车说明书、驾驶员手册）和服务（如销售人员所做的操作说明）所组成。

（四）顾客

顾客是指接受产品的组织或个人。例如，消费者、委托人、最终使用者、零售商、受益者和采购方。顾客可以是组织内部的或外部的。

（五）体系

体系是指相互关联或相互作用的一组要素。

（六）质量特性

质量特性是指产品、过程或体系与要求有关的固有特性。

质量概念的关键是“满足要求”的“程度”，这些“要求”必须转化为有指标的特性，作为评价、检验和考核的依据。由于顾客的需求是多种多样的，所以反映产品质量的特性也是多种多样的。它包括性能、适用性、可信性（可靠性、维修性、维修保障性）、安全性、环保、经济性和美学性。质量特性有的是能够定量的，有的是不能够定量的，只有定性。实际工作中，在测量时，通常把不定量的特性转换成可以定量的代用质量特性。

硬件质量特性有内在特性，如结构、性能、精度、化学成分等；有外在特性，如外观、形状、色泽、气味、包装等；有经济特性，如成本、价格、使用费用、维修时间和费用等；有商业特性，如交货期、保修期等；还有其他方面的特性，如安全、环保、美观等。质量的适用性就是建立在质量特性基础之上的。

服务质量特性是服务产品所具有的内在的特性。有些服务质量特性是顾客可以直接观察或感觉到的，如服务等待时间的长短、服务设施的完好程度、火车的正误点、服务用语的文明程度、服务中噪声的大小等。还有一些反映服务业绩的特性，如酒店财务的差错率、报警器的正常工作率等。一般来说，服务特性可以分为五种类型：可靠性，准确地履行服务承诺的能力；响应性，帮助顾客并迅速提供服务的愿望；保证性，员工具有的知识、礼节以及表达出自信与可信的能力；移情性，设身处地地为顾客着想和对顾客给予特别的关注；有形性，有形的设备、设施、人员和沟通材料的外表。不同的服务对各种特性要求的侧重点会有所不同。

软件质量是反映软件产品满足规定和潜在需求能力的特性的总和，描述和评价软件质量的一组属性称为软件质量特性。软件质量特性包括功能性、可靠性、易使用性、效率、可维护性和可移植性等六个特性。软件作为有别于电气、电子元件等硬件的新元素被引进于计算机系统，按传统的观念，软件寿命是无限的，软件没有物理的磨耗或耗散，它的质量问题与硬件相比具有较特殊的属性。

流程性材料质量特性，有可定量测量的特性，如强度、粘性、速度、抗化学性等；也有主观性的特性，如价格、色彩、质地或气味等。

根据对顾客满意的影响程度不同，应对质量特性进行分类管理。常用的质量特性分类方法是将质量特性划分为关键、重要和次要三类。关键质量特性，是指若超过规定的特性值要求，会直接影响产品安全性或产品整机功能丧失的质量特性。重要质量特性，是指若超过规定的特性值要求，将造成产品部分功能丧失的质量特性。次要质量特性，是指若超过规定的特性值要求，暂不影响产品功能，但可能会引起产品功能的逐渐丧失。

四、质量概念的发展

随着经济的发展和社会的进步，人们对质量的需求不断提高，质量的概念也随着不断深化、发展。具有代表性的质量概念主要有“符合性质量”、“适用性质量”和“广义质量”。

（一）符合性质量的概念

它以“符合”现行标准的程度作为衡量依据。“符合标准”就是合格的产品质量，“符合”的程度反映了产品质量的一致性。这是长期以来人们对质量的定义，认为产品只要符合标准，就满足了顾客需求。“规格”和“标准”有先进和落后之分，过去认为是先进的，现在可能是落后的。落后的标准即使百分之百的符合，也不能认为是质量好的产品。同时，“规格”和“标准”不可能将顾客的各种需求和期望都规定出来，特别是隐含的需求与期望。

（二）适用性质量的概念

它是以适合顾客需要的程度作为衡量的依据。从使用角度定义产品质量，认为产品的质量就是产品“适用性”，即“产品在使用时能成功地满足顾客需要的程度。”

“适用性”的质量概念，要求人们从“使用要求”和“满足程度”两个方面去理解质量的实质。

质量从“符合性”发展到“适用性”，使人们对质量认识逐渐把顾客的需求放在首位。顾客对他们所消费的产品和服务有不同的需求和期望。这意味着组织需要决定他们想要服务于哪类顾客，是否在合理的前提下每一件事都满足顾客的需要和期望。

（三）广义质量的概念

国际标准化组织总结质量的不同概念加以归纳提炼，并逐渐形成人们公认的名词术语，即质量是一组固有特性满足要求的程度。这一定义的含义是十分广泛的，既反映了要符合标准的要求，也反映了要满足顾客的需要，综合了符合性和适用性的含义。

思　考　题

1. 如何理解质量？
2. 质量有哪些特点？
3. “符合性质量”“适用性质量”“广义质量” 的内涵是什么？

第二节　质量管理基础知识

一、质量管理的定义

质量管理是指为了实现质量目标，而进行的所有管理性质的活动。在质量方面的指挥和控制活动，通常包括制定质量方针和质量目标以及质量策划、质量控制、质量保证和质量改进。

理解质量管理要明确，质量管理是通过建立质量方针和质量目标并通过实施管理过程等活动实现的；组织在实施质量管理活动过程中，必须对各个环节进行有序的管理；各级管理者要进行系统思考，全员参与，才能保证质量管理顺利开展。

二、与质量管理相关的概念

1. 质量方针和质量目标

质量方针是由组织的最高管理者正式发布的该组织总的质量宗旨和方向。质量方针是企业经营总方针的组成部分，是企业管理者对质量的指导思想和承诺。企业最高管理者应确定质量方针并形成文件。质量方针的基本要求应包括供方的组织目标和顾客的期望和需求，也是供方质量行为的准则。一般包括产品设计质量、同供应厂商关系、质量活动的要求、售后服务、制造质量、经济效益和质量检验的要求、关于质量管理教育培训等。

质量目标是组织在质量方面追求的目的，是质量方针的具体体现。

2. 质量策划

质量策划是质量管理的一部分，致力于制定质量目标并规定必要的运行过程和相关资源，以实现质量目标。

3. 质量控制

为达到质量要求所采取的作业技术和活动称为质量控制。这就是说，质量控制是为了通过监视质量形成过程，消除质量环节上所有阶段引起不合格或不满意效果的因素，以达到质量要求，获取经济效益，而采用的各种质量作业技术和活动。

4. 质量保证

质量保证指为使人们确信某一产品、过程或服务的质量所必需的全部有计划有组织的活动。也可以说是为了提供信任表明实体能够满足质量要求，而在质量体系中实施并根据需要进行证实的全部有计划和有系统的活动。

5. 质量改进

质量改进为向本组织及其顾客提供增值效益，在整个组织范围内所采取的提高活动和过程的效果与效率的措施。质量改进是消除系统性的问题，对现有的质量水平在控制的基础上加以提高，使质量达到一个新水平、新高度。

6. 全面质量管理

全面质量管理是指在全面社会的推动下，企业中所有部门、所有组织、所有人员都以产品质量为核心，把专业技术、管理技术、数理统计技术集合在一起，建立起一套科学严密高效的质量保证体系，控制生产过程中影响质量的因素，以优质的工作、最经济的办法提供满足用户需要的产品的全部活动。

思考题

质量方针与质量目标的关系是什么？

第三节 质量是企业的生命

质量是企业的生命。美国现代质量管理协会主席哈林顿这样描写过：现在世界上进行着一场第三次世界大战，这不是一场使用枪炮的流血战争，而是一场商业战，这场战争的主要武器就是质量。谁的质量好，谁就能赢得这场战争。中外各国的经济发展，质量问题都是一个重大的战略问题。企业要想保持原有市场，开拓新的市场，在激烈的竞争中立于不败之地，适应市场经济的要求，转换经营机制，采取灵活的经营策略和营销手段等，对于增强企业活力，适应竞争是重要的。但是，企业参与竞争的物质承担者是企业生产的产品。在市场对产品质量要求越来越高的今天，一个企业要想在竞争中取胜，最基本的手段是提高质量。质量不过关，再好的营销手段也无济于事。企业的生命在于产品，产品的生命在于质量，质量是企业的生命。

企业的产品和服务质量直接关系到人民群众的生活质量，乃至生命财产的安全。企业提供符合质量要求的产品，既是履行社会责任、践行经营道德的基本要求，也是获得社会认可，扩大市场份额，寻求持续发展的可靠途径。一方面要有更加明确的质量意识，把质量作为“企业的生命”，加强质量管理，在产品形成的全过程中一个环节一个环节地分析并排除可能产生的质量风险，将实现“产品零缺陷、顾客零抱怨、质量零风险”作为质量管理的基本目标；另一方面要更加重视学习和应用质量技术方法，在管理的规范化、流程化、精细化方面下工夫，切实提高质量管理体系的有效性。广大企业要注重管理创新，加大质量改进力度，积极应对国际金融危机对实体经济的冲击和影响，争取转危为机，为迎接新的发展做好准备。

企业在生产过程中，充分有效地利用资源，并争取获得最佳经济效益，提高质量是一个基本的措施。只有在提高产品质量的基础上，企业的投入产出才能步入良性循环轨道。从这个意义上说，提高产品质量是取得经济效益的可靠保证。具体表现在两个方面：一是降低生产消耗。增强质量意识，加强质量管理，提高产品一次合格率，对降低生产消耗的作用是显而易见的。据有关资料显示，前几年，江苏省工业企业开展提高关键工序一次合格率、降低不良品损失以及开展全面质量管理小组等活动，每年创造的直接经济效益达人民币十亿以上。二是减少外部质量损失。提高产品质量能大幅度地降低售后的维修、服务以及退货索赔等造成的损失，从而降低成本，增加企业的效益。

在市场竞争中，优质的产品是无声的广告，可赢得社会信誉、占领市场、创出名牌，获得经济效益。在市场激烈竞争的今天，谁拥有产品的质量信誉，谁就能占领市场一统天下。

市场是一个天然的大舞台，也是充满激烈竞争的大擂台。当某一产品问世尚未形成气候时，品种纷繁，竞争无序，机遇是平等的。随着消费水平的不断提高，产品优劣的不断显露和市场容量的日益饱和，竞争趋于激化，用户的选择意向无疑是主要的，但企业和产品是起决定作用的。这种作用反映在产品的质量水准、市场声誉及其对用户的吸引力上。优良的产品必然会带来产品的知名度、市场的占有率和滚滚而来的利润。凝结在产品中的以高质量为基础的产品信誉，是企业一笔巨大的无形资产，代表着企业的高经济效益。这已是被国内外众多企业所证明的不争事实。

【案例 3-1】

1985 年，青岛电冰箱总厂生产的瑞雪牌电冰箱（海尔的前身），在一次质量检查时，库存不多的电冰箱中有 76 台不合格，按照当时的销售行情，这些电冰箱稍加维修便可出售。但是，厂长张瑞敏当即决定，在全厂职工面前，将 76 台电冰箱全部砸毁。当时一台冰箱 800 多元，而职工每月平均工资只有 40 元，一台冰箱几乎等于一个工人两年的工资。当时职工们纷纷建议：便宜处理给工人。

张瑞敏对员工说："如果便宜处理给你们，就等于告诉大家可以生产这种带缺陷的冰箱。今天是 76 台，明天就可能是 760 台、7600 台……因此，必须解决这个问题。"

于是，张瑞敏决定砸毁这 76 台冰箱，而且是由责任者自己砸毁。很多职工在砸毁冰箱时都流下了眼泪，平时浪费了多少产品，没有人去心痛；但亲手砸毁冰箱时，感受到这是一笔很大的损失，痛心疾首。通过这种非常有震撼力的场面，改变了职工对质量的看法。

为什么要用此种极端的方法处理不合格产品？

对于质量上出现瑕疵的产品，这是一个小问题吗？不，绝对不是的。事实上，它是质量意识的大差异。如果不解决这种观念上的差异，就不可能真正解决产品的质量问题。

产品的质量是企业的生命，只有优质、高效的企业才能在任何挑战中永远立于不败之地。所以，企业必须把好质量关。无论从事任何经营，都要严格要求产品质量。如经营管理没有质量管理的观念，那么这个企业就不能发展。用高品质的产品和服务来征服市场，赢得顾客，而精益求精是质量的精髓。

产品质量是当今市场竞争的焦点和根本手段，是产品能否在国际市场上取胜的一个关键性的决定因素。在我国未来的市场经济中，实现经济增长的方式也发生了根本的改变，它已从粗放型向集约型转变，这实质上就是提高经济生活的质量。

一个成功的企业有它成功的原因，海尔今天的发展告诉人们质量是企业的生命。

思 考 题

为什么质量是企业的生命？

第四节 全面质量管理

一、全面质量管理的概念

全面质量管理（Total Quality Management，TQM），是指企业开展以质量为中心，全员参与为基础的一种管理途径。其目标是通过使顾客满意，使本企业的成员和社会受益，从而达到长期成功。

全面质量管理的特点是全面、全员、全过程的管理方式。“全面”的含义是指质量的管理对象不仅限于产品质量，而是扩大到工作质量的范畴，即广义的质量。“全过程”包括从市场调查、研究开发、设计、生产准备、采购、生产制造、包装、检验、储存、运输、销售、为用户服务等过程的质量管理。“全员”的含义是指企业的每一个环节、每一个人的工作质量，都会对质量产生影响，即企业全体人员包括领导人员、工程技术人员、管理人员和操作者等都参加质量管理，并对产品质量各负其责。

二、全面质量管理的发展过程

（一）质量检验阶段

20 世纪前，产品质量主要依靠操作者的技艺水平和经验来保证，属于“操作者的质量管理”。20 世纪初，随着社会分工的细化，促使产品的质量检验从加工制造中分离出来，随着企业生产规模的扩大和产品复杂程度的提高，产品有了技术标准，公差制度也日趋完善，各种检验工具和检验技术也随之发展，企业中形成了一支“专业的检验队伍”。1924 年美国统计学家休哈特提出预防缺陷的概念，他提出，检验属于事后控制，并不能真正提高产品质量，要想提高产品质量，重要的方法是“预防”，并指出采用统计分析的方法可预防质量缺陷，从而提高产品质量。他的方法当时被美国通用、福特等企业采用，但随后资本主义爆发了经济危机，因此没有得到普遍推广。这个阶段的质量管理被称为“产品质量检验阶段”。特点是用检验的方法保证产品质量。

（二）统计质量控制阶段

第二次世界大战推动了统计方法的普及。战争期间，由于军需品的需要量大大增加，生产企业的“产品质量检验”的方法的缺陷被暴露出来，由于事先没有采取有效的预防措施，使得企业在检验方面的工作量大大增加，常因为检验影响交货期。为此，美国政府和国防部就组织数理统计学家去解决这个问题，制定战时标准，这个时候，统计方法才被重新提及。战后，美国产业界顺利从战时过渡到和平生产，统计方法在国民工业生产中得到了广泛的应用。这个阶段被称为“统计质量管理阶段”，特点是大量采用统计方法对质量进行控制。

（三）全面质量管理阶段

20 世纪 50 年代以来，随着生产力的迅速发展和科学技术的日新月异，工业生产技术手段越来越现代化，工业产品更新换代也越来越频繁，人们对产品的质量从注重产品的一般性能发展为注重产品的耐用性、可靠性、安全性、维修性和经济性等。在生产技术和企业管理中要求运用系统的观点来研究质量问题。在管理理论上也有新的发展，突出重视人的因素，强调依靠企业全体人员的努力来保证质量，此外，还有“保护消费者利益”运动的兴起，企业之间市场竞争越来越激烈。在这种情况下，美国通用电气公司的费根鲍姆和质量管理学家朱兰博士先后提出全面质量管理的概念。

三、全面质量管理的基本思想

（一）关注顾客

全面质量管理是一种由顾客的需要和期望驱动的管理哲学。全面质量管理要求必须把以顾客为中心的思想贯穿到企业业务流程的管理中，即从市场调查、产品设计、试制、生产、检验、仓储、销售、到售后服务的各个环节都应该牢固树立“顾客第一”的思想，不但要生产物美价廉的产品，而且要为顾客做好服务工作，最终让顾客放心满意。

（二）坚持不断改进

全面质量管理是一种永远不能满足的承诺，“非常好”还是不够，质量总能得到改进，“没有最好，只有更好”。在这种观念的指导下，企业持续不断地改进产品或服务的质量和可靠性，确保企业获取对手难以模仿的竞争优势。

（三）用事实和数据说话

全面质量管理是一种科学的管理方式，不能满足一知半解和表面现象，要对问题进行深入的分析，除了要进行定性的分析外，还要进行定量的分析，从而避免主观性和盲目性。

（四）以人为本

在构成质量的要素之中，人是最活跃、最重要的要素，质量是人生产出来的，全面质量管理是人有目的的活动。要做好全面质量管理，必须发挥人的主观能动性，调动人的积极性，加强质量管理。

四、全面质量管理的八大原则

（一）以顾客为中心

全面质量管理的第一个原则是以顾客为中心。在当今的经济活动中，任何一个组织都要依存于他们的顾客。组织或企业由于满足或超过了自己的顾客的需求，从而获得继续生存下去的动力和源泉。全面质量管理以顾客为中心，不断通过 PDCA 循环进行持续的质量改进来满足顾客的需求。

（二）领导的作用

全面质量管理的第二大原则是领导的作用。一个企业从总经理层到员工层，都必须参与到质量管理的活动中来，其中，最为重要的是企业的决策层必须对质量管理给予足够的重视。在我国的《质量管理法》中规定，质量部门必须由总经理直接领导。这样才能够使组织中的所有员工和资源都融入到全面质量管理之中。

（三）全员参与

全面质量管理的第三大原则就是强调全员参与。在 20 世纪 70 年代，日本的 QC 小组达到了 70 万个，而到目前为止我国已注册的 QC 小组已经超过了 1500 万个，这些 QC 小组的活动每年给我国带来的收益超过 2500 亿人民币。因此，全员参与是全面质量管理思想的核心。

（四）过程方法

全面质量管理的第四大原则是过程方法，即必须将全面质量管理所涉及的相关资源和活动都作为一个过程来进行管理。PDCA 循环实际上是用来研究一个过程，因此必须将注意力集中到产品生产和质量管理的全过程。

（五）系统管理

全面质量管理的第五个原则是系统管理。当进行一项质量改进活动时，首先需要制定、识别和确定目标，理解并统一管理一个由相互关联的过程所组成的体系。由于产品生产并不仅是生产部门的事情，而需要组织所有部门都参与到这项活动中，才能够最大限度地满足顾客的需求。

（六）持续改进

全面质量管理的第六个原则是持续改进。实际上，仅仅做对一件事情并不困难，而要把一件简单的事情成千上万次都做对，那才是不简单的。因此，持续改进是全面质量管理的核心思想，统计技术和计算机技术的应用正是为了更好地做好持续改进工作。

（七）以事实为基础

有效的决策是建立在对数据和信息进行合乎逻辑和直观分析的基础上的，因此，作为迄今为止最为科学的质量管理，全面质量管理也必须以事实为依据，背离了事实基础就没有任何意义，这就是全面质量管理的第七个原则。

（八）互利的供方关系

全面质量管理的第八大原则就是互利的供方关系。组织和供方之间保持互利关系，可增进两个组织创造价值的能力，从而为双方的进一步合作提供基础，谋取更大的共同利益。因此，全面质量管理实际上已经渗透到供应商的管理之中。

五、全面质量管理推行的步骤

（一）开展质量教育培训工作

全面质量管理始于教育，“意识决定行为”，要想让员工有期望的行为，必须要转变思想。要提高企业的管理水平，首先要提高人的素质。因此，必须把质量教育培训工作作为推行全面质量管理的首要前提。质量教育培训包括两个方面的工作，一是进行质量意识和质量管理方面的教育，目的是让员工具备质量管理的基本思想和方法；二是要针对员工的岗位开展技术培训，目的是提高员工的岗位技能，只有这两个方面的驾驭工作做到位，才能真正发挥全面质量管理的作用。

（二）建立质量责任制

建立质量责任制，设立专门质量管理机构。全面质量管理的推行要求企业员工自上而下地严格执行。从一把手开始，逐步向下实施；全面质量管理的推行必须要获得企业一把手的支持与领导，否则难以长期推行。

（三）标准化

标准是员工共同遵守的准则和依据，既是技术活动和管理活动的依据，也是衡量产品和工作质量的尺度。标准化是全面质量管理的基础，要保证质量向上，一是要贯彻执行现有的标准，二是要不断提高现有的标准，才能使质量工作持续改进。

（四）计量管理

全面质量管理是用数据说话的管理，而在生产活动中，判断产品合格与否大多数是依靠数据，而数据大多数是通过测量得到的，因此，计量管理工作是开展全面质量管理的一项重要工作。

（五）质量信息管理

质量信息是反映产品质量和企业各个环节工作质量的基本数据、原始资料和各种情报资料。质量信息对于决策、考核和确保质量工作正常开展有重要的作用。这就要求建立完善的质量信息管理制度。

思 考 题

1. 全面质量管理是如何产生的？
2. 全面质量管理的核心理念是什么？

第五节 QC 小组活动

一、QC（Quality Control）小组的概念

QC 小组是在生产或工作岗位上从事各种劳动的员工围绕企业的经营、战略、方针、目标和现场存在的问题，以改进质量、降低消耗、提高人的素质和经济效益为目的而组织起来，运用质量管理的理论和方法开展活动的小组。

这一概念包含如下几层含义：

第一，QC 小组活动具有广泛性。参加活动者不局限于具体某人，而是面向工作中的所有职工，无论是总经理，还是技术人员都有资格参加。

第二，QC 小组活动的方向与企业发展的方向一致。它是围绕着企业的方针目标和企业当前存在的问题而展开的，它急企业所急，想企业所想，因而也必然会得到企业员工的拥护。

第三，QC 小组活动的课题具有广泛性，涉及诸多方面，如改进质量、降低消耗、提高经济效益和人员素质。

第四，QC 小组必须通过有效的组织才能开展活动，而且活动的开展必须是采用质量管理的理论和方法。这一特有的定义给 QC 小组提供了顽强的生命力和科学的方法。

二、QC 小组活动流程

（一）选定主题

确定需要解决的问题。选定主题是指找出必须解决的问题，从大家所讨论的众多问题之中选出一个要着手解决的问题。选定主题时要注意题目宜小不宜大，题目的名称应一目了然，不可抽象，明确选题的理由。

从列举出的数个问题中，根据影响度、紧急度、扩大倾向等进行评价并打出评价分数。影响度是指本工序对上下道工序的影响情况，紧急度是指重大不合格、不合格损失大幅度超过了基准的程度，扩大倾向指最近急剧增加的程度。

涂装生产线问题点的评价方法见表3-1。

经过评价后，可以确定目前要解决的问题是“面漆涂完颗粒”，可以将该题目确定为QC小组要解决的问题。

表3-1 涂装生产线问题点的评价方法

问题 \ 评价项目	影响度	紧急度	扩大倾向	评分
车身表面缩孔	△	△	○	4
面漆涂完纤维颗粒	◎	○	△	6
面漆涂完颗粒	◎	◎	○	8
车身内表面流挂	△	△	△	3

注：◎=3分，○=2分，△=1分。

（二）把握现状，目标设定

要收集现场中的数据，从各个方面进行分析。要考虑现场的实际作业情况，例如，实际的作业方法是什么？不合格品的实际问题和表现是什么？实际工作中设备的运转情况如何？必须要抓住事实，用事实说话。

设定目标的过程中要考虑五个方面，即目标是明确的，就是要用具体的语言清楚地说明要达成的行为标准；目标要有一组明确的数据来测量，即制定量化的标准；目标要由QC小组成员共同制订；目标要在现实条件下可行、可操作，既不能太低，也不能太高，只要小组成员通过努力能够达成即可；目标要有达成的时间要求。

（三）制订活动计划

计划是确保小组活动有组织、有步骤进行的关键所在，目的是确保小组活动的展开和推进。制订计划可采用5W2H分析法，即为什么做？做什么？谁做？什么时间做？在什么地点做？怎么样做？需要什么资源？把以上信息进行归纳整理后编制小组活动计划表，见表3-2。

表3-2 QC活动计划表

做什么	谁做	什么时间做			何地	怎么做	资源
		4月	5月	6月			
选定主题	全体	⟶			会议室	检查表、图表	××车间
调查现状	张明、刘微		⟶		现场	考察作业	××车间
设定目标	全体			⟶	会议室、现场	使用数据、图表共同确定	××车间

（四）要因分析

确定要因之前要进行原因分析，就是分析导致结果出现的原因，可以按照5M1E（Man，Machine，Material，Method；Measurement，Environment）的方法，即人、机、料、法测、环的方法进行。要针对这几个方面一项一项地分析，要一直分析到能采取对策措施为止。在此基础上确定主要原因。有时候一个问题有很多原因，而不是只有一个原因，那么就需要进一步缩小范围，缩小范围的目的是利用有限的人、财、物，减少重复劳动，使劳动更为有效。

（五）制订对策方案和实施

在制订对策时，要集中活动小组全员的智慧，找出对策。从若干对策中，以效果、难易程度、经济性等进行判断，选出最佳方案，就最佳方案进行具体化研讨。实施对策就是按照对策表中的内容一项一项、一条一条的具体地实施、完善。任务一定要落实到每个部门和每一个人头上，务求实施对策扎实。

（六）进行效果确认

将实际效果和目标进行比较，对改善效果进行判断。如果达成效果不满意，就要进一步进行要因分析或对策研讨。达成效果除了最初设定的有形效果，对无形效果也应进行评价。效果确认是一次全面的检查，这个活动有利于鼓舞士气，激励员工斗志。检查效果的过程是一种展示丰收喜悦的过程，通过这个过程使员工感觉到取得的效果不但使自己满意，也使别人满意。因此，检查效果不能等闲视之，在发表成果时要把所有光彩的东西展示出来。

（七）标准化和管理定型

效果检查完以后要制定巩固措施，将成功的经验和工艺制度化、标准化，把修改的技术、工艺、文件列到标准里，并且写出标准号，以便长时间的巩固做下去。

最后还要进行回顾和总结，一方面要找出本次活动的遗留问题，另一方面要对所进行的活动进行反省，总结经验，并在此基础之上明确后续的课题，不断总结、不断创新。

三、QC 七手法

在质量管理中，采用的统计方法，分为“QC 七手法”和“QC 新七手法”。这两种分类方法是按照出现的时间不同进行划分的，两者各自的应用范围和作用各不相同。“QC 七手法”包括核查表、层别法、排列图、散布图、因果图、直方图、控制图。“QC 新七手法”包括关联图、系统图、亲和图、矩阵图、PDPC 法、箭条图、矩阵资料解析法。“QC 新七手法”可用于整理语言资料、引发思考、充实计划、防止遗漏等，适用于管理决策，“QC 七手法”是收集数据和统计数据的方法，适用于现场管理。本节主要介绍“QC 七手法”。

（一）核查表

1. 核查表的定义

核查表又称为检查表、查检表、调查表、点检表，是用来系统地收集资料和积累数据，确认事实并对数据进行粗略整理和分析的统计图表。它是使用最多、应用范围最广、最简单的一种质量管理的方法。

2. 核查表的作用

一些企业的管理者采用经验管理，喜欢把检查的内容装在脑子里，因此在检查工作的时候容易遗漏重要的项目，不是没有检查，而是忘记检查。“好记性不如烂笔头”，管理者应该把检查的项目和内容做成检查表格，这样又快又准，也不会遗漏。

3. 核查表应用注意事项

（1）确定检查项目　即管理工作需要控制的项目，一定要结合目标和现场的实际情况来确定。

(2) 确定数据的组织角度 可以从不同的角度收集数据，如按缺陷、按设备、按班次、按工位、按区域、按产品等收集数据。

(3) 确定检查频率 确定是节拍检查，还是每小时检查、每天检查、每周检查等。

(4) 确定检查人员 要将检查的责任落实到具体的人员，并规定相应的职责。

(5) 核查表的形式 可灵活选择，形式多样，但是对于同一个车间，核查表的格式应统一。

4. 核查表的实施步骤

1) 确定检查对象。

2) 制定核查表。

3) 按照核查表的项目和规定进行检查。

4) 对检查出来的问题要求责任单位进行改善。

5) 检查人员在规定时间内对改善效果进行确认。

6) 定期总结，持续改进。

5. 核查表举例

核查表举例见表 3-3 和表 3-4。

表 3-3 4S 活动核查表

◎	○	△	×
很好	好	一般	不好

××中心____________月度《4S 点检表》

项目	点检要点	日期					
		1	2	3	4	5	6
通路	1. 作业场内设置安全通道了吗						
	2. 通路上是否放置物品						
	3. 有油、水等的洒落吗						
训练场	4. 有没有不需要放置的物品						
	5. 原材料等摆放是否在指定场所						
	6. 清扫工具是否放置在指定场所						
工具	7. 作业中工具型号都齐全吗						
	8. 工具是否放置在指定的场所						
	9. 锋利刀具是否带有保护盖						
点检责任人签字							

表 3-4　冰箱缺陷位置核查表

____年____月____日

型号	×××	检查部位	外表
工序	冰箱组装	检查者	×××
检查目的	喷漆缺陷	检查件数	500 台

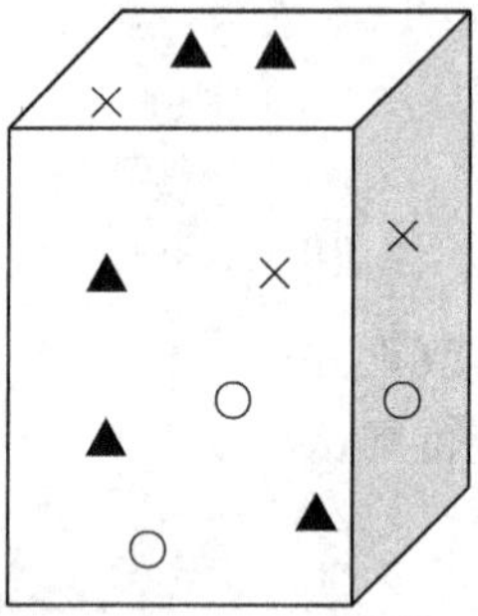

【例】　培训效果评估问卷

培训项目：________________培训时间：________________（填表说明：请在选项号上划“√”）

1. 您认为本次培训内容安排是否合理？

○ 很好　　○ 可以　　○ 不好　　○ 其他____________

2. 您认为培训班的课程进度安排是否合理？

○ 合理　　○ 一般　　○ 不合理　　○其他____________

3. 您对本次培训的组织工作是否满意？

○ 很好　　○ 可以　　○ 不好　　○ 其他____________

4. 您对本次培训的授课教师是否满意？

○ 很好　　○ 可以　　○ 不好　　○ 其他____________

5. 您认为本次培训项目对您是否有帮助？

6. 本次培训中您认为最应该改进的地方是什么？

7. 您未来需要哪些方面的培训？

（二）层别法

1. 层别法的定义

层别法又称为分层法、分组法，是统计方法中的基础管理工具，层别法是将大量的有关某一特定主题的观点、意见或想法按组分类，将收集到的数据或资料按相互的关系进行分组，加以层别。

通过层别法，可以将杂乱无章的数据归纳为有意义的类别，将事物处理得一清二楚、一目了然，这种科学的统计方法可以弥补靠经验直觉判定管理的不足。

2. 数据分层的方法

数据分层的方法见表3-5。

表3-5 数据分层方法

分类	项　目
按时间	月、周、每天、白天、夜晚、星期、上午、下午
按作业者	班次、新、老、熟练度、年龄
按方法、条件	温度、压力、湿度、速度、作业方法、作业顺序、测定方法
按机械装置	型号、位置、新、旧、形式、构造、夹具

3. 层别法的实施步骤

1）确定研究主题，明确分层的目的，明确分层要解决的问题，以此来决定用什么作为对象值。如企业各班组的绩效，不同产品的报废数量。

2）制作表格并收集数据。要注意数据的真实性、及时性和代表性。

3）将收集的数据进行层别。最好用图的形式表示出来，使数据一目了然。

4）解析数据，比较分析，找出问题点。

4. 层别法举例

层别法举例见表3-6，分层结果如图3-1所示。

表3-6 面漆检查操作者流出不良件数核查表

星期	星期一		星期二		星期三		星期四		星期五	
姓名	张三	李四	张三	李四	张三	李四	张三	李四	张三	李四
缺陷　工位	左	右	左	右	左	右	左	右	左	右
印痕	2	1	0	0	3	1	2	2	3	1
颗粒	2	6	4	4	2	4	1	6	1	5
合计	4	7	4	4	5	5	3	8	4	6

（三）排列图

1. 排列图的定义

排列图又称为主次因素分析图或帕雷托图。美国质量管理学家朱兰博士把它应用于质量管理中，成为常用质量管理工具。排列图是用来找出影响产品质量主要因素的一种有效工具。

2. 排列图的种类

排列图是用来确定“关键的少数”的方法，依据用途，排列图可分为分析现象用排列图和分析原因用排列图。分析现象用排列图可用于分析不良结果，如质量、成本、交货期、安全

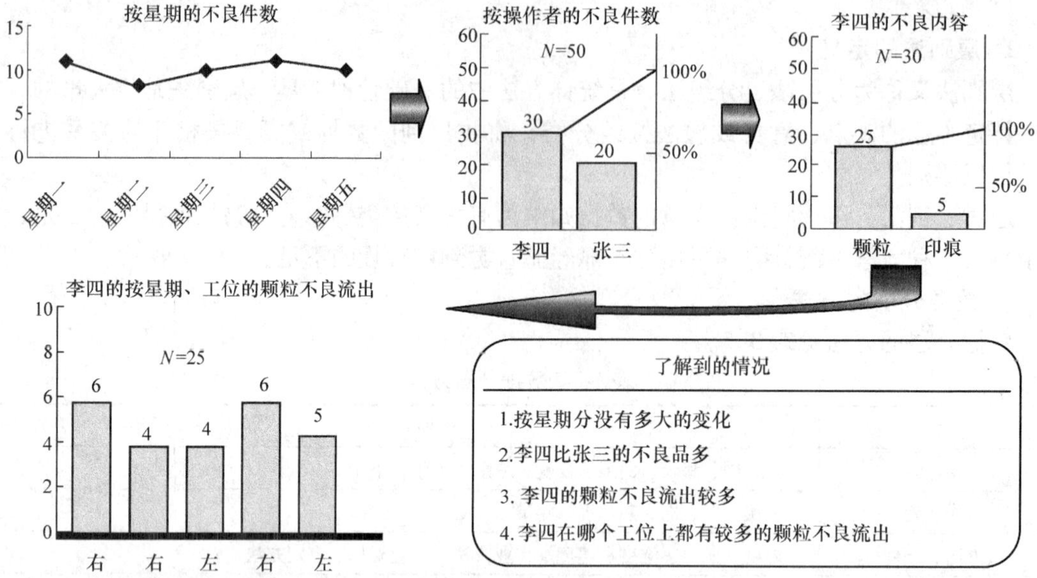

图 3-1　分层结果

等因素。分析原因用排列图可用于分析过程，如操作者、机械设备、物料、作业方法等因素。

3. 排列图的作用

（1）排列图是降低不良的依据　要想降低不良，先绘制出排列图看看不良有多少？哪种不良多？哪些不良要降低？

（2）找出问题点，决定改善项目　利用排列图找出问题点，虽然问题点很多，但是抓住关键问题并予以改善，就能大大提高工作质量。

（3）可以确认改善效果　把改善前后的排列图进行对比，可以立刻评价出改善效果。但应注意，改善前后的条件和对象要一致。

4. 排列图的绘制方法

1）收集数据。

2）整理数据，填入统计表中。

3）计算各项目的累计频数和累计频率，按从大到小的顺序排列。

4）按一定的比例，画出两个纵坐标和一个横坐标，左侧的纵坐标表示频数，右侧的纵坐标表示累计频率，横坐标表示项目。

5）按照统计表中的频数，按照各个项目的分配区域，依次画直方形。

6）找出各项目的累计频率，以点的形式表示出来，并将各点连线，画出帕雷托曲线。

7）在直方形和累计频率上标出相应的数值。

5. 排列图的应用要点

1）排列图要留存，把改善前后的排列图进行对比，由此评价改善的效果，进行数据分类。

2）排列图分类的项目不要太多，一般来说不超过九项，如果项目过多，可把后面的项目统一划为“其他”项。

3）排列图做成后，如果发现各项目比例相差不多，排列图则失去意义，必须重新分类数据，然后再做分析。

4）排列图是改善的手段，如果问题已经很明确，则没有必要画排列图。

6. 排列图的分析

在分析排列图的过程中，要按照“关键的少数”，找出累计频率为80%的项目即为关键因素。但是在实际应用的过程中，要根据实际情况，80%的比例并不是绝对的，可以根据实际情况作出相应的调整。

7. 排列图举例

1）收集数据。某电子厂收集8月份组装线的不良品，抽样2800件，总不良数为103件，不良的分布见表3-7。

表3-7　8月份不良统计表

序号	不良项目	不良数	不良数占总数的百分比
1	脱漆	53	35.8%
2	灯不亮	10	6.8%
3	脏污	5	3.4%
4	功率小	12	8.1%
5	耐压不良	36	24.3%
6	色差	7	4.7%
7	变形	22	14.9%
8	其他	3	2.0%
合计		148	100%

2）整理数据。按照从大到小的顺序排列，填入统计表中，见表3-8。

表3-8　统计表

序号	不良项目	不良数	占不良总数的百分比	累计百分比
1	脱漆	53	35.8%	35.8%
2	耐压不良	36	24.3%	60.1%
3	变形	22	14.9%	75.0%
4	功率小	12	8.1%	83.1%
5	灯不亮	10	6.8%	89.9%
6	色差	7	4.7%	94.6%
7	脏污	5	3.4%	98.0%
8	其他	3	2.0%	100%
合计		148	100%	

在本例中，不良数即为频数，占不良总数的百分比即为频率，累计百分比即为累计频率。

3）画排列图的纵坐标、横坐标。左侧纵坐标表示不良数，最高刻度是不良总数，右侧纵坐标表示累计不良率，最高刻度是100%，横坐标是不良项目，按照不良的数量，从左至右依次排列，其他项放在最后。其坐标图如图3-2所示。

4）绘制排列图。将各个不良项目所对应的数据用条形图表示出来。将累计百分比以点的形式描绘出来，并连线。排列图如图3-3所示。

5）排列图的分析。根据实际情况，确定累计频率为75%的项目为脱漆、耐压不良、变

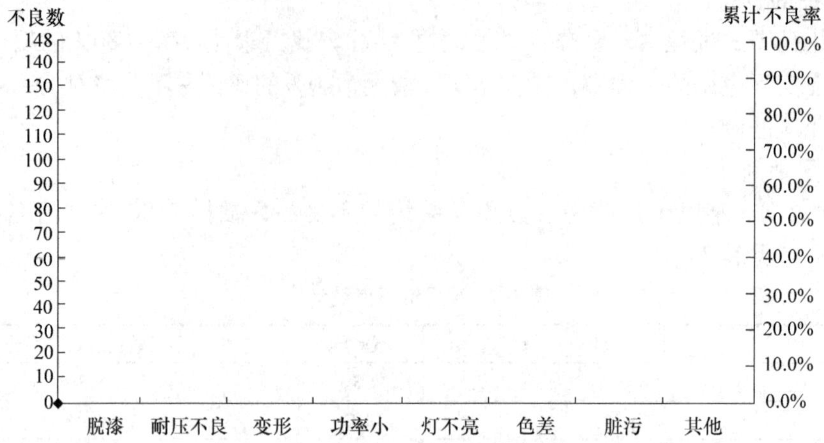

图 3-2　坐标图

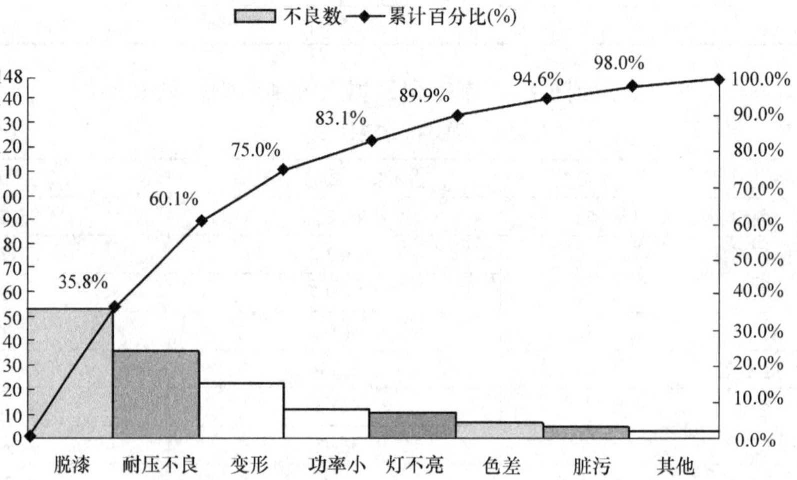

图 3-3　排列图

形三项，这三项为重点改善项目。

（四）散布图

1. 散布图的定义

散布图是用图示的方式来辨认某现象的测量值与可能原因因素之间的关系。这种图示方式快捷、易于交流、易于理解。

2. 散布图的形式

（1）正相关 当一个变量增大时，另一个变量也增大，根据程度不同，可分为强正相关和弱正相关，如图 3-4、图 3-5 所示。

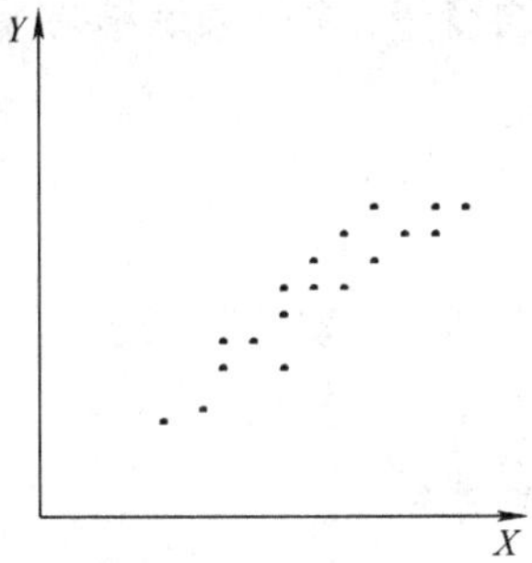

图 3-4 强正相关

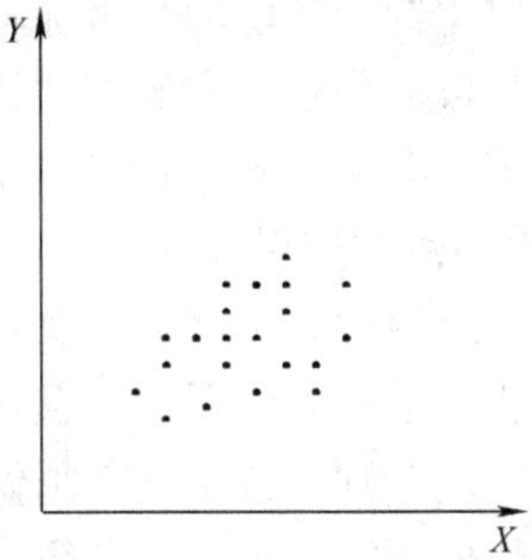

图 3-5 弱正相关

（2）负相关 当一个变量增大时，另一个变量减小，根据程度不同，可分为强负相关和弱负相关，如图 3-6、图 3-7 所示。

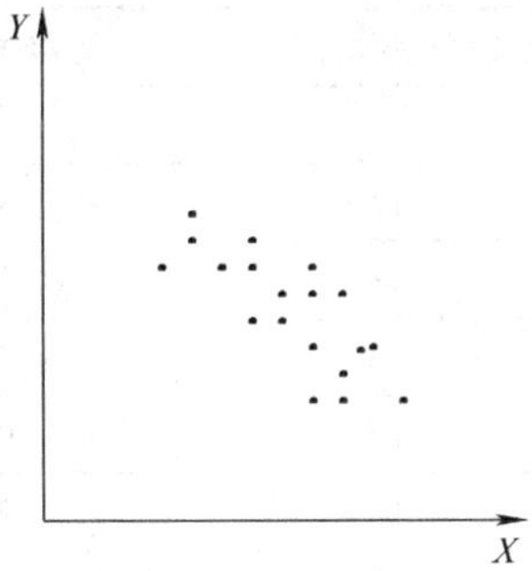

图 3-6 强负相关

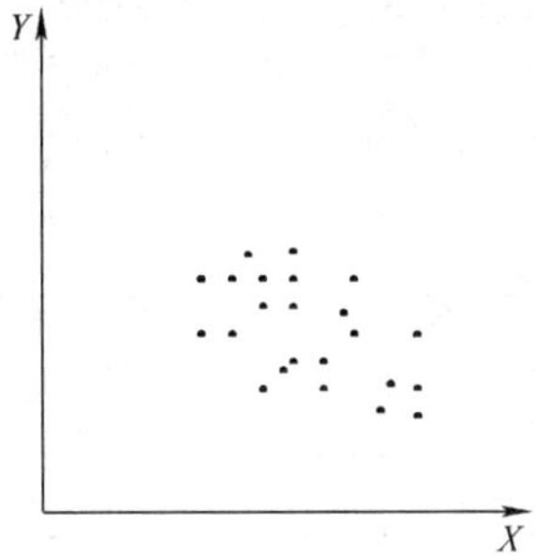

图 3-7 弱负相关

（3）不相关 一个变量发生变化，另一个变量并不随之改变，如图 3-8 所示。

（4）曲线相关 当一个变量开始增大时，另一个变量也随之增大，但达到某一值后，开始减小，或者当一个变量开始增大时，另一个变量随之减小，但达到某一值后，开始增大，如图 3-9、图 3-10 所示。

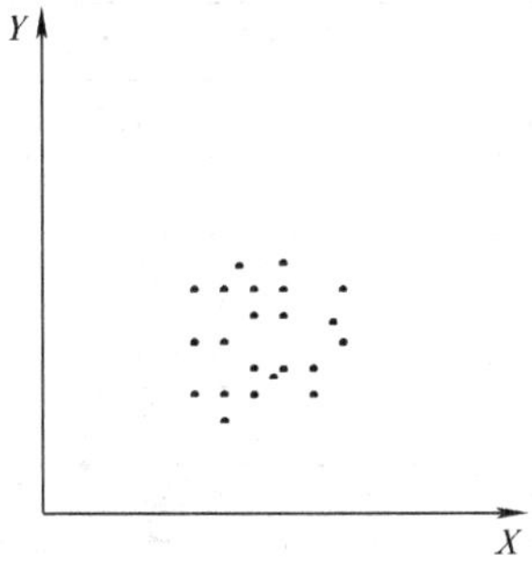

图 3-8 不相关

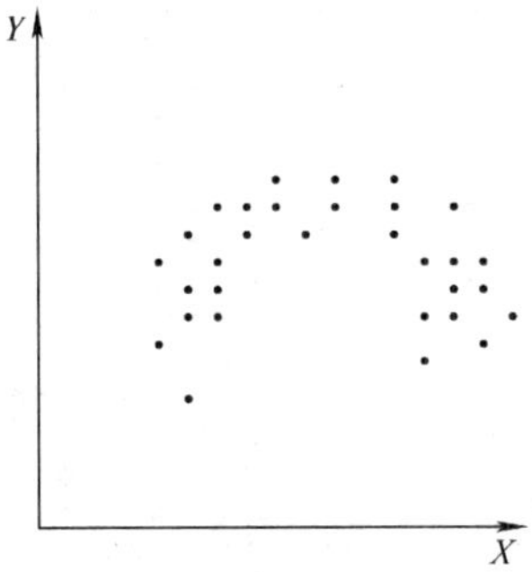

图 3-9 曲线相关 1

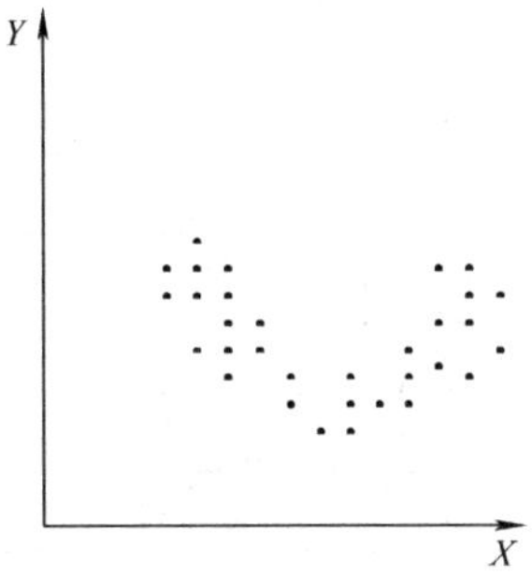

图 3-10 曲线相关 2

3. 散布图的绘制方法

1）确定要分析的两个变量，收集相关数据，不少于30组。

2）找出两个变量的最大值与最小值，确定散布图的界限。

3）定比例，确定两个坐标轴，通常 X 轴表示原因或自变量，Y 轴表示结果或因变量。

4）将数据分别以点的形式描绘出来。

5）记入图名、制作者和制作时间。

4. 散布图的应用要点

1）在绘制散布图之前，要将数据进行分层，否则会得到不真实的判断。

2）相关结论只能用于所选择的观测值数据范围内，不能任意扩大。

3）出现个别异常点，必须做进一步的分析，不能随意剔除。

4）数据不能太少，否则容易出现误判。

5. 散布图举例

某仪表厂在分析测试电压与仪表精度之间的关系时，收集相应数据，见表3-9。

表3-9　测试电压与仪表精度统计表

序号	测试电压的读数	面板刻度	序号	测试电压的读数	面板刻度
1	10	89.36	23	13	90.7
2	11	89.4	24	12	89.1
3	12	89.5	25	13	91.2
4	13	90.5	26	12	91.1
5	14	89.8	27	10	91.3
6	10	91	28	14	91.4
7	11	90	29	10	89.5
8	12	89.7	30	12	89.8
9	13	90.2	31	13	89.7
10	14	91.5	32	13	89.9
11	14	90.2	33	10	90.3
12	14	89.6	34	14	90.4
13	14	89.7	35	14	90.5
14	14	90	36	12	90.8
15	13	89.8	37	12	91.2
16	12	89.1	38	13	91.3
17	11	89.2	39	13	91.1
18	10	90.1	40	12	91.2
19	11	89.2	41	11	91.5
20	12	89.4	42	11	89.3
21	13	89.6	43	10	89.5
22	14	90.8	44	10	90.6

确定测试电压的范围为10~14，面板刻度的范围为89.1~91.5。选择横坐标轴为面板刻度，纵坐标轴为测试电压。绘制散布图，如图3-11所示。

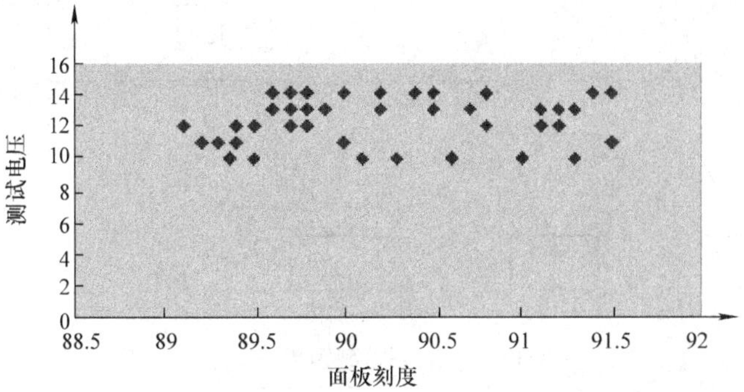

图3-11 散布图

从图3-11可以看出，两个变量，即测试电压与面板刻度无规则可言，它们是不相关的，也就是说，电压的变化与仪表的准确度没有关系。

（五）因果图

1. 因果图的定义

因果图又称为特性要因图、鱼刺图、石川图。它是日本东京大学教授石川馨提出的，主要用于分析品质特性与影响品质特性的可能原因之间的因果关系，通过把握现状、分析原因、寻找措施来促进问题的解决。因果图是一种透过现象看本质的分析方法。

2. 因果图的结构

因果图以质量问题出现的结果作为特性，以产生的原因作为因素，在它们之间分层次地用箭头联系起来，基本格式由特性、原因、枝干组成。因果图的结构如图3-12所示。

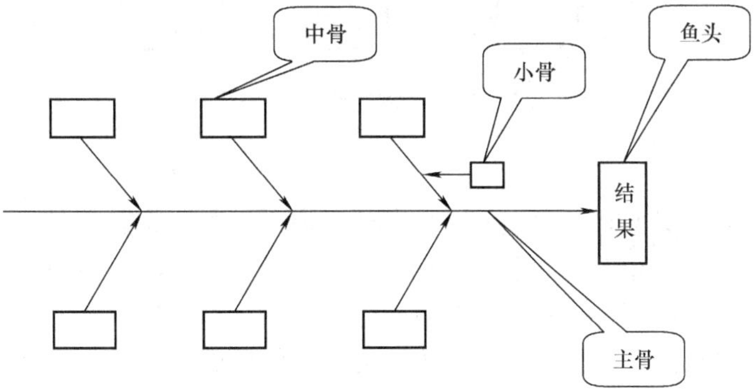

图3-12 因果图的结构

3. 因果图的种类

（1）追求原因型因果图　目的是寻找问题产生的原因。例如：生产效率为什么低？交货期为什么延迟？不良率为什么增高？画这种类型因果图的时候需要把结果写在右侧，如图3-13所示。

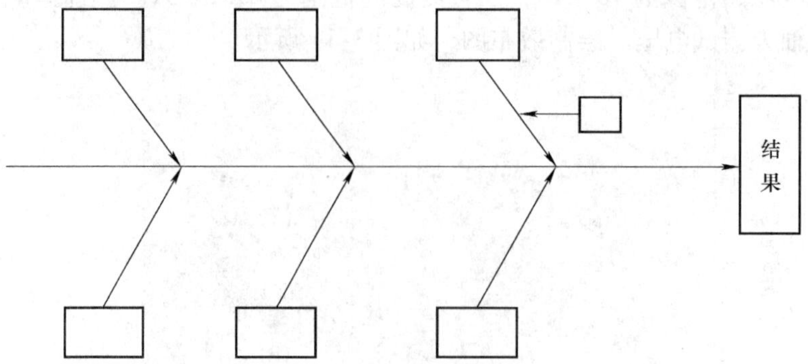

图 3-13　追求原因型因果图

（2）追求对策型因果图　目的是寻找问题点如何防止的对策。例如：如何提高生产率？如何降低成本？如何防止不良的发生？画这种类型因果图的时候需要把结果写在左侧，如图 3-14 所示。

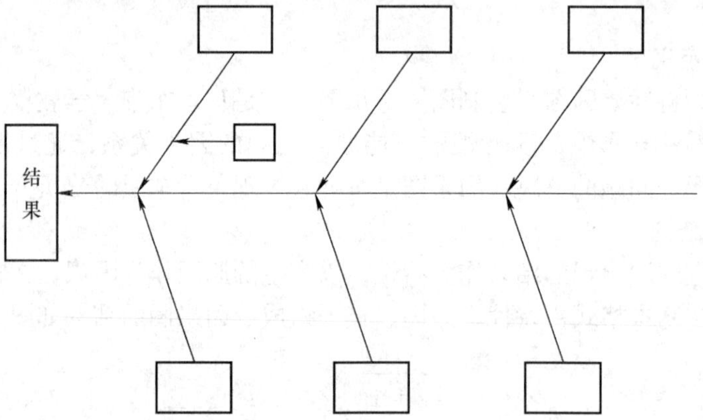

图 3-14　追求对策型因果图

4. 因果图的作用

任何问题的发生，必然有其内在的或外在的原因，而这些原因的存在，必然使结果产生变异，因果图用来找出其中存在的因果关系。因果图可以形象、直观地把因果关系表示清楚，利用因果图分析能做到首先找出问题的大原因，然后再寻找大原因后的中原因，再从中原因找到小原因和更小的原因，最终查明主要的直接的原因。这样分析之后，就可以清楚地看出原因和结果、手段和目的之间的关系，从而使问题的脉络显示出来。

5. 因果图的绘制方法

（1）确定分析对象　把要分析的质量特性问题，填入主骨箭头指示的方块中。

（2）记录分析意见　在中骨上填入 5M1E 即人、机、料、法、环、测，针对各个方面采用头脑风暴法收集意见，将收集的意见进行分层、整理，分别填入因果图的小骨中。

（3）检查是否有遗漏　若有遗漏可及时补上。

（4）记入必要事项　包括制作者、参与讨论的成员、制作时间。

6. 因果图的应用要点

1）成立因果图的分析小组，一般不超过 10 人，一般选择有经验的员工。

2）一张因果图只能分析一个质量特性，例如，同一批产品的长度和质量都存在质量问题，就需要画两张因果图。

3）确定原因时，要尽可能具体，画因果图不是目的，是要通过因果图找到问题的原因，最后解决问题。

4）原因的分析，应细化到采取具体措施为止。

5）在画出的因果图中，有很多原因，要针对这些原因做进一步的分析，找出主要原因，并在因果图上标记出来。

6）画出因果图确定主要原因以后，要采取措施实施改善，再配合排列图来检查改善效果。

7）在分析因果图的时候，从大原因、中原因到小原因逐步进行，但是在实施对策的时候是针对小原因制订的。

8）因果图是用来查找原因的，5W 也是用来查找原因的，一般说来，5W 用来寻找简单问题的原因，因果图用来寻找复杂问题的原因，利用因果图的方法时，要使用 5W 法。

7. 因果图举例

某汽车配件厂齿轮尺寸变异因果图如图 3-15 所示。

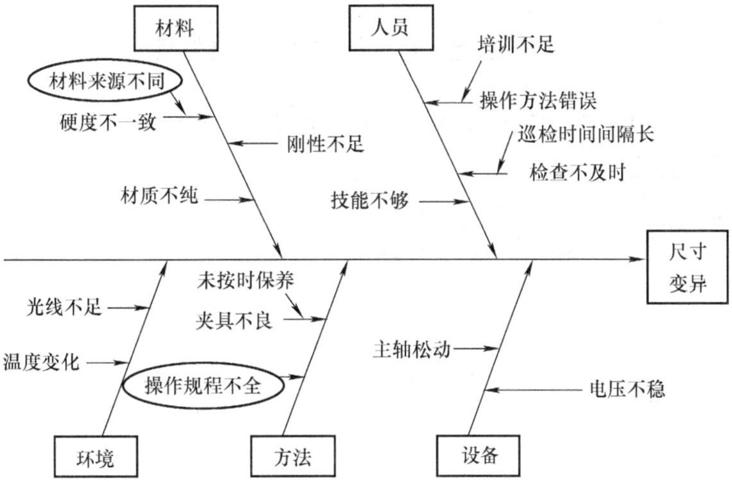

制作人：王金宝

因果图小组成员：王金宝、胡瑞、李明、李强、金大鹏

制作时间：×月×日

图 3-15 某汽车配件厂齿轮尺寸变异因果图

因果图分析：

1）从材料方面分析，供应商有五家，各家质量有所差异。

2）从方法方面分析，目前大部分工序无操作指导书，有操作指导书的工序内容与实际工作也不完全吻合。

针对以上两点，建议组成专案小组，制订改善计划，落实责任人，并在规定的时间内完成，由专案小组负责人验证效果。

（六）直方图

1. 直方图的定义

直方图又称为柱状图、质量分布图。直方图是从总体中随机抽取样本，将从样本中经过测定或收集来的数据加以整理，描绘质量分布情况，反映质量分散程度，进而判断和预测生产过程质量以及不合格品率的工具。

2. 直方图的作用

通过制作直方图，可以研究产品质量的分布状况，据此判断生产过程是否处于正常。

3. 直方图的基础知识

（1）计量值数据与计数值数据　计量值数据是可以连续取值的数据，通常是使用量具、仪器进行测量得到的，如长度、温度、质量、压力等。计数值数据是不能连续取值，只能以个数计算的数据，这类数据不能通过量仪进行测量，但是可以数出来，如不合格品数。

直方图处理的数据必须是计量值数据。

（2）平均值（$\overline{X}$）　用来表示数据集中位置。如有 5 个数据：5.77，6.27，5.93，6.08，6.03，其平均值为

$$\overline{X}=\frac{5.77+6.27+5.93+6.08+6.03}{5} \tag{3-1}$$

（3）极差（R）　指一组数据中最大值与最小值之差：$R=X_{max}-X_{min}$。

4. 直方图绘制方法

1）收集数据。

2）定组数。

3）计算极差。

4）定组距。

5）确定最小测量单位。

6）确定各组组界。

7）计算组中点。

8）制作频数统计表。

9）绘制直方图。

5. 直方图的判断

（1）标准型　如图 3-16 所示，也称对称型，这种图形呈正态分布，服从统计规律，表明过程正常。

（2）偏态型　如图 3-17 所示，数据的平均值位于中间值的左侧或右侧，形状不对称。原因可能是加工的一些习惯导致加工方法不正确。

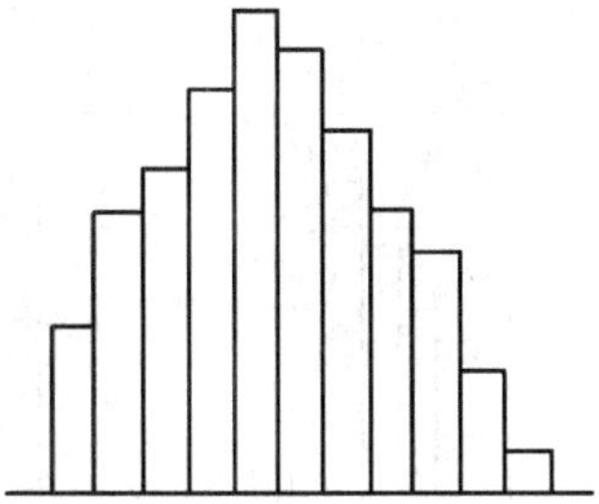

图 3-16　标准型

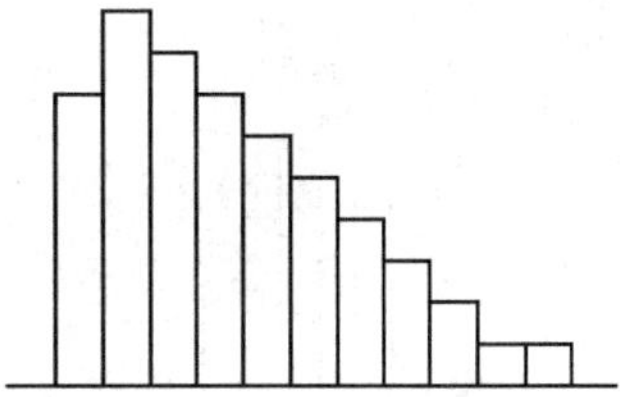

图 3-17　偏态型

（3）缺齿型　如图 3-18 所示，直方图如同锯齿一样凸凹不平，可能是由数据不正确造成的。

（4）孤岛型　如图 3-19 所示，在直方图的左侧或右侧出现孤立的长方形，原因可能是在收集数据的过程中混入了其他数据。

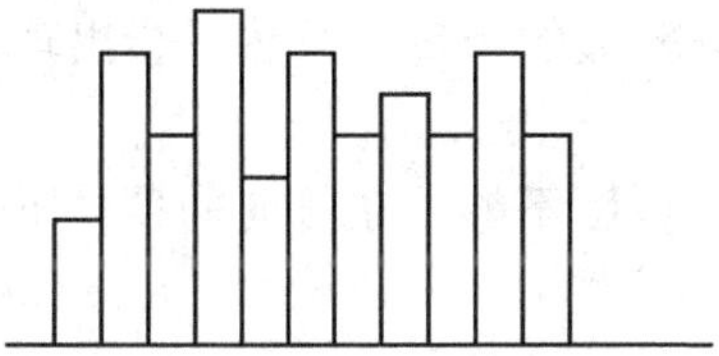

图 3-18　缺齿型

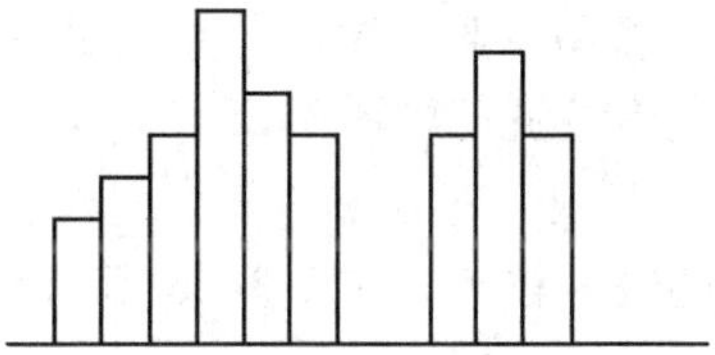

图 3-19　孤岛型

（5）平顶型　如图 3-20 所示，直方图没有突出的顶峰，可能的原因是生产的过程中有缓慢的变化因素影响。

（6）双峰型　如图 3-21 所示，直方图有两个顶峰，可能的原因是收集到的数据是不同的操作者、不同的设备生产的两批产品混在一起。

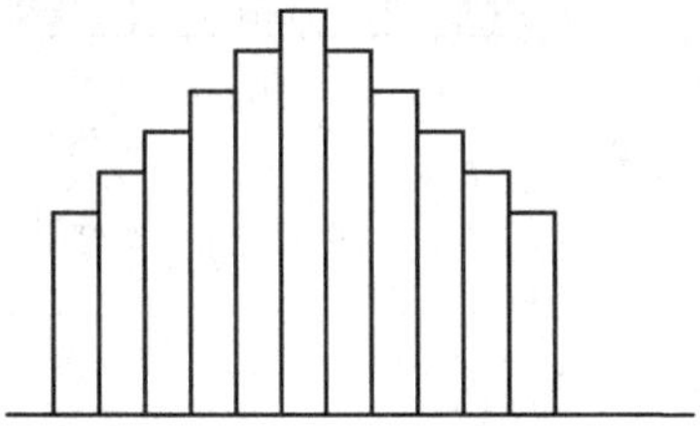

图 3-20　平顶型

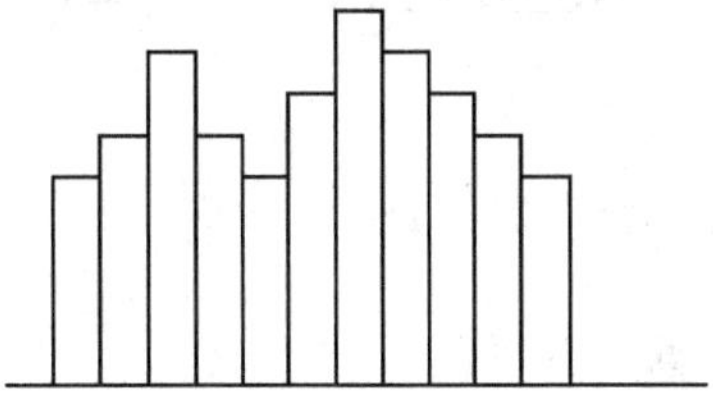

图 3-21　双峰型

6. 与规格界限相比

当直方图处于稳定状态时，还需要对规格界限做进一步的判断，目的是用来判断工序满足公差的程度。其中，上限用 T_U：表示，下限用，T_L：表示，平均值用，T_M：表示。

（1）理想型　直方图的分布在公差范围内，并且直方图的分布中心与公差中心基本重合，而且两边有些余量，说明出现不合格品的概率很小，如图 3-22 所示。

（2）偏心型　直方图的分布在公差范围内，但是直方图的分布中心与公差中心有较大的偏移。说明如果工序稍有变化，就会出现不合格品，如图 3-23 所示。

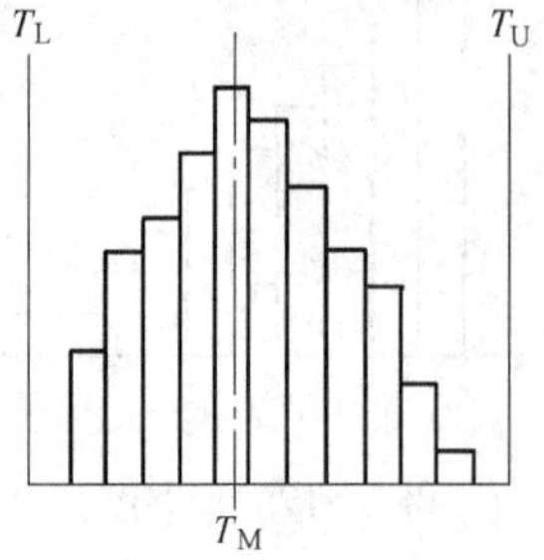

图 3-22　理想型

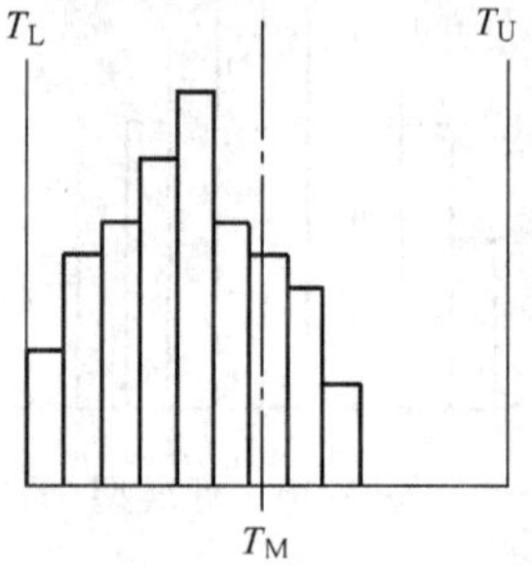

图 3-23　偏心型

（3）无富裕型　直方图的分布在公差范围内，两边均没有余量。说明工序能力低，应立即采取措施，如图 3-24 所示。

（4）瘦型　直方图的分布在公差范围内，但两边有较大的余量，虽然不会出现不合格品，但是不经济，如图 3-25 所示。

（5）胖型　直方图的分布超出公差界限，说明加工精度不够，在目前的条件下，出现不合格的数量较大，如图 3-26 所示。

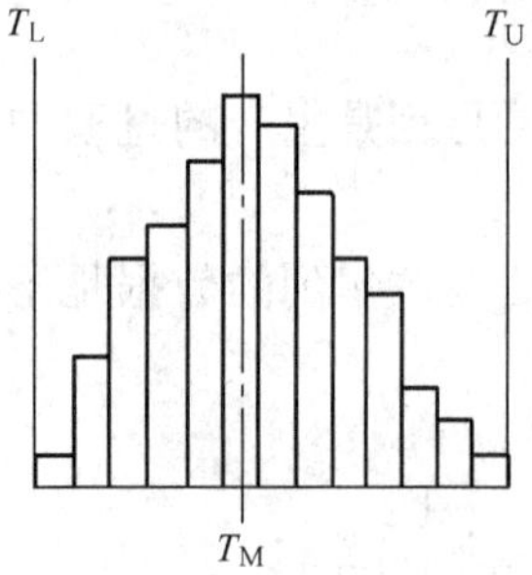

图 3-24　无富裕型

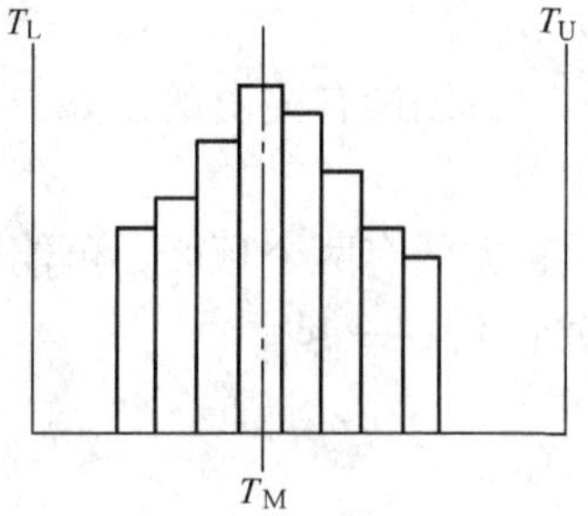

图 3-25　瘦型

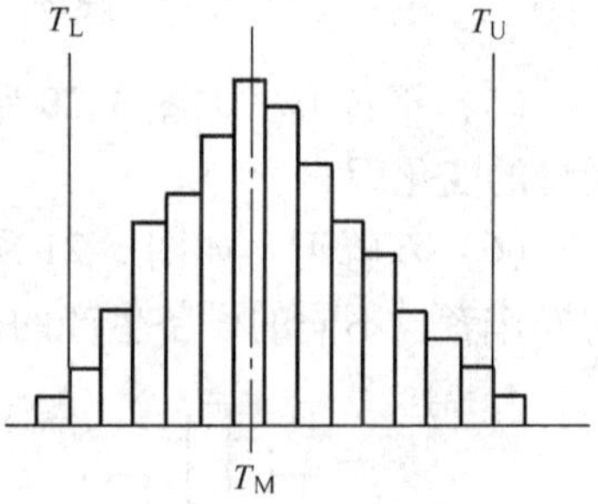

图 3-26　胖型

7. 直方图举例

（1）收集数据　某一饮料装填规格为（250±3）g，今抽检 50 瓶，数据见表 3-10。

表 3-10　某一饮料装填规格　　（单位：g）

251	250	248	247	250	252	247	252	249	250
248	247	250	249	251	254	251	250	248	252
249	252	251	250	248	251	248	249	250	250
251	251	250	251	249	250	249	250	251	251
250	249	251	253	250	249	249	253	249	249

（2）定组数　可根据收集数据的个数，选择经验值来确定。

数据为50～100个，适当的组数为6～10组；数据为100～250个，适当的组数为7～12组；数据为250个以上，适当的组数为10～20组。本例中选择组数为8组。

（3）计算极差　最大值为254，最小值为247，极差为7。

（4）定组距　组距 $=\dfrac{极差}{组数}=\dfrac{7}{8}\approx 1$

（5）确定最小测量单位　整数的最小测量单位是1；小数点一位时，最小测量单位是0.1；小数点两位时，最小测量单位是0.01，依此类推。本例选择最小测量单位为1。

（6）确定各组组界

第1组上限＝最小值－（测量单位/2）＝247－0.5＝246.5

第1组下限＝第1组上限＋组距＝246.5＋1＝247.5

第2组上限＝第1组下限＝247.5

第2组下限＝第2组上限＋组距＝247.5＋1＝248.5

第3组上限＝第2组下限＝248.5

第3组下限＝第3组上限＋组距＝248.5＋1＝249.5

第4组上限＝第3组下限＝249.5

第4组下限＝第4组上限＋组距＝249.5＋1＝250.5

第5组上限＝第4组下限＝250.5

第5组下限＝第5组上限＋组距＝250.5＋1＝251.5

第6组上限＝第5组下限＝251.5

第6组下限＝第6组上限＋组距＝251.5＋1＝252.5

第7组上限＝第6组下限＝252.5

第7组下限＝第7组上限＋组距＝252.5＋1＝253.5

第8组上限＝第7组下限＝253.5

第8组下限＝第7组下限＋组距＝253.5＋1＝254.5

（7）计算组中点　组中点 $=\dfrac{组上限+组下限}{2}$

第1组组中点 $=\dfrac{246.5+247.5}{2}=247$　　第2组组中点 $=\dfrac{247.5+248.5}{2}=248$

第3组组中点 $=\dfrac{248.5+249.5}{2}=249$　　第4组组中点 $=\dfrac{249.5+250.5}{2}=250$

第5组组中点 $=\dfrac{250.5+251.5}{2}=251$　　第6组组中点 $=\dfrac{251.5+252.5}{2}=252$

第7组组中点 $=\dfrac{252.5+253.5}{2}=253$　　第8组组中点 $=\dfrac{253.5+254.5}{2}=254$

（8）制作频数统计表　把相应的数值填入频率统计表中，见表3-11。

表 3-11　频数统计表

组别	组界	组中点	频数
1	246.5～247.5	247	3
2	247.5～248.5	248	5
3	248.5～249.5	249	11
4	249.5～250.5	250	13
5	250.5～251.5	251	11
6	251.5～252.5	252	4
7	252.5～253.5	253	2
8	253.5～254.5	254	1
合计			50

（9）绘制直方图　如图 3-27 所示。

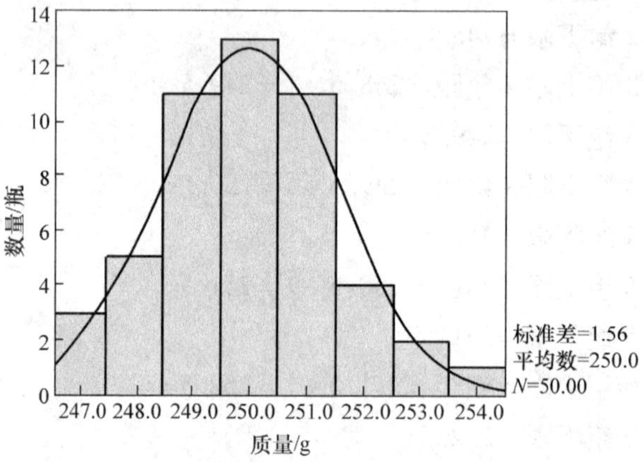

图 3-27　直方图

直方图分析：属于理想型、标准型直方图，产品合格率很高。

（七）控制图

1. 控制图的定义

控制图又称为管制图、管理图，是用来分析和判断工序是否处于稳定状态并带有一定控制界限的图形。主要用来预报生产过程中质量状况是否产生异常波动。

2. 控制图的基础知识

在实际生产中，无论在什么情况下，按照一定标准生产出来的大量同类产品的质量总是存在波动的，质量控制的目的就是要查明影响波动的因素并予以控制和消除，使工序始终处于正常波动的范围中。控制图就是随机抽取生产中的实际数据，变成点描绘出来，根据控制图的判断原理进行判断来确定工序的状态。

（1）稳定与合格　稳定是指产品质量没有发生异常波动，或者说质量的分布没有发生变化。合格是指产品符合标准。从管理的角度来说，首先要保证质量稳定，在此基础之上再不断提高产品的质量，在考虑经济性的情况下降低成本。控制图就是用来判断稳定的一种方法。

（2）偶然波动与异常波动 偶然波动（偶波）也称正常波动，如原材料的微小差异、机床的轻微振动都会导致偶波，但是偶波对产品质量的影响比较小，一般来说不需要进行控制。

异常波动（异波）也称系统波动，是由于某种特定原因引起的，如混入了不同规格的原材料、刀具的过度磨损都会导致异波。异波对产品质量影响大，是生产中关注的主要对象，一旦发生，必须尽快找出，并予以消除。控制图就是寻找异波的一种方法。

3. 控制图的种类

（1）分析用控制图 一道工序开始应用控制图时，几乎不存在稳定状态，如果用这种不稳定状态下的参数来建立控制图，将导致错误的结论。因此，需要根据收集到的数据绘制分析用控制图，并以此来判断工序是否稳定，如果发现不稳定，要寻找原因，并消除异常，再重新绘制分析用控制图，直到把过程调整为稳定为止。

分析用控制图是一个从未知到已知的过程，需要反复进行多次。

（2）控制用控制图 控制用控制图是根据以前的历史数据，或者工序稳定状态下的控制界限，由操作人员现场随机抽取数据并以点的形式填入控制用控制图中，并进行判断。

应用控制用控制图阶段是工序的参数处于已知阶段。

（3）计量值控制图和记数值控制图 计量值控制图分为平均值与极差控制图、中位数与极差控制图、平均值与标准差控制图、个别值与移动极差控制图。记数值控制图分为不良数控制图、不良率控制图、缺点数控制图、单位缺点数控制图。

4. 控制图图例

控制图图例如图 3-28 所示。

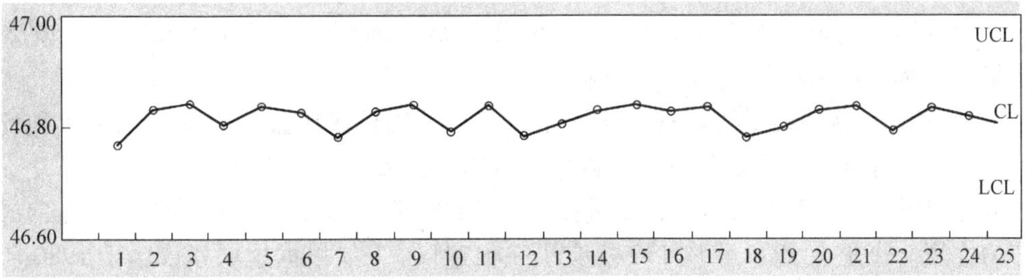

图 3-28 控制图图例

5. 应用控制图注意事项

（1）控制图应用的场合 控制图只适用于重复过程，对于一次或少数几次的过程，不应采用控制图。

对于任何过程，凡是要对质量进行控制的场合都可以使用控制图。如果控制对象是计量值数据，应选择计量值控制图，如果控制对象是计数值数据，则应选择计数值控制图。

（2）控制图控制对象的选择 要选择对过程的影响程度较大的指标作为控制对象，也可以根据实际情况，选择目前对质量有重要影响的因素作为控制对象。一张控制图只适用于该过程的各种要素不变的情况下，如果人、机、料、法、环、测中的任何一个方面发生变化，控制图必须重新制订。

（3）控制图的判断　根据 GB/T 4091—2001 的判断原则来判断。

思　考　题

1. QC 活动的目的是什么？
2. QC 活动开展的步骤是什么？
3. 核查表设计的步骤是什么？
4. 简述直方图的作图方法以及分析方法。
5. 因果图如何使用？

第六节　ISO9000 族标准介绍

ISO9000 标准是国际标准化组织（ISO）在 1994 年提出的概念，是指由 ISO/TC176（国际标准化组织质量管理和质量保证技术委员会）制定的国际标准。于 1987 年公布，1994 年修改，并于 2000 年再次修改并正式发布。

一、ISO9000 标准的历史

第二次世界大战时，电子元器件的不可靠使得军用设施的战斗力难以发挥。第二次世界大战后，美国国防部吸取第二次世界大战中军品质量优劣的经验和教训，决定在军品订货中实行质量保证，即供方在生产所订购的货品中，不但要按技术要求保证产品的实物质量，而且要按订货时所提出的且已订入合同中的质量保证条款去控制质量，并在提交货品时提交控制质量的证实文件。于是在 1959 年提出了两项质量保证标准，经过试运行于 1963 年升为正式的质量保证标准。这种办法促使承包商进行全面的质量管理，取得了极大的成功。该经验首先在压力容器和锅炉上被采用。20 世纪 70 年代被美国核工业部引进和实施。1978 年以后，质量保证标准被引用到民品订货中来。

20 世纪 70 年代后期，英国一家认证机构 BSI（英国标准协会）首先开展了单独的质量保证体系的认证业务，使质量保证活动由第二方审核发展到第三方认证。

通过三年的实践，BSI 认为这种质量保证体系的认证适应面广、灵活性大，有向国际社会推广的价值。于是在 1979 年向 ISO 提交了一项建议。ISO 根据这项建议，于 1980 年正式批准成立了“品质保证技术委员会”（即 TC176）并着手这一工作，从而导致了前述“ISO9000 族”标准的诞生。

二、ISO9000 标准的作用

（一）企业参与国际竞争，发展对外贸易的要求

当今的市场已经由卖方市场转为买方市场，市场的平均利润率越来越低，顾客也变得越来越挑剔。在市场日趋透明的今天，企业的经营成本再想从降低原材料成本入手已难如愿，明智的企业都试图从管理要效益，而质量又是市场竞争的焦点。科学技术的复杂性和各种设计的组合已使通过单一的检查进行全面的质量控制的方法不再适合，顾客也难以仅凭自己的知识、能力和经验判断产品质量的优劣。质量保证能力（持续不断地提供适合市场需要的、用户满意的产品的能力）是取得用户信任、市场认同的重要前提。

（二）对消费者利益的保护

1930 年，在美国纽约最早成立了“消费者联盟”。

20 世纪 60 年代，在世界范围内成立了各种保护消费者权益的团体，这些组织要求从法律上切实保护消费者权益。

为了解决国际上产品责任和产品质量问题，欧共体国家 1973 年在荷兰海牙缔结了国际的《关于产品责任适用法律公约》、《关于造成人身伤害与死亡的产品责任欧洲公约》。我国制定有《产品质量法》、《消费者权益保护法》。

ISO9000 系列标准明确在市场经济条件下，顾客对企业共同的基本要求。企业通过贯彻这一系列标准，实施质量体系认证，证实其能满足顾客的要求，提供合格的产品/服务。这对规范企业的市场行为、保护消费者的合法权益发挥了积极的作用。

（三）提升整体管理水平

通过贯标与认证，使企业全体员工的质量意识与管理意识得到增强；促使企业的管理工作由“人治”转向“法制”，明确了各项管理职责和工作程序，各项工作有章可循，使领导从日常事物中脱身，可以集中精力抓重点工作；通过内部审核与管理评审，及时发现问题，加以改进，使企业建立了自我完善与自我改进的机制。

三、ISO9000：2000 标准修订概况

1994 版 9000 族标准的特点是针对硬件制造业、特别是机电产品生产企业提出的，但很多服务业、软件业在使用时却难以套用，所以 TC/176 出台了一些指南性标准，故标准数量多。

ISO9000 族标准自 1987 年问世以来，广泛征求世界各国质量专家的意见，于 1990 年制定了一个修订质量体系标准的“二阶段计划”。

第一阶段：有限修改，并于 1994 年完成。此阶段在总体结构的前提下，在内容上进行了少量充实；对某些要素的局部技术问题进行详细而深入地修改，引入质量管理的一些新概念，如过程、质量、改进、受益者、TQM 等。

第二阶段：1996 年开始、2000 年完成，并于 2000 年 12 月 15 日正式发布。

ISO9000：2000 标准的目标：简化标准的结构和减少标准的数量，旨在成为通用的、适用于各种类型、不同规模和提供不同类别产品的所有组织。

下面介绍 2000 版标准修订的主要变化。

1）总体结构。修订后的标准减少为四个核心标准、一个辅助标准以及若干个技术报告（TR）。

核心标准包括 ISO9000：质量管理体系——基础和术语；ISO9001：质量管理体系——要求；ISO9004：质量管理体系——业绩改进指南；ISO10011：质量/环境审核指南。

修订后的 ISO9004 不再只是 ISO9001 的一个补充性的指导实施的标准，它们是一对协调的标准，ISO9004 是引导企业如何不断改进其业绩，通过质量改进向全面质量管理发展的标准。ISO9001 既是建立质量管理体系的基本要求，又是作为体系认证、判定体系是否符合标准的依据。

2）提出了质量管理的八项基本原则，作为标准实施导向。

3）ISO9001 是认证注册的唯一标准，取代了原 9001、9002、9003：1994 三个质量保证

模式的标准。

由产品/服务符合性的质量保证能力的评价转变为让顾客满意的能力的评价。

4）采用了过程方法来安排标准，取代原来按产品实现导向模式提出的20个要素。

5）强化最高管理者对质量管理体系的作用和责任，在标准中明确其职责：管理承诺、以顾客为关注焦点、质量方针、质量目标、质量管理体系策划、指定管理者代表、管理评审。

6）加强了质量方针和质量目标的管理。质量方针是否有效应评审。质量目标应是可度量的，应层层分解到下一级部门。

7）强调法律、法规的要求。

8）规范了与顾客有关过程的管理，即顾客要求的识别、对产品要求的评审、顾客满意度的评价、顾客财产。提出内部沟通的要求。

9）明确对体系、过程的测量要求。

10）增加了对数据分析的要求。为了发展应采用计算机管理，在体系中建立数据分析程序，提供有价值的信息。

11）加强资源管理，增加了对培训有效性进行评价的要求。

12）文件化程序的强制要求弱化，文件、记录控制、纠正、预防措施、内部审核、不合格控制。而94版对16个要素有强制形成文件的要求。提倡过程和质量活动的效果，淡化文件。

思 考 题

1. ISO9000标准的作用是什么？
2. ISO9000标准的特点是什么？
3. ISO9000标准由哪几部分组成？

第七节　其他标准介绍

目前对汽车工业来说，有各种不同的现行质量体系标准。要求汽车和货车行业的各家供应商符合不同客户的标准，诸如：QS9000（克莱斯勒、福特、通用和某些其他公司所用的）；VDA6.1（大众和其他德国公司所用的）；EAQF（雷诺和其他法国公司所用的）；AVSQ（意大利公司所用的）。

一、QS9000标准

QS9000标准于1994年8月第一次出版，是在克莱斯勒公司的《供方质量保证手册》、福特公司的《Q101》、通用汽车公司的《追求卓越 Targets for Excellence》以及货车制造商的一些要求的基础上进行协调综合后产生的。ISO9001：1994标准的第4部分要求被完全采用作为QS9000的基础。其中包括部分对ISO9001标准的解释，但最主要的区别部分体现在其对质量体系的补充要求中。

QS9000与ISO9001相比在朝着全面质量管理标准方面，其要求更进一步，它在质量持续改进、交付和价格、分布参数的零缺陷、业务计划、失效模式及后果分析以及许多重要方面的要求使其成为一个更加严格的标准。

二、QS9000 标准与 ISO9000：2000 标准的区别

（一）在可适用性上的区别

ISO9001 标准的要求采用通用术语来描述，它可适用于任何类型的组织。然而，QS9000 仅适用于为整车厂提供产品或服务的内、外供方。

对为三大汽车公司提供软件开发的组织，QS9000 标准不适用，且 QS9000 标准中对设计和服务的要求仅适用于那些有设计和服务职责的组织（如可制定新产品规范或更改现有产品规范的组织）。

（二）在内容上的区别

第Ⅰ部分：以 ISO9000 为基础的要求；包括 ISO9001 标准的第 4 部分和 58 个新条款。

第Ⅱ部分：行业特殊要求；包括 3 个新增加要素，即生产件批准、持续改进、制造能力。这 3 个要素共增加 9 个条款要求。

第Ⅲ部分：顾客（即三大汽车公司和货车制造商）的特殊要求；规定了各自的标识惯例、关键特性、评审、热处理、材料认定、标签和其他。

另外，QS9000 标准还包括 9 个附录。

QS9000 实际上是一套而不是一个孤立的文件，除 QS9000 质量体系要求标准外，它还包括以下配套手册：质量体系评定指南（QSA）；产品质量先期策划和控制计划（APQP）参考手册；潜在的失效模式及后果分析（FMEA）手册；生产件批准程序（PPAP）手册；测量系统分析（MSA）参考手册；基础统计过程控制（SPC）参考手册。以上均在 QS9000 标准内被相互引用，其中包括大量为供方使用的表格。

（三）在取得认证方式上的区别

第三方认证评审必须采用 QSA 作为审核输入。这样的提问清单可减少不同认证机构之间的差别。已获 ISO9000 注册并不能免除还应满足 QS9000 的要求。

克莱斯勒公司要求目前的部件供应商于 1997 年 6 月 31 日前取得 QS9000 的第三方认证注册，而新的供应商应在其部件被使用前取得认证注册。福特、通用汽车公司对其部件供应商都要求取得 QS9000 的第三方认证注册。对所有向三大汽车公司提供产品和服务的供应方来说，QS9000 是合同要求。

QS9000 认证必须覆盖标准的第Ⅰ、Ⅱ部分的要求。评审必须覆盖供应方质量体系的所有要素，即使其中有些要素可能超出 QS9000 要求。

整个质量体系评定应至少每三年进行一次，而对这一次评审不允许采用滚动式评审的方式。可采用“合格/一般/严重”不符合状态或者是每个要素从 0 到 3 分的计分。

在评审中如未发现任何不符合项时，将给出“通过”结论。当存在一个严重或有一般不符合项时，将给出“待定（OPEN）”结论。当在 90 天内收到符合证据并认可后，结论可转为“通过”。当存在多于一个严重不符合项时，或在 90 天内未对不合格项进行整改，将给出“不通过”结论。

所有的制造场所必须在一张证书中覆盖。每个场所应至少在每 6 个月接受一次监督审核。

（四）在要求上的区别

QS9000 增加最多的部分如下：

1）业务计划，尽管这部分内容不需经第三方审核。

2）明确顾客满意、趋势和指示、基准等。

3）失效模式及后果分析。

4）与政府安全和环境法规的要求一致。

5）过程能力分析。

6）生产件批准。

7）测量系统分析。

8）供方交付能力的监控。

9）持续改进。

10）防错。

三、VDA6. 1

（一）VDA6. 1 介绍

VDA6. 1 是德国汽车工业联合会（VDA）制定的德国汽车工业质量标准的第一部分，即有形产品的质量管理体系审核，简称 VDA6. 1。该标准以 ISO 9001 为基础，适当增加了来自汽车工业实践的特殊要求。

由于车型更新周期与新产品开发时间越来越短，国际竞争日益加剧，成本压力不断增大，全新的组织形式（即时生产）对产品更高的期望以及更为严格的产品责任皆要求汽车工业的各个领域、汽车制造厂及其供应商具备高效的质量体系。考虑到质量保证的此种发展情况，编制了评价质量保证体系的提问表，即 VDA6. 1。

德国汽车工业的供应商必须通过第三方认证，取得 VDA6. 1 证书。

（二）VDA6. 1 的作用

1. 持续改善

从理论上讲，如果管理系统适当、运作正确，质量的成本就会下降。下降的原因来自较少的失败或错误。由于执行质量系统，有机会来检查各项规范、程序文件、作业指导书等，从而保证各项作业提高效率并降低制造成本。

VDA6. 1 较 ISO9000 增加了要求条款，其强调的精神在于持续改善。如改善机器设定、换模具及换机时间、改善非计划性的停机时间、改善厂内无附加价值的事项、改善人工、材料的浪费等。量度改善的有效性指标，可从若干数字显示出来，如降低产品成本费用若干元、降低客户抱怨若干件、降低返工率、降低报废率等，都可得到改善实效。

2. 降低成本、提升竞争力

在制造过程控制方面，基本上以程序书与作业指导书将产品如何制作、如何适当地检验来完成产品，并用适当的预防保养以确保持续的制造过程能力。VDA6. 1 将统计制造过程质量管理注入条文中，要求从统计制造过程能力中寻找若干属于不良的产品，来引申降低不良率及降低成本的改善行动。

在设计控制方面，设计过程的起始是详细的客户要求，而完成在于设计、制造程序、测试方法及规格。VDA6. 1 要求设计活动适当的具备及使用，如实验设计法。计算机辅助设计、几何尺寸及公差技术、质量功能展开技术等皆是发展客户要求的良好技巧。且使用先期产品品质规划技术，对提高效率、缩短开发前置时间，颇多助益。

对采购项目而言，如果仅向最低价格的供应商购买，可能并不是最便宜的。请估计批退、重修或返工的成本要花费多少。会发现向合格供应商采购及使用外包商开发及评估等方法，有效地来管理供应商，对质量、交货期及服务会有充分的把握。

3. 预防重于改正

在改正及预防措施方面，产生不合格品时，使用训练有素的解决问题方法、并用书面的程序来规范执行改正及预防措施，要求确保执行既定改正措施，并预防再发生错误。

（三）VDA6.1 的组成

VDA1：备证——质量要求的文件记录和存档的指南。

VDA2：供货质量保证——供方选择/样品检验/批量生产中的质量绩效。

VDA3：汽车制造厂及其供方的可靠性保证——可靠性管理。

VDA4.1：批量投产前的质量保证——伙伴式合作、流程、方法。

VDA4.2：批量投产前的质量保证——系统 FMEA。

VDA4.3：批量投产前的质量保证——项目策划。

VDA6.3：过程审核。

VDA6.5：产品审核——有形产品。

四、TS16949

如前所述，各大汽车公司对其供方质量管理体系有不同要求，这就意味着一个公司对不同客户要符合不同的标准。还有公司常被要求通过不同的汽车质量体系标准的认证，最常见的有 QS9000 和 VDA6.1。

为了协调汽车工业不同质量管理体系规范的要求，国际标准化组织（ISO）和国际汽车工作组（IATF）联合组织编制了一份技术规范 ISO/TS16949，这份文件已经在 1999 年 4 月 15 日正式发布。它是以 1994 版 ISO9001 为基础的一份 ISO 现行汽车质量体系标准。该文件是作为 ISO 的技术规范（ISO/TS）出版的。

五、ISO14000

ISO14000 系列标准是对组织的活动、产品和服务从原材料的选择、设计、加工、销售、运输、使用到最终废弃物的处置进行全过程的管理。这个标准制定的初衷是既要有利于环境，又要有利于经济，当然还有社会问题。

世界经济快速增长的同时也伴随着严峻的环境问题，长期以来，人们忽略了这些环境问题。随着人们环境意识的增强以及各国立法的健全，保护自然将成为社会活动的中心。因此，是否遵循国际认可的标准，特别是环境标准，直接影响企业的国际竞争力。尽管 ISO14000 是自愿标准，但中国政府已将实施 ISO14000 宣布作为国家环境政策的目标。

即使在欧洲，环保也不是凭空臆想出来的，而是经历了一个发展的过程。当时有来自消费者和相关方的压力，有立法的压力，有废物处理费用增长、特别是工业废物——即特殊废物处理涨价的压力。特别是后者说明了，由于废物处理费用不断增加，如果企业能减少生产废物，则确实会节省资金。设计减少企业废物产生的方案，就意味着“环境管理”。

目前已出现将 ISO9001、ISO14001、OHSAS18001 进行整合的趋势，即全面管理体系。

思　考　题

1. 常用质量标准有哪些？
2. QS9000、VDA6.1 的特点和适用范围是什么？

第八节　AUDIT（奥迪特）质量评审

以往的质量检验方法主要是站在生产者的角度看产品质量是否达标，其产品是否满足顾客的需求只有等到产品投放市场后才能获知，这往往会给企业带来难以弥补的损失。AUDIT 法是一种新型质量检验方法，它站在消费者的立场上，促使企业主动地去满足顾客需求，从而能够使企业在激烈的质量竞争中稳操胜券。

AUDIT 质量评审方法是德国大众汽车公司于 20 世纪 70 年代根据汽车市场由卖方转为买方，为更好地生产出用户满意的而不是工厂满意、走向市场而不是走向库房这样的汽车而提出的一套质量监督检查办法。AUDIT 的含义简而言之就是“复查、检查”。在汽车行业，AUDIT 被看成是国际上通用的汽车质量评定审核的一种方法，世界上许多国家的汽车公司和厂家都用汽车 AUDIT 质量评审方法来对汽车产品质量进行评审鉴定，我国的一汽、二汽、上海汽车厂、长安公司、大同齿轮厂等全部采用了 AUDIT 质量评审办法，我国于 1997 年也对原蓝皮书的内容按照 AUDIT 质量审核内容进行了修订，发行了新版的白皮书（《汽车整车产品质量检验评定方法》QC/T 900—1997），在全国汽车行业推广使用。

一、AUDIT 的定义

AUDIT 质量评审工作就是产品的生产企业站在顾客的立场上，按照顾客的眼光和要求对经过检验合格的产品质量进行检查、评价。

二、AUDIT 评审的含义

1）评审人员是站在顾客的立场上，对产品质量进行检查、评价的，但并不是顾客。在评审过程中，当产品出现了顾客不能接受的缺陷时，应记录缺陷，然后按要求将评审工作进行下去，不能拒绝进行下面的评审工作。

2）评审的标准是顾客的眼光和要求，而顾客的眼光和要求不能作为产品质量合格与否的标准。

3）被评审的产品是经过工厂检验合格的产品，抽样对象应该是经企业质量部门验收合格的成品。

三、为什么要开展 AUDIT 质量评审工作

AUDIT 质量评审工作的任务是按照顾客的眼光和要求去查找产品的缺陷、暴露产品的缺陷；AUDIT 质量评审工作的后续工作是消除 AUDIT 评审中发现的缺陷。这样不断查找产品的缺陷、暴露产品的缺陷、消除产品的缺陷，使产品的实物质量不断得到改善和接近顾客的要求。既然 AUDIT 质量评审工作有这么多好处，企业有理由不去开展这项工作吗？这里

还要强调一下，消除AUDIT评审中发现的产品缺陷不是AUDIT评审人员的任务，是企业质量部门的职责；企业质量部门要组织责任部门动用一切手段，尽可能地消除AUDIT评审中发现的各种产品质量缺陷。

四、如何利用AUDIT评审提高产品质量

AUDIT质量评审员是站在顾客的立场上，按照顾客的眼光和要求去检查、评价产品质量的。也就是说要在“鸡蛋里挑骨头”。“AUDIT质量评审公布会”通过公开的形式公开被检查过的样品实物及结果，这是内部实事求是、毫无隐瞒缺陷的质量曝光活动。AUDIT评审的目的是要想使产品的实物质量不断得到改善，关键还是在于企业质量部门要组织责任部门动用一切手段，消除AUDIT评审中发现的各种产品缺陷。

五、AUDIT的内涵

制造企业按照顾客的眼光和要求对经过检验合格的产品进行质量检查和评价，将检查出的质量缺陷落实责任，分析缺陷产生的原因，并采取整改措施消除缺陷，逐步提高产品的质量。通常，AUDIT方法对检查出来的缺陷用扣分的形式来表示，根据缺陷的等级程度确定扣分的多少。扣分越多则说明顾客的满意度越低。

显然，AUDIT与质量检验同样都是对产品质量进行检查，但两者有着明显的不同。通过将检验方法与AUDIT方法进行对比分析，可以更深刻地认识AUDIT方法的内涵。

（1）立场不同　AUDIT是站在顾客的立场上检查和评审产品质量的，质量检验主要是站在生产者的立场上给质量把关。

（2）时间不同　质量检验在前，AUDIT在后，只有经过质量检验合格，并出具合格证的产品，才能进行AUDIT检查。

（3）标准不同　质量检验依据的是各种技术标准，AUDIT依据的是顾客的各种要求，它的目的是使顾客更满意。

（4）数量不同　质量检验可以有全检和抽检，AUDIT只进行抽检，且抽检的准则与常规抽检不同。

（5）结论不同　质量检验判定被检产品是否合格，对合格的产品出具合格证，对不合格的产品出具不合格证，AUDIT检查则不出具合格证，它只给出顾客的满意度。

（6）作用不同　质量检验主要是把关，AUDIT主要是找出产品的缺陷，使产品质量不断得到提高。

六、AUDIT的实施程序

（一）设置专职的AUDIT工作组

AUDIT工作组一般由企业负责人直接领导，人数一般以3～5人为宜，如果产品复杂，人数可更多些，但AUDIT人员都应该有较高的素质。工作组必须独立地工作，不受领导意志的干扰，工作组的日常工作也不应受到企业其他工作环节的影响。

（二）制定检查表

以顾客满意为准则制定检查表，制表时，可以参考各种标准和资料，特别是要借鉴同行企业的AUDIT检查表。检查表的项目应能够反映顾客的观点，应将所有可能引起顾客不满意的项目都收入检查表。

在确定扣分时，应经常到顾客处收集意见，对于顾客不十分抱怨的缺陷少扣分，对于顾客抱怨大的缺陷应多扣分。

（三）编制作业指导书

AUDIT 作业指导书包括 AUDIT 检查表、实施 AUDIT 检查的工作程序和具体操作规程。它是 AUDIT 检查员赖以实施检查工作的依据。

（四）确定审查周期、抽样原则和检查场地

AUDIT 属于质量监督的范畴，要真正起到监督作用，AUDIT 就应连续进行，不能间断；AUDIT 抽样的数量多少应依据产品的复杂程度、检查员的数量、质量情况和生产情况而定，但在抽样时应保证样品的均匀性，要保证各种型号的产品都能抽到，合理确定抽样地点，检查场地要求宽敞、明亮、清洁，应该配备必要的检查工具，最好能够接近产品的装配车间，以便于搬运和向制造人员展示缺陷。

（五）实施检查

抽取样品并进行逐项检查，在检查中每发现一项缺陷，就根据其严重程度分别计算和记录其扣分值，并在情况说明栏中填写责任单位名称，描述缺陷情况。在检查过程中应注意以下事项。

1）对缺陷的位置、形貌要进行详细记录。

2）发现缺陷应立即向主管领导报告。

3）抽样和检查时不要对样品作任何处理。

4）在检查过程中发现新的缺陷后，应请示领导在检查表中增加这一项内容。

5）应向有关人员公布检查的原始记录，由责任单位来人认可审查结果。

（六）评定质量等级，发布 AUDIT 公报

在检查结束后，利用计算机对结果进行处理，确定待检产品的扣分值和产品的质量等级。采用发布会的形式发布 AUDIT 公报。在发布公报时，应由 AUDIT 检查员宣读公报内容，回答问题，评讲质量情况，有关领导表态、观看实物等，注意不要流于形式。

（七）后续工作

在公报发布完后，应将资料归档保存，经常统计分析 AUDIT 的各种材料，跟踪质量趋势，定期撰写质量分析报告，采取措施消除发现的缺陷。

思　考　题

1. AUDIT 评审的主要作用是什么？
2. 简述 AUDIT 的实施程序。

第九节　六西格玛管理简介

近年来，在许多发达国家，继 ISO9000 标准之后，又掀起了一场六西格玛（Six Sigma，6σ）质量运动。以美国摩托罗拉公司为代表的许多跨国公司，都将六西格玛质量管理作为企业的一种战略引进并推广，并已取得了可喜的成绩。

一、六西格玛的概念

六西格玛是一项以数据为基础，追求近乎完美的质量管理方法。西格玛是希腊字母“σ”的译音，是统计学语言。统计学用来表示标准偏差，即数据的分散程度。对连续可计量的质量特性，可用“σ”度量质量特性总体上对目标值的偏离程度，即

$$\sigma = \sqrt{\frac{\sum_{i=1}^{n}(X_i - \overline{X})^2}{n-1}} \tag{3-2}$$

式中：X_i——样本观测值；

$\overline{X}$——样本平均值；

n——样本容量。

几个西格玛是一种表示品质的统计尺度。任何一个工作程序或工艺过程都可用几个西格玛表示。“3σ”的合格率只有93.32%。从3σ到6σ是一个持续改进的过程；6σ的合格率高达99.99966%，意味着每百万次机会中只有3.4次出错的机会，这实际上是不允许出现发生错误的机会，也就是完美的极限。图3-29所示为6σ质量——减小波动。

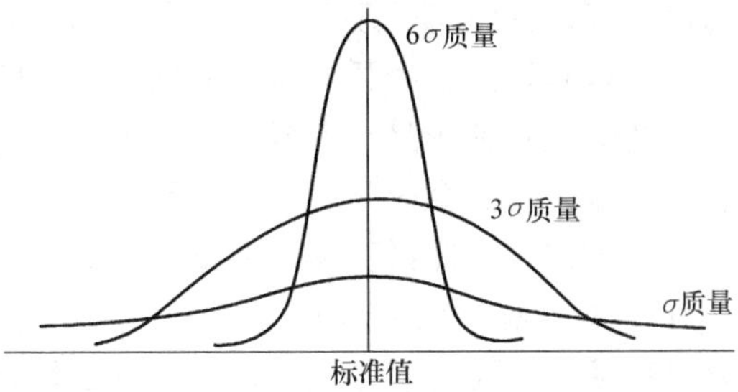

图3-29 6σ质量——减小波动

在以缺陷率计量质量特性时，用“σ”度量缺陷率。“6σ”质量表示质量特性的缺陷率仅为3.4×10^{-6}，西格玛水平与缺陷率的关系见表3-12。

表3-12 西格玛水平与缺陷率的关系

<table>
<tr><th>西格玛水平</th><th>每百万产品缺陷率
($\times10^{-6}$)</th><th>C_{pk}（工序能力）</th><th>P值合格率</th><th></th></tr>
<tr><td>6σ</td><td>3.4</td><td>2</td><td>0.9999966</td><td rowspan="4">3σ与6σ的ppm值相差两万倍</td></tr>
<tr><td>5σ</td><td>233</td><td>1.667</td><td>0.99977</td></tr>
<tr><td>4σ</td><td>6210</td><td>1.33</td><td>0.9938</td></tr>
<tr><td>3σ</td><td>66807</td><td>1</td><td>0.9332</td></tr>
<tr><td>2σ</td><td>308537</td><td>0.667</td><td>0.6915</td><td></td></tr>
<tr><td>1σ</td><td>691500</td><td>0.33</td><td>0.3085</td><td></td></tr>
</table>

在六西格玛管理中强调“度量”的重要性，没有度量就没有管理。这里不仅要“度量”产品符合顾客要求的程度，还要“度量”服务乃至工作过程等。因此，六西格玛质量的含

义已经不仅局限在产品特性，还包括了企业的服务与工作质量。如果一个企业的核心业务过程能够达到六西格玛质量水平，那么意味着这个企业可以用最短的周期、最低的成本满足顾客要求。因此，六西格玛质量是非常有竞争力的质量。

二、六西格玛的发展

六西格玛本来是一个基于统计学上的正态分布，是统计控制六西格玛质量水平要求百万缺陷机会中的缺陷数（DPMO）不超过3.4。但现在六西格玛管理的概念已经完全超出其统计学含义，它已经不仅是一种质量目标，更重要的是它已经成为一种理念、文化和方法体系的集成。

摩托罗拉公司的比尔·史密斯于1986年提出六西格玛管理，其目的是设计一个目标，在生产过程中降低产品及流程的缺陷次数，提升产品质量，从开始实施的1986年到1999年，公司平均每年提高生产率12.3%，不良率只有以前的1/20。六西格玛在20世纪90年代中期开始被GE（美国通用电气）公司从一种全面质量管理方法演变成为一个高度有效的企业流程设计、改善和优化的技术，并提供了一系列同等地适用于设计、生产和服务的新产品开发工具，继而与GE的全球化、服务化、电子商务等战略齐头并进，成为全世界追求管理卓越性的企业最为重要的战略举措。

六西格玛逐步发展成为以顾客为主体来确定企业战略目标和产品开发设计的标尺，成为追求持续进步的一种管理哲学。该管理法在摩托罗拉、通用电气、戴尔、惠普、西门子、索尼、东芝、华硕等众多跨国企业的实践证明是卓有成效的，为此，国内一些部门和机构在国内企业大力推行六西格玛管理工作，引导企业开展六西格玛管理。

六西格玛是一套系统的业务改进方法体系，是旨在持续改进企业业务流程，实现顾客满意的管理方法。它通过系统地、集成地采用业务改进流程，实现无缺陷的过程设计（六西格玛设计简称DFSS）。消除过程缺陷和无价值作业，从而提高质量和服务、降低成本、缩短运转周期，达到客户完全满意增强企业竞争力。

三、六西格玛相关术语

BPR——Business Process Reengineering——业务流程再造
DPMO——Defeats Per Million Opportunities——每百万机会的缺陷数
FMEA——Failure Model and Effect Analysis——失效模式及后果分析
MSE——Measurement System Evaluation——测量系统分析
SPC——Statistics Process Control——统计的流程控制
SIPOC——Supplier Input Process Output Customer——供方、输入、流程、输出、顾客
QFD——Quality Function Deployment——质量功能展开
VOP——Voice of Process——流程之声
DOE——Design of Experiment——试验设计
C&E Matrix——Cause and Effect Matrix——原因结果矩阵
VOC——Voice of Customer——顾客之声
COPQ——Cost of Poor Quality——低质量成本
CTQ——Critical To Quality ——关键质量特性

ERP——Enterprise Resource Planning—— 企业资源规划
KPIV——Key Process Input Variable——关键流程输入变量
KPOV——Key Process Output Variable——关键流程输出变量
SOP——Standard Operation Procedure ——标准作业程序
6M——Man, Machine, Material, Method, Mother Nature, Measurement——人，设备，材料，方法，自然环境，测量
Sub——Sub - Process——子流程
Micro——微观的
Kano Model—— 满意度分析模型

四、六西格玛管理的六个关键因素

六西格玛管理不仅作为统计概念，还作为以经济性为原则的现代全面质量管理，逐渐引起人们的关注和重视。六西格玛是过程或产品业绩的一个统计度量，追求业绩改进趋于完美的一个目标，最终能实现持续领先和卓越业绩的一个管理系统。

六西格玛的关键因素有以下六个主题。

（1）真正关注顾客（以顾客为中心） 在六西格玛中，以顾客关注的焦点最为重要。举例来说，对六西格玛业绩的测量从顾客开始，通过对供方、输入、过程、输出、顾客（SIPOC）模型分析，来确定六西格玛项目。因此，六西格玛改进和设计是以对顾客满意所产生的影响来确定的，六西格玛管理比全面质量管理（TQM）更加真正关注顾客。

（2）以数据和事实驱动管理 六西格玛把“以数据和事实为管理依据”的概念提升到一个新的、更有力的水平。虽然全面质量管理在改进信息系统、知识管理等方面投入了很多注意力，但很多经营决策仍然是以主观观念和假设为基础。六西格玛管理则是从分辨什么指标对测量经营业绩是关键开始，然后收集数据并分析关键变量。

（3）关注流程（采取的措施应针对过程，即过程方法） 无论把重点放在产品和服务的设计、业绩的测量、效率和顾客满意的提高上或是业务经营上，六西格玛都把过程视为成功的关键载体。六西格玛活动的最显著突破之一是使得领导们和管理者（特别是服务部门和服务行业中的）确信过程是构建向顾客传递价值的途径。而全面质量管理虽然是要求全过程管理，但是缺乏重点突出。

（4）预防性的管理（管理的系统方法） 非常简单，预防即意味着在事件发生之前采取行动，而不是事后做出反应。在六西格玛管理中，预防性的管理意味着制订目标并经常进行评审，设定清楚的优先级，重视问题的预防而非事后补救，询问做事的理由而不是因为惯例就盲目地遵循。

真正做到预防性的管理是创造性和有效变革的起点。六西格玛综合利用工具和方法，以动态的、积极的、预防性的管理风格取代被动的管理习惯。

（5）全员参与 全员参与是GE公司的前任CEO杰克·韦尔奇经营成功的口号之一。在推行六西格玛之前，GE的总裁们一直致力于打破障碍，但是效果仍没有使杰克·韦尔奇满意。

六西格玛的推行，加强了团队工作，改进公司内部的协作以及与供方和顾客的合作，这种合作机会是很多的。

（6）持续改进　不推行新的观念和方法，没有公司能够接近六西格玛水平，而新的观念和方法通常包括一些风险。如果人们看到了接近完美的可能方法，但又太害怕随之而来的错误，他们将永远不会尝试。六西格玛管理是一个渐进过程，它从一个梦想或一个远景开始，接近完美的产品和服务以及极高的顾客满意为目标。这给传统的全面质量管理注入新的动力，也使依靠质量取得效益成为现实。

五、六西格玛解决问题和改进模型 DMAIC

六西格玛管理不仅是理念，同时也是一套业绩突破的方法。它将理念变为行动，将目标变为现实。这套方法就是人们常谈到的六西格玛改进方法——DMAIC，DMAIC 是指定义（Define）、测量（Measure）、分析（Analyze）、改进（Improve）、控制（Control）五个阶段构成的过程改进方法，一般用于对现有流程的改进，包括制造过程、服务过程以及工作过程等。

1. 定义（Define）

识别问题、陈述问题、设定改进目标、规划项目资源、制订进度计划。

2. 测量（Measure）

量化客户的质量关键点、收集数据、了解现有的质量水平。

3. 分析（Analyze）

分析数据、建立事件发生原因的假设、找到影响质量的少数几个关键因素。

4. 改进（Improve）

针对关键因素确立最佳的改进方案和解决问题的方法、检验方法，将解决方法标准化。

5. 控制（Control）

采取措施以维持改进的结果。

六、六西格玛和 ISO9000 的关系

ISO9000 能给企业提供一个基本的质量保证系统，一个工作程序化的基础。企业通过 ISO9000 认证是实施六西格玛的一个重要基础。由于企业实施了 ISO9000，才有了对组织的关键业务流程的了解和文档化管理，才打下了向流程管理的基础。但是 ISO9000 没有强调流程的优化，缺乏与企业的绩效紧密相连的机制，而且通常由外部机构来评定，没有控制的机制，关键是没有形成一个组织内部的行为准则、学习与不断改善的文化，因此，企业需要一个更加先进和强大的管理系统来不断提升企业运作能力。六西格玛则提供了一个 ISO9000 之后企业进一步改善的方向、步骤和系统的方法，它既促进企业改革又能保证在企业各个层面上的持续改善。

七、六西格玛管理的工具

六西格玛的工具箱十分丰富，有助于人们做出更好的决定，解决问题和管理变革。但需要注意的是，千万不要把六西格玛和工具混为一谈。使用过多的工具或使用太复杂的工具，以及在不必要的时候也使用，都会像不肯使用工具一样，容易影响实现六西格玛的目的。

（1）方差分析　将因素对质量特性的影响与误差对质量特性的影响加以区分并作出估计，然后进行比较、分析、推断哪些因素或哪些因素间的交互作用对质量特性有显著影响。

（2）计数数据　通过计数得到的不能连续取值的离散型数据。

（3）水平对比　将过程、产品和服务质量同公认的处于领先地位的竞争者进行比较，从而找到改进机会或确定突破目标。

（4）底线　账面上的利润，是产品/服务的销售成本和费用的函数。

（5）箱线图　同时展示每个子群分布特征的 5 个统计量的坐标图。

（6）企业文化　区别于其他组织的价值、观点、期望、准则和行为。

（7）计量数据　通过测量得到的可任意取值的连续型数据。

（8）持续改进　逐步的、永无止境的不断改进循环。

（9）不良质量成本损失　由于缺陷或不良质量造成的成本损失。

（10）关键质量特性　满足关键的顾客要求或过程要求的产品或过程特性。

（11）缺陷　不满足关键质量特性规范的任何事件。

（12）实验设计　析因实验和相应的改进方法。

（13）失效模式与影响分析　用来分析产品或服务及其过程由于失效导致风险的方法。

（14）多变量图　直观地提供过程各影响因素之间的关系以及它们对过程输出影响的坐标图。

（15）p 值　偏离零假设的概率，是可能拒绝原假设而接受备择假设的显著性水平。

（16）回归分析　变量间关系的分析方法。

（17）运行图　按时间坐标显示统计量的折线图。

（18）质量功能展开　将顾客的语言转换为企业内部技术术语的工具。

（19）统计过程控制　用控制图监控和改进过程的方法。

（20）顶线　真实表达顾客对企业满意的收入。

（21）Z 西格玛水平　描述过程满足顾客要求能力的参数。

（22）Zst（Z Short Term）　短期西格玛水平/过程短期能力。

（23）Zlt（Z Long Term）　长期西格玛水平/过程长期业绩。

另外还有五种工具在第五节 QC 小组活动中作了详细介绍，在这里不再赘述，它们是因果图、控制图、直方图、排列图（也称帕雷托图）和散布图。

思考题

1. 六西格玛是什么意思？
2. 六西格玛管理的六个关键因素是什么？
3. 六西格玛和 ISO9000 是什么关系？

第四章 生产现场班组管理

企业80%的管理职能集中在现场，生产现场职能的管理是优化管理的突破口；企业80%的员工集中在现场，抓住现场人员的管理才能调动全员积极性；产品质量80%孕育在现场，现场的质量管理是保证质量的核心；生产成本80%取决于现场，现场是绩效之源、管理之纲、竞争之本、文明之窗。

班组是现场的基本单元，是企业生产、工作的基本组织，是企业各项工作的落脚点。在形容班组与企业关系时有一句话叫做“企业千条线，班组一根针”，是非常贴切的，企业的战略发展规划、产品质量、生产成本、客户服务、企业文化建设等所有工作都是通过班组来实现的，所以班组的管理能力与水平，直接关系到企业管理水平与运营结果。

第一节 概 述

一、现场管理的意义

随着生产力水平的不断提高，市场结构发生了重大变化，其中一个最突出的特征就是买方市场的形成和企业间竞争的加剧。在这种情况下，企业的经营观念也随之发生了根本性的转变，即由以往的“以企业自身为中心”转变为“以市场需求为中心”。在买方市场条件下，企业的生产经营以市场为中心是完全必要和应该的，因为这是一个企业生存的根本。塑造品牌的一个最基本的要求就是产品，所有的产品都是在企业现场生产的，如果现场管理混乱不堪，就很难生产出适销对路的产品。因此，现场管理和市场管理同样重要。与市场管理不同，现场管理要求企业加强对日常生产经营的调节和监督，管理的重心在企业内部，其重要作用在于降低成本和减少无效劳动，而市场管理的作用却在于提高销售量和减少交易成本。虽然两个管理的机理和侧重点不同，但都是企业利润的源泉。

从管理学的发展历程来看，现场管理最早可以追溯到泰勒的科学管理时代，正是由于泰勒推行了一系列科学的管理方法，才加速了企业生产自动化、标准化和社会化的进程。因此，在市场经济尤其是买方经济条件下，将现场管理与市场管理结合起来，变现场为市场，对于提高企业绩效将有特别重要的意义。

二、现场管理概述

（一）现场及现场管理定义

现场包括广义的定义和狭义的定义。广义的现场是指企业为顾客设计、生产、销售产品和服务以及与顾客交流的地方，现场为企业创造出附加值，是企业活动最活跃的地方。狭义的现场是指生产部门的制造现场。

现场管理是企业管理的一部分，是运用企业的各种有效资源，结合众人的智慧与努力，达成企业（或部门）的目标的过程。

（二）现场管理的目标

（1）质量 质量是企业未来的决战场，在激烈的市场竞争中，没有质量就没有明天。

（2）成本 合理的成本，既为企业赢得更多的利润，也是产品具有市场竞争力的有力保障之一。

（3）交期 满足客户的需求，适时提供其所需之产品是保住老客户的关键，因为客户就是上帝，而且是不懂得宽恕的上帝。

（4）效率 效率是部门绩效的量尺，也是企业生存和发展的基础，更是工作改善的标杆。

（5）安全 工作是为了生活好，安全是为了活到老。安全、舒适的工作环境是善待员工的基本保障，因而也是企业应有的管理目标。

（6）士气 坚强有力的团队、高昂的士气是企业活力的表现，是取之不尽、用之不竭的宝贵资源。

三、班组管理

现场管理的最基本单元就是班组，班组的现场管理水平是企业的形象、管理水平和精神面貌的综合反映，是衡量企业素质及管理水平高低的重要标志。搞好班组生产现场管理，有利于企业增强竞争力，改善生产现场，消除“跑、冒、漏、滴”和“脏、乱、差”状况，提高产品质量，保证安全生产，提高职工素质，对提高企业管理水平，提高经济效益增强企业竞争力具有十分重要的意义。

（一）班组的地位和作用

1. 班组是企业组织的基本单位

从企业内部组织结构看，企业根据自身的需要可能采用某一组织结构，但是无论企业采用何种组织结构，都离不开班组这个基层组织。从横向看，班组虽然只是某一个局部环节，但是如果没有班组，企业的组织和运营过程就会脱节，最终会破坏企业内部的均衡生产，造成生产活动中断。

2. 班组是企业一切工作的落脚点

麻雀虽小，五脏俱全。班组是企业内部最小的组织单位，但是企业的许多工作，最终都需要通过班组来贯彻落实。企业方针、企业改革、思想工作、队伍建设、生产指标的完成、劳动保护、质量管理等都要落实到班组中。

3. 班组是企业内部管理的基础

企业加强管理，首先是从基层组织开始的。企业对自身生产、经营、技术、信息、资源等进行必要的组织、控制和调节，使人力、物力、财力能够得到充分的发挥和利用，以达到投入少、产出快、效果好的目标，必须加强对基层班组的管理。企业的总体目标需要经过层层分解，最终依靠班组来完成；各项规章制度、工艺规程和质量标准，都要依靠班组的具体实践活动来贯彻，离开了班组，企业管理就缺少了基础，管理也就成了一句空话。

4. 班组是企业完成产品的直接场所

班组是完成产品的直接场所。企业的生产任务、订单的下达都会落实到班组中。在任务明确后，班组要在班组长的带领下，制订作业计划，明确各项指标和考核标准，采用分工协作的形式，在规定的时间内，优质、高效、低耗、安全地完成生产任务。班组就是战场。

5. 班组是提高员工素质的培训基地

班组集中了企业的人员、产品、设备、工艺、技术、成本、信息等资源。班组可以利用各种有利条件，开展员工的岗位练兵活动，也可以充分发挥老员工的作用，培养员工的技能，提高员工的素质。

（二）班组的职责

1）不折不扣地完成生产计划。

2）全面执行公司的规章制度，建立健全以岗位责任制为中心的班组管理制度。

3）认真贯彻劳动合同法，履行劳动合同规定的事项。

4）坚决执行工艺纪律，通过加强工艺技术标准和质量标准的教育，提高技能，确保质量。

5）改善劳动组织，合理调配人员，把有限的人力资源安排在合理的岗位上，并充分调动员工的积极性。

6）管好原辅料，确保物料安全，不混料，并合理控制原辅料的消耗。

7）加强班组各项工作的检查、监督，及时纠正和预防错误。

8）加强设备的自主维护工作，确保员工遵守设备操作规程，提高设备的效率。

9）保护和改善作业环境，文明生产，安全生产。

10）严格控制成本，记录生产过程中的各种消耗。

11）注意信息及时准确地传递。

12）确保安全生产，加强安全检查。

13）打造高效的班组团队。

（三）班组长的作用

班组中的领导者就是班组长，班组长是班组生产管理的直接指挥者和组织者，也是企业中最基层的负责人，属于兵头将尾，是一支数量非常庞大的队伍。在实际工作中，经营层的决策做得再好，如果没有班组长的有力支持和密切配合，没有一批领导得力的班组长来组织开展工作，那么经营层的政策就很难落实。班组长既是产品生产的组织领导者，也是直接的生产者。因此班组长在现场管理中的作用非常重要。

（1）班组长影响着决策的实施　因为决策再好，如果执行者不得力，决策也很难落到实处。

（2）班组长是承上启下的桥梁　班组长是员工联系领导的纽带。

（3）班组长是生产的直接组织和参加者　班组长既应是技术骨干，又应是业务上的多面手。

（四）班组管理的五大任务

1. 安全管理

安全是现场管理的前提，现场管理的目标必须在满足安全的情况下达成才是有效的。生产的损失是可以挽回的，安全是关系到人的生命的最重要的事情，是不可逆的。因此，在现场中要把危险从员工身边消除，让员工在安全的状态下工作。

2. 质量管理

现场是生产产品的场所，产品是制造出来的，制造过程的质量渗透在作业中，因此，要在作业中保证和确认质量。

3. 生产管理

班组每天都会接受生产任务，而生产的数量就是顾客订购的数量。在适当的时间将产品交给顾客，这是非常重要的。因此，在规定的时间，用规定的人数，生产出规定数量的产品，就是生产管理的关注点。

4. 成本管理

企业一个重要的关注指标是利润，提高价格、增加销售量、降低成本都是获取利润的方法。其中制造成本是由制造方法决定的，所以在班组中全员要建立成本意识，消除浪费，不断改善，为企业的长远利益而努力。

5. 人员管理

人是班组管理各个要素中最活跃的，班组所有的管理都要通过人去实施。因此，人员管理就是要调动人的积极性，构筑和谐的班组关系，激发人的士气，把班组打造成为一个高绩效的团队。

思　考　题

1. 如何看待现场？
2. 班组长的作用是什么？
3. 班组管理的五大任务是什么？

第二节　班组人员管理

现场管理的各项目标的达成都要依靠人来完成，管理的核心要素是人，班组的绩效归根到底是班组成员共同实现的，班组管理的核心是人员管理。

一、人性假设

班组管理的本质在于通过对人性的正确认识而采取适宜的行为以提高班组绩效。班组成员是构成班组的核心要素。而班组成员的行为依存于他们的选择、动机、价值观、态度、效用评价、行为准则、理想。因而，要了解班组成员的行为，就必须对现场管理活动中班组成员的观念和需要进行深入的研究。人性假设是研究班组绩效的人性论基础，不同人性假设对提高班组绩效具有不同意义。

（一）西方人性假设

1. “工具人”假设

这是西方最早的人性假设理论。产生于古代中世纪奴隶社会的管理实践之中。在奴隶社会，奴隶主把奴隶看成是会说话的工具和他们的私人财产。在以大机器生产为特征的资本主义初级阶段，资本家则把雇佣工人看成是活的机器或是机器的一个组成部分。总之这些劳动者就像工具一样，任由管理者使唤。自身价值根本就不可能得到体现，他们是在暴力、强迫之下劳动着的。

2. “经济人”假设

随着资本主义经济的萌生和发展，到了 18 世纪，英国享乐主义哲学者和经济学家亚当·斯密提出了这个假设。他们认为人是“有理性的、追求自身利益最大化的人”，在管理中强调用物质上和经济上的利益来刺激工人努力工作。“经济人”思想是社会发展到一定历史阶段的产物，是资本主义生产关系的反映，它的提出标志着社会的巨大进步。

3. “社会人”假设

到了20世纪30年代，美国哈佛大学的乔治·埃尔顿·梅奥（George Elton Mayo）等人进行了著名的霍桑实验，实验的意外结果使他们观察到了人性的另一个重要侧面—— 人不仅仅是关心自己个人的物质利益，还会追求人与人之间的友情、安全感和集体归属感。实验的结论是：组织中人与人之间的关系是决定员工的工作努力程度的主要因素。因此，管理者应当建立和谐的人际关系来促进工作效率和效益的提高。“社会人”假设的提出是管理学的重要转折点，开创了“行为科学”学派。

4. “自我实现人”假设

这是美国心理学家马斯洛提出的观点。他认为人的需要是多层次的，人们有着最大限度的利用和开发自己的才能的需要，希望能够有机会获得自身发展与成熟，“自我实现”是工作的最大动力。组织给予挑战一生的任务才能激发出员工的强烈工作热情。

5. “复杂人”假设

20世纪60年代，美国学者艾德佳·沙因（Edgar H. Schein）在综合“经济人”假设、“社会人”假设和“自我实现人”假设这三种西方人性假设的基础上，提出了“复杂人”的观点。他认为人的需要和潜在愿望是多种多样的，而且这些需要的模式随着年龄、在社会中所扮演的角色、所处的境遇和人际关系的变化而不断地发生着变化。应当说，沙因的观点弥补了前几种人性假设的缺失，是比较全面的。

6. “文化人”假设

20世纪80年代，美国加州大学的日裔美籍学者威廉·大内在他的《Z理论——美国怎样迎接日本的挑战》一书中，从社会和组织文化的角度来考察、分析日美两国企业的不同和利弊，强调要重视人的问题，对员工要信任、亲密以及一致的组织目标和共同的价值观念，才能使企业获得成功。

（二）中国古代的“人性善”与“人性恶”假设

中国古代的人性假设是从伦理学、社会学的角度来探讨人的本性问题。春秋战国时期，儒家的始祖孔子认为“人之初，性本善”，但由于后天所处的不良环境的影响以及人的可塑性，才使得善良的面目改变了。因此，要恢复人的善良本性、造福社会，就必须进行道德教化。在具体方法上，他提出了构建“仁、义、礼、智、信”道德规范体系，用于规范人的行为。而后来的荀子则认为“人性本恶”，人性中的善是环境影响的结果，是表面的伪装。因此，需要国家加强对人的管理，防止社会混乱。基于这两种截然相反的人性假设观，导致了孔子和荀子分别提出了不同的管理国家的方法。

基于以上的观点，人是复杂的，虽然人在不同的情境下会表现出不同的行为，但是人的本质是善的，组织可能由于发展阶段不同、环境不同、岗位不同等因素使得针对某一简单人性假设都无法实现和谐管理，因此管理方法要根据具体情况合理选择和实施。这也就意味着人员管理的复杂性，所以，班组长必须掌握班组人员的态度、思想、需求、目标、技能等方面实际情况并进行有针对性的管理。

二、依据制度进行人员管理

制度是规矩，没有规矩不成方圆。管理是手段，制度是保证。企业管理的规范化、标准化和流程化来源于制度。企业的生存和发展离不开标准化和规范化的制度。制度可以使企业的员工有文化、有秩序、有组织、有成效。

1. 在制定班组制度的时候要避免的问题

（1）违反法规　班组的各项制度要符合国家、行业和企业的法律法规的要求。要在法律法规政策和要求的指导下制定合法的规章制度。在企业改革中，有些新的条文只要有利于国家和社会稳定和谐，有利于企业生产经营发展和职工生活，就可以实行。

（2）草率行事　在制定制度的时候要经过多方面的考虑，不要为了应付差事草草了事，要做认真的调查和研究，充分考虑到客观需要，同时，制定出的制度必须向员工宣布并在实际工作中按照制度的要求进行工作，这样的制度才具有实际意义。

（3）违背常理　制度过于苛求，超出常人接受的范围，惩罚过于严厉，过于理想化，这会导致执行过程中很难落实到位；或者过于宽松，过于随意，没有太大的约束力，没有效果。这样的制度都不会发挥出应有的作用。

（4）形同虚设　制度出台以后，关键在于执行。定而不宣，宣而不用，等于没有制度。对违反制度的行为姑息纵容，因人而异，亲疏有别，这只能使制度自行废除，形同虚设。

2. 培养员工遵守纪律

（1）培养员工的良好习惯　制度就是规矩，要使员工遵守规矩，要从基础工作抓起。执行制度是一项长期必须坚持的，而又丝毫不能松懈的基础管理工作。班组长要经常向员工做一些宣传和教育的工作，坚决按照制度规定实施必要的奖惩和考核。只有基础工作常抓不懈，并保持长效稳定的状态，才能使制度真正落实到位。

（2）从员工身边小事抓起　班组长要充分利用班组早会和日常巡检的时间，对员工进行作业观察，纠正员工的不良习惯，要做好身边小事的细致性工作。

（3）班组长要以身作则　要想让员工遵守制度，首先从班组长做起。班组长要严格履行企业和班组的各项管理制度，为员工提供榜样示范。

3. 班组管理制度

（1）企业规章制度　建立该制度的目的是确保各项工作合理、有序地进行。它包括人事制度、考核制度、奖惩制度、劳动合同等。

（2）行政管理制度　建立该制度的目的是用来规范员工的行为，树立企业的形象。它包括员工守则、例会制度、保密制度、行政管理、后勤服务等。

（3）技术管理制度　建立该制度的目的是为促进技术的发展，建立良好的秩序保证生产过程符合要求。它包括生产组织管理制度、生产现场管理制度、生产技术管理制度、工艺技术管理制度、技术档案管理制度。

（4）质量管理制度　建立该制度的目的是确保产品与服务质量、质量和改进工作的进行。它包括生产准备管理制度、工序质量管理制度、产品检验制度。

（5）设备管理制度　建立该制度的目的是确保生产正常进行，提高设备效益。它包括设备操作规程、持证上岗制度、巡检制度、设备保养制度、设备维护制度。

三、以激励为主的人员管理

激励是通过影响员工个人需求的实现来提高他们的工作积极性、引导他们在企业经营中的行为。班组管理中的激励，旨在了解班组成员个人需求和制度对个人需求满足感的影响。

激励是调动员工的主人翁责任感，让他们积极参与到管理活动中来，使他们在参与管理活动的过程中，能够逐渐实现自我价值，获得自我实现需要的满足。行为科学需要理论认为，需要的满足是人的一切行为的原动力，而激励与需要密切相关。因此，有效的激励机制的构建，是调动职工积极性的主要手段，是提高职工素质的有力杠杆，是形成良好组织文化的有效途径，是进行人本管理、有效开发人力资源的关键。

（一）激励的基本原则

1. 目标结合原则

在激励机制中，设置目标是一个关键环节。目标设置必须同时体现组织目标和员工需要的要求。

2. 物质激励和精神激励相结合的原则

物质激励是基础，精神激励是根本。在两者结合的基础上，逐步过渡到以精神激励为主。

3. 引导性原则

外部激励措施只有转化为被激励者的自发自觉，才能取得激励效果。因此，引导性原则是激励过程的内在要求。

4. 合理性原则

激励的合理性原则包括两层含义：其一，激励的措施要适度，要根据所实现目标本身的价值大小确定适当的激励量；其二，奖惩要公平。

5. 明确性原则

激励的明确性原则包括三层含义：其一，明确，激励的目的是需要做什么和必须怎么做；其二，公开，特别是分配奖金等大量员工关注的问题时，更为重要。其三，直观，实施物质奖励和精神奖励时都需要直观地表达它们的指标，总结和授予奖励和惩罚的方式。明确性与激励影响的心理效应成正比。

6. 时效性原则

要把握激励的时机，“雪中送炭”和“雨后送伞”的效果是不一样的。激励越及时，越有利于将人们的激情推向高潮，使其创造力连续有效地发挥出来。

7. 正激励与负激励相结合的原则

所谓正激励就是对员工的符合组织目标的期望行为进行奖励。所谓负激励就是对员工违背组织目标的非期望行为进行惩罚。正负激励都是必要而有效的，不仅作用于当事人，而且会间接地影响周围其他人。

8. 按需激励原则

激励的起点是满足员工的需要，但员工的需要因人而异、因时而异，并且只有满足最迫切需要的措施，其效价才高，其激励强度才大。因此，领导者必须深入地进行调查研究，不断了解员工需要层次和需要结构的变化趋势，有针对性地采取激励措施，才能收到实效。

（二）激励的类型

1. 物质激励与精神激励

虽然两者的目标是一致的，但是它们的作用对象却是不同的。前者作用于人的生理方面，是对人物质需要的满足，后者作用于人的心理方面，是对人精神需要的满足。随着人们物质生活水平的不断提高，人们对精神与情感的需求越来越迫切。如期望得到爱、得到尊重、得到认可、得到赞美、得到理解等。

2. 正激励与负激励

当一个人的行为符合组织的需要时，通过奖赏的方式来鼓励这种行为，以达到持续和发扬这种行为的目的。当一个人的行为不符合组织的需要时，通过制裁的方式来抑制这种行为，以达到减少或消除这种行为的目的。

正激励与负激励作为激励的两种不同类型，目的都是要对人的行为进行强化，不同之处在于两者的取向相反。正激励起正强化的作用，是对行为的肯定；负激励起负强化的作用，是对行为的否定。

3. 内激励与外激励

所谓内激励是指由内酬引发的、源自于工作人员内心的激励；所谓外激励是指由外酬引发的、与工作任务本身无直接关系的激励。

内酬是指工作任务本身的刺激，即在工作进行过程中所获得的满足感，它与工作任务是同步的。追求成长、锻炼自己、获得认可、自我实现、乐在其中等内酬所引发的内激励，会产生一种持久性的作用。

外酬是指工作任务完成之后或在工作场所以外所获得的满足感，它与工作任务不是同步的。如果一项又脏又累、谁都不愿干的工作有一个人干了，那可能是因为完成这项任务，将会得到一定的外酬——奖金及其他额外补贴，一旦外酬消失，他的积极性可能就不存在了。所以，由外酬引发的外激励是难以持久的。

（三）激励中的关键因素

1. 激励时机

激励时机是激励机制的一个重要因素。激励在不同时间进行，其作用与效果是有很大差别的。例如，厨师炒菜时，不同的时间放入味料，菜的味道和质量是不一样的。超前激励可能会使下属感到无足轻重；迟到的激励可能会让下属觉得画蛇添足，失去了激励应有的意义。

激励如同发酵剂，何时该用、何时不该用，都要根据具体情况进行具体分析。根据时间快慢的差异，激励时机可分为及时激励与延时激励；根据时间间隔是否规律，激励时机可分为规则激励与不规则激励；根据工作的周期，激励时机又可分为期前激励、期中激励和期末激励。激励时机既然存在多种形式，就不能机械地强调一种而忽视其他，而应该根据多种客观条件，进行灵活的选择，更多的时候还要加以综合的运用。

2. 激励频率

所谓激励频率是指在一定时间里进行激励的次数，它一般是以一个工作周期为时间单位的。激励频率的高低是由一个工作周期里激励次数的多少所决定的，激励频率与激励效果之间并不完全是简单的正相关关系。

激励频率的选择受多种客观因素的制约，这些客观因素包括工作的内容和性质、任务目标的明确程度、激励对象的素质情况、劳动条件和人事环境等。一般来说有下列几种情形。

1）对于工作复杂性强、比较难以完成的任务，激励频率应当高；对于工作比较简单、容易完成的任务，激励频率就应该低。

2）对于任务目标不明确、较长时期才可见成果的工作，激励频率应该低；对于任务目标明确、短期可见成果的工作，激励频率应该高。

3）对于各方面素质较差的工作人员，激励频率应该高；对于各方面素质较好的工作人员，激励频率应该低。

4）在工作条件和环境较差的部门，激励频率应该高；在工作条件和环境较好的部门，激励频率应该低。

当然，上述几种情况，并不是绝对的划分，通常情况下应该有机地联系起来，因人、因事、因地制宜地确定恰当的激励频率。

3. 激励程度

所谓激励程度是指激励量的大小，即奖赏或惩罚标准的高低。它是激励机制的重要因素之一，与激励效果有着极为密切的联系。能否恰当地掌握激励程度，直接影响激励作用的发挥。超量激励和欠量激励不但起不到激励的真正作用，有时甚至还会起反作用。例如，过分优厚的奖赏，会使人感到得来全不费工夫，丧失了发挥潜力的积极性；过分苛刻的惩罚，可能会导致人的摔破罐心理，挫伤下属改善工作的信心；过于吝啬的奖赏，会使人感到得不偿失，多干不如少干；过于轻微的惩罚，可能导致人的无所谓心理，不但不改掉毛病，反而会变本加厉。

所以从量上把握激励，一定要做到恰如其分，激励程度不能过高也不能过低。激励程度并不是越高越好，超出了这一限度，就无激励作用可言了，正所谓“过犹不及”。

4. 激励方向

所谓激励方向是指激励的针对性，即针对什么样的内容来实施激励，它对激励效果也有显著影响。马斯洛的需要层次理论有力地表明，激励方向的选择与激励作用的发挥有着非常密切的关系。当某一层次的优势需要基本上得到满足时，应该调整激励方向，将其转移到满足更高层次的优先需要，这样才能更有效地达到激励的目的。如对一个具有强烈自我表现欲望的员工来说，如果要对他所取得的成绩予以奖励，奖给他奖金和实物不如为他创造一次能充分表现自己才能的机会，使他从中得到更大的鼓励。

四、发挥班组长领导力进行人员管理

（一）领导和管理的区别

管理和领导之间有很多的不同。管理更多地强调执行计划，领导则是更多的建立愿景，建立目标树立理想。管理者更多的是管理现状，而领导则是更多的创造未来。管理要很具体，而领导则要视野宽阔，能看到全局战略。管理集中于事，领导则集中于人，管理是引领别人去做事，而领导强调的是引领人、感召人，引发人自觉的行动。如果说管理关注内部，那么领导则是关注外部。管理是指挥控制和监督，而领导更多的则是授权激励和教练。如果说管理是正确的做事，那么领导就是做正确的事。如果说管理要强调制度和流程，那么领导就强调原则。如果说管理是复制，那么领导则是未来和远创。管理是怎样做，领导则是做什么。管理主要来自于职务赋予他的权利，即刚性权利，而领导更多的是基于影响力，即柔性权力。领导者拥有这种影响力是内在的随身携带的，而不是别人赋予的，与岗位无关；而管理者则是通过组织授予的权利。因此领导者拥有追随者，而管理者只有下属。管理者是用制度去约束人，是被动地做事；而领导者的追随者却是主动做事。

班组长在进行人员管理时不仅仅要用制度，为了调动员工的积极性，应该更多发挥领导力进行管理。

（二）领导的权力以及权术

1. 权力

1）强制性权力是建立在惧怕的基础之上的，也就是说，作为下属如果不服从领导，领导就可以惩罚、处分、批评下属。这种权力就称为强制性权力。

2）奖赏性权力与强制性权力正好相反，领导可以奖赏员工，让员工来重视自己。奖赏性的权力是让人们愿意服从领导者的指挥，通过奖励的方式来吸引下属，这种奖励包括金钱、晋升、学习的机会等。安排员工去做自己更感兴趣的工作，或者给员工更好的工作环境等，这些都属于奖赏性权力的范围。

强制性权力和奖赏性权力是一对相对的概念，如果你能够剥夺和侵害他人的实际利益，那么你就具有强制性的权力；如果你能够给别人带来积极的利益和免受消极因素的影响，那么你就具有奖赏性权力。与强制性权力不一样，奖赏性权力不一定要成为领导者才具有，有时作为一个普通的员工，也可以表扬另外一个员工，也可以在会上强调别人所做出的贡献，这本身也是一种权力和影响力。所以权力并不一定在领导和下属之间才会出现，有时候平级之间，甚至下属对于上司都可能存在。

3）法定性权力就是在组织结构中，你处于什么位置，高层、中层、还是低层，由此获得的这种权力，一旦有了正式的任命，你就具有了法定性的权力。法定性的权力比前两种权力覆盖面更广，它会影响到人们对于职位权力的接受和认可，没有法定作为基础，前面的强制性权力和奖赏性权力往往都不能够证实。例如，没有给你任命，虽然告诉你要负责这个部门，但是你的这种奖赏性的权力和强制性的权力就会大打折扣，为什么呢？所谓名不正、言不顺，没有正式任命，那么你就是临时的。

4）专家性权力取决于你的知识、技能和专长。今天的企业发展越来越依赖技术因素，因此，专门的知识技能也成为权力的主要来源之一。随着工作的细分，专业化越来越强，企业的目标越来越依靠不同部门和岗位的专家。

5）参照性权力就是如果你对某个人有一种崇拜的心理，并且希望自己成为像他那样人的时候，被你崇拜的这个人就获得了参照性的权力。这是一种对于人格魅力的敬仰，有的人这种敬仰甚至达到了效仿他人行为的程度。这就是请名人来做广告的原因，名人在这方面有一种参照性的权力，他做广告的效果就会非常好。

2. 权术

上述五种权力都可以通过权术的方式表达和运用出来。例如，同样具有强制性权力的人，运用这种权力可能结果不一样，这就是人们所说的权术的问题。通常领导者怎么样来使用这些权力呢？

（1）合理化的方式　这是一种比较常用的表达方式，用事实和数据来表达想法，想办法让别人觉得这是合情合理的，从而接受你的想法。

（2）友情的方式　在提出一个要求和请求之前，先对对方进行正面的表扬，让对方对你觉得有好感。尽量表现出很好的友谊，或者是谦虚的态度，这就是一种友情。例如，要试图影响自己的领导者，那么要尽量动用这种友情的方式。

（3）结盟　如果想影响组织中更多的人物，与其他的部门经理或者领导在一起结盟是一个较好的方法。你的员工会认为你是在支持他们，这个时候你的影响力和领导力已经在扩大了。

（4）谈判　双方坐下来，以双赢的方式进行谈判，这种方式给员工一种平等的感觉，有利于问题的解决。

（5）硬性指标　这里使用的是强制性权力，就是下达命令要求员工什么时候必须完成。如果第一次没有完成再给予提醒，这就是硬性指标。

（6）高层的权威　对于员工的工作总是得到高层领导者的支持。通过这一点，来影响你的下属，提高下属工作的积极性，有助于工作的高效完成。

（7）规范的约束　规范的约束就是用制度、规则来约束企业，使其有一个统一的、有效的制度化和体系化的标准。

（三）员工发展的四个层次

领导是一个过程，领导的对象是员工。首先要确定下属到底处于一个什么样的发展层次。员工的发展有以下四个阶段。

（1）能力低，意愿较高　这就是员工发展的第一个阶段的特征。这个阶段员工想做但是不会做。第一阶段其实并不是一个不好的阶段，这个阶段能力和意愿的训练才刚刚开始，这种意愿过高也不是一种正常的情况，有的时候可能是自信心过强，甚至言过其实。

（2）能力高一些，意愿低　经过4~5个月的工作以后，员工开始进入发展的第二个阶段，员工的能力和意愿开始有一些变化，能力相对于第一阶段已经提高了一些。当初他进入这家公司的时候，还是招聘他的人，还是这个公司给他的印象，或是他自己的理想他都愿意进来，这个时候给他展现的都是企业中比较好的一面。但是经过四五个月以后，他慢慢地发现这个企业中也有一些不规范的操作，领导者也不是那么尽如人意，这个企业的环境也不是那么温馨，慢慢地看到了企业中的一些问题和阴暗面，意愿开始下降。

（3）能力较高，意愿或高或低　经过9~10个月以后，员工进入到第三阶段，这时员工的能力和阅历已经进入到一个较高的状态，意愿比起第一阶段可能要低一点，比起第二阶段可能要高一点。进入第三个阶段以后，员工的工作意愿相对地呈现出一种或高或低的状态。遇到自己能够胜任的工作的时候，工作意愿就高。遇到一个具有挑战性工作的时候，工作意愿就降低。所以员工意愿的高低不稳定的状态说明这个时候自信心不是很足。

（4）能力高，意愿也高　进入第四阶段，也就是一年多的时间已经过去了，员工的工作能力和意愿相对比较高，能力高，意愿也就高，可以说是双高阶段。这个时候，领导者唯一需要布置给他的就是工作目标，他会做，他也愿意做，相对比较稳定，这种人是值得保留的对象。

员工发展的四个阶段是一个普遍规律，大多数员工的发展都遵循这个规律。领导者把握了这个规律，就能够对症下药，对员工的发展给予帮助，使员工的发展尽快达到理想的阶段。

此外，领导者需要注意的是，员工发展的四个阶段与时间并没有必然的联系。在很多情况下，员工发展的不同阶段与所接受的任务和目标有关。任务和目标不同，对员工的能力和意愿构成不同的挑战。因此，员工在完成某项任务的过程中，可能处于第一阶段；但是在从事另一项任务时，可能就处于第四个阶段。

（四）领导行为

（1）指挥性行为　指挥性行为就是领导明确告诉下属工作过程及步骤，包括工作任务是什么、什么时候开展工作，以及如何开展等。在指挥的过程中，领导者会进行严密的监督，确保整个工作都按照其指示完成。很显然，就指挥性行为而言，领导者是决定者，是解决问题的人，指挥性行为是一种单向的沟通。

指挥性行为本身就是一个结构化的工作，指挥性很强的领导者会按照严密的步骤，给下属布置工作任务。指挥性较强的领导在布置完工作后，会组织相关的资源来完成工作。这些资源包括人、财、物、时间、信息等，都是领导者的组织对象。指挥性的领导在布置工作任务时，会告诉下属工作如何开展，这是一个“教”的过程，即向下属传授工作技能的过程。因此，指挥性行为偏强的领导者对于员工工作能力的提升是有很大帮助的。指挥性强的领导进行严密的监督，时刻关注工作的进展，确保工作能够按照其所指示的方向完成。

（2）支持性行为　倾向于采取支持性行为的领导与指挥性较强的领导存在很大的差别。支持性行为较强的领导者从来不会告诉下属一个现成的答案，他会把问题抛给下属，听取下属的意见，鼓励下属自动自发地达成目标；他会赞扬下属，提升他们的自信心，扩展下属的思维，鼓励他们去冒险。

支持性行为较强的领导者喜欢向下属发问，了解下属对某项工作的看法。在向下属发问之后，支持性行为较强的领导会认真倾听下属的意见。过去的领导者懂得如何去说，而现在和未来的领导者要懂得如何去问和听。支持性的领导者善于鼓励下属。听到了下属好的意见和想法，支持性的领导一定会对下属进行认可，对下属进行赞扬。对于下属存在的疑虑，支持性的领导者不会使用强制命令，而是能够对下属进行耐心的解释，从根本上打消下属的疑虑。

领导者的两种行为（指挥性行为和支持性行为）与衡量员工发展阶段的两个尺度（能力和意愿）存在对应的关系。领导者用指挥性行为提升员工的工作能力，而用支持性行为提升员工的工作意愿。

（五）领导风格

（1）命令式领导风格

1）命令式领导风格的特征是多指挥，少支持，即很少支持下属自己的意见。

采取命令式的领导总是告诉下属应该在哪里、什么时候做什么以及怎样去完成各种不同的任务。在命令式的领导方式中，决策由领导者自己决定，交流是单向即自上而下的。命令式的领导方式会加强规则和纪律的约束。在实施任务的过程中，领导者会采取严密的监督，确保整个工作的进度和方向符合自己的意愿。

许多员工不喜欢命令式的领导方式，并不意味着这种领导方式不好。员工对命令式领导方式产生反感的原因，往往是领导者使用不当。命令式的领导方式并不必然代表着苛言厉色，命令也可以通过亲和的方式（如多使用请、谢谢等敬语）进行表达。当领导者使用亲和的方式来下达命令时，就不会过多地招致员工的对抗情绪。

2）命令式领导方式适用于领导处于发展第一阶段的员工时，领导者需要经常运用命令式领导方式。处于这一阶段的员工工作意愿极高而工作能力不足，此时员工更需要的是工作技能的指导而非激励。因此，领导对处于发展第一阶段的员工要更多地采取命令式的领导，这对员工的发展会有很大帮助。

3）命令型领导如何做？新来的员工由于工作能力不足，往往做错了事都不知道错在哪里。因此，领导者要帮助员工发现问题所在。新员工对于工作职责、目标往往并不是非常清楚，领导者需要给他准确地进行角色定位，明确其职责。对于新员工，领导者如果只明确目标，而不提供相应的行动计划，仍然容易使员工处于茫然无措之中。因此，领导者不仅要告诉新员工做什么，还要明确地告诉他如何做。多数情况下通过单独沟通来解决问题和控制决策。明确告知所期望的工作标准，及时追踪反馈。

（2）教练型的领导风格

1）教练型领导风格的特征是领导指挥与支持并重。

教练型的领导同样给予下属大量指示，同时也试图倾听下属对决定的想法，但决策的控制权仍然掌握在领导者的手中。教练型领导者增加了一种关系行为，善于及时给下属提供工作表现好坏的反馈，如会对员工好的行为进行及时赞赏。

教练型的领导方式具有高指挥、高支持的特点，适合指导处于发展第二阶段的员工。处于发展第二阶段的员工已有了一些工作能力，但是工作意愿降低。因此，采用教练型的领导方式能够继续提高员工的工作能力，并且通过支持性行为对员工进行鼓励，提升员工的工作意愿。

2）教练型领导的工作方式是确认下属的问题，设定下属工作的目标，说明决策的理由并征求下属的意见，倾听下属的感受，以促发创意；支持和赞美下属的态度、热诚和进步；由领导者作最后的决策，继续指导任务的完成。

（3）支持型的领导风格　支持型领导方式的特点是多支持，少指导。在决策时，支持型的领导请下属参与进来，创造宽松的气氛鼓励下属提问，与下属共同作决定。支持型的领导会经常举行团队会议，群策群力，集思广益。支持型的领导还会帮助下属制定个人的职业发展计划，认可和主动倾听下属的意见，并提供解决问题的便利条件。

支持型的领导方式适合处于发展第三阶段的员工。在这个发展阶段，员工具有较高的工作能力，不需要过多的指挥；但同时，员工的工作意愿容易产生波动。因此，领导者要少指导多支持，提升员工的工作意愿。

（4）授权式的领导风格

1）授权式领导方式的特征是少支持，少指导，决策过程委托下属去完成。授权式的领导明确告知下属希望他们自己发现并纠正工作中的错误，允许下属承担风险和进行变革。

授权式的领导方式适合处于发展第四阶段的员工。这些员工能力高、意愿足，不需要领导者过多的指挥和支持。过多的指挥和支持反而有可能产生消极作用。

2）授权型领导的工作方式是授权并不是完全放手，授权型的领导要与下属共同界定问题，共定目标。目标管理不能授权，领导者一定要与这些员工共同制订工作目标，让下属自行制订发展计划，自己决策，领导者不应该再多加干涉。领导者与下属共同制订工作目标时，就意味着在很大程度上要参考下属的意见。通常下属会提出难度不大的目标，在这种情况下，领导者要鼓励下属接受高难度挑战，与下属共同制订一个具有相当难度但是又可通过努力能够完成的目标。对下属的贡献予以肯定和奖励，提供成为他人良师的机会。授权并不是完全放手，领导者要定期检查下属的工作，跟踪下属的工作绩效。

（六）合理领导的原则

（1）因人而异　对于不同类型的员工，要采取不同的领导方式。不同的员工所处的发展阶段不相同，因此领导者也要采取相应的领导方式。

（2）因时而异　根据企业发展周期的不同，领导者所采取的领导方式也是不同的。

1）在企业发展的早期，领导者要多采用命令式的领导方式。

2）在企业的成长阶段，领导者要指挥与支持并重，多采用教练型的领导方式。

3）当企业进入成熟期，领导者要更多地采用支持型的领导方式。

4）企业完全成熟之后，授权式的领导方式应该占据主导地位。

（3）因事而异　根据事情的轻、重、缓、急和不同的目标，企业领导者应该采取不同的领导方式。如在处理危机事件时，就应该采取命令式的领导方式，果断快捷地作出决定并加以实施。

（4）因地而异　地区发展不均衡，人们对管理理念的接受程度是不同的。因此，根据不同地区人们对于管理理念接受的程度，领导者要相应地采取不同的领导方式。

五、部属培育——OJT

“企业”一词中的“企”字拆开来看，上面是“人”字，下面是“止”字，意思就是说，如果企业没有人，那么就停止了。企业的品牌和资产虽然很重要，但企业的一切工作都是要通过人来运作的。因此，对于员工的教育培训是非常重要的。教育就是传授知识，训练是把传授的知识进行练习。教育主要是让他知道怎么做，训练是让他能够做得好。企业培训员工的方式方法有很多，OJT 是一种常用的方法。

1. OJT 的含义

OJT（On the Job Training）的意思是在工作现场内，上司和技能娴熟的老员工对下属、普通员工和新员工们通过日常的工作，对必要的知识、技能、工作方法等进行教育的一种培训方法。

2. OJT 的目的

1）让员工能熟练而出色地做好自己的工作。

2）提高本部门的整体工作业绩。

3）促进员工的个人能力成长。

4）通过指导别人，负责培训的人自己也获得能力提高。

3. OJT 的实施步骤

（1）准备工作　对于现场员工而言，针对企业生产总体需求和个人未来发展期望，针对每个人找出技能需求与目前人员能力状况之间的差距，根据差距确定最需培训的方向和科目。根据确定的培训内容，讲清楚目标、要求，营造学习气氛，进入正确的状态。

（2）讲授工作　将培训的工作内容分解，按步骤一步一步地讲给他听，做给他看，强调要点，并告诉他注意事项，传授要清楚、耐心、完整，不要超过他的理解能力。

（3）试做　让他试做，重点是要有人监督，帮助他改正错误。并请他一边试做，一边说步骤和注意事项。

（4）考核　请他开始工作，制定协助人，常常检查，鼓励发问，逐渐减少指导，直至无人指导、无人监督。必要时进行考试，考试内容就是操作内容。

4. 不同部属教导技巧

（1）外向的、理性的员工——快速明理　对待这样的员工，要采取“快速明理”的沟通方式，即直截了当地、明白清楚地把内容讲给他，不打一点折扣。因为一般他们的性格比较急躁，认为得到领导明确的指示后去执行就可以了。千万不要啰嗦，这样只会把简单的事情复杂化。

（2）外向的、感性的员工——乐在其中　公司里如果有外向、同时很感性的员工，就要采取“乐在其中”的方式与其沟通。这样的员工，外向的性格决定其敢说敢言但不一定符合现实，说了不一定会马上执行。对待这样的员工，与他们缺乏的不是沟通，而是需要用“感情”去感化他，用对他的尊重、赞赏、肯定和建立一种“兄弟情谊”去感化他，做到这几点，一定会看到一位为企业做任何事情都心甘情愿的员工出现。

（3）内向的、理性的员工——慢工细活　遇到内向又理性的员工怎么办？他们一切讲求证据，但是又不愿意向别人讲出来，他会考虑自己讲出的话是否会得罪什么人，或是担心他讲出来证据不充分，别人是不是会认真理解，他们的处事原则是言多必失。所以和他沟通，永远得不到一个最终的、最根本的结果。教育这样的员工，就要采取“慢工细活”的方式逐步渗透，最终感化，得到他的认可，才会达到教学沟通的可能。

思　考　题

1. 如何理解人性？
2. 班组长如何激励下属？
3. 班组长如何发挥领导力？

第三节　安全管理

安全是相对的，任何一个场合都存在风险，看一下下面的数字。

1）“9·11”事件中死去的那些高级白领可能年薪不止百万，曾被认为是最安全的一批人，但是一下子死了3000多人。

2）由于工作场所的问题、工作环境的问题、工作方法的问题，据不完全统计，全世界平均每年死于工伤事故和职业病的人数大概在110万左右，每天有3000人死于工作中。

3）在我国，2003年各类交通、工业生产各种场所的事故死亡人数大概有137000人，2004年死亡136000人，2005年发生718000起事故，死亡人数127000人，2006年发生六十几万起事故……

有效安全管理的好处是显而易见的。减少相关的伤害和疾病，让员工全都健康安全；没有事故发生，士气高昂，生产力也高，还能降低工资成本。员工是宁可拿少一点的工资，也要去一个安全的地方工作。如果有潜在风险，对员工工资的投资就要多一些，要付高额的成本；反之，在安全的地方，人员工资可以适当降低。

一、事故

（一）事故与风险

1. 事故

事故是指造成人员死亡、伤害、职业病、财产损失或其他损失的意外事件。此外还包括一种事件，就是只是发生了一件事情，虽然没有造成损失，但是会带来一定的隐患的事件。

2. 风险

风险指生产系统中可导致事故发生的人的不安全行为、物的不安全状态、环境的不安全条件和管理上的缺陷。

（二）事故发生的周期

从事故发生的过程来看，是有一个这样的周期：孕育—发展—发生—伤害（损失）。

有一些因素存在才会孕育事故，如现场的一些不稳定状态、人的一些不安全行为，这些会成为安全事故的诱因。不稳定因素慢慢扩大发展，趋势会越来越明显，到了一定的阶段，导致了事故的发生。事故发生是有一个周期的，可长可短。

（三）事故发生的特点

1. 因果性

事故的起因是在环境系统中，一些不安全因素相互作用、相互影响，到一定的条件下，发生突变，从一些简单的不安全行为酿成了一个安全事故。

2. 偶然性

事故发生的时间、地点、形式、规模和事故后果的严重程度是不确定的。不确定性让人很难把握事故的影响到底有多大。

3. 必然性

危险客观存在，生产、生活过程中必然会发生事故，采取措施预防事故，只能延长发生事故的时间间隔、减小概率，而不能杜绝事故。

4. 潜伏期

事故发生之前存在一个量变过程。一个系统，如果很长时间没有发生事故，并不意味着系统是安全的。当人麻痹的时候，事故就出来了，而且会造成事故扩大化。

5. 突变性

事故一旦发生，往往十分突然，令人措手不及。安全管理一定要有预案，当有突发事件的时候知道如何去应对。

所以，安全管理首先要了解事故发生的特点，然后有针对性地解决。

（四）引发事故的基本要素

人的不安全行为、环境的不安全条件、物的不安全状态、管理存在缺陷是引发事故的四个基本要素。

以上四个因素加在一起就必然会构成一个事故。这其中由于人的原因造成事故的比例大概占 40% 左右，由于设备的原因造成的物的不安全状态、环境的不安全状态而造成的事故大概占了 40% 左右，其他一些外界的因素占 20% 。

1. 人的不安全行为表现

1）违反操作规程。

2）误操作。例如，应该按红按钮，却偏偏按了绿按钮，造成了一个爆炸等。

3）不注意。例如，员工在工厂里做事情时，不知道在想什么，三心二意，手里在动，但是脑子没动。

4）疲劳。例如，缺乏休息就会精神恍惚，人在疲劳状态下会造成注意力不能集中，易出错。

5）个人的缺陷。例如，有些人反应慢就不愿意从事需要快速反应的工作。个子很矮就不要让他操作需要个头很高的工作，反之也会造成不安全。

2. 环境的不安全和物的不安全

如果把外界环境看作一个整体，外界的不安全因素，可能包括设备或者装备的结构不良、设计存在缺陷等。

1）材料的强度不够。

2）设备的磨损和老化。

3）作业场所的缺陷。包括作业场所的灯光不足、作业场所比较狭窄、作业场所的噪声比较大等。也有一些空间粉尘特别大，例如，煤矿企业的坑道里面。

4）物品的放置不妥当。一些危险品要独立放置或者在特殊的空间里存放，让人群远离危险源。

5）装置失灵。检查人员要定期检查测试安全装置，如果不测试的话，就很难保证在有问题时能发挥作用。

3. 管理缺陷

（1）技术缺陷　一些设计的问题，包括一些设备仪器的管理没有达到要求，还包括最常见的作业方法不安全、有缺陷等。

（2）组织设计　一个员工进行一项操作，要求做完之后做安全检查，自己做，自己检查，也就是组织设计上的问题，不要由一个人承担全部的责任，操作和检查要分开。

（3）对现场缺乏监控　管理人员做管理不要只坐在办公室里，还要对现场有实时的了解，才能有效控制。

二、事故发生的骨牌理论

1. 多米诺骨牌理论的产生原因

由于社会大环境的不稳定因素、不安全因素存在，同时由于人的缺点、人的一些惰性因素，会导致不安全行为。不安全行为就会导致一些事故，有事故就会带来伤害，这就是多米诺骨牌理论。

2. 防止事故的方法

当环境问题存在了，人的缺点也体现出来了，不安全行为也就产生了，这时就会出现伤害事故，产生一个伤害结果。

从骨牌理论里面，也可以找到防止事故的方法。安全管理的目标就是避免事故、减少伤害，就是不能让最后这两块倒掉。如果把不安全行为抽掉，前面的倒下来，也构不成事故，也不会产生危害，就可以达到减少事故的目的。

三、事故的预防与控制

1. 事故的一般机理

事故的一般机理如图 4-1 所示。

做事故预防和控制就要从三个角度来考虑，也就是所谓的 3E 原则或者 3E 措施。3E 是三个英文字母的缩写，包括以下三个角度。

1）从工程技术（Engineering）的角度。

2）从教育（Education）培训的角度。

3）从管理强化（Enforcement）方面来落实。

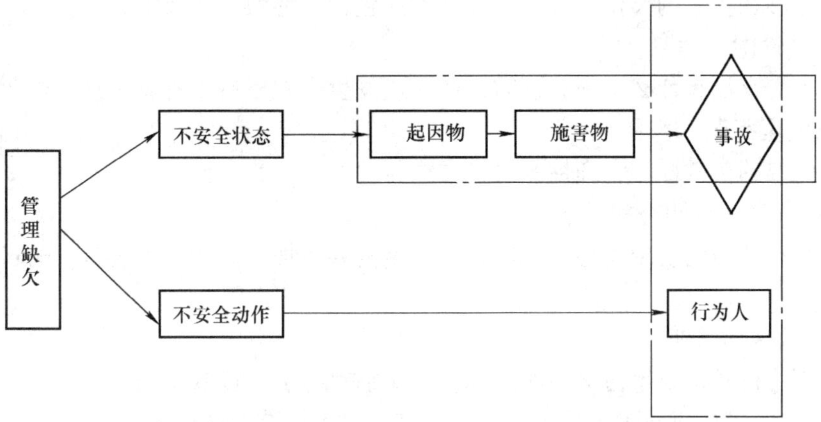

图 4-1　事故的一般机理

2. 防呆法或工程手段的具体应用

（1）消除潜在的危险　先把有危险的地方去掉，尽量减少生产线上的有危险的物质。

（2）利用闭锁装置　压力机要冲压一个东西时，一些开关是有两个按钮的，单独按一个按钮它不会运作，只有在手离开工作台的时候，并且两个手都按到位，这个设备才会运转，使人的手不至于被压到。这属于一种闭锁，要求两个动作同时去做，这才是安全的。

（3）能量屏蔽　对于噪声可以用屏蔽或者罩起来的办法，让它只在小范围内有影响。

（4）距离保护　把特殊的危险品放到一个最偏僻的角落里面，走到那里的人较少，免得人会受到伤害。

（5）设置薄弱环节　熔丝是一个很直观的例子，电流过载时，先把熔丝烧断，不至于酿成大问题。反过来，弱不了的话也可以强，用特殊材料，（如耐磨的地方用一些特殊的材料）这些措施都做不到的话，就想办法把人保护起来。

（6）警告提示　警告提示是在安全生产上用得最多的。例如，叉车上有一个灯，会闪会响，这就是灯光的提示；另外声音的提示、颜色的提示，都可以起到一个安全警示的作用。

四、全员参与

安全管理需要全员参与。各个层面的人都必须承担责任，高层一定要给予如人、财、物、时间等资源的支持，主管要有一线监察的责任，班组长要有现场管理的目标和权限，员工要遵守各项规章制度，完成自己的工作和相关的安全责任。

五、工作现场的分析

（一）基础性的安全卫生检查

1. 回顾相关工作

包括健康安全系统的记录和一些事故报告，即过去发生了什么，有什么借鉴的等。

2. 培训记录和相关文件

做安全检查或者体系审核的时候，一定要看的文件就是培训记录，要保证所有的人员接受过培训才能够在相应的岗位工作。相关文件还包括一些考试的成绩等。

3. 突发事件的预案

例如火灾，有没有什么措施去预防，或者说发生了之后有没有避免损失的预案。

4. 健康安全手册

对手册内容的实效性、合理性等要经常进行检查。

（二）对危害进行调查和评估

通过调查和评估已发现危害，然后看是不是需要增加个人的防护装备，通过调查明确这些问题。

（三）工作风险分析

工作风险分析是调查里面常用的工具，英文缩写为 JSA 或者 JHA。

1）要将一个工作进行逐步分解，寻找出每一步可能存在的危害。

2）明确潜在的风险并且确定合适的安全的工作方法。

【案例 4-1】

用订书机订文件，这一过程包括如何去取材料，到哪里去拿订书机，如何拿纸张，以及如何装订到订书机上，如何去操作，最后怎么放回去。把这个流程详细分解，然后找出订书机订文件可能会有什么危险，确定怎么去预防。见表 4-1。

表 4-1 工作危害分析（JSA）记录

项目部： 工段： 工作任务： 工作岗位：
分析人员及职务： 分析日期：
审核人员及职务： 审核日期： 编号：HSE105－B02

<table>
<tr><td rowspan="2">序号</td><td rowspan="2">工作步骤</td><td rowspan="2">危害或潜在事件</td><td rowspan="2">主要后果（参见后果的严重情况评估准则）</td><td colspan="4">现有安全控制措施（参见危害发生的可能性评估准则）</td><td rowspan="2">L</td><td rowspan="2">S</td><td rowspan="2">风险度（R）</td><td rowspan="2">建议改正/控制措施</td></tr>
<tr><td>发生频率</td><td>管理措施</td><td>职工胜任程度</td><td>控制措施</td></tr>
<tr><td></td><td></td><td></td><td></td><td></td><td></td><td></td><td></td><td></td><td></td><td></td><td></td></tr>
<tr><td></td><td></td><td></td><td></td><td></td><td></td><td></td><td></td><td></td><td></td><td></td><td></td></tr>
<tr><td></td><td></td><td></td><td></td><td></td><td></td><td></td><td></td><td></td><td></td><td></td><td></td></tr>
</table>

表 4-1 是一个简单地进行危害分析记录的表格。内容包括是哪一个部门、哪一个车间、哪一个班组，工作任务是什么，工作岗位是什么，分析人员的职务等。

记录一下分析的日期，到底是在哪一天分析的，便于今后进行跟踪。分析完成后，还要有人审核，看分析得对不对。审核的人一般是安全管理的专家，或班组的安全员。每一个工作危害分析都有一个编号，这是 HSE 系统里面最常用的一个工具表格。

表格里面的内容包括序号、工作步骤、内容，第二栏、第三栏里是危害或者潜在隐患的描述。危害的主要后果是什么，发生的频率有多少，用什么手段在控制。另外要考虑人的因素，就是进行这项工作的人，胜任程度怎么样，有没有资格，有没有能力完成这个工作，怎么去控制等，接下来有一个评分的标准。

L代表发生危害的可能性，评分的范围从一分到几十分，企业也可以自己去定；S代表发生危害的频率是多少；风险度就是严重程度有多少。这三项每一项都有一个分数。针对这项危害进行一个操作，再进行一个评估，然后定下一个分数。可以加一栏，填写它们三项相乘的结果，数值越大，代表危险度越高。

最后要考虑用什么样的办法修正，以进行防控。这是一个最基本的工作危害分析表格，用这个表格就可以进行工作危害分析。

（四）安全健康的调查

每个部门都要进行定期的现场诊断，诊断有几种形式。

1. 每个部门进行定期的（通常是每周）现场诊断

内审，也就是部门内部的员工审查。另外，也可以请更高一个层面的人来协助进行现场诊断，诊断的范围可以是全面的、较长周期的，也可以是每周、每月，也可以是针对某一领域的。例如，查查培训情况，了解一下安全分析质量，做一个定期的诊断。

2. 建立日常工作区的检查流程

部门内部员工在线的巡检应该怎么做，要有一个明确的流程，还要有工具。

3. 开发并使用检查表

使用检查表有什么样的好处呢？它可以使部门内部或者班组内部员工使用的标准是一样的，便于整理、分析、记录。

4. 建立一个对员工来说是可靠的系统

这一系统使员工不会害怕遭到报复，鼓励员工向管理层反映出现的危险，并能得到定期的、合适的反馈。

（五）安全事件或事故的调查

对所有的事故或者险兆事故（没有造成伤害的事件）进行调查，一定要发现根本原因，然后采取有效的措施。

如何进行安全事故调查？要强调一个概念，即“四不放过”。

1）事故原因没有查清不放过。

2）责任人没有被严肃处理不放过。

3）广大职工没有受到教育不放过。

4）预防措施没有获得落实不放过。

安全事故的调查是一个分析问题的过程，现场的管理人员，特别是班组长、部门经理这个级别，如果将“四不放过”做到位，会少很多麻烦。

六、危害的预防和控制

（一）危害的预防和控制的几个阶段

1）起始于现存的危害或潜在的危害。

2）进行危害评估。

3）如果可以，采取重新设计工作或者工作场所的手段。

4）如果危害不能被完全消除，则采取危害控制的手段。

5）将消除和控制危害作为一个习惯。

养成一个习惯需要多少天？据了解刚开始7天是强制，然后的两周慢慢接受，接下来会逐步适应，但稍不注意可能还会回到以前。要从3个星期持续巩固到90天，然后就成为习惯行为。所以，推行一项管理方法的时候，最起码要90天，才能保证员工自觉按照标准和规定的方式去做。

（二）危害和有害因素的分类

关于危害和有害因素的分类，有很多种方法。例如，按导致事故的直接原因进行分类、按事故的结果进行分类等。我国法律法规里规定的是按导致事故的直接原因进行分类，其包括以下几类。

1）物理性危害和有害因素。

2）化学性危害和有害因素。

3）生物性危害和有害因素。

4）心理、生理性危害和有害因素。

5）行为性危害和有害因素。

6）其他危害和有害因素。

（三）危险辨识所需资料

1. 物料资料

1）原辅料和产品、半成品。

2）物质安全数据表（MSDS）。

3）储存条件和最大储量。

4）包装条件和运输方式。

2. 工艺资料

1）工艺流程图。

2）工艺安全参数。

3）操作规程。

4）设备规程。

5）安全规程。

3. 管理资料

1）相关安全法规与标准。

2）管理网络和相关制度。

3）岗位定编和工作制度。

4）员工安全资质和工伤资料。

5）相关事故、事件资料。

4. 设备资料

1）工艺装备布置图。

2）厂房结构图。

3）主要设备总图。

4）动力介质管网总图。

5）电气和控制仪表总图和工艺联锁表。

6）安全（含消防、工业卫生）装置清单。

（四）预防计划

1. 设备和设施的维护计划

PM 计划就是计划性维护，或者称预见性维护计划，不要等设备真正出问题才去维护，要定期进行周期性的维护。

2. 应急预案的演练

正规的工厂里面，进门的地方都会有张疏散图，这个现场的工作人员一定要了解，还要有定期的演练。

3. 医疗程序

1）现场急救。

2）就近的医生护理和紧急护理。

七、安全生产常识

（一）工厂的一般安全规定

（1）厂内严禁吸烟　禁止携带火种、香烟进厂，违禁按有关规定罚款处理。

（2）进入车间、岗位的着装要求

1）应穿戴好防护用品。

2）禁止穿拖鞋、背心、短裤等进入工作现场。

3）不准赤足、赤膊。

4）接触旋转设备女工，严禁留长发，要戴好工作帽。

5）严禁穿钉子鞋、化纤衣服进入易燃易爆岗位。

（3）厂内行走要求　在厂内行走时，要注意运转设备、尖锐对象、来往车辆和笛鸣信号，通过十字路口、铁路岔道时，要“一慢、二看、三通过”，不得抢道。

（4）要害部位严禁无关人员进入　危险品库等要害部位严禁无关人员进入。

（5）无关人员禁止在下列场所逗留

1）旋转中的起重设备下边。

2）有毒气体、液体管道下边。

3）正在进行电、气焊接作业和金属探伤作业附近及挂着爆炸、火灾、腐蚀、触电、有毒、禁止通行等警告牌附近。

4）容易发生粉尘和碎片的工作场所。

5）处于事故状态或试车的区域。

（6）上班前应保证足够睡眠和良好休息　上班前 4 小时内禁止饮酒。在班时间要严格遵守劳动纪律，做到不睡岗、不脱岗、不串岗、不嬉戏打闹、不做与工作无关的事情。

(7) 工作中要严格遵守各种规程　工作中要严格遵守技术规程、岗位操作法和安全规程，勤调节、细检查、发现问题及时报告，并采取有效措施果断处理各种违规操作。

(8) 禁止在工作现场烘烤物品　禁止在工业炉、蒸汽管道和取暖设备上烘烤衣服、鞋袜和食物，禁止在有毒有害岗位上吃饭、吃零食。

(9) 厂区和车间内的各种用水未辨明情况前，禁止饮用和洗手　禁止私放油品，一般情况下严禁用汽油、有机溶剂等洗手或擦洗衣物、工具、机械设备及擦洗地面。吃饭前要洗脸洗手，下班后要及时洗澡。

(10) 禁止乱动设备　非自己专职的任何设备、机器、车辆、阀门、螺钉、开关、线路等，禁止乱动。

(11) 维修工作有专人负责　电器设备、线路的一切维修工作，必须由电工进行。仪表设备的一切修理工作，应由仪表工进行，其他人不得乱动。

(12) 现场的各种设施必须完好　现场的各种安全防护、照明、信号、监测仪表、警戒标志、防雷防静电装置等，必须完好并定期维护，不准随意拆除或非法占用。

(13) 消防用具放置要求　各种消防用具、设备应按规定设置齐全，不准随意动用，安放地点周围不得堆放其他物品。

(14) 消防用具使用要求　对消防器材和消防设施要会使用、会保管。消防设备严禁挪作他用。

(15) 事故现场的应急做法　发生事故不要惊慌失措，应迅速组织抢救，要熟练掌握预防中毒与急救的方法，维护事故现场，报告领导及相关单位，无关人员不得靠近现场。

(16) 发生火灾爆炸事故、中毒事故时的要求　发生事故时，除组织抢救外，其他人员不准擅自离开岗位。

(17) 道路及照明要求　厂区及车间内外道路应平坦畅通，夜间要有足够的照明。厂房建筑物、公共娱乐场所走道、安全门、安全梯等应符合安全要求。

(18) 厂房的通风　厂房内的机械通风要常开，并要妥善维护。自然通风要良好。

(19) 禁止在车间操作场所内存放易燃易爆物料　禁止存放油布、破布等易燃易爆品。

(20) 检修保护用具的使用　进入检修现场，必须戴好安全帽，高空作业必须系好安全带。

(21) 禁止敲击设备　禁止用石头、铁器等对象敲打高温设备、压力设备及易燃易爆区域内的设备。易燃易爆气体和液体的储罐、管线、机器设备检修时，禁止用石头或铁器敲击，必要时应使用铜质工具。

(二) 用电安全

现场常接触的电器大致有插头、插座、电源线、计算机、电风扇、灯管、空调机、空压机、电钻、应急灯、电动机、打包机、打胶机、生产线传动带机、电焊机、热水器等。

1. 电器使用前检查

1) 仔细阅读使用说明书。

2) 检查本机或电源设备是否允许使用（如严禁合闸、暂停使用等标识）。

3）确认检查用电器的功率是否大于电源的允许使用功率。

4）插头、插座、电源线有无破损、断裂，先试机正常后方能使用，如有异常，必须停止使用，并通知相关部门检修。

2. 电器使用注意事项

1）不能私自搭接电源线。

2）不能让电源过载工作。

3）不能违反电器的操作程序。

4）不能使用不符合规格的插头、插座。

5）不能随意更换熔丝。

6）不能使用已停用或带故障的电器或电源设备。

7）使用时如有故障必须停止使用，通知相关部门及人员及时检查维修。

3. 电器使用完之后

1）电器使用完需要将用电器及开关关好。

2）清理干净电器上的杂物，保持清洁卫生。

3）电器用完后需存放于规定的地方，不能乱摆乱放，以免受潮。

4. 用电作业

1）根据周围环境和生产性质选用合适的电气装置。

2）电气装置不得超负荷运行。

3）保证电气装置处于良好的状态，注意随时检查。

4）电气装置附近禁止存放易燃、易爆物品，并配有适当的消防器材。

5）需要动火的作业必须做好必要、可靠的安全防范措施，同时需有足够的人手陪同方可工作。

（三）设备安全

1）必须经过适当岗位培训。

2）熟读并遵守设备操作规程（如操作方法、注意事项及所需防护用品）。

3）明确设备的用途（生产特点、作业环境、生产要求）。

4）熟悉设备的基本性能（如各开关部件作用、运行状况、各种有危险因素和有害因素以及相关预防措施事故应急处理方法）。

5）作业前检查、试机及维护（运行中检查急停开关、防护罩、离合器、制动器等）。

（四）化学品安全

化学品的危害：毒物对人体的危害主要表现为中毒，中毒可分为急性、亚急性和慢性。一次性大量进入人体可引起急性中毒；长期侵入所引起的为慢性中毒；介于两者之间则是亚急性。

1. 最常用的化学品的危害具体表现

（1）酒精　本品为中枢神经抑制剂，吸入、食入和皮肤吸收，首先会引起兴奋，随后抑制。

（2）天那水、油漆　对眼、鼻、喉及肺部有刺激作用，高浓度时有麻醉作用，会引起头痛、头晕。

2. 个体防护

防护用品主要有以下几种：

1）防毒面具、护目镜（也称安全眼镜）。

2）面罩、手套、围裙、靴和工作服。

3）用于避免与化学品直接接触，如棉布手套、皮革手套主要用于防灰尘，橡胶手套用于防腐蚀性物质等。

3. 作业人员的个人卫生

1）工作结束后、饭前、饮水前、吸烟前以及便后要充分洗净身体的暴露部分。

2）定期检查身体。

3）皮肤受伤时，要完好包扎。

4）防护用品要分放、分洗。

5）勤剪指甲并保持指甲洁净。

6）不直接接触能引起过敏的化学品。

7）在衣服口袋里不装被污染的东西，如抹布、工具等。

4. 化学品的安全储存

化学品中大多数是属于易燃、易挥发的，因此储存时要特别注意以下几点。

1）储存于紧闭的容器内。

2）存于干燥、阴凉、隔离的地方，避免阳光的直接照射。

3）小心轻放，勿接近热源、严禁有人携带火种靠近。

4）通风良好，切勿将余下的倒入下水管。

5. 化学品的中毒处理

（1）吸入　轻者可立即带离现场呼吸新鲜空气；如果呼吸困难，给予氧气；如果呼吸停止，清通呼吸道并施行心肺复苏术，及时送到医院。

（2）食入　轻者可清洗口腔及胃部或服用解毒药物，重者立即送医院。

（3）皮肤接触　立即用水和肥皂清洗患部并除去沾染衣物，如果刺激性强烈立即到医院就医。

（4）眼睛接触　立即用大量清水冲洗 10 ~ 15 分钟，用手指分开眼睑确保有效冲洗，勿闭眼，严重者应立即送往医院就医。

6. 化学品的泄漏处理

1）穿戴合适的个人防护装备处理泄漏物。

2）避免可燃性物质。

3）少量泄漏用泥沙或碎布吸收，并移至安全地区。

4）大量时，则用泥沙或碎布阻止漫出，并用泵抽入可密封的金属桶内，严禁冲洗进污水管道内。

（五）现场急救

1. 烧、烫伤紧急救护

（1）火焰烧伤　发生火焰烧伤时，应立即脱去着火的衣物，并迅速倒下，慢慢滚动而压灭火焰，切忌奔跑或用双手扑打。

（2）烫伤　对明显红肿的轻度烫伤，要立即用冷水冲洗几分钟，用干净的纱布包好即可；如果局部皮肤起水泡，不要自己碰破水泡，应就医处理。

如果烫伤部位很脏，可用肥皂冲洗，不可用力擦洗；蘸干水后，包上消毒纱布；包扎后局部发热、疼痛，并有液体渗出，可能是细菌感染，尽快去医院治疗。

（3）电击烧伤　发生电击烧伤时，要将创口用干净的毛巾或手帕包扎好，去医院进一步处理。

（4）化学性眼烧伤　发生化学性眼烧伤时，立即用流动清水冲洗，以免造成失明。冲洗时被伤的眼睛要在下方，防止冲洗过的水流进另一只眼睛。无法冲洗时，也可以把脸埋入清洁水中，把眼掰开，眼球来回转动洗涤20分钟以上。

2. 触电紧急救护

1）人体触电后，通常会出现面色苍白、瞳孔放大、脉搏停止等现象，一般属假死现象。发生触电后，应立即实施现场急救，只要正确、及时处理，多数触电者都可获救。

2）迅速切断电源，如果开关距离较远，可用干燥的木棍、绳索、木板、钳子、干毛巾、绝缘棍等挑开电线，也可设法用带有绝缘柄的工具将电线切断。如无上述条件而必须用手解救时，救护者必须站在干燥的木板上，一只手拉住触电者非贴身干燥衣服，使其脱离电源。

3）使触电者就地躺平，解开裤带、衣领，轻拍其肩部，呼叫其姓名，观察有无反应，禁止摇动头部。如果触电者伤势较轻，可让其休息1小时左右，再送医院观察。

4）设法找冰块制成冰袋，放在触电者头部、腋下、腹下，以减缓身体新陈代谢，促进脑的复苏。

5）若触电者伤势较重，呼吸停止时，使其躺平，清除口内异物，施行口对口人工呼吸；触电者口部有外伤时，可采用口对鼻人工呼吸。若心跳停止，施行胸外按压，送医院途中不停止。

3. 碰撞伤紧急救护

1）工作场所中，经常会发生碰撞，身体各部位出现碰撞、戳伤是常有的事。有时人们不太在意，如果有疼痛感或伤筋骨，也需要紧急处理。

2）轻度的碰伤，马上冷冻受伤部位，这样会舒服许多。

3）如果受伤部位是身体活动较多的部位，可能会造成内出血，应注意静养。

4）尽可能使受伤部位在一段时间内保持在高于心脏的位置。如果受伤部位不能动或不自然地弯曲，可能是脱臼或骨折，应立即去医院治疗。

5）如果是手指发生戳伤，千万不可拽拉，应先在伤痛部位包上布，用冰冷却30分钟再垫板，并和相邻手指用绷带缠上固定，尽快到医院治疗。

（六）消防安全

1. 原则

1）国家的消防方针是：预防为主，防消结合。

2）发生危险事故时必须遵循的原则：“先救人后救物，先救命后疗伤”。

3）燃烧形成的三个条件：可燃物＋氧气＋点火源，消灭其中任何一个条件就可以扑灭火灾。

2. 2.3kg鸭嘴式二氧化碳灭火器使用方法

1）拔出保险销。

2）提起灭火器，对准火焰根部。

3）压下手把，对准火焰喷射。

4）二氧化碳灭火器适用范围：扑救图书档案、珍贵设备、精密仪器、少量油类和其他固体材料的初起火灾。

3. 3.4kg 手提式干粉灭火器使用方法

1）先拿至火场上下颠倒几次。

2）拉去铅封，拔出保险销。

3）握紧喷嘴，对准火焰根部喷射。

4）干粉灭火器适用范围：用来扑救石油及其产品、可燃气体、电气设备的初起火灾。

4. 公司内部报警方法

1）或者告知在场保安、消防、工业安全等人员。

2）或者将墙上“手报按钮”用手指将板面有机玻璃向里按，这时消防警铃能发出响声。

3）或者大声呼叫报火警，同时利用公司现有的消防器材扑救初起的火灾。

5. 火场逃生

1）千万不要惊慌，保持沉着、冷静，服从安排逃生。

2）看清安全出口标志。

3）千万不要坐电梯。

4）不要走进袋形出口。

5）有烟情况下，千万不能直立行走，可弄湿毛巾，或以衣物捂住鼻、口，以免吸入浓烟。

6）如烟太大，可伏在地上爬行；若烟较薄，也可沿墙边走，容易找出路。

（七）职业健康

劳动保护是指保护劳动者在生产过程中的安全与健康。个人防护是防止危害因素伤及人体的最后一道防线。由于生产环境的限制及工作岗位的特殊性，因此劳动保护用品的作用绝对不可忽视。

思　考　题

1. 安全管理为什么重要？
2. 事故发生的特点是什么？
3. 可以采用哪些方法进行事故的预防？
4. 常用的自救方法有哪些？

第四节　生 产 管 理

一、班前计划

1. 分解日程计划并制订生产计划

（1）计划内时间和计划外时间的安排　在制订生产计划的时候，要按 8 个小时计算。

超过 8 小时的时间为计划外时间，如果工作 14 个小时，那么计划外时间就是 6 个小时，剩余的时间是面对临时插单和加单使用的。

（2）生产计划的分解　生产计划要根据客户的性质，根据车间、生产部门提供的信息进行分解，将客户分为 A、B、C、D 类。

1）A 类客户又称黄金客户，是企业最主要的订单来源，款不用催，他会在规定的时间打给公司，这类单子应先做。

2）B 类客户比 A 类客户订单量少，但无论企业什么时候催款，他都会及时付款给公司，这类单子也应该做。

3）C 类客户单子小毛病又多，习惯挑剔，款要催好几遍才给你。

4）D 类客户称刁蛮客户，款很难收或者收不回来。

通过对客户的分类分析，员工明白了做单的方向。员工必须加班的对象只有 A 类客户和 B 类客户，C 类客户可以少做，而 D 类客户则不用去做。

2. 细化作业指导书

（1）员工执行力差的原因　因为企业缺乏最根本的量化管理。

（2）量化管理　作业指导书大多来自于技术部门或工艺部门，工程师们喜欢用术语来写作业指导书，因为专业术语很难懂，员工当然看不懂，所以要分解。

班组长的一个重要职责就是要细化作业指导书，使它变得通俗易懂，要提倡用一加一等于二的方法来教会员工。

3. 培训员工

作为一个合格的管理者，还必须是一个合格的培训者，要教会下级，因为这个工作是下级去做而不是管理者去做。下级员工必须明白，管理者要实现什么目标。

1）预算工装夹具、工具、辅助材料、劳保用品。

2）生产所需设备、仪器、工装的安装、调试。

3）人员岗位的安排和产能设定。

4）物料、设备、工艺、资料异常的发现和反馈。

二、班前交接管理

（一）两不离开原则

1）“班后会议”未开完不离开车间。

2）事故分析会议未开完不离开车间。

（二）交班管理

1. 遵守三不交原则

1）接班者未到岗位不交班。

2）接班者没签字不交班。

3）事故没有处理完不交班。

2. 交班管理

1）1 小时内不得任意改变负荷和工艺条件，生产中的异常情况应得到消除。

2）检查设备是否运行正常、无损坏、无反常状况、清洁无尘。

3）认真做好原始记录。

4）搞好工作场地卫生清洁。

5）接班者到岗后，交班人员应说清楚。

（三）接班管理

1. 遵守三不接原则

1）岗位检查不合格不接班。

2）事故没有处理完不接班。

3）交班者不在不接班。

2. 接班管理

1）接班人员必须提前30分钟到岗。

2）到岗后检查生产、工艺指标，设备记录，消耗物品，工位器具和卫生等情况。

3）提前15分钟召开班前会。

4）没有发现问题及时交接班，并在交接班记录上双方签字。

5）接班者到岗后，交班人员要说明情况。

三、班前会管理

交接班时双方的值班班长、接班的全体员工必须参加，白班交接时要有一名车间领导参加；与会人员穿戴整齐；提前15分钟点名；交班值班班长介绍上班的情况；各岗位汇报班前检查情况；接班班长安排工作；车间领导具体指示。

四、生产派工

（一）生产派工的概念

生产派工是指当生产作业准备做好以后，根据安排好的作业顺序和进度，将生产作业任务分解到各个生产员工身上的过程。

（二）生产派工的重要方式——使用派工单

1. 加工路线单

加工路线从第一道工序到最后一道工序传下来，但是这种传票可能会中间流失，需要进行控制，需要班组长进行监控。

2. 单工序工票

单工序工票是指某一个工序使用的工票。一般适用非常复杂、流程非常多的工序。

如今天做什么产品，做多少个，甚至把客户都写上去，让每一个员工都清楚今天做什么产品，做到什么程度，流到什么地方。

3. 传票卡

传票卡，从第一道工序到第二道工序一个票；从第二道工序到第三道工序一个票；从第三道工序到第四道工序一个票，各个工序采用不同票。

五、班中控制

（一）班组长在作业过程中应把握的内容

1）生产作业计划是否明确合理。

2）计划调整对人员、设备及其他方面的影响。

3）人员出勤及变动的状况，员工精神状况及士气。

4）员工的工作技能（交叉式多能型）。

5）缺料、设备故障等引起的停产时间。

6）不良品发生的原因及对策，不良品的善后处理。

7）零部件、工装夹具及生产辅料是否足够齐全。

8）生产是否正常，能否完成生产计划。

9）是否有加班事宜。

10）工作方法是否合适，是否存在浪费，有无可改善之处。

（二）发挥班组“六大员”的作用

1. 班组“六大员”的组成

生产技术员、质量检验员、核算统计员、设备安全员、生活卫生员和材料管理员简称为班组“六大员”。

2. 班组“六大员”的功能

在企业中经常会出现一些紧急问题，如某个订单本应在下午4点钟发货，但是在3点半的时候质量突然出问题了，或者员工生病了。这个时候班组长就要配合六大员去解决突发性的事故。一些企业还成立了现场异常处理小组来解决在生产过程中发生的紧急问题。

3. 进度控制与横向协调

现场要进行进度控制、设备协调、材料协调、任务协调、人员协调、工艺协调、品质协调、时间协调以及产品协调。

六、班后总结

（一）订单完成后的总结

由班组长主持，班组六大员介绍各自负责的工作情况。

（二）班后会管理

交班时全体都要参加，白班交班时有一名车间主管参加，岗位交班后准时召开班后会，各岗位人员介绍本班情况，值班班长进行综合发言，车间主管具体指示。

思　考　题

1. 班组长在生产管理中的主要任务有哪些？
2. 简述交接班管理的注意事项。
3. 班组“六大员”具体是指哪些人员？负责哪些工作？

第五节　设备管理

一、设备管理的意义

由于科技的迅猛发展，新技术新成果应用于设备，形成了现代化设备的许多特点：大型化、高速化、流程化、精密化、电子化、柔性化、可诊断化、智能化等。由于这些特点，在使用过程中除带来高效率、高效益的优越性外，也导致了一系列严重后果，如设备故障损失巨大，环境严重污染，能源、资金消耗量增大，设备的腐蚀、磨损加快等。

由于市场经济的进一步发展，企业之间的竞争加剧，国际市场的竞争更为剧烈，因此要求企业加快发展新产品，进行老产品的更新换代，提高产品质量。为此，要求设备及时进行现代化改造及必要的更新，以提高设备的技术适应性，从而保证企业具有高度应变能力。

现代化的设备是资金密集的资产，尤其是大型、自动化成套装备的价格更加昂贵。因此，无论设备的投资费还是维持费都需占用大量资金。这就迫切要求提高设备的使用效益，讲究经济效果。

由于设备现代化水平的提高，岗位分工较细，尤其是在流水作业线的设备上进行操作，工人们长时间从事单工序的动作，容易产生单调、枯燥、紧张、疲劳的情绪。同时，设备、装置的操纵机构十分复杂，仪表、按钮多，人们的感官能力也很难适应。这种情况不但降低了工人的劳动热情，而且对人身安全和健康产生不良后果。

二、设备管理的核心

通过制度化、习惯化、科学化的维护使设备能够在良好的状态下工作，避免其发生故障。使设备生命周期内的费用/效益比达到最佳的程度。

三、设备维护的分类

1. 日常维护

1）按计划定时定期进行，上下班时进行的维护活动。

2）设备日常维护的项目和部位较少，且多在设备外部，包括每班维护和周末维护两种。

3）每班维护，在班前或班后各 15 分钟由操作者负责进行。

日常维护的目的是减少设备磨损，延长使用寿命，防止事故，使设备经常处于良好的状态。

2. 运行维护

当设备处于正常运行时，对其进行的维护。

四、机器设备的使用管理

（一）合理配置设备

企业应根据自己的生产过程、工艺特点并考虑安全、环保的要求，首先由工艺技术部门和生产部门，合理地配备、安置各种类型的设备。要使设备的使用条件与生产要求相适应，根据设备的结构、性能特点和生产能力，恰当地安排每台设备的生产任务，不得超负荷运转，使设备能够充分发挥效用。

（二）培养合格的操作者

企业根据设备的技术要求和复杂程度，配备相应的工种和经过培训能够胜任的操作者。随着设备日益现代化，其结构日趋复杂，要求具有一定文化技术水平和熟悉设备结构的工人来掌握。因此，必须加强技术教育和素质教育，使操作者既能熟练安全操作设备，又能精心维护设备。

企业应根据设备使用和维护的具体要求，采取必要的防护、防振、防潮、防腐、防尘、保温等措施，配备必要的测量、保险用的仪器设备，还应具备良好的照明和通风等。有些精密、特殊设备，如坐标镗床、精密数显电子设备、高精度磨削设备、齿加工设备，条件要求严格，最好设立单独工作间，配备恒温装置。

（三）严格执行设备使用程序

培训——教育——考核——颁证——操作，是新工人独立使用设备的程序，企业必须严格执行。

1. 新工人在独立使用设备前，必须经过技术培训

培训内容除安全教育、基础知识外还应包括使用设备的结构、性能、安全操作规程、维护保养、润滑等技术知识和操作技能的训练。企业培训操作人员，可分为三级进行，企业教育由厂职工培训部门负责，设备动力和安全环保部门配合；分厂（车间）教育由厂长（车间主任）负责，分厂（车间）设备动力部门配合；工段（小组）教育由工段长（小组长）负责，班组设备员配合。

2. 操作工人应进行相关考试

经过相应技术培训的操作工人，要进行技术知识、操作能力和使用维护知识的考试，合格者获操作证后方可独立使用设备。

3. 凭证操作设备是保证正确使用设备的基础

精密、大型、稀有和关键设备的操作工人由企业设备主管部门主考；其余设备的操作工人由使用单位分管设备领导主考。考试合格后，统一由企业设备主管部门签发设备操作证。技术熟练的工人经教育培训确有多种技能者，考试合格后可取得多种设备的操作证。

车间公用设备的使用可不凭操作证，但必须指定维护人员，落实保管维护责任，并随定人定机名单统一报送设备主管部门。

（1）定人定机制度　设备的使用应严格岗位责任，实行定人定机制度，确保每一台设备都有专人操作和维护。定人定机名单由设备使用单位提出，一般设备经车间机械员同意，报设备主管部门备案。精、大、稀、关设备经设备主管部门审查，企业分管设备副厂长（总工程师）批准执行。定人定机名单审批后，应保持相对稳定，确需变动时应按程序进行。多人操作的设备应实行机台长制，由使用单位指定机台长，机台长负责和协调设备的使用与维护。

（2）设备操作维护规程　设备操作维护规程是设备操作人员正确掌握设备操作技能与维护的技术性规范，是根据设备的结构、运转特点，以及安全运行的要求，规定设备操作人员在其全部操作过程中必须遵守的事项、程序及动作等基本规则。操作人员认真执行设备维护规程，可保证设备正常运行，减少故障，防止事故发生。

（3）交接班制度　机器设备为多班制生产时，必须执行设备交接班制度。交班人在下班前除完成日常维护作业外，必须将本班设备运转情况、运行中发现的问题、故障维修情况等详细记录在“交接班记录本”上，并应主动向接班人介绍设备运行情况，双方共同查看，交接班完毕后在记录簿上签字。如是连续生产的设备或加工时不允许停机的设备，可在运行中完成交接班手续。

如操作工人不能当面交接生产设备，交班人可在做好了日常维护工作，将操纵手柄置于安全位置，并将运行情况及发现问题详细记录后，交代班组长签字代接。

接班工人如发现设备有异常现象，交接班记录不清，情况不明和设备未清扫时，可以拒绝接班。如交接不清，设备在接班后发生问题，由接班人负责。

企业在用生产设备均需设“交接班记录本”，并应保持清洁、完整，不得撕毁、涂改或丢失，用完后向车间交旧换新。设备维修组应随时查看交接班记录，从中分析设备技术状态，为状态管理和维修提供信息。

维修组内也应设“交接班记录本”（或“值班维护记录本”），记录当班设备故障检查、维修情况，为下一班人员提供维护信息。

设备管理部门和使用单位负责人员要随时抽查交接班制度执行情况，并作为车间劳动竞赛、现场评比考核内容之一。

对于一班制的主要生产设备，虽不进行交接班手续。但也应在设备发生异常时填写运行记录并记载设备故障情况，特别是对重点设备必须记载运行情况，以掌握技术状态信息，为检修提供依据。

（四）设备管理制度

我国企业设备管理的特点之一，就是实行“专群结合”的设备维护管理制度。在合理使用设备的现场管理中，必须抓好“三好”、“四会”和“五项纪律”。

1. “三好”制度

（1）管好设备　操作者应对其使用的设备负保管责任，未经有关领导同意，不准许其他人操作；并应保证设备的附件、仪器、仪表及防护装置等完整无损。

（2）用好设备　严格执行操作维护规程，禁止超负荷使用设备，精心保养设备，文明操作设备。

（3）修好设备　操作工人要配合维修工人进行设备维修，及时送修和排除设备故障。

2. “四会”制度

（1）会使用　设备操作者要熟悉设备的性能、结构、传动原理和加工范围，熟知设备操作规程和产品工艺要求，并能按工艺规程选择切削用量等各项参数，正确使用设备。

（2）会保养　设备操作者应经常保持设备内外清洁，执行设备保养、润滑规定，上班加油，下班清扫，保持油路畅通，切削液使用合理，经常保持设备完好。

（3）会检查　操作者了解自己所用设备的结构、性能及易损零件的部位。掌握检查的方法和基本知识，了解设备精度检查标准和检查项目，并能按照日常点检规定的项目进行日常检查作业。

（4）会排除故障　操作者熟悉所用设备特点，了解拆装注意事项及会鉴别设备正常与异常现象，会作一般的设备调整和简单故障的排除。自己不能解决的故障问题要及时报告，并协同维修人员进行排除。

3. “五项纪律”

1）实行定人定机，凭操作证操作设备。

2）经常保持设备整洁，按规定加油、换油，保证合理润滑。

3）遵守安全操作规程和交接班制度。

4）管好工具、附件，不得丢失。

5）发现故障立即停机检查，自己不能处理时应及时通知检修人员。

五、机器设备的维护管理

设备维护是操作工人为保持设备正常技术状态、延长使用寿命必须进行的日常工作。

1. 设备维护的“四项要求”

（1）整齐　工具、工件、附件放置整齐；安全防护装置齐全；线路管道完整。

（2）清洁　设备内外清洁；各滑动面及丝杠、齿轮、齿条等无油污、无碰伤；各部位不漏油、不漏水、不漏气、不漏电；切屑垃圾清扫干净。

（3）润滑　按时加油、换油，油质符合要求；油壶、油枪、油杯、油毡、油线清洁齐全，油标明亮，油路畅通。

（4）安全　实行定人定机和交接班制度；熟悉设备结构和遵守操作规程，合理使用设备、精心维护设备、防止发生事故。

2. 现场设备维护管理的内容

设备维护工作，按时间可分为日常维护和定期维护；按维修方式可分为一般维护和重点设备维护。

维护工作内容大致包括查看、检查、调整、润滑、拆洗和修换等项现场管理维护工作。

3. 设备的日常维护

设备日常维护包括每日维护和周末清扫。每日维护，要求操作工人在每班生产中必须做到，班前对设备的润滑系统、传动机构、操纵系统、滑动面等进行检查，再开动设备；班中要严格按操作规程使用设备，发现问题及时进行处理；下班前要认真清扫设备，清除铁屑，擦拭清洁，在滑动面上涂上油层。每周末要对设备进行彻底清扫、擦拭，按照“整齐、清洁、润滑、安全”四项要求进行维护，由维护工人和设备管理部门的负责人员分别进行检查评分，并公布检查评分结果。每月评奖一次，年底总评一次，成绩突出者给予奖励，以调动操作工人维护设备的积极性，使日常维护工作做到经常化、制度化。

4. 设备的定期维护

设备的定期维护是在维修工人辅导下，由设备操作工人按照定期维护计划对设备进行局部或重点部位拆卸和检查，彻底清洗内部和外表，疏通油路，清洗或更换油毡、油线、过滤器，调整各部配合间隙，紧固各个部位。电器部分的维修工作由维修电工负责。定期维护完成后应填写设备维修卡记录维护情况，并注明存在的主要问题和要求，由维修组长及生产工段长验收，机械员（师）提出处理意见，反馈至设备管理部门进行处理。

设备“定期维护”间隔期一般为：两班制生产的设备每三个月进行一次，干磨多尘的设备每一个月进行一次。对精密、重型、稀有设备的维护要求和内容应做专门研究，一般是由专业维修工人进行定期清洗及调整。

（1）设备定期维护的主要内容

1）拆卸指定的部件、箱盖及防护罩等，彻底清洗，擦拭设备内外。

2）检查、调整各部配合间隙，紧固松动部位，更换个别易损件。

3）疏通油路，增添油量，清洗过滤器、油毡、油线、油标，更换切削液和清洗切削液箱。

4）清洗导轨及滑动面，清除毛刺及划伤。

5）清扫、检查、调整电器线路及装置（由维修电工负责）。

（2）精密、大型、稀有、关键及重点设备的维护　精密、大型、稀有、关键设备以及企业自己划分的重点设备都是企业生产极为重要的物质技术基础，是保证实现企业经营方针目标的重点设备。因此，对这些设备的使用维护除执行上述各项要求外，还应严格执行下述特殊要求：

1）实行定使用人员、定检修人员、定专用操作维护规程、定维修方式和备配件的“四定”做法。

2）必须严格按说明书安装设备。每半年检查、调整一次安装水平和精度，并作出详细记录，存档备查。

3）对环境有特殊要求（恒温、恒湿、防振、防尘）的精密设备，企业要采取相应措施，确保设备的精度、性能不受影响。

4）精密、稀有、关键设备在日常维护中一般不要拆卸零件、部件，特别是光学部件。必须拆卸时，应由专门的修理工人进行。设备在运行中如发现异常现象，要立即停车，不允许带病运转。

5）严格按照设备使用说明书规定的加工范围进行操作，不允许超规格、超质量、超负荷、超压力使用设备。精密设备只允许按直接用途进行精加工，加工余量要合理，加工铸件、毛坯面时要预先喷砂或涂漆。

6）设备的润滑油料、擦拭材料和清洗剂要严格按照说明书的规定使用，不得随便代用。润滑油料必须化验合格，在加入油箱前必须过滤。

7）精密、稀有设备在非工作时间要加防护罩。如果长时间停歇，要定期进行擦拭、润滑及空运转。

8）设备的附件和专用工具应有专用柜架搁置，要保持清洁，防止锈蚀和碰伤，不得外借或作其他用途。

六、机器设备的检查评比

机器设备的检查是按照设备规定的性能和有关标准，对现场机器设备的性能、精度、润滑、完好运行状况与整齐、安全等情况所进行的预防性检查工作。它是实行设备状态监测维修的有效手段。其目的在于判断设备的技术状态如何，设备有无异常和劣化现象，以便及时采取措施，消除设备的性能隐患，防止设备劣化的发展和故障的突发，使现场机器设备经常处于正常安全运行的良好状态，并为以后的维修工作做好准备。

机器设备检查按间隔时间的长短可分为日常检查和定期检查。按检查内容可分为性能检查和精度检查。有些企业也将完好率的检查列于其中，并将检查与评比工作有机地结合起来，推动了现场的设备管理工作。

（一）日常检查

日常检查是由操作工人和维修工人每天按照规定标准和要求，对设备进行有无异常、是否能正常运转的检查。检查方法是利用人的感官，通过听、看、触、嗅及简单的工具或装在设备上的仪表和信号标志（如压力、温度、电流、电压的检测仪表和油标等），判断设备的技术状态，以及发现设备的缺陷和隐患，采取措施，防止发生突发故障，减少故障损失。

对现场设备进行日常检查，必须按照检查标准的规定和卡片内容，认真执行，不可流于形式。由区域维修工人负责进行的每日巡检，也应按照规定的路线和检查点，逐项进行检查。对于企业中的重点、关键设备，在推行日常检查的基础上，可结合日本 TPM 的管理方法，开展点检。具体做法是，对重点、关键设备，每班或按规定时间，由操作人员按照设备管理部门制定的标准，对设备中影响产品产量、质量、成本、安全环保和设备正常运转的具体部位有针对性地进行检查、记录。即严格按专用的点检卡片进行日常检查，一些进口设备往往由制造厂家提供专用点检卡（或称点检规程）。

点检卡的内容应包括检查项目、检查方法、判别标准，并以各种符号进行记录。我国不少企业日常点检已推行多年，但发展不平衡，尚需企业根据自己实际情况，不断完善。建议在对一般设备实行日常检查的基础上，先对重点设备实行点检，并做好相应的培训、建卡工作，做好检查、反馈和及时维护工作，以期真正起到点检的作用。

合理确定检查点是提高点检效果的关键。如果被检查的部位长期（如1~2年）没有出现过异常，并且同类设备情况都是这样，那么就取消这个检查点（涉及安全及保险装置除外）。反之，如果经常出现异常的部位却未列入点检范围，未能做到及时发现问题，就应该加上这个检查点。所以点检卡中的内容及周期应在执行中不断地及时调整。日常点检应与交接班记录结合起来，即将其纳入交接内容并列入经济责任制考核，以保证日常点检的贯彻。

对在日常检查中发现的问题，一般可通过以下途径加以解决。

1）经简单调整、修理就可解决的一般问题，由操作工人自己解决。

2）难度较大的故障隐患，由进行巡回检查的维修工人加以解决，或通过班组设备员与维修部门联系，由专业维修工人进行排除。

3）经车间设备管理人员确定，认为维修工作量较大而又暂不影响设备使用的故障隐患，由车间维修组安排计划维修加以解决，或上报设备管理部门协助解决。

（二）定期检查

定期检查是指专业维修工人（在操作工人参加下）按照计划和规定的检查周期，根据检查标准，用人的感官和检测仪器对设备进行的比较全面的检查和测定。其目的是查找设备是否有异常变化，掌握零部件的实际磨损情况，以便确定是否进行修理。对检查中发现的问题，应及时进行调整，并有目的地做好下次修理前的各项准备工作。

机器设备的定期检查包括定期性能检查和定期精度检查。定期性能检查是针对主要生产设备（重点设备）进行性能测定，要检查设备的主要精度和性能有无异常及是否存在问题，如有无异音、振动、能否保证产品要求的加工精度，零部件有无损伤、泄漏，安全装置是否灵敏可靠等，以便采取措施保持设备的规定性能。

定期精度检查是针对主要生产设备（包括大、重型设备）所进行的精度测定。要测定设备的实际精度有无劣化，测量设备的安装水平有无变化，是否影响加工精度，了解设备精度的劣化速度，掌握设备在运动状态下某些精度、性能的变化规律，以便采取相应的措施。精度检查由维修工人和专职检查工人依据设备精度标准（说明书提供）进行。

（三）设备完好率的检查

由于在设备管理工作考核中，对设备现场管理提出了设备完好率的要求（如《“九五”全国设备管理工作纲要》中规定：大、中型企业主要生产设备完好率稳定在90%以上），企业内与企业间也常进行设备完好率的专项检查（有的称为设备完好检查）。因而，企业管理部门将月、季度、年度的完好率检查，也列入了设备现场检查的内容，并要求操作人员、维修人员配合这一检查。

1. 设备技术状态的完好标准

为了判断设备的技术状态如何，需要有一套标准，这就是设备技术状态标准。

设备技术状态标准，又分为设备工作能力标准（即绝对标准）和设备技术状态完好标准（即相对标准）。设备的工作能力标准包括设备功能和参数，如精度、性能、粗糙度、功率、效率、速度等的允许范围，以及精度指数和工作能力指数等，反映在规定的设备技术条件中。设备的技术条件是考核设备设计、制造质量的标准，并在设备制造检验合格后，载入设备出厂精度检验单和说明书中。设备技术状态完好标准则是对现场在用设备的部分精度、性能与完好状态，设备加工的产品质量以及设备管理维修的效果而制定的相应标准。通过对现场设备完好状态的检查，统计与考核企业现场设备的完好率。

2. 设备技术状态完好的一般要求

1）设备性能良好，如机械设备精度能满足生产工艺要求；动力设备输出能力能达到原设计标准（或国家法定主管部门批准的标准），运转时无超温、超压现象等。

2）设备运转正常，零部件齐全，没有较大缺陷，磨损、腐蚀程度不超过规定的技术标准，主要仪器、仪表和液压、润滑系统安全可靠。

3）原料、能源（燃料、油料、电力）等消耗正常，基本无漏油、漏水、漏气、漏电现象。

4）设备的制动、连锁、防护、保险、安全装置及电气控制等齐全完好，灵敏可靠。

5）生产上有特殊要求的设备，除前述要求外，还应根据不同的情况规定不同的要求（如化工设备的防腐、防爆，采掘设备的防潮、防爆等）。

6）由两种以上设备组合进行生产的大型设备（如动力站房、高炉、焦炉、轮机、造纸机等），除上述要求外，还应根据机组的完整性对主机和辅机规定相应的要求。

3. 各类设备的技术状态完好标准

按照企业中设备类别的划分，对金属切削机床类（包括车床、铣床、磨床、刨床、钻床、镗床、刻线机、拉床、插床、齿轮及螺纹加工机床、锯床、组合机床、简易专用机床、电火花及超声波与电解加工机床等），锻压设备类（包括锻锤、锻造机、轧机、压力机、剪床、平板机、弯管机、整形机、冷镦机、弹簧加工机、液压机等），起重设备类（包括各式起重机、卷扬机、传送机械等），铸造设备类（包括造型机、抛砂机、造芯机、混砂机、抛光机、喷砂机等），工业锅炉类（包括各种形式、各种蒸发量的工业锅炉），动能设备类（包括空压机、制氧机、制冷设备、乙炔发生设备等），电气设备类（包括高中频电加热设备、变流设备、变压器、发电设备、焊接设备等），工业炉窑类（包括熔炼炉、箱式炉、井式炉、盐浴炉、气体保护炉等），动力管道类（包括热力管道、压缩空气管道、乙炔管道、给水管道等），工业泵类、煤气发生炉等，企业现场使用的设备，有关技术行业都较详细地规定了各自的设备技术状态完好标准和实施细则。

不少行业印发了有关本行业的实施标准。使用者可参阅相关书籍和资料，由于内容较多，不再详细介绍。

4. 设备技术状态考核

企业设备技术状态是否完好，用“设备完好率”指标进行考核。设备完好率是主要设备完好台数与主要设备总数的百分比，其计算公式如下

$$设备完好率=\frac{主要生产设备完好台数}{主要生产设备拥有台数}\times 100\% \qquad (式4\text{-}1)$$

主要生产设备是指企业已安装的、在5个修理复杂系数（设备修理复杂系数是表示设备修理复杂程度的一个假定单位，设备易修，复杂系数小，设备难修，复杂系数则大）以上的全部生产设备，包括备用、封存和在检修的设备，但不包括尚未投入生产的由基建部门管理的或为物资部门代管的设备。完好设备是指经检查符合设备完好标准的主要设备。凡完好标准中的主要项目有一项不合格的或者次要项目中有两项不合格的，即为不完好设备。正在检修的设备，应按检修前的技术状况计算。

企业完好设备台数，必须是逐台检查的结果，不得采用抽查和估算方法推算。

设备完好率的检查，一般是由企业设备管理部门，定期或不定期地对设备使用单位，按照完好标准进行现场检查；或行业间、企业间互相检查，以确保现场设备的技术状态符合要求。应按时向有关单位反馈设备的完好状态（完好率），作为考核与安排计划维修的依据。

（四）现场设备的检查评比

企业开展现场设备维护保养的检查评比活动，是加强操作工人和维修工人责任心，调动

职工精心维护保养设备的积极性，促进设备维护、检查工作正常开展，提高管理水平，保持设备正常运转的有效措施，也是设备管理工作的一项重要内容。开展检查评比的方法可根据企业实际情况自行确定。企业与行业的检查多以完好率指标来考核，企业内部则可按日常、周末的维护保养水平，四项要求，检查记录情况，现场管理等多项内容打分综合评定。其作用就是要将设备现场的各项管理、保养、维护、检查等工作持续不间断地开展下去。

七、设备的润滑

（一）润滑管理的目的

1）使设备得到正确合理的润滑，保证设备正常运转，防止事故发生。

2）延长设备使用寿命，减少事故与故障的发生。

3）减少摩擦阻力、机体磨损和能源消耗。

4）防止设备的跑、冒、滴、漏，及时做好治漏工作。

5）以国产油品代替进口油，使进口设备用油尽快国产化，减少对进口油品的依赖。

（二）润滑管理的任务

1）根据企业管理方针，目标的展开，确定设备润滑与密封管理的方针与目标。

2）根据企业规模大小、设备特点、生产条件和生产工艺流程状况，确定管理的组织形式，拟定规章制度，建立各级管理人员的工作职责和工作标准，并与经济责任挂钩，使企业润滑与密封管理工作正常开展。

3）绘制设备润滑与密封图表，建立设备润滑卡和密封卡，制订润滑与密封材料的备料计划和消耗定额。

4）积极开展设备润滑的定质、定量、定时、定点、定人的五定工作，使设备得到正确、合理、及时的润滑。

5）编制设备油品化验、清洗、换油计划，逐步做到按质换油。

6）检查和改进设备润滑状况，及时改进和解决润滑与密封系统中存在的问题。

7）积极开创“无泄漏工厂”、“无泄漏区域”、“无泄漏设备”等活动。采取有效措施，治理设备跑、冒、滴、漏现象。

8）不断引进，不断研制，不断试验新设备、新工艺、新材料、新技术，学习推广国内外先进经验，尽快使进口油品国产化。

9）组织管理好润滑与密封材料的发放、保管、质量验收、油品掺配、代用和回收再生等工作。

思　考　题

1. 设备管理的目的是什么？
2. 设备维护的“四项要求”是什么？
3. 设备日常维护的内容有哪些？

第五章 危险预知与现场危险源辨识

美国安全工程师海因里希（Heinrich）曾统计了55万起机械事故，其中死亡、重伤事故1666起，轻伤事故48334起，其余则为无伤害事故。从而得出一个重要结论，即在机械事故中，死亡、重伤，轻伤和无伤害事故的比例为1∶29∶300，国际上把这一法则称为海因里希法则（又称事故法则），如图5-1所示。

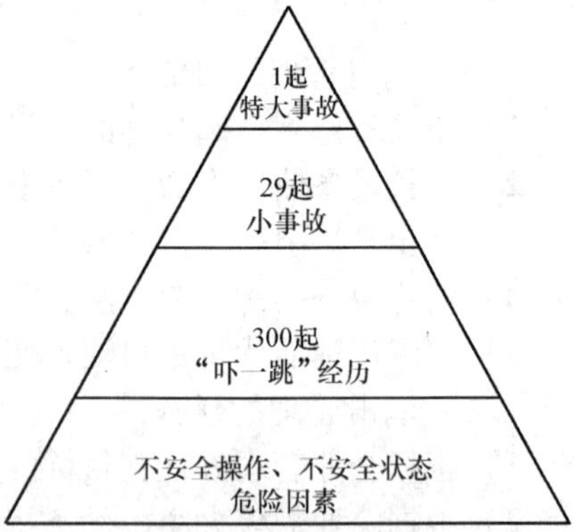

图5-1 海因里希法则

这个法则说明，在机械生产过程中，在一系列不安全操作、不安全状态的情况下，每发生330起意外事件，其中有300起是未产生人员伤害的“吓一跳”经历，29起会造成人员轻伤，最终导致1起重伤或死亡类的特大事故发生。简而言之，无数次的意外事件必然导致重大伤亡事故的发生。

当年，日本在其经济高速发展的同时，生产现场的事故频发，1961年工作现场死亡人数达到6700多人。为了有效遏制这种局面，日本自1973年起开始推行“零事故战役”。当时“零事故战役”实施的方法就是危险预知训练（Kiken Yochi Training，KYT）及指差确认法（Pointing and Calling），即通过对工作环境、作业过程等潜在危险预先进行识别和确定控制措施，使安全预防意识深入人心，以实现工作环境、作业过程的“零事故”和“零职业病”的总目标。

在我国经济发展的过程中，也曾出现重大事故频发的情况。所以，1987年劳动人事部把“安全第一、预防为主”作为劳动保护工作方针写进了我国第一部《劳动法（草案）》。2002年“安全第一、预防为主”又作为安全生产方针被列入《安全生产法》。在法律上确立“安全第一、预防为主”，要求却也在生产经营活动中将安全放在第一位，采取一切可能的措施保障安全，防止一切可能发生的事故，生产必须安全，安全是生产的先决条件。

第一节 危险预知训练

危险预知，就是预先了解生产或作业过程中潜在的危险性，进而采取措施，保障安全。所谓的危险预知训练就是为此而开展的活动。每天短时间的危险预知活动就是为了防止人为过失造成的事故而做的训练。

一、KYT活动的概述

危险预知训练（简称KYT）这个词是来自日本语和英语的缩写，即K（Kiken）——“危险”（きけん）；Y（Yochi）——“预知”（よち）；T（Training）——“训练”。

危险预知训练起源于日本住友金属工业公司的工厂，后在三菱重工业公司和长崎赞造船厂发起的“全员参加的安全运动”中成功运用，1973 年经日本中央劳动灾害防止协会推广，形成一套指导安全训练活动的技术方法，在 NISSAN 等众多日本企业获得了广泛运用，被誉为当年“零事故战役”的支柱。

在中国，很多企业引进并开展了此项安全训练活动。如一汽丰田、一汽丰越、一汽轿车、宝钢、三星公司等。这些企业通过 KYT 活动、标准作业、作业前指差确认、惊吓提案等活动的实施，确保作业安全，提高员工对危险的感受性、对作业的注意力及解决问题的能力，控制作业过程中的危险因素，预测和预防可能出现的事故。

KYT 活动，不是传统意义上的训练方式，而是一种班组会议讨论方式，是通过作业前较短时间的会议讨论，提前发现、把握和解决现场或作业中潜在的危险因素。它是使安全活动由被动变主动的一种训练活动，由“要我安全”的被动要求变为“我要安全”的主动意识。

二、KYT 活动的方法

KYT 活动讨论的内容是针对岗位和作业过程中潜在的危险因素，分析危险因素所能引起的各种不安全的现象，并讨论出对策和措施，确定最终实施目标，形成 KYT 分析表、KYT 报告或 KYT 卡等。

1. KYT 活动的内容

KYT 活动的展开是针对生产特点和作业全过程，以危险因素为对象，以作业班组为团队开展的一项安全教育和训练活动。它是一种群众性的“自主管理”活动。

1）使用岗位和作业状况的工作图表。

2）以现场实际为活动对象。

3）在班组内进行讨论，相互启发和理解。

4）对危险和重点实施项目进行互保确认。

5）KYT 分析表的内容要全面、实用、有效。

6）在事故发生之前排除危险因素。

2. KYT 活动中班组成员的职责和作用

KYT 活动中班组长、记录员、班组其他成员承担不同的职责，各尽其责，才能保证活动的顺利展开和有效实施。

（1）班组长的职责和作用　拟定活动议题，并主持活动的开展，把握好活动的时间和进度；营造良好的活动讨论氛围；确保全员参与，不偏离主题；引导大家进行“主要危险”和“行动的目标”的指差确认。

（2）记录员的职责和作用　负责活动中的全程记录，在不中断活动的前提下迅速流畅地记录；确保每个成员的发言都不要遗漏。

（3）班组其他成员的职责和作用　根据班组长的提示，积极提出自己的意见和想法；发言内容要简单、具体。

3. KYT 活动的实施

KYT 活动的实施过程又称四循环法或讨论四步法（简称 4R 法），一般首先由班组长拟定议题，即选定训练内容，介绍要训练议题的作业内容，记录员记录，其实施流程见表 5-1。

表 5-1 KYT 的实施流程

步骤	名称	内容	流程概要
准备	确认议题	确认议题	班组长拟定议题
1R	把握现状	针对议题（危险性作业），找出潜在危险因素，并想象、预测或预见可能出现的后果	1. 组员们面对图片或置身现场的状况中 2. 班组成员以“要是……就会……”的形式轮流发言 3. 记录员进行记录并编号
2R	追求本质	在所发现的危险因素中找出 1～3个主要危险因素	1. 对危险因素进行分类 2. 在认为“可能是问题”的序号前进行标记 3. 对于“确实是问题”（主要因素）的序号前画重点标记符号 1～3 个 4. 全体人员，指着记录表上的危险点，大声说：“要是……就会……OK!”
3R	制订对策	针对主要危险因素，每人提出具体、可实施的候选对策	1. 针对主要危险点提出对策 2. 提出的对策必须切实可行，并且不为法规所禁止 3. 要充分发挥创意和发散性思维，提出的对策尽可能地多 4. 记录员进行记录
4R	确定目标	在候选对策中，经过充分讨论，选出最优化的重点安全实施项目，设定为班组行动措施	1. 在重点安全实施对策编号上加重点标记 1～2 项 2. 对那些有重点标记的项、行动目标，一个一个地确认 3. 行动目标：全体人员，用指差确认法进行确认，（“……OK!”）
确认	完成 KYT 分析表	会议结束后，要将危险因素的分析与对策形成 KYT 分析表。全体组员签名	1. 每个人都进行指差确认的演练 2. 主持人“这是我们的行动目标！……OK!”等 3. 全体人员，再次指差确认
发表	发表 KYT 分析表	持续改进	

（1）把握现状　针对议题，找出潜在危险因素。

（2）追求本质　在所发现的危险因素中找出主要危险因素。

（3）制订对策　针对主要危险因素制订出候选对策。

（4）确定目标　在候选对策中，选出最优化的重点安全实施项目作为班组行动目标。

4. KYT 活动实施详解

（1）KYT 会议前的准备　在进行 KYT 活动会议讨论之前，首先要确认讨论的议题，选择出要分析其危险因素的某一项作业、工序或某一工作环境（如工具、零件的使用，设备的操作，工序作业内容以及作业环境等），进行分析讨论。

（2）KYT 活动实施的步骤——4R 法详解　下面以图 5-2 作为分析议题，以 KYT 分析表 5-2 为例，按照 4R 法对分析过程进行详解。

图 5-2　KYT 分析图例

表 5-2　KYT 分析表——样表

NO	作业名称		KYT 分析表 ——4R 法			日期	/ /
						场所	
组名		组长		记录员		其他组员	

拟定议题	1R 把握现状：针对议题（危险性作业），发现、预知潜在危险		
	2R 追求本质：找出 1 ~ 3 个主要危险因素。重要危险的打上红色○记号，特别重要打上红色◎记号		
	○ ◎	NO	找出危险原因及现象，按（因为……所以做了……导致……）的形式加以记录
		1	
		2	
		3	
		4	
		5	
		6	

3R 制订对策：针对主要危险因素（带红色◎标记），每人制订出具体、可实施的对策
4R 确定目标：确定要实施或执行的对策。将重要实施事项加注红色※标记，画上下划线，为实践该事项，设定班组的行动目标

◎标记的编号	※标记	具体对策	班组行动目标（……做，OK!）“指差确认”
			“……OK!”
			要点确认“指差确认”
			“……OK!”
			“身体接触并喊口号”
			“这是我们的行动目标！……OK!”

第一步：把握现状（1R）：以现场、现物为中心，让大家轮流分析、找出潜在危险因素，并想象可能出现的后果，见表 5-3。

表 5-3　KYT 分析表——完成 1R，把握现状

<table>
<tr><td>NO</td><td>作业名称</td><td colspan="4" rowspan="2">KYT 分析表——4R 法</td><td>日期</td><td>/ /</td></tr>
<tr><td></td><td>砂纸打磨门</td><td>场所</td><td></td></tr>
<tr><td>组名</td><td></td><td>组长</td><td></td><td>记录员</td><td></td><td>其他组员</td><td></td></tr>
<tr><td colspan="5">拟定议题</td><td colspan="3">1R 把握现状：针对议题（危险性作业），发现、预知潜在危险</td></tr>
<tr><td colspan="5" rowspan="10">
</td><td colspan="3">2R 追求本质：找出 1 ~ 3 个主要危险因素。重要危险的打上红色○记号，特别重要的打上红色◎记号</td></tr>
<tr><td>○
◎</td><td>NO</td><td>找出危险原因及现象，按（因为……所以做了……导致……）的形式加以记录</td></tr>
<tr><td></td><td>1</td><td>风吹门，门自动关闭夹伤扶门的左手</td></tr>
<tr><td></td><td>2</td><td>脚踩凳子且离栏杆近，腰部位置高，凳子不稳时易摔出栏杆</td></tr>
<tr><td></td><td>3</td><td>风吹门，凳子不稳，容易踩偏摔落</td></tr>
<tr><td></td><td>4</td><td>打磨时，挪动脚，踩偏摔落</td></tr>
<tr><td></td><td>5</td><td>门处于半关闭状态时被推开，摔倒</td></tr>
<tr><td></td><td>6</td><td>打磨时，风一吹，粉尘吹进眼中</td></tr>
<tr><td></td><td>7</td><td>迈下凳子时，碰翻油漆罐，砸到下面的人</td></tr>
</table>

班组长针对议题（危险性作业）向组员询问，干此项工作有什么潜在的危险，在询问的过程中积极调动组员的积极性，每一个组员都要尽可能的提出意见。

组员要假想把自己已置身于任务当中，尽力找出有何危险因素（包括人、机、料、环境、管理等方面的不安全因素），积极大胆地发言，充分发挥自己的想象力；推想找出的危险因素会引发的影响，并进行讨论。

讨论后由班组长就大家找出的危险，逐一进行宣读确认，避免漏掉不是主要的却是危险的那些因素或项目。

1R 现状把握时考虑危险因素要全面，一般要从以下三点入手。

1）对人的确认，如人的位置（对象物的位置、周围环境）、姿势（手、头、腕、足、腰的位置）、服装（安全帽、工作装、保护具）、共同作业者（位置、姿势、服装、保护具）。

2）对物的确认，如仪表类（温度计、流量计、报警器）、机械设备（电源、阀门、车辆、天车）、工具（刀子、锤子的种类和状态）、资材、工件（摆放高度、位置、方向、角度）、标志（危险物、有害物、严禁动火）、劳动保护用品（安全帽、安全带、护目镜、耳塞）。

3）要考虑伤害类型，生产现场中可能出现的伤害类型有夹卷、砸伤、碰撞、触电、烫伤等。

第二步：追求本质（2R），在危险因素中找出 1 ~ 3 个主要危险因素，见表 5-4。

表 5-4 KYT 分析表——完成 2R，追求本质

<table>
<tr><td>NO</td><td colspan="2">作业名称</td><td colspan="4" rowspan="2">KYT 分析表——4R 法</td><td>日期</td><td>/ /</td></tr>
<tr><td></td><td colspan="2">砂纸打磨门</td><td>场所</td><td></td></tr>
<tr><td>组名</td><td></td><td>组长</td><td></td><td>记录员</td><td></td><td>其他组员</td><td colspan="2"></td></tr>
<tr><td colspan="4">选定议题</td><td colspan="5" rowspan="2">1R 把握现状：针对议题（危险性作业），发现、预知潜在危险
2R 追求本质：找出 1 ~3 个主要危险因素。重要危险打上红色○记号，特别重要的打上红色◎记号</td></tr>
<tr><td colspan="4" rowspan="8">
</td></tr>
<tr><td>○◎</td><td>NO</td><td colspan="3">找出危险原因及现象，按（因为……所以做了……导致……）的形式加以记录</td></tr>
<tr><td></td><td>1</td><td colspan="3">风吹门，门自动关闭夹伤扶门的左手</td></tr>
<tr><td>◎</td><td>2</td><td colspan="3">脚踩凳子且离栏杆近，腰部位置高，凳子不稳时易摔出栏杆</td></tr>
<tr><td>○</td><td>3</td><td colspan="3">风吹门，凳子不稳，容易踩偏摔落</td></tr>
<tr><td>○</td><td>4</td><td colspan="3">打磨时，挪动脚，踩偏摔落</td></tr>
<tr><td></td><td>5</td><td colspan="3">门处于半关闭状态时被推开，摔倒</td></tr>
<tr><td>◎</td><td>6</td><td colspan="3">打磨时，风一吹，粉尘吹进眼中</td></tr>
<tr><td colspan="4"></td><td>○</td><td>7</td><td colspan="3">迈下凳子时，碰翻油漆罐，砸到下面的人</td></tr>
</table>

班组长应对每个组员进行询问，检查确认是否所有成员都了解和重视找出的危险，对查出的危险因素按其是否会造成伤害进行分类。

1）第一类：这个危险因素不会造成伤害。

2）第二类：这个危险因素可能会造成伤害。

将第一类危险因素剔除，对剩下的可能会造成伤害的第二类危险因素，进行再次分类，找出大家认为最有可能造成伤害的危险因素：1 ~3 个主要危险因素。重要危险的打上红色○记号，特别重要的打上红色◎记号。这个重要危险因素的识别过程不能靠举手表决，也不能靠班组长的主观臆断，而应以客观事实和科学推理为依据，要分析得细致、透彻。

班组长第二次向大家确认，对这样的重要危险因素大家必须记清楚。

第三步：制订对策（3R），针对主要危险因素，每人制订出具体、可实施的对策并合并成 1 ~3 项最可行的对策，见表 5-5。

针对第二类中的重要危险因素（即带红色◎标记的危险因素），班组长向组员或组员之间相互提问，启发大家思考，集体讨论，拿出切实可行的措施。

对具体措施进行分类，把必须马上实施的作业重点实施项目（1 ~3 项）定下来。

班组长就确定的内容对组员进行最后的确认，看是否有遗漏的危险和措施。

表 5-5　KYT 分析表——完成 3R，制订对策

NO	作业名称	KYT 分析表——4R 法	日期	/ /
	砂纸打磨门		场所	

组名		组长		记录员		其他组员	

选定议题

1R 把握现状：针对议题（危险性作业），发现、预知潜在危险

2R 追求本质：找出 1～3 个主要危险因素。重要危险的打上红色○记号，特别重要的打上红色◎记号

○◎	NO	找出危险原因及现象，按（因为……所以做了……导致……）的形式加以记录
	1	风吹门，门自动关闭夹伤扶门的左手
◎	2	脚踩凳子且离栏杆近，腰部位置高，凳子不稳时易摔出栏杆
○	3	风吹门，凳子不稳，容易踩偏摔落
○	4	打磨时，挪动脚，踩偏摔落
	5	门处于半关闭状态时被推开，摔倒
◎	6	打磨时，风一吹，粉尘吹进眼中
○	7	迈下凳子时，碰翻油漆罐，砸到下面的人

3R 制订对策：针对主要危险因素（带红色◎标记），每人制订出具体、可实施的对策

4R 确定目标：确定要实施或执行的对策。将重要实施事项加注红色※标记，画上下划线，设定为班组的行动目标

标记◎的编号	重要项标记※	具体对策	班组行动目标（……做，OK!）“指差确认”
2	※	1. 将凳子靠近墙	
		2. 将凳子放置在门的内侧	“……OK!”
		3. 系上安全带	要点确认“指差确认”
			“……OK!”
6		1. 戴防护镜	“身体接触并喊口号”
	※	2. 在上风口作业	
		3. 砂纸在远离眼睛的下方	“这是我们的行动目标！……OK!”

第四步：确定目标（4R），对于第三步制订的候选对策，确定要实施或执行的对策，见表 5-6。

经过充分讨论，统一思想，选出最优化的重点安全实施项目（标记※）设定为班组行动措施。讨论会议结束后，要将危险因素的分析与对策整理成 KYT 分析表。参与讨论的全体组员签名。

表 5-6　KYT 分析表——完成 4R，确定目标

NO	作业名称	KYT 分析表——4R 法	日期	/ /
	砂纸打磨门		场所	

组名		组长		记录员		其他组员	

选定议题

1R 把握现状：针对议题（危险性作业），发现、预知潜在危险

2R 追求本质：找出 1～3 个主要危险因素。重要危险的打上红色○记号，特别重要的打上红色◎记号

○◎	NO	找出危险原因及现象，按（因为……所以做了……导致……）的形式加以记录
	1	风吹门，门自动关闭夹伤扶门的左手
◎	2	脚踩凳子且离栏杆近，腰部位置高，凳子不稳时易摔出栏杆
○	3	风吹门，凳子不稳，容易踩偏摔落
○	4	打磨时，挪动脚，踩偏摔落
	5	门处于半关闭状态时被推开，摔倒
◎	6	打磨时，风一吹，粉尘吹进眼中
○	7	迈下凳子时，碰翻油漆罐，砸到下面的人

3R 制订对策：针对主要危险因素（带红色◎标记），每人制订出具体、可实施的对策

4R 确定目标：确定要实施或执行的对策。将重要实施事项加注红色※标记，画上下划线，设定为班组的行动目标

标记◎的编号	重要项标记※	具体对策	班组行动目标（……做，OK!）“指差确认”
2	※	1. 将凳子靠近墙	指差确认：“将凳子靠近墙，OK!” “在上风口作业，OK!”
		2. 将凳子放置在门的内侧	
		3. 系上安全带	要点确认“指差确认” 指差确认：“将凳子靠近墙，OK!” “在上风口作业，OK!”
6		1. 戴防护镜	“身体接触并喊口号” “我们的行动目标：将凳子靠近墙，OK!” “我们的行动目标：在上风口作业，OK!”
	※	2. 在上风口作业	
		3. 砂纸在远离眼睛的下方	

注意：对策应是方便、快捷、可行的，不需要花费长时间或高额费用来实施；目标明确简洁，控制在 15 字之内。

（3）KYT 分析表的发表和说明　一般由两个组的成员相互发表、说明。

发表：发表者确认从 1R 到 4R、不添加自己的意见感想，原样读出写在报告上的内容。

说明：说明者就其他组的发表情况进行评论（1～2 分钟）。评论时要先赞扬发表者的长处，有建议也要尽量婉转地提出。

5. KYT 的实施形式

KYT 的实施就是对训练中的重要措施和目标的应用过程，其形式有三种。

（1）短会训练　以班前会、班中会和安全活动短会的形式进行。在作业前进行有针对性的宣讲、确认，结合当班的作业任务和分工安排，再次学习 KYT 分析表，对在具体的作业过程中还会存在的危险因素与防范措施进行补充。通过班组讨论、个人思考，达到理解以致会用。

（2）辨识性训练　在具体作业过程中应用 KYT 分析表，通过发现问题和不足、掌握解决问题的方法，从而在操作中检验 KYT 分析表的可行性，不断提高其适用性。

（3）解决问题训练　在实施岗位 KYT 分析表过程中，若发生了分析表中未涉及的危险或防范措施而导致了事故，就应当结合问题，及时补充完善 KYT 分析表。

6. KYT 活动后的总结和持续改进（KYT 再实施）

KYT 分析表形成后不是一劳永逸、一成不变的。一般来说，一个 KYT 分析表实施在一定的周期后，就应当进行挖掘式地修订 KYT 分析表。将重新修订后的 KYT 分析表再次发到班组实施。

三、KYT 活动在班组安全管理中的重要意义

人的生命是最宝贵的，失去了就不可能重新获得。生产现场是最容易产生工伤事故的地方，班组是预防安全事故的第一线，所以班组安全活动是预防安全事故的最好手段，而 KYT 活动就是班组安全活动的最有效方法之一。

1. KYT 活动的范围

1）班组长要对本班组作业范围内的所有作业内容明确无误，对重点、难点、危险点了如指掌，做到心中有数。

2）班组成员应对班组作业范围内的作业任务、可能会引发的伤害、事故（如起重伤害、车辆碰撞、高空坠落、割伤、烫伤等），在作业前仔细思考，并运用因果图、事故树分析等方法，分别列出对策并加以落实，防患于未然。

3）KYT 分析表要认真填写，要求班组成员人人会写、人人清楚，达到危险预知大家清楚，从而保证每次危险作业都能顺利完成。

4）班组长和班组成员工作、生活、学习在一个特定的集体中，要了解彼此的心理、健康状况的变化，及时发现问题，采取措施加以解决。

5）对每一项作业任务，班组长都要按照“班组成员人员是否足够、素质是否适应、配合是否默契、方案是否可行”的要求，精心制定出作业方案，确保作业安全及质量。

2. KYT 活动的关键是深化隐患检查整改

（1）发现隐患及时整改　班组长在班组巡检中，要对生产工艺过程，设备运行状况，安全装置、个人防护用品的使用情况等进行巡检，对发现的问题要及时整改，本班组解决不了的要及时上报。

（2）进行“五查”活动　班组成员要进行“五查”活动，即查不安全装置、不整洁环境、不安全行为、不标准操作、麻痹作业。

（3）建立台账　建立缺陷检查、隐患整改台账，做到记录齐全、填写认真、情况真实、有据可查。

3. KYT 活动的目的是提高班组整体安全素质

（1）班前危险预知安全讲话　班组长根据生产特点、作业内容，用安全讲话的形式，用正反两方面的事例来说明安全作业要点、安全注意事项、预防事故的措施等。

（2）事故案例教育　定期将近来发生的事故案例列出，作简要的分析评论，达到以案说法、以案说责，防止事故再发生。

（3）提高全员素质　对班组成员要有计划地组织安全技术轮训，也可进行多项技术培训、模拟可能的事故现象，找出安全对策，营造良好的班组安全文化氛围。

（4）班组成员互帮互助　班组成员能力不同，具备的安全技术也不同，班组成员互帮互助，以此识别作业中人的不安全行为和物的不安全状态，通过这些识别活动来进一步明确危险因素，消除安全隐患。

班组开展 KYT 活动，可以强化班组控制危险的能力，提高班组整体安全素质。

四、实施 KYT 活动使用的技术手段

实施 KYT 活动过程中常使用的技术手段有指差确认法（Pointing and Calling，P&C）；身体接触并喊口号（Touch and call，T&C）；惊吓提案；自问自答卡等。

1. 指差确认法（P&C）

指差确认法，是一种通过目视、手指目标物并大声口述进行安全确认的管理方法。它是在工作前，通过心想、眼看、手指、口述需确认的工作环境的安全状况和注意事项，或在工作中时常口述安全操作步骤，利用肢体语言和多个感官确认，以达到集中注意力、正确操作的目的，是国际上先进的安全管理方法之一。

指差确认法又称指出确认法、指差呼称确认法、“手指口述”安全确认法等，它同 KYT 一样源于日本的“零事故战役”，原为铁路事业用的安全动作。指差指认法通常用于 KYT 活动中对目标措施的确认过程。

（1）指差确认法概述　为了安全作业、不出现错误，在进行作业活动的重要地方，要伸出食指指着对象物，并用清晰的声音说“……OK!”的话来进行自我确认。指差确认法是通过心想、眼看、手指、口述的工作方式，促使员工深思牢记安全操作过程及作业要领，是规范员工安全生产行为、落实安全技术措施的现场确认，确保安全生产的有效管理模式。指差确认法实施的关键包括以下几项。

1）眼。目光坚定地注视着要确认的目标。

2）臂及手指。以正确的姿势抬起胳膊，右手握拳伸出食指指向要确认的目标（臂和手的姿势：左手垂于腰际，伸出右臂，用右手食指指着对象物。右臂向着对象物抬起直至抬平），口诵完“……OK!”后再放下。

3）口。高声及清楚地呼唤“……很好!”；“……是我们的目标!”；“……安全!”等。

4）耳。聆听自己的大声呼唤。

5）心。想着安全，对听到的声音确认。

实施的过程中，通常将某项工作的操作规范和注意事项编写成简易口诀。当作业开始的时候，不是马上进行作业，而是用手指指着，并说出那个关键部位进行确认，以防止判断、操作上的失误。久而久之自然让员工熟练了安全操作，形成习惯，从而提高安全意识和操作技能，达到少出错误、少出纰漏、少出事故的效果。

例如，作业人员在按动某开关前，首先对选择开关的正确性进行确认，指着要按动的开关大声说，“……号（……色）开关，正常!”，经确认无误后再按动开关。通过这样的方

法，提升作业人员的注意力，避免由于注意力不集中而造成的操作失误。

（2）指差确认法实施的意义　根据统计数据，在安全作业过程中单纯地看、手指或口诵相对于指差确认法事故发生率较高，指差确认法的操作错误或事故的发生率可以降至原来的六分之一，见表5-7。

表5-7　操作错误发生率对照表

序号	内容	错误发生率	备注
1	只看	2.38%	
2	只口诵	1%	
3	只手指	0.75%	
4	指差确认法	0.38%	

（3）指差确认法的执行　指差确认法的执行环节非常重要。在执行过程中需要严肃认真、并持之以恒，需要营造良好的工作环境和氛围。要激发员工的意识和主动参与的热情，每个人都能参与其中；危险源辨识、行动目标和措施均由员工自己确定和提出，使员工保持一种“我要做”的积极主动的心态。

2. 身体接触并喊口号（Touch and call）

相对指差确认法来说，Touch and call是能更进一步加强一体感和连带感的有效手段。就是在早上刚上班和下午临下班时，班组成员围成圈，大声呼出安全口号。一般有三种表现形式。

（1）接触型　首先，小组成员围成圆形站着，每个人用左手搭着左边人的右肩，然后每个成员用右手食指指向圆的中心，大声呼出确认安全的“……OK!”口号。

（2）围圆型　小组成员围成圆形站着，每个人都用手握住左边人的拇指，手围成一个圆，然后每个成员右手食指指向圆的中央，呼出口号。

（3）手重叠型　小组成员同样围成圆形站着，班组长左手手心向下伸出，组员们也左手手心向下叠放在上面，然后每个成员右手食指指着叠放在一起的左手，呼出口号。

3. 惊吓提案

所谓的惊吓提案，就是对“吓一跳、冒冷汗”事件进行记录，使班组成员共享事件信息，共同制订对策，防止未遂事件重复发生或演变成事故。

“吓一跳、冒冷汗”事件是指已发生的或预感可能会发生的事件，即没有造成人员伤害以及设备设施损坏的未遂事件，通常指虚惊事件。它分为体感型和预测型。所有发生的未遂事件或能预测到的事件，不受时间的限制，可以是过去（几年前的）、现在或者将来（预测）的事件，都可以进行记录，即填写惊吓提案表，见表5-8。

（1）惊吓提案实施方法　在遇到或想到“吓一跳、冒冷汗”事件时，由当事者本人填写惊吓提案记录，提出对策，然后班长提出对策并划分事件等级，上报到车间、安全管理部门，重新划分等级并签字确认，重要级别的进行下传共享，最后组织小组成员学习，共同提出对策并实施。

（2）惊吓提案实施要点　要对班组内发生的每一起“吓一跳、冒冷汗”事件进行挖掘。对事件的描述应遵循“5W2H”原则。重要的提案必须落实对策措施，必要时还要进行KYT训练并做好记录。

表 5-8　惊吓提案表

<table>
<tr><td colspan="6">惊吓提案表</td></tr>
<tr><td>提案名称</td><td colspan="2"></td><td>提出日期</td><td colspan="2">年　月　日</td></tr>
<tr><td>提案者</td><td></td><td>发生日期</td><td></td><td>发生地点</td><td></td></tr>
<tr><td rowspan="9">提案内容</td><td colspan="2">内容（什么、怎么样）</td><td colspan="3" rowspan="6">图</td></tr>
<tr><td colspan="2"></td></tr>
<tr><td colspan="2"></td></tr>
<tr><td colspan="2">原因</td></tr>
<tr><td colspan="2"></td></tr>
<tr><td colspan="2"></td></tr>
<tr><td colspan="2">对策内容（案）</td><td colspan="3" rowspan="3">图</td></tr>
<tr><td colspan="2"></td></tr>
<tr><td colspan="2"></td></tr>
<tr><td rowspan="4">确认结果</td><td>对策·指示事项</td><td>改善者</td><td colspan="3">危险程度</td></tr>
<tr><td></td><td></td><td colspan="3">☐ 需要马上进行改善</td></tr>
<tr><td></td><td></td><td colspan="3">☐ 不紧急但需要改善</td></tr>
<tr><td></td><td></td><td colspan="3">☐ 到现在为止没有问题</td></tr>
<tr><td colspan="6">提案内容评价栏（根据重要度不同打上标记，如○・△・×）</td></tr>
<tr><td>审查者</td><td>安全</td><td>独创性</td><td>展开性</td><td>审查者签名</td><td>审查结果</td></tr>
<tr><td></td><td></td><td></td><td></td><td></td><td>☐ 采用</td></tr>
<tr><td></td><td></td><td></td><td></td><td></td><td>☐ 不采用</td></tr>
<tr><td>总评</td><td colspan="5"></td></tr>
</table>

4. 自问自答卡——1 个人的 KYT

自问自答卡是针对一个人进行 KYT 活动，以 4R 循环法为基础，看着插图自问自答“没有……吗?”，对每个事故类型都探讨“潜藏着什么样的危险”，并把它总结为一个危险的要点，省略 3R，只设定重点实施项目和行动目标，进行指差确认，用于提高个人对危险的感受性、防止事故的训练。

自问自答卡是非常规作业中确保作业安全的一种有效训练。它由作业人员一人大声逐项读出自问自答卡上的项目，自问自答，发现潜在的危险，采取必要的措施，避免一个人为了尽快完成任务，忽视身边的危险因素。

思　考　题

1. 什么是危险预知训练?
2. 危险预知训练活动的四个步骤分别是什么?
3. 按 4R 法开展危险预知训练：站在脚踏板上把油桶放到称重器上称重，如图 5-3 所示。
4. 指差确认法的实施要点是什么?
5. 如何进行一个人的危险预知训练?

图 5-3　试题 3 图

6. 说一说你对开展危险预知训练活动的看法？

第二节　汽车生产现场的危险源辨识

一、概述

我国的安全生产方针是“安全第一，预防为主”。“安全第一”，就是在进行生产经营活动时，时刻把安全工作放在首要位置，当安全和生产发生矛盾时，必须先解决安全问题再进行生产。“预防为主”，是强调把一切危险因素消除在事故发生之前，要求一切安全工作必须立足于预防。科学技术的进步，安全工程的发展，使得人们可以在事故发生之前有效预测，评价事故的危险性，先行控制或采取措施消除危险因素，实现“预防为主”。

2011 年国家经贸委发布的 GB/T 28001—2011《职业健康安全管理体系 要求》中要求企业要进行危害辨识，即识别危害的存在并确定其性质的过程。危害辨识有两个关键任务：识别可能存在的危险因素，辨识可能发生的事故后果。

要实现“预防为主”，把一切不安全的因素消除在事故发生之前，就要了解生产现场中存在哪些危险因素。危险源辨识的调查内容包括以下几项。

（1）生产工艺设备及材料情况　工艺布置、工艺设备的固有缺陷，所使用的材料种类、性质、危害等。

（2）作业环境情况　安全通道情况，工艺设备的结构、布局、作业空间布置等。

（3）操作情况　操作过程中的危险，作业人员接触危险的频率等。

（4）事故情况　以往发生的事故及危害状况，事故处理应急方法，故障处理措施。

（5）安全防护　危险场所有无安全防护措施，有无安全标志，设备、物料的使用有无安全措施。

下面对汽车生产现场可能存在的危险源进行辨识，汽车生产现场主要有冲压、焊接、涂装、总装四大车间及动力总成车间等。

二、起重机吊装作业的危险源辨识

在汽车的冲压、焊接、涂装、总装、动力总成等车间生产现场都有大量吊具（发动机总成吊具、冲压件模具吊具、车身吊具、车门吊具等）及电葫芦，因此在起吊和运输零件过程中，如果存在危险因素，就有可能引起起重事故。

起重事故是指在进行各种起重作业（包括吊运、安装、检修、试验）中发生的重物坠落、夹挤、物体打击、起重机倾翻、触电等事故。在事故多发的特殊工种作业中，起重作业的事故最多，而且事故后果严重。

1. 起重作业的特点

重物在空间的吊运、起重机的多机构组合运动、庞大机器的移动，以及大范围、多环节的群体运作，使起重作业的安全问题尤其突出。起重作业有以下几个特点。

（1）安全防护困难　重物在高空中的悬吊运动，起重作业的多运动组合，起重机械具有大量的可动零部件，结构复杂、形状不一、运动各异以及速度多变，造成起重机械的危险点多且分散的特点，给安全防护增加了难度。

（2）作业范围大　起重机带载可以在较大范围内移动运行，使危险的影响范围加大。

（3）多人配合的群体作业　有些大型起重机，作业时需要捆绑吊物、挂钩，作业人员操纵起重机将吊物吊起，按地面指挥，通过空间运行，将吊物放到指定位置摘钩、卸料。需要作业人员互相合作才能完成，作业过程中无论哪个环节出问题，都可能发生意外。

（4）作业条件复杂多变　在生产现场，地面设备多，作业人员集中；在室外，受气候、气象条件和场地限制的影响，特别是流动式起重机还涉及地形和周围环境等多种因素的影响。

2. 起重机吊装作业可能存在的危险源

1）起重机吊钩超载断裂、吊运时钢丝绳从吊钩中滑出；使用的钢丝绳断裂造成重物下落；使用的吊具吊运超过额定起重量的重物等造成重物下落；钢丝绳从滑轮中跳出轮槽；机械传动部分未加防护，造成机械伤害。

2）汽车起重机作业场所地面不平整、支撑不稳定、配重不平衡、重物超过额定起重量而造成起重机倾覆；风力过大、违章作业造成起重机倾覆。

3）载货升降机违章载人；人站立或坐在吊钩上；人站在起重臂下等危险区域；吊运时无人指挥；作业区内有人逗留；运行中的起重机的吊具及重物摆动撞击行人；驾驶室玻璃未擦净，造成视野不清；驾驶人员与指挥人员联络不畅，或误解吊运信号；起重作业及其他作业人员未戴安全帽等个人防护用品；吊挂方式不正确，造成重物从吊钩中脱出。

4）电气设备漏电、保护装置失效、裸导线未加屏蔽等造成触电；吊运中突然停电；吊具或钢丝绳与导电滑线意外接触。

三、生产现场行驶车辆的危险源辨识

汽车生产的各车间内有许多物流车辆、叉车、成品或返修车辆行驶，在行驶过程中可能发生车辆伤害事故。主要危险因素如下：

1）小车运输速度过快，特别在转弯处没有减速，很容易对弯道处或十字交叉处的行人造成撞击。

2）转弯处或交叉路口，人流和车流在弯道处不能事先看到对方，容易发生迎面撞击。

3）驾驶人员违章操作或者没有取得驾驶合格证件而驾驶。

4）道路条件不好，如有障碍物体、地面湿滑、照度不够、人和车辆混行等。

5）车间内照度不够，驾驶人员可见度低，导致车辆伤害。

6）车辆长期使用，发生故障而没有及时检修。

四、总装生产现场的危险源辨识

总装是汽车生产的四大工艺之一，总装车间除了存在可能造成起重和车辆伤害的危险因素外，还有其他危险源。

1. 机械伤害

1）机械手在操作运转区域都有隔离栏杆及电气连锁防护装置，正常生产情况下，一般不易发生机械伤害事故，但作业人员误入机械手工作区域、连锁防护装置故障也会发生机械手伤人事故。此外，机械手在检修特别是在调试过程中，由于安全防护装置关闭，作业人员在工作过程中也可能发生机械伤害事故。

2）机械手会因供电系统断电或油路故障导致被抓取物体坠落，如果附近有作业人员，很容易造成伤害。

3）当机械手抓取玻璃时，由于吸盘抓取不牢固，玻璃坠落，可能导致周围作业人员受伤害。

4）压装机在工作过程中设有光栅保护装置，但保护装置一旦发生故障，作业人员向压装机用手续料时，由于手离工作危险区很近，一旦发生意外情况（手未完全离开，冲模便下落），作业人员的手就会被压伤。此外，压装机在检修调试过程中，由于安全防护装置关闭也可能发生机械伤害事故。

5）地面运输链转角交叉处、和人接触处、地沟等地方可能夹伤人体。

2. 触电伤害

机械手、压装机等电气设备在维修调试过程中，由于绝缘防护不当可能会产生触电事故；在车辆电气设备装配、检测过程中，由于防护不当也可能发生触电事故；总装车间配电间、车间变电间，由于作业人员误靠、接地装置失灵、外壳带电、在检查或者维修过程中防护不当，均可能发生触电事故。

3. 火灾爆炸

总装车间有柴油、汽油、变速器油及防冻液。由于柴油、汽油为易燃易爆化学品，油品在加装、输送过程中，一旦发生泄漏，遇到热源、明火、静电，就可能发生火灾甚至爆炸事故。此外，在返修区补漆间内存在油漆，油漆为易燃易爆化学品，油漆在加装、喷涂过程中，一旦发生泄漏也可能发生火灾甚至爆炸事故。

4. 毒物伤害

涂胶机器人所用的胶具有一定毒性，作业人员长期在此环境下工作，如果防护不当，就可能引起职业病伤害；总装车间补漆室在烘干过程中会产生少量的有机溶剂废气，其主要成分为甲苯、二甲苯，这些物质具有一定毒性，如果防护不当，也会危害作业人员健康；另外，车辆装配下线工段和试验调整工段，发动机会产生尾气，作业人员如果防护不当，长期在此环境中工作，健康就可能受到一定的损害。

五、冲压生产现场的危险源辨识

现在的冲压车间机械化和自动化程度较高，与以往相比，不仅提高了劳动生产率而且保证了人身安全。但是，冲压作业的动作频率高，又多数是薄板加工，所以冲压过程中还是难免会发生伤人事件。冲压车间可能存在的危险源可以分为以下几类。

1. 机械伤害

1）压力机、机械手都是自动化作业，在正常工作时人员在格栅外监护，但是设备调试、维修时，人员可能要进入压力机及其机械手工作区域，可能会造成伤害，压力机冲压后在清理过程中也可能会对作业人员造成伤害。

2）压力机、机械手在检修过程中，由于机械故障、误起动、违反操作规程等原因，可导致压力机、机械手伤人事故。

3）压力机在冲压薄板件的过程中，可能会产生少量的碎屑飞溅，如果作业人员距离防护栅栏太近或者防护不当，可能会造成人员伤害。

4）少量冲压件可能需要进行手工选料剪切，在剪切过程中，由于误操作或防护不当，易发生剪切设备伤人事故。

2. 触电伤害

压力机和机械手等电气设备在检修调试过程中，由于违章操作、防护不当可能发生触电事故；另外，冲压车间配电间、变电间也会导致触电事故。

3. 物体打击

在搬运和堆垛冲压件过程中，由于重心失稳或者防护不当，可能会造成物体打击伤害。

压力机及其机械手设备较大，在检修过程中可能会进行高空作业，由于防护不当会引发高处坠落。

4. 噪声、振动伤害

压力机在冲压过程中产生较大的噪声，如果作业人员未戴防护耳塞可能会引起听觉损伤；冲压过程中产生的振动也是巨大的，如果作业人员长期在振动环境下工作会产生职业病。

5. 其他伤害

冲压模具由于其自身的故障或其他缺陷，会引发压力机及其附属部件对人造成危害，因此模具对操作作业人员的安全也有一定影响。例如，模具的强度不够，在长年高压过程中断裂或破坏；模具材料及其热处理没有达到适当的要求，硬度太高容易引起模具脆裂；冲压模具的紧固件用量较多，主要有螺钉、螺母、弹簧、柱销、垫圈等，这些零件如果选用质量不佳，压力机长期工作使得紧固件松动，引起冲压事故。

另外，冲压件多为薄板，周边比较尖锐锋利，如果作业人员在搬运过程中，由于违章操作或者防护不当，可能会造成冲压件割伤事故。

六、涂装生产现场的危险源辨识

涂装是汽车生产中必需的工艺，汽车的涂装作业涉及多种危害因素，其中最突出的问题是在涂装原材料中多数存在易燃、易爆和毒性等理化特性，有些物料在作业过程中还有粉尘危害。此外，工业化涂装还大量使用化工、机电、输送、加热和燃烧等设备，所以危险因素存在于涂装生产的各个工艺环节。因此，涂装生产被国家环保部门列为危险性较大的作业方式。涂装作业对劳动防护的要求很高，如果作业中未严格按要求进行防护，或防护不当就会造成伤害。具体的危险因素包括以下几点。

1. 触电伤害

涂装车间配电间、车间变电间可能导致触电事故。

2. 物体打击

涂装车间的悬挂链系统是由轨道、链条、导轮、驱动装置和吊具等组件构成的。如果其组件中有一个出现故障或缺陷，就可能会导致链条断裂而造成物体打击伤害。

3. 火灾爆炸

1）由于喷涂用漆（有机溶剂二甲苯）为易燃易爆物质，这些物质一旦发生泄漏，遇到明火、热源、静电等激发能源，可能发生火灾甚至爆炸事故。

2）调漆间生产时有甲苯及二甲苯等易燃易爆挥发性气体产生，这些气体一旦在车间内达到爆炸极限浓度后，遇到明火或由于静电产生的火花、金属物体撞击产生的火星，都会发生火灾甚至爆炸。

3）如果烘干室涂料挥发气体没有及时充分排空，可能会导致爆炸、爆燃事故，爆炸事故往往是伴随着二次灾害——火灾。一般来说，导致烘干室内可燃气体积聚而燃爆的原因有很多，通风系统出现故障使室内爆炸性混合气体浓度达到爆炸极限、室内气体压力超过警戒值而报警系统未报警、泄压装置失效等。

4）天然气调压站主要是将城市中压管网来的天然气调压后供应涂装车间使用，天然气为易燃易爆物质，一旦发生泄漏，遇热源、明火、火星、火花等，可能发生火灾甚至爆炸事故。

4. 毒物伤害

尽管整个调漆及喷涂过程为封闭过程，但由于油漆溶剂为易挥发物质，这些物质包括甲苯、二甲苯，如密闭装置发生泄漏或者车间通风不良，使这些有毒有害物质聚集，可能造成作业人员中毒伤害。

5. 酸碱腐蚀伤害

在车身的前处理过程中，涉及脱脂液（稀碱）、磷化液（稀酸）槽罐，这些酸碱物质具有一定的腐蚀性。当作业人员在换液、清洗槽等过程中，如果防护不当就可能导致酸碱腐蚀伤害。

6. 高温作业

烘干炉附近温度较高，作业人员长期在高温环境下工作可能会导致身体脱水过多，而出现其他职业性损伤。

七、焊装生产现场的危险源辨识

汽车焊装车间的主要任务是生产地板总成、左/右侧围总成、白车身总成等的焊接。主要设备有各类焊机、夹具、焊接机器人、电葫芦及其吊具、涂胶机等。焊装车间可能发生的伤害有如下几类。

1. 机械伤害

1）焊接过程中，经常要移动焊机，有时候也使焊机倾斜一定角度，对准焊接部位，焊接件虽然停止不动，但焊工也可能误碰焊件造成板料划伤事故。焊钳挂钩未装保护套，使得焊钳脱出而对人造成撞击伤害；

2）焊接夹具有许多的凸起部件和锐角部位，在上下夹具的过程中很容易造成夹伤、划伤、碰伤等伤害。

3）机器人焊接作业区域一般为封闭式区域，周围装有安全网和安全连锁门，避免人员进入。当作业人员在进行维修作业时，会进入机器人活动区域，此时一旦有人关闭安全门或者起动设备就可能造成人员伤害。

4）滚床在运行过程中，如果人员靠近作业区域就可能产生撞击或擦伤事故。

2. 触电伤害

各类焊机、焊接机器人、电葫芦都是由电来驱动的，在作业人员接触这些设备时，由于防护不当、设备、线路故障或者作业人员的误操作，势必会导致触电事故的发生。具体危险因素有以下几项。

1）身体的某一部位接触到电弧焊机的焊钳、焊条的导电部分时，身体的其他部位接触到大地或电焊机的二次绕组；人体的某一部位碰触到裸露而带电的接线头、接线柱、连接板和破损并裸露的电缆；小容量电焊机长期过载使用，一、二次绕组绝缘击穿，人体的某一部位碰触到无接地或接零的电焊机外壳；电焊机因受雨淋或受潮，绕组绝缘水平降低，电焊机外壳漏电，外壳又无接地或接零，人体的某部位碰触到电焊机外壳。

2）悬点焊机都是通过变压器进行电压转换的，变压器一旦发生故障如漏电等，就容易对电焊作业人员造成触电伤害。焊钳绝缘块在焊接过程中掉落也会造成触电伤害。

3）焊接机器人工作中用的是高压动力电，维修人员在检修过程中，如果操作或者防护不当可能会发生触电或电击事故。

4）焊机内冷却水泄露，导致焊机外壳带电，可能发生触电事故。

5）另外，焊装车间配电间、车间变电间，也会发生触电事故。

3. 物体打击

焊装车间多为大型零件或不规则零件，作业人员在搬运各类物件时，由于重心失稳或者防护不当，可能会造成物体打击伤害；焊装车间同涂装车间一样有悬挂链系统，所以也会因为链条断裂而造成物体打击伤害。

4. 有毒有害职业危害

氩弧焊、手工电弧焊接时，产生大量有害烟尘，烟尘的主要成分有铁、锰、铝、铜、氧化锌、硅等，其中主要毒性物质是锰。如果防护不当，焊装作业人员长期吸入这些金属粉尘，将会引起尘肺、锰中毒等职业病。

5. 其他伤害

高温电弧使金属熔化、飞溅，如果防护不当，很容易使人受到灼烫伤害；焊接中为去除焊渣而敲击焊缝时，未全部冷却的焊渣很容易溅入眼睛；电弧辐射会灼伤眼睛；在清除焊缝熔渣时，由于碎渣飞溅会刺伤或烫伤眼睛；焊接工件放置不稳会造成砸伤；检修登高作业时不加强防护可能会造成高处坠落等。

由于作业人员违章操作也会在焊接过程中造成焊接伤害。如焊件悬吊在空中进行焊接，这样不仅易造成灼烫伤害，也容易产生焊件刮伤事故。

此外，焊装零件多为薄板，边缘锋利会造成割伤事故。

八、动力总成车间的危险源辨识

动力总成车间包括零部件的机械加工、发动机总成、变速器总成的装配，发动机总成、变速器总成的装配过程中存在的危险源与总装车间类似。发动机、变速器的零部件需要进行切削加工，在切削加工过程中会产生许多其他不同的危险和有害因素。例如，机床高速运动着的部件、飞出的切屑、被加工零件及工具（刀具）因切削而产生的高温、被加工材料的粉尘颗粒、工作时产生的噪声与振动等，这些因素均有可能对人造成伤害。切削加工的危险和常见的危害因素有以下几项。

1. 由切削设备引起的机械伤害

设备的主要危险部位是高速运动的零件和刀具及传动部分，但在静止的时候也存在一定的危险。

（1）静止的危险　设备处于静止状态时存在的危险，即当作业人员接触或与静止设备作相对运动时可能引起的危险。造成静止危险的东西包括切削刀具的刃口；机械设备突出的较长的部分，如设备表面上的螺栓、吊钩、手柄等；毛坯、工具、设备的锋利边缘；粗糙表面，如未打磨的零件上的毛刺、锐角、翘起的铭牌等；引起滑跌的工作平台，尤其是有水或油的平台。

（2）直线运动的危险　指作直线运动的机械所引起的危险。机械进行往复的直线运动，作业人员未及时躲让时将受到运动机械的撞击或挤压；或人体经过运动的部件（如运动时的金属接头、工作台与底座组合处）时刮蹭而引起的危险。

（3）机械回转运动的危险　指人体、头发或衣服被卷进回转机械部位引起的危险。

1）卷进回转运动机械部件中的危险。回转运动机械部件如主轴、卡盘、进给丝杠、磨削砂轮、各种切削刀具（如铣刀、锯片等）；相互啮合的齿轮；砂轮与砂轮支架之间；有辐条的手轮与机身之间；如传动带与带轮、链条与链轮等。

2）有孔洞的零部件旋转，由于零件有孔洞部分而具有更大的危险性，如风扇、叶片，带辐条的滑轮、齿轮和飞轮等。

（4）机械飞出物击伤的危险　飞出的刀具或机械部件，如未夹紧的刀片、紧固不牢的接头、破碎的砂轮片等；飞出的切屑或零件，如连续排出或破碎而飞散的切屑、锻造加工中飞出的工件。

2. 由不安全行为引起的伤害

由作业人员不安全行为而引发的事故是很多的，绝大多数都是由于违反相关的操作规程造成的，如未按规定穿工作服，导致过于宽松的衣袖被卷入机械传动部分；戴手套进行作业，被飞速旋转的钻头或刀具把手套与手一起卷入危险部位；未按规定戴工作防护帽，而使长发卷入丝杠；零件或刀具未夹紧就开动机器等。

3. 其他常见的危害因素

1）高温烫伤。如刀具和被加工零件的表面在工作时会产生400℃的高温，有的温度甚至高达600℃；切削过程中产生的切屑，以及产生的脆性材料粉尘和磨料粉尘。

2）防护不当。切削加工用的切削液会对皮肤产生侵蚀；润滑油中所含的石油气溶胶能刺激上呼吸道黏膜，降低免疫力。

3）如果防护不当，长期受到机床产生的振动和噪声的影响也会对人体造成危害。

4）在对塑料、橡胶等高分子聚合物材料进行切削加工时，由于摩擦而形成的高温会使高分子聚合物发生机械和物理化学变化，如发生的热氧化降解能使高分子聚合物变为蒸气和气态，其产物有饱和烃及不饱和芳香烃，如果防护不当，会对人产生麻醉作用，引起中枢神经系统、血管系统、造血系统及内脏的病变，并可破坏皮肤的营养。

5）电路绝缘不良引起的漏电，设备运转时产生的静电。

6）安装和拆卸较重的工件需要过重的体力劳动；单调的工作以及长时间地注意力集中易引起疲劳，长时间地注视旋转零件也易引起视觉疲劳；如果不采取有效防护措施，都会造成伤害。

思　考　题

1. 我国的安全方针是什么？详述其意义。
2. 危险源辨识的调查内容有哪些？
3. 简要说明起重机吊装作业的危险源。
4. 简要说明生产现场行驶车辆的危险源。
5. 简要说明总装生产现场的危险源。
6. 简要说明冲压生产现场的危险源。
7. 简要说明涂装生产现场的危险源。
8. 简要说明焊装生产现场的危险源。
9. 简要说明动力总成生产现场切削过程的危险源。

第三节　劳动防护用品

2002 年 6 月中华人民共和国第九届全国人民代表大会常务委员会通过了《中华人民共和国安全生产法》，其中第三十七条规定：生产经营单位必须为从业人员提供符合国家标准或者行业标准的劳动防护用品，并监督、教育从业人员按照使用规则佩戴、使用。

劳动防护用品（PPE）是指由生产经营单位为从业人员配备的，使其在劳动过程中免遭或者减轻事故伤害及职业危害的个人防护装备。现场生产中存在诸多危险因素，如果不按要求使用劳动保护用品，就会因防护不当造成不必要的伤害。

劳动防护用品的品种很多，由于使用单位对劳动防护用品要求不同，分类方法也不一样。我国对劳动防护用品以人体防护部位为法定分类标准，在《劳动防护用品分类与代码》中将其分为九大类。

一、头部防护用品

头部防护用品是为防御头部不受外来物体打击和其他因素危害而配备的个人防护装备。根据防护功能要求，主要有一般防护帽、防尘帽、防水帽、防寒帽、安全帽、防静电帽等。

安全帽属于特种防护用品（应有三证：生产许可证、产品合格证、安全标志证（安全鉴定证），并符合 GB 2811—2007）。

结构：由帽壳、帽衬、帽箍、下额带等组成。

作用：防止物体打击伤害；防止高处坠落伤害头部；防止机械性损伤；防止污染毛发伤害。

使用注意事项：将安全帽戴正，拉紧下额带，帽箍调到合适位置。

二、呼吸器官防护用品

呼吸器官防护用品一般分为两类：一类是过滤式呼吸保护器，它通过将空气吸入过滤装置，去除污染而使空气净化；另一类是供气式呼吸保护器，它从一个未经过污染的外部气源，向佩戴者提供洁净的空气（如自备气源呼吸器）。

呼吸器官防护用品主要分为防尘口罩和防毒口罩（面具）两类，按功能又可分为过滤式和隔离式两类。

作用：为防御有害气体、蒸气、粉尘、烟、雾经呼吸道吸入，或直接向使用者供氧或清净空气，保证尘、毒污染或缺氧环境中作业人员正常呼吸。

使用注意事项：在使用过程中严禁随意拧开滤毒罐（盒）的盖子，并防止水或其他液体进入罐（盒）中；防毒呼吸用品应专人使用和保管，使用后应清洗和消毒。在清洗和消毒时，应注意温度，不可使橡胶等部件因受温度影响而发生质变受损。

三、眼部和面部防护用品

眼部和面部防护用品是预防烟雾、尘粒、金属火花和飞屑、热、电磁辐射、激光、化学飞溅物等因素伤害眼睛或面部的个人防护用品。

眼部和面部防护用品种类很多，根据防护功能，大致可分为防尘、防水、防冲击、防高温、防电磁辐射等。目前我国普遍生产和使用的主要有焊接护目镜和面罩、炉窑护目镜和面罩以及防冲击眼护具等。

作用：在进行打磨、切割、钻孔等工作时必须佩戴防护眼罩，以防止眼睛被飞出的碎片割伤，防止飞溅物、碎屑和灰沙伤及眼睛及面部。

使用注意事项：防护眼罩必须符合劳动防护用品生产要求及相关标准。

四、听觉器官防护用品

听觉器官防护用品是能防止过量的声能侵入耳道，使人耳避免噪声的过度刺激，减少听力损失，预防由噪声对人引起的不良影响的个体防护用品。听觉器官防护用品主要有耳塞、耳罩和防噪声通话头戴等。

作用：防止噪声使耳部受损（当噪声大于 80dB 时需佩戴），如空气动力噪声、机械噪声、电磁噪声等。

使用注意事项：先将耳廓向上提拉，使耳腔呈平直状态，然后手持耳塞炳，将耳塞帽体部分轻轻推向外耳道内，不要用力过猛，自我感觉舒适即可。

五、手部防护用品

手部防护用品是具有保护手和手臂功能的个人防护用品，通常称为劳动防护手套。手部防护用品按照防护功能分为一般防护手套、防静电手套、防高温手套、防油手套、防振手套、防切割手套、绝缘手套等。每类手套按照材料又能分为许多种（注：操作回转机械或设备时禁用手套）。

作用：防止火与高温、低温的伤害；防止电磁与电离辐射的伤害；防止电、化学物质的伤害；防止撞击、切割、擦伤、微生物侵害以及感染。

使用注意事项：防水、耐酸碱手套使用前应仔细检查，观察表面是否有破损，简易的检查办法是向手套内吹口气，用手捏紧套口，观察是否漏气，漏气则不能使用。橡胶、塑料等类防护手套用后应冲洗干净、晾干，保存时避免高温，并在上面撒上滑石粉以防粘连。

六、足部防护用品

足部防护用品是防止生产过程中有害物质和能量损伤足部的护具，通常称为劳动防护鞋。足部防护用品按照防护功能分为安全鞋、电工绝缘鞋、防滑鞋、消防靴、防酸碱鞋、防油鞋等，每类鞋根据材质不同又能分为许多种。

作用：防止物体坠落砸伤；防止滑跌；防止被尖锐物品刺伤等。

七、躯干防护用品

躯干防护用品就是通常讲的防护服（工作服）。根据防护功能，防护服分为一般防护服、防水服、防寒服、防砸背心、防毒服、阻燃服等，每一类又可根据具体防护要求或材料分为不同品种。

作用：保护作业人员躯干免受环境有害因素的伤害。

使用注意事项：穿戴要“三紧”——领口紧，袖口紧，下摆紧。

八、护肤用品

护肤用品用于防止皮肤（主要是面、手等外露部分）受化学、物理等因素危害的个体防护用品。

按照防护功能分为防毒、防腐、防射线、防油漆及其他类。

九、高空作业，防坠落防护用品

高空作业是指《高处作业分级》（GB/T 3608—2008）标准中规定的凡是在坠落高度基准面 2 米以上（含 2 米）有可能坠落的高处的作业。

防坠落用品是防止高空作业人员从高处坠落的整体及个人防护用品。个人防护用品是通过安全绳或安全带，将高处作业者的身体系接于固定物体上，整体防护用品是在作业场所的边沿下方张网，以防不慎坠落，主要有安全网和安全带两种。

安全网是高处作业场所边侧立装或下方平张的防坠落用品，是用于防止和挡住人和物体坠落，使作业人员避免或减轻伤害的集体防护用品。

安全带按使用方式，分为围杆安全带和悬挂、攀登安全带等。

高空作业必须佩戴安全带或安全绳等防坠落装置。

作用：限制下坠的高度，并且帮助开展救援工作。

使用注意事项：安全带使用时应系紧在腰部，挂钩应扣在不低于作业者所处水平位置的固定牢靠处（高挂低用）。应注意经常检查安全带缝制的挂钩是否完好可靠，发现磨损要及时修理、更换；悬挂点必须是固定的且能够承担一定负荷的固定点。

十、必须正确使用劳动防护用品

劳动防护用品是指在生产过程中为免遭或者减轻人身伤害和职业危害所配备的防护装备，所以正确使用劳动防护用品，是保障作业人员人身安全与健康的重要措施。按规定和要求佩戴和使用劳动防护用品，防止发生以下情况。

1）从事高空作业的人员，不系好安全带发生坠落。

2）从事电工作业（或手持电动工具）不穿绝缘鞋发生触电。

3）在车间不按要求穿工作服，或虽穿工作服但穿着不整，敞着前襟，不系袖口等，造成机械缠绕。

4）长发不盘入工作帽中，造成长发被机械卷入。

5）不正确戴手套。有的该戴不戴，造成手的烫伤、刺破等伤害。有的不该戴而戴，造成卷住手套带进手去，甚至连胳膊也带进去的伤害事故。

6）不及时佩戴适当的护目镜和面罩，使面部和眼睛受到飞溅物伤害或灼伤，或受强光刺激，造成视力伤害。

7）不正确戴安全帽。当发生物体坠落或头部受撞击时，造成伤害事故。

8）在工作场所不按规定穿用劳保皮鞋，造成脚部伤害。

9）不能正确选择和使用各类口罩、面具，不会熟练使用防毒护品，造成中毒伤害。

在其他需要进行防护的场所，如噪声、振动、辐射等，也要正确佩戴和使用劳动防护用品，从而保护自己的人身安全和健康。

十一、劳动防护用品使用注意事项

1. 劳动防护用品具有一定的有效期限

劳动防护用品的使用期限与作业场所环境、劳动防护用品使用频率、劳动防护用品自身性质等多方面因素有关，如安全帽有效期限为2年（或根据材质、说明书）。

2. 劳动防护用品需定期检查或维护

如安全带每12月检查一次，若6月未使用，在使用之前需检查；呼吸面罩的滤盒及滤棉均需定期更换。

3. 劳动防护用品需经常清洁保养

如工作服、安全鞋、耳塞、呼吸面罩等要经常清洁。不得任意损坏、破坏劳动防护用品，使之失去原有功效，如安全帽不得随意打孔、喷漆及抛掷等。

思考题

1. 什么是劳动保护用品？
2. 按照《劳动防护用品分类与代码》，劳动保护用品分为哪几大类？
3. 劳动保护用品的使用注意事项有哪些？
4. 说出5种以上劳动防护用品及作用。
5. 谈谈你对使用劳动防护用品的看法。

第四节　安全警示标识

GBZ 158—2003《工作场所职业病危害警示标识》作为强制性标准，要求在可能发生职业病危害的工作场所、设备及产品设置警示标识，用特定的颜色和标志，引起人们对周围存在的不安全环境的注意，提高人们对危险因素的警惕。特别在紧急情况下人们能借助安全色标的指引，尽快采取防范和应急措施或撤离现场，避免发生更严重的事故。警示标识包括图形标志、警示线、警示语句和文字等。

现行国家标准 GB 2893—2008《安全色》和 GB 2894—2008《安全标志及其使用导则》对安全色和安全标志的含义和使用进行了明确的规定。

一、安全色

安全色是根据颜色给人们不同的感受而确定的。颜色可分为彩色和非彩色两种。白色和黑色属于非彩色，其他各种颜色属于彩色，安全色属于彩色类，白色和黑色能使安全色反衬得更醒目，更令人容易辨认，故成为安全色的对比色。下面介绍安全色的含义与应用。

国家标准 GB 2893—2008《安全色》是采用红、黄、蓝、绿这四种颜色，作为发布“禁止”“警告”“指令”和“提示”等安全信息含义的颜色，安全色要求容易辨认和引人注目，其含义与应用见表 5-9。

表 5-9　安全色的含义与应用

颜色	含　义	应　用
红色	表示禁止、停止、消防和危险的意思	禁止、停止和有危险的器件、设备或环境涂以红色标记
黄色	表示注意、警告的意思	需警告人们注意的器件、设备或环境涂以黄色标记
蓝色	表示指令、必须遵守的规定	提醒人们应该遵守的规定
绿色	表示通行、安全和提供信息的意思	可以通行或安全情况涂以绿色标记

（1）红色　引人注目，使人在心理上会产生兴奋感和刺激感。同时红色光波波长较长，不容易被散射，在较远的地方也容易辨认。也就是说，红色的注目性很高，视认性也很好，适用于表示危险、禁止、紧急停止的信号。

凡是禁止、停止和有危险的器件、设备或环境，均涂以红色的标记。例如，交通岗和铁路上的红灯作为禁行标志，禁止标志、消防设备、停止按钮和停车、制动装置的操纵把手、仪表刻度盘上的极限位置刻度、机器转动部件的裸露部分（飞轮、齿轮、带轮等的轮辐、轮毂）、危险信号旗等均以红色为标志。

（2）黄色　黄色是一种明亮的颜色。黄色和黑色相间组成的条纹是视认性最高的色彩，特别能引起人们的注目，所以适用于警告或注意的信号。如警告标志、交通警告标志、道路交通路面标志、带轮及其防护罩的内壁、砂轮机罩的内壁、楼梯的第一级和最后一级的踏步前沿、防护栏杆、警告信号旗等。凡是警告人们注意的器件、设备或环境，均应涂以黄色或黑、黄相间的标记。

（3）蓝色　虽然注目性和视认性都不太好，但和白色配合使用效果较好。特别是在阳光照射下，蓝色和白色衬托出的图像或标志，看起来明显，所以被选用为指令标志的颜色，如交通指示标志等，要求必须遵守。

（4）绿色　虽然注目性和视认性都不高，但使人感到舒服、平静和有安全感，所以采用绿色作为表示通行、安全提示的颜色。凡是在可以通行或安全情况下，均应涂以绿色标记，如交通岗和道路的信号灯、机器起动按钮、安全信号旗。

（5）对比色　能使安全色更加醒目的颜色，称为对比色或反衬色。黑、白互为对比色，白色明度最高，黑色明度最低。白色反射率高，在心理上有清洁感。黑色和其他颜色相配对，能使其他颜色显得美观。对安全色来说，黄色的对比色用黑色，其余红、蓝、绿的对比色用白色。

红色和白色、黄色和黑色间隔条纹是两种比较醒目的标示。

红色和白色间隔条纹的含义是禁止通过，如铁路、公路上用的防护栏杆。

黄色与黑色间隔条纹的含义是警告、危险，如工矿企业内部的防护栏杆、吊车吊钩的滑轮架、铁路和公路交叉道口上的防护栏杆。

二、安全标志

安全标志是由安全色、几何图形和图形符号构成的，用以表达特定的安全信息。安全标志分为禁止标志、警告标志、指令标志、提示标志和补充标志。

1. 禁止标志

禁止标志的含义是不准或制止人们的某种行动，几何图形是带斜杠的圆环，即表示“禁止”或“不允许”的意思。圆环和斜杠涂以红色，圆环内的图像用黑色，背景用白色。说明文字设在几何图形的下面，文字用白色，背景用红色，如图5-4所示。

图5-4　禁止标志示例

2. 警告标志

警告标志的含义是使人们注意可能发生的危险，几何图形是正三角形。三角形引人注目，故用作“警告标志”。三角的背景用黄色，三角图形和三角内的图像均用黑色。黄色是有警告含义的颜色，在对比色黑色的衬托下，绘成的“警告标志”就更引人注目。如“注意安全”“当心车辆”“当心火灾”等，如图5-5所示。

3. 指令标志

指令标志的含义是必须遵守的意思，几何图形是圆形。在圆形内配上指令含义的颜色——蓝色，并用白色绘画必须履行的图形符号，表示必须遵守的意思，如“必须戴防护手套”“必须戴防毒面具”“必须戴防护眼镜”等，如图5-6所示。

图 5-5　警告标志示例

图 5-6　指令标志示例

4. 提示标志

在绿色长方形内的文字和图形符号，配以白色或标明目标的方向，即构成提示标志。长方形内的文字和图形符号用白色。提示标志根据长方形长短边的比例不同，分一般提示标志和消防设备提示标志。

一般提示标志是指出安全通道或太平门的方向。如在有危险的生产车间，当发生事故时，要求作业人员迅速从安全通道撤离，就需要在安全通道的附近标上有指明安全通道方向的提示标志，如“避险处”“应急电话”“紧急出口”等，如图 5-7 所示。

图 5-7　一般提示标志示例

消防设备提示标志是标明各种消防设备存放或设置的地方。当发生火灾时，使人们不会因为慌张而忘了消防设备存放或设置的地方，如火警电话、太平门等，如图 5-8 所示。

提示标志提示目标的位置时要加方向辅助标志。按实际需要指示左向时，辅助标志应放在图形标志的左方；如指示右向，则应放在图形标志的右方，如“紧急出口”的方向，如图 5-9 所示。

图 5-8　消防设备提示标志示例

图 5-9　提示标志的方向辅助标志示例

5. 补充标志

除了上述四种不同几何图形所表达的四种不同含义的安全标志外，还有一种补充标志。补充标志就是在每个安全标志的下方标有文字，可以和标志连在一起，也可以分开，补充说明安全标志的含义。

补充标志的文字可以横写，也可以竖写。一般来说，挂牌的标志文字横写，用杆竖立在特定地方的安全标志，文字竖写在标志的立杆上，如图 5-10 所示。

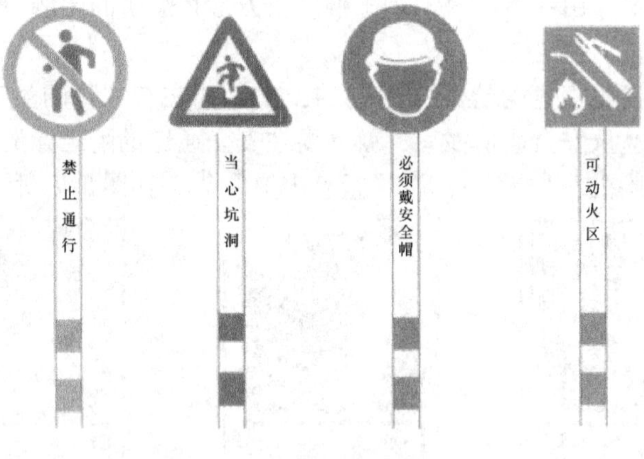

图 5-10　补充标志示例

三、安全标志设置原则

1. 标志牌的设置

标志牌应设在与安全有关的醒目地方，并使大家看见后，有足够的时间来注意它所表示的内容。环境信息标志宜设在有关场所的入口处和醒目处；局部信息标志应设在所涉及的相应危险地点或设备（部件）附近的醒目处。

1）防止危害。首先要考虑所有标志的安装位置都不可存在对人的危害。设立于某一特定位置的安全标志应被牢固地安装，保证其自身不会产生危险，所有的标志均应具有坚实的结构。

2）标志牌不应设在门、窗、架等可移动的物体上，以免标志牌随母体物体相应移动，影响认读。标志牌前不得放置妨碍认读的障碍物。

3）当安全标志被置于墙壁或其他现存的结构上时，背景色应与标志上的主色形成对比色。

4）可视性。标志牌应设置在明亮的环境中。标志安装位置的选择很重要，标志上显示的信息不仅要正确，而且对所有的观察者要清晰易读。

5）标志牌的设置高度，应尽量与人眼的视线高度相一致。悬挂式和柱式的环境信息标志牌的下缘距地面的高度不宜小于2米；局部信息标志的设置高度应视具体情况确定。

6）危险和警告标志。危险和警告标志应设置在危险源前方足够远处，以保证观察者在首次看到标志及注意到此危险时有充足的时间，这一距离随不同情况而变化。例如，警告不要接触开关或其他电气设备的标志，应设置在它们近旁，而大厂区或运输道路上的标志，应设置于危险区域前方足够远的位置，以保证在到达危险区之前就可观察到此种警告，从而有所准备。

7）已安装好的标志不应被任意移动，除非位置的变化有益于标志的警示作用。

2. 图形标志设置

图形标志分为禁止标志、警告标志、指令标志和提示标志，详见表5-10～5-13。

禁止标志——禁止不安全行为的图形，如“禁止入内”标志。

警告标志——提醒对周围环境需要注意，以避免可能发生危险的图形，如“当心中毒”标志。

指令标志——强制做出某种动作或采用防范措施的图形，如“戴防毒面具”标志。

提示标志——提供相关安全信息的图形，如“救援电话”标志。

图形标志可与相应的警示语句配合使用。图形、警示语句和文字设置在作业场所入口处或作业场所的显著位置。

3. 警示线（标志）**设置**

警示线是界定和分隔危险区域的标识线，分为红色、黄色和绿色三种。按照需要，警示线可喷涂在地面或制成色带设置，如图5-11所示。

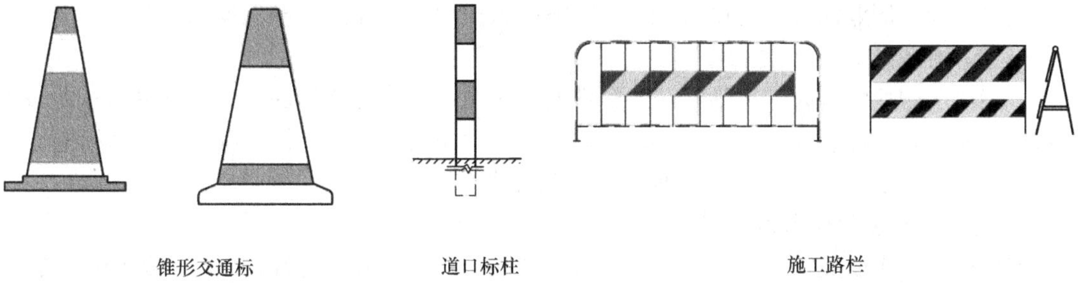

图5-11　警示线设置示例

4. 警示语句设置

警示语句是一组表示禁止、警告、指令、提示或描述工作场所职业病危害的词语。警示语句可单独使用，也可与图形标志组合使用。

5.《有毒物品作业岗位职业病危害告知卡》设置

根据实际需要，由各类图形标志和文字组合成《有毒物品作业岗位职业病危害告知卡》。它是针对某一职业病危害因素，告知劳动者危害后果及其防护措施的提示卡。《告知卡》设置在使用有毒物品作业岗位的醒目位置。在使用有毒物品作业场所入口或作业场所的显著位置，根据需要，设置“当心中毒”或者“当心有毒气体”警告标志，“戴防毒面具”“穿防护服”“注意通风”等指令标志和“紧急出口”“救援电话”等提示标志。

1）依据《高毒物品目录》，在使用高毒物品作业岗位醒目位置设置《告知卡》。

2）在高毒物品作业场所，设置红色警示线。在一般有毒物品作业场所，设置黄色警示线。警示线设在有毒作业场所外缘不少于30厘米处。

3）在高毒物品作业场所应急撤离通道设置“紧急出口”提示标志。在泄险区启用时，设置“禁止入内”“禁止停留”警示标志，并加注必要的警示语句。

4）可能产生职业病危害的设备发生故障时，或者维修、检修存在有毒物品的生产装置时，根据现场实际情况设置“禁止起动”或“禁止入内”警示标志，可加注必要的警示语句。

6. 其他职业病危害工作场所警示标志的设置

1）在产生粉尘的作业场所设置“注意防尘”警告标志和“戴防尘口罩”指令标志。

2）在可能产生职业性灼伤和腐蚀的作业场所，设置“当心腐蚀”警示标志和“穿防护服”“戴防护手套”“穿防护鞋”等指令标志。

3）在产生噪声的作业场所，设置“噪声有害”警告标志和“戴护耳器”指令标志。

4）在高温作业场所，设置“注意高温”警告标志。

5）在可引起电光性眼炎的作业场所，设置“当心弧光”警告标志和“戴防护镜”指令标志。

6）存在生物性职业病危害因素的作业场所，设置“当心感染”警告标志和相应的指令标志。

7）存在放射性同位素和使用放射性装置的作业场所，设置“当心电离辐射”警告标志和相应的指令标志。

7. 设备警示标志的设置

在可能产生职业病危害的设备上或其前方醒目位置设置相应的警示标志。

8. 产品包装警示标志的设置

可能产生职业病危害的化学品、放射性同位素和含放射性物质的材料的产品包装要设置醒目的相应的警示标志和简明中文警示说明。警示说明载明产品特性、存在的有害因素、可能产生的危害后果、安全使用注意事项以及应急救治措施内容。

9. 储存场所警示标志的设置

储存可能产生职业病危害的化学品、放射性同位素和含有放射性物质材料的场所，在入口处和存放处设置相应的警示标志以及简明中文警示说明。

10. 职业病危害事故现场警示线的设置

在职业病危害事故现场，根据实际情况，设置临时警示线，划分出不同功能区。

1）红色警示线设在紧邻事故危害源周边；将危害源与其他的区域分隔开来，只有佩戴相应防护用具的专业人员才可以进入此区域。

2）黄色警示线设在危害区域的周边，其内外分别是危害区和洁净区，此区域内的作业人员要佩戴适当的防护用具，出入此区域的作业人员必须进行洗消处理。

3）绿色警示线设在救援区域的周边，将救援人员与公众隔离开来。患者的抢救治疗、指挥机构设在此区内。

四、安全警示标志的维护与管理

为了有效地发挥标志的作用，安全警示标志至少每半年检查一次，如发现有破损、变形、褪色等不符合要求的情况，应及时修整或更换，从而使之保持良好状况。安全管理部门应做好监督检查工作，发现问题，及时纠正。

要经常宣传安全警示标志使用的规程，特别是对那些需要遵守预先防范措施的作业人员。当设立一个新标志或变更现存标志的位置时，应提前告知作业人员，并且解释其设置或变更的原因。只有综合考虑了这些问题，设置的安全标志才有可能有效地发挥安全警示的作用。

五、各种安全标志及其设置范围和地点

1. 禁止标志

禁止标志及其设置范围和地点见表 5-10。

表 5-10　禁止标志及其设置范围和地点

图形标志	名称	标志种类	设置范围和地点
	禁止吸烟 No smoking	H	有甲、乙、丙类火灾危险物质的场所和禁止吸烟的公共场所等，如木工车间、油漆车间、沥青车间、纺织厂、印染厂等
	禁止烟火 No burning	H	有甲、乙类、丙类火灾危险物质的场所，如面粉厂、煤粉厂、焦化厂、施工工地等
	禁止带火种 No kindling	H	有甲类火灾危险物质及其他禁止带火种的各种危险场所，如炼油厂、乙炔站、液化石油气站、煤矿井内、林区、草原等

（续）

图形标志	名称	标志种类	设置范围和地点
	禁止用水灭火 No extinguishing with water	H，J	生产、储运、使用中有不准用水灭火的物质的场所，如变压器室、乙炔站、化工药品库、各种油库等
	禁止放置易燃物 No laying inflammable thing	H，J	具有明火设备或高温的作业场所，如动火区，各种焊接、切割、锻造、浇注车间等场所
	禁止堆放 No stocking	J	消防器材存放处、消防通道及车间主通道等
	禁止起动 No starting	J	暂停使用的设备附近，如设备检修、更换零件等
	禁止合闸 No switching on	J	设备或线路检修时，相应开关附近
	禁止转动 No turning	J	检修或专人定时操作的设备附近

（续）

图形标志	名称	标志种类	设置范围和地点
	禁止叉车和厂内机动车辆通行 No access for fork lift trucks and other industrial vehicles	J，H	禁止叉车和其他厂内机动车辆进行的场所
	禁止乘人 No riding	J	乘人易造成伤害的设施，如室外运输吊篮、外操作载货电梯框架等
	禁止靠近 No nearing	J	不允许靠近的危险区域，如高压试验区，高压线、输变电设备的附近
	禁止入内 No entering	J	易造成事故或对人员有伤害的场所，如高压设备室、各种污染源等入口处
	禁止推动 No pushing	J	易于倾倒的装置或设备，如车站屏蔽门等
	禁止停留 No stopping	H，J	对人员具有直接危害的场所，如粉碎场地、危险路口、桥口等处

（续）

图形标志	名称	标志种类	设置范围和地点
	禁止通行 No throughfare	H，J	有危险的作业区，如起重、爆破现场，道路施工工地等
	禁止跨越 No striding	J	禁止跨越的危险地段，如专用的运输通道、带式输送机和其他作业流水线，作业现场的沟、坎、坑等
	禁止攀登 No climbing	J	不允许攀爬的危险地点，如有坍塌危险的建筑物、构筑物、设备旁
	禁止跳下 No jumping down	J	不允许跳下的危险地点，如深沟、深池、车站站台及盛装过有毒物质、易产生窒息气体的槽车、储罐、地窖等处
	禁止伸出窗外 No stretching out of the window	J	易于造成头手伤害的部位或场所，如公交车窗、火车车窗等
	禁止倚靠 No leaning	J	不能依靠的地点或部位，如列车车门、车站屏蔽门、电梯轿门等

（续）

图形标志	名称	标志种类	设置范围和地点
	禁止坐卧 No sitting	J	高温、腐蚀性、塌陷、坠落，翻转，易损等易于造成人员伤害的设备设施表面
	禁止蹬踏 No stepping on surface	J	高温、腐蚀性、塌陷、坠落、翻转、易损等易于造成人员伤害的设备和设施表面
	禁止触摸 No touching	J	禁止触摸的设备或物体附近，如裸露的带电体、炽热的物体、具有毒性或腐蚀性的物体等处
	禁止伸入 No reaching in	J	易于夹住身体部位的装置或场所，如有开口的传动机、破碎机等
	禁止饮用 No drinking	J	禁止饮用水的开关处，如循环水、工业用水、污染水等
	禁止抛物 No tossing	J	抛物易伤人的地点，如高处作业现场、深沟（坑）等

（续）

图形标志	名称	标志种类	设置范围和地点
	禁止戴手套 No putting on gloves	J	戴手套易造成手部伤害的作业地点，如旋转的机械加工设备附近
	禁止穿化纤服装 No putting on chemical fibre clothings	H	有静电火花会导致灾害或有炽热物质的作业场所，如冶炼、焊接及有易燃易爆物质的场所等
	禁止穿带钉鞋 No putting on spikes	H	有静电火花会导致灾害或有触电危险的作业场所，如有易燃易爆气体或粉尘的车间及带电作业场所
	禁止开启无线移动通讯设备 No activated mobile phones	J	火灾、爆炸场所以及可能产生电磁干扰的场所，如加油站、飞行中的航天器、油库、化工装置区等
	禁止携带金属物或手套 No metallic articles or watches	J	易受到金属物品干扰的微波和电磁场所，如磁共振室等
	禁止佩戴心脏起搏器者靠近 No access for persons with pacemakers	J	安装人工起搏器者禁止靠近高压设备、大型电机、发电机、电动机、雷达和有强磁场的设备等

（续）

图形标志	名称	标志种类	设置范围和地点
	禁止植入金属材料者靠近 No access for persons with metallic implants	J	易受到金属物品干扰的微波和电磁场所，如磁共振室等
	禁止游泳 No swimming	H	禁止游泳的水域
	禁止滑冰 No skating	H	禁止滑冰的场所
	禁止携带武器及仿真武器 No carrying weapons and emulating weapons	H	不能携带和托运武器、凶器及仿真武器的场所或交通工具，如飞机等
	禁止携带托运易燃及易爆物品 No carrying flammable and explosive materials	H	不能携带和托运易燃、易爆物品及其他危险品的场所或交通工具，如火车、飞机、地铁等
	禁止携带托运有毒物品及有害液体 No carrying poisonous materials and harmful liquid	H	不能携带托运有毒物品及有害液体的场所或交通工具，如火车、飞机、地铁等
	禁止携带托运放射性及磁性物品 No carrying radioactive and magnetic materials	H	不能携带托运放射性及磁性物品的场所或交通工具，如火车、飞机、地铁等

2. 警告标志

警告标志及其设置范围和地点见表5-11。

表5-11 警告标志及其设置范围和地点

图形标志	名称	标志种类	设置范围和地点
	注意安全 Warning danger	H，J	易造成人员伤害的场所及设备等
	当心火灾 Warning fire	H，J	易发生火灾的危险场所，如可燃性物质的生产、储运、使用等地点
	当心爆炸 Warning explosion	H，J	易发生爆炸危险的场所，如易燃、易爆物质的生产、储运、使用或受压容器等
	当心腐蚀 Warning corrosion	J	有腐蚀性物质（GB 12268—2005 中第8类所规定的物质）的作业地点
	当心中毒 Warning poisoning	H，J	剧毒品及有毒物质（GB 12268—2005 中第6类第1项所规定的物质）的生产、储运及使用场所

（续）

图形标志	名称	标志种类	设置范围和地点
	当心感染 Warning infection	H，J	易发生感染的场所，如医院传染病区和有害生物制品的生产、储运、使用等地点
	当心触电 Warning electric shock	J	有可能发生触电危险的电器设备和线路，如配电室、开关等
	当心电缆 Warning cable	J	在暴露的电缆或地面下有电缆处施工的地点
	当心自动起动 Warning automatic start – up	J	配有自动起动装置的设备
	当心机械伤人 Warning mechanical injury	J	易发生机械卷入、轧压、碾压、剪切等机械伤害的作业地点

（续）

图形标志	名称	标志种类	设置范围和地点
	当心塌方 Warning collapse	H，J	有塌方危险的地段、地区，如堤坝及土方作业的深坑，深槽等
	当心冒顶 Warning roof fall	H，J	具有冒顶危险的作业场所，如矿井、隧道等
	当心坑洞 Warning hole	J	具有坑洞、易造成伤害的作业地点，如构件的预留孔洞及各种深坑的上方等
	当心落物 Warning falling objects	J	易发生落物危险的地点，如高处作业、立体交叉作业的下方等
	当心吊物 Warning overhead load	J，H	有吊装设备作业的场所，如施工工地、港口、码头、仓库、车间等

（续）

图形标志	名称	标志种类	设置范围和地点
	当心碰头 Warning overhead obstacles	J	有产生碰头危险的场所
	当心挤压 Warning crushing	J	有产生挤压危险的装置、设备或场所，如自动门、电梯门、车站屏蔽门等
	当心烫伤 Warning scald	J	具有热源、易造成伤害的作业地点，如冶炼、锻造、铸造、热处理车间等
	当心伤手 Warning injure hand	J	易造成手部伤害的作业地点，如玻璃制品、木制加工、机械加工车间等
	当心夹手 Warning hands pinching	J	有产生挤压危险的装置、设备或场所，如自动门、电梯门、列车车门等

（续）

图形标志	名称	标志种类	设置范围和地点
	当心扎脚 Warning splinter	J	易造成脚部伤害的作业地点，如铸造车间、木工车间、施工工地及有尖角散料等处
	当心有犬 Warning guard dog	H	有犬类作为保卫的场所
	当心弧光 Warning arc	H，J	由于弧光造成眼部伤害的各种焊接作业场所
	当心高温表面 Warning hot surface	J	有灼烫物体表面的场所
	当心低温 Warning low temperature/ freezing conditions	J	易于导致冻伤的场所，如冷库、气代器表面、存在液化气体的场所等

（续）

图形标志	名称	标志种类	设置范围和地点
	当心磁场 Warning magnetic field	J	有磁场的区域或场所，如高压变压器、电磁测量仪器附近等
	当心电离辐射 Warning ionizing radiation	H，J	能产生电离辐射危害的作业场所，如生产、储运、使用 GB 12268—2005 规定的第 7 类物质的作业区
	当心裂变物质 Warning fission matter	J	具有裂变物质的作业场所，如其使用车间、储运仓库、容器等
	当心激光 Warning laser	H，J	有激光产品和生产、使用、维修激光产品的场所（激光辐射警告标志常用尺寸规格见附录 B）
	当心微波 Warning microwave	H	凡微波场强超过 GB 10436、GB 10437 规定的作业场所

（续）

图形标志	名称	标志种类	设置范围和地点
	当心叉车 Warning fork lift trucks	J，H	有叉车通行的场所
	当心车辆 Warning vehicle	J	厂内车、人混合行走的路段，道路的拐角处、平交路口；车辆出入较多的厂房、车库等出入口处
	当心火车 Warning train	J	厂内铁路与道路平交路口，厂（矿）内铁路运输线等
	当心坠落 Warning drop down	J	易发生坠落事故的作业地点，如脚手架、高处平台、地面的深沟（池、槽）、建筑施工、高处作业场所等
	当心障碍物 Warning obstacles	J	地面有障碍物，绊倒易造成伤害的地点

（续）

图形标志	名称	标志种类	设置范围和地点
	当心跌落 Warning drop（fall）	J	易于跌落的地点，如楼梯、台阶等
	当心滑倒 Warning slippery surface	J	地面有易造成伤害的滑跌地点，如地面有油、冰、水等物质及滑坡处
	当心落水 Warning falling into water	J	落水后可能产生淹溺的场所或部位，如城市河流、消防水池等
	当心缝隙 Warning gap	J	有缝隙的装置、设备或场所，如自动门、电梯门、列车等

3. 指令标志

指令标志及其设置范围和地点见表5-12。

表5-12　指令标志及其设置范围和地点

图形标志	名称	标志种类	设置范围和地点
	必须戴防护眼镜 Must wear protective goggles	H，J	对眼睛有伤害的各种作业场所和施工场所

（续）

图形标志	名称	标志种类	设置范围和地点
	必须配戴遮光护目镜 Must wear opaque eye protection	J，H	存在紫外、红外、激光等光辐射的场所，如电气焊等
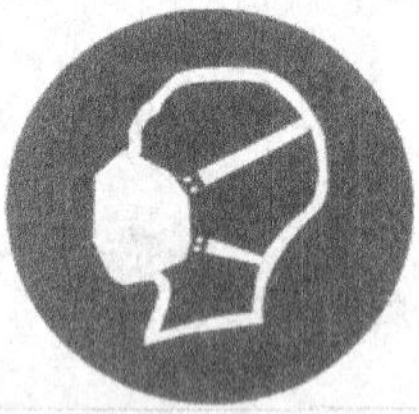	必须戴防尘口罩 Must wear dustproof mask	H	具有粉尘的作业场所，如纺织清花车间、粉状物料拌料车间以及矿山凿岩处等
	必须戴防毒面具 Must wear gas defence mask	H	具有对人体有害的气体、气溶胶、烟尘等作业场所，如有毒物散发的地点或处理由毒物造成的事故现场
	必须戴护耳器 Must wear ear protector	H	噪声超过 85dB 的作业场所，如铆接车间、织布车间、射击场、工程爆破、风动掘进等处
	必须戴安全帽 Must wear safety helmet	H	头部易受外力伤害的作业场所，如矿山、建筑工地、伐木场、造船厂及起重吊装处等
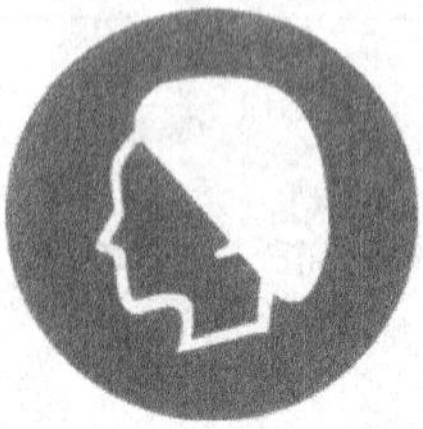	必须戴防护帽 Must wear protective cap	H	易造成人体碾绕伤害或有粉尘污染头部的作业场所，如纺织、石棉、玻璃纤维以及具有旋转设备的机加工车间等

（续）

图形标志	名称	标志种类	设置范围和地点
	必须系安全带 Must fastened safety belt	H，J	易发生坠落危险的作业场所，如高处建筑、修理、安装等地点
	必须穿救生衣 Must wear life jacket	H，J	易发生溺水的作业场所，如船舶、海上工程结构物等
	必须穿防护服 Must wear protective clothes	H	具有放射、微波、高温及其他需穿防护服的作业场所
	必须戴防护手套 Must wear protective gloves	H，J	易伤害手部的作业场所，如具有腐蚀、污染、灼烫、冰冻及触电危险的作业等地点
	必须穿防护鞋 Must wear protective shoes	H，J	易伤害脚部的作业场所，如具有腐蚀、灼烫、触电、砸（刺）伤等危险的作业地点
	必须洗手 Must wash your hands	J	接触有毒有害物质作业后

（续）

图形标志	名称	标志种类	设置范围和地点
	必须加锁 Must be locked	J	剧毒品、危险品库房等地点
	必须接地 Must connect an earth terminal to the ground	J	防雷、防静电场所
	必须拔出插头 Must disconnect mains plug from electrical outlet	J	在设备维修、故障、长期停用、无人值守状态下

4. 提示标志

提示标志及其设置范围和地点见表5-13。

表5-13　提示标志及其设置范围和地点

图形标志	名称	标志种类	设置范围和地点
 	紧急出口 Emergent exit	J	便于安全疏散的紧急出口处，与方向箭头结合设在通向紧急出口的通道、楼梯口等处
	避险处 Haven	J	铁路桥、公路桥、矿井及隧道内躲避危险的地点

（续）

图形标志	名称	标志种类	设置范围和地点
	应急避难场所 Evacuation assembly point	H	在发生突发事件时用于容纳危险区域内疏散人员的场所，如公园、广场等
	可动火区 Flare up region	J	经有关部门划定的可使用明火的地点
	击碎板面 Break to obtain access	J	必须击开板面才能获得的出口
	急救点 First aid	J	设置现场急救仪器设备及药品的地点
	应急电话 Emergency telephone	J	安装应急电话的地点
	紧急医疗站 Doctor	J	有医生的医疗救助场所

思　考　题

1. 安全色有几种，分别有什么含义？
2. 安全标志的含义是什么？
3. 安全标志有几种，分别用何种颜色和图形表示？
4. 安全标志设置有哪些原则？
5. 说出 5 种以上安全标志设置的范围和地点。

第六章 企业员工必备的基本素养

企业员工应该具备哪些基本的职业素养？

上海通用公司在招聘员工时，从个人品质、基本素质、管理能力、领导能力和人际关系等方面测试应聘者是否满足公司的要求。其中基本素质包含良好的学习能力、沟通能力和团队合作精神。

本章介绍如何提高个人的陈述、沟通能力，培养团队合作的精神，以及顺利融入新的团队愉快工作应注意的问题。

第一节 提高陈述能力

你善于言谈吗？

你在众人面前说话紧张吗？

你说的话别人容易听明白吗？

一、为什么要提高陈述能力？

上海通用公司对员工的基本素质要求之一是应具备良好的沟通能力，而良好的陈述能力是有效沟通的前提。

（一）什么是陈述？

陈述即叙述，有条理地说，将知识及资信在台前运用各种方式传递给听众。

陈述通常都是在比较正式的场合由一人有条理的讲话。显然，陈述人事先应做充分准备。

（二）陈述应用的场合

生活中，人们在与人交流的过程中时时需要进行陈述，如问讯、求医、咨询直至处理日常生活中的各种事宜。

工作中，在下面的各种场合都会需要陈述：讲课、演讲、办公会议、培训、谈判、辩论、主持、推销……

下面是一个生活中的实例。

在一个人头攒动的大医院，一位教授的办公室里，教授正在与患者谈论放射检查的结果，并且有数人在等待。这时，一位年轻人叩门进入找这位教授，下面是教授与年轻人的对话。

来者：我要找×教授。

教授：我就是。找我有什么事？

来者：你好教授，是这样，噢，我简单点跟你说，就是我的一位朋友，年龄也像我这么大，半个月前从青岛来我们这儿玩，去了……

教授：对不起，我很忙，请你直接说找我有什么事？

来者：要写一个报告。

教授：什么报告？

来者：我朋友在这儿骨折了，在这里看的伤。

教授：当时不是有报告给患者了吗？

来者：是，但是保险公司报销，还需要。

教授：是谁让你找我的？

来者：是××主任。

教授：为什么要找我？

来者：因为X光片您加密了（临床教学用）。

教授：请等一会儿。

显然年轻人开始的陈述是有问题的。如果是你，去医院前你会想到要为说这一段话做准备吗？具体你会怎样说？

如果你去医院就医，你会在见医生之前，对如何陈述病情稍做准备吗？

（三）影响陈述效果的原因是什么？

各种陈述的障碍直接影响陈述的效果，有陈述者自身的障碍，也有来自听众的障碍。

1. 陈述者的心理障碍

（1）陈述障碍的表现　当一个人在公众面前讲话时，可能出现以下情况：表情尴尬，肌肉紧张；呼吸失调，心跳加快；四肢颤抖，全身僵直；口干舌燥，喉咙发紧；心慌意乱，颠三倒四；满脸通红或面色苍白。

有的陈述者即便经过充分准备，但到了台上，脱离讲稿，讲话就结结巴巴，词不达意，上述情况一旦出现，越发惧怕当众陈述。

这些问题大部分都是因为陈述者的心理障碍引起的。据美国心理学家进行的测验表明，40%的人认为最令人担心和痛苦的事是当众陈述。

（2）导致陈述障碍的原因　陈述者的这种心理障碍就是通常所说的怯场，导致陈述者怯场的原因很多，下面是最常见的一些原因：信心不足，怕不被人接受；准备不充分，怕错；经验不足，怕场面无法控制；预期值太高，怕丢面子；怕出丑；有以往失败的经历等。

2. 来自听众的障碍

听众可能会因各种原因而对陈述者表现出冷淡、厌恶、起哄、刁难、说话、离席等。

3. 克服陈述障碍的方法

（1）克服自身的障碍　不要害怕失败；转移注意力；保持一定的紧张；不注意消极刺激；做好准备工作；表现出十足信心、不要背讲稿；事先练习；熟悉环境；……

（2）克服来自听众的障碍　保持积极向上的态度；改善你的辞藻；化解逆反情绪；反击刁难者；运用停顿；……

（四）提高陈述能力的益处

1）建立良好的第一印象。出色的陈述者在陈述时是干练的。

2）更好地组织自己的思路。出色的陈述者在陈述时思路是清晰的。

3）使人们对我的话题感兴趣。出色的陈述者在陈述时是有感染力的、幽默的。

4）使自己的信息更好地被了解。出色的陈述者在陈述时语言简练，用词准确。

5）陈述更有说服力。出色的陈述者在陈述时逻辑性强，令人信服。

6）使自己看起来更自信。出色的陈述者在陈述时目的明确，准备充分。

7）陈述时表现得更加轻松、自然。出色的陈述者是具有多元美感的。

8）让人们喜欢我、尊重我。出色的陈述者是受欢迎的、受尊敬的。

……

显然，当一个人具备良好的陈述能力时，他（她）就更容易被人们接受，他（她）所做的事情就更容易成功。

二、陈述的方法

（一）为陈述做准备

已知导致陈述障碍的原因之一就是准备不充分。因此，在做陈述前，应该为陈述做充分地准备，陈述准备的五个步骤是分析听众→确定目的→选择论题→收集材料→组织材料。

1. 分析听众

陈述不仅是说出你要说的话，而且要使听众接受你所陈述的内容，所以陈述的信息应当与听众紧密相关。这就决定了做陈述准备时，必须分析听众。

1）听众的年龄、性别和人数。

2）听众的文化程度和经历。

3）对于陈述的主题他们了解多少。

4）会议是正式的还是非正式的。

5）听众关注的是什么。

6）听众将如何理解你的陈述内容。

2. 确定陈述的目的

陈述的目的有以下三种。

（1）告知——通告某种讯息　这种告知首先要清晰，其次要使人感兴趣，认为有必要听下去，进而知晓并理解告知的内容。

（2）说服——使人相信某种论点　这种说服能够使人相信某一个论点，劝服他人采取某一种行动，这种行动具有激励作用，从而使更多的人相信这个论点。

（3）娱乐——起到娱乐的效果　这种娱乐性的陈述最重要的是要有趣，使人们在听的过程中，感觉愉快、幽默。

无论哪一种目的的陈述，成功的陈述都会使陈述者与听众产生共鸣。

3. 选择论题

在为陈述做准备时，应选择论题，陈述的主题要正确、新颖、鲜明、深刻。陈述的标题则应揭示主题、醒目、富有启迪性。

4. 收集材料

收集材料时，通常关注“5W1H”：什么事情（What）；什么地点（Where）；什么原因（Why）；什么人物（Who）；什么时间（When）；什么方式（How）。

收集材料的途径：交谈、阅读、查询、收集、问卷调查和自身经历等。

搜集材料的途径有很多，尤其现在上网搜集材料非常方便，但要注意所搜集到的材料的真实性。如果用于陈述的材料不真实，显然陈述是注定要失败的。

收集材料的要求：材料充分、真实、新颖、紧扣主题。

在准备陈述时所搜集的材料越充分，越紧扣主题，越新颖，陈述成功的概率就越高。

5. 组织材料

在搜集了充分的材料之后，应该将材料分类，可按以下几个方面分类。

1）例子。

2）分析、比较、对比。

3）引文。

4）统计数据。

5）调查报告、检测结果或研究结果。

6）故事或传说。

7）视听教具，包括曲线图、图表、模型、道具、图片等。

在大量的材料中，应根据听众的口味选择与主题相符的资料，但注意不要运用过多的辅助性资料，以免令人厌倦。

在将材料分类整理后，应从四个方面组织、安排材料，即时间、主题、逻辑和空间。

（二）陈述的过程

陈述应按照既定的目标进行，要有开头、正文和结尾。

1. 陈述的开场白

陈述的开场白是极其重要的，它直接影响此次陈述的效果，所以应从以下几个方面考虑陈述的开场白。

（1）注意第一句话　要精练，有的放矢。

1）不讲多余的话。这在90%的场合适用。

2）引用名人名言。例如，孙中山先生说“要立志做大事，不要立志当大官”。

3）根据会场气氛即兴添加。

（2）引发听众注意

1）以故事开头。

2）制造悬念。

3）陈述惊人的事实。例如，富士康的十连跳等。

4）向听众提问。例如，富士康跳楼事件的背后，到底有什么？

5）使用展示物。

（3）妙用楔子和引子　巧妙地使用楔子或引子来引入主题，开始陈述。

（4）避免使用不利的开场白　不要从表示道歉开始，而用所谓幽默故事开头。

如果从道歉开始陈述，显然陈述者在面对听众时居于一种被动地位，这将非常不利于陈述的进行。

幽默可能使你的陈述更有魅力，更有说服作用。但是，如果幽默与陈述的内容之间没有多少关联性，就可能会转移听众的注意力，让他们感到迷惑或者疏远，这对陈述也是不利的。通常，陈述者希望博得听众的好感，希望用一些开场白式的幽默来征服听众，这取决于你的幽默是否有新意、是否真的幽默，否则听众对你更加没有好感。

2. 陈述的正文

正文中应有预先设定的论题，每个论题之间要有过渡句。

（1）陈述的顺序　告诉听众你将告诉他们的内容；告诉听众具体的内容；告诉听众你已告诉他们的内容。

（2）陈述的展开　合理运用提纲：坚持提纲的安排，预先准备好提纲但不能念提纲；注意控制展开的时间，要能展开，还要拉的回来；充分展现主题：思路清晰，融合情理，酿造起伏的场面。

3. 陈述的结尾

在陈述的结尾，陈述者应该采用以下的一种方式或其他方式来结束陈述。

1）使用充满激情的话语。例如，“爱国的同胞们，让我们行动起来吧”。

2）引用名人名言。例如，“这是胜利的预言家在叫喊：让暴风雨来得更猛烈些吧！”。

3）提出令人深思的问题。例如，“著名的意大利水城威尼斯将被淹没?”

4）请求听众采取行动。要求听众做力所能及的事，尽量使听众根据请求而行动。

5）简洁而真诚的赞扬。例如，“这是一座古老而美丽的城市，这更是一座充满了爱心的城市！”

6）步步加强。将陈述推向高潮。

7）运用幽默来结尾。

8）总结你的观点。例如，当你遇到挫折的时候，你应该想：你不可能样样顺利，但你可以事事尽心；你不能延伸生命，但你可以决定生命的宽度；你不能左右天气，但你可以改变心情；你不能选择容貌，但你可以展现笑容。

三、陈述的技巧

1. 陈述三部曲

（1）确认听众已准备就绪，再开始你的陈述　这很重要，如果听众没有准备好，陈述就已经开始，那么精心准备的开场白就会有大部分听众无法听到或听清，陈述的开头便失败了，这会使陈述的效果受到极大的影响。

（2）陈述的顺序　按照预先设计好的顺序进行陈述，应避免随意改变，以免出现混乱。

（3）确认你的信息是否被听众完全理解了　要向听众提出问题，并仔细倾听回答，以检验你的陈述效果，应留适当的时间让听众稍作考虑，尽可能地给以帮助。

2. 使用教具辅助陈述

最常用的可视教具有图片、挂图、实物和视频等。

3. 小心措辞

1）在陈述中应避免使用非支持性的语言，在此列举了一些支持性与非支持性的语言，见表6-1。

表6-1　支持性与非支持性的语言举例

语　言	
非支持性的语言	支持性的语言
错误的	合理的
不合理的	可信任的
唠叨	有可能的
不可能的	接受
迟钝的	友善的
愚蠢的	明智的
劣质的	您
不能	您的
无关紧要的	诚实的
……	热情的
	……

2）在陈述中要避免使用专业术语和难懂的习惯用语，应保持信息的简单、清楚、精练（除非在特定的听众中）。如下面的习惯用语和术语就不应随意使用：水仙不开花——装蒜；JIT（准时化）；COD（化学耗氧量）。

3）在陈述中应使用传达友好、理解的语言。

4）在陈述中应选择描述性和富于色彩的词。

5）在陈述中应尊重听众正常的喜好。

6）在陈述时应尽可能个性化、人性化。

7）在陈述时应适当总结。

8）在陈述中必要时可以强调，但面对领导汇报工作时，应谨慎使用强调。

4. 平等待人

不论与何人交谈，都应以自信、平等的态度对人。

5. 应站在听众的角度考虑如何陈述

6. 陈述出场提示

在出场陈述时，请注意以下几个方面。

（1）形象　陈述者衣着要得体、整洁、干净并且平整。

怎样的衣着是得体的？着装的原则要求人们在选择服装款式、颜色时，要力求使自己的着装与你的目的一致，同时兼顾时间和地点，使着装与陈述的目的、地点和时间较为协调。色彩不仅能表达感情，并且蕴含着强烈的审美效果，具有一定的象征意义。其次应注意服装与服饰的和谐，不要忽视人的个体差异特征，权衡年龄、体型、肤色、气质、职业、偏好等特点。还有值得注意的是，在着装搭配中不可忽视搭配要使之合乎身份，维护形象，并且对听众不失敬意。

（2）目光接触　陈述时应与听众保持良好的目光接触。注视着人群中选定的面孔，这让他们认为你对他们感兴趣；你也可以从对方的倾听和赞许的眼神和表情中找到自信，所以可以直视对方来寻找被接受感，也可以及时地发现沟通问题。还可以使用目光接触来向观众示意你正给他们一些时间来考虑某些信息。

请注意不要有以下不良的目光语。

1）目光不与对方交流、冷落对方。

2）长时间死死盯着对方，使对方受到目光侵犯。

3）眼球滴溜溜乱转或眼动头不动，让人觉得心不在焉。

4）做手势时手到眼不到。

5）眼神暗淡无光。

（3）面部表情　陈述时应根据主题具有相应的表情，你的面部是一个主要的交流器官，它会为你的目的服务。例如，中央电视台著名节目主持人撒贝宁在做客凤凰卫视的《鲁豫有约——撒贝宁多彩成长路》节目时，谈到最初他在主持《经济与法》栏目的成长过程中曾有过：“不论是什么主题的节目，脸上总是挂着‘莫名其妙’的微笑”。这个“莫名其妙”说明了有些主题不需要“微笑”。

（4）语音清晰　陈述时要避免使用“噢－姆、嗯、啊”等语气词；要大声、清楚地说话，不要喃喃低语，或语音单调；应询问坐在后边的听众是否能听见你所说的话。

（5）有意的停顿　明智的暂停，有利于营造陈述的气氛；不要说起来无休无止；有时什么也不说，却胜于用一个暂停的声音（嗯啊啊啊）。

（6）姿态　陈述时，无论是走、坐和站都要注意保持姿势，要表现得自信而机敏，镇静自若，不要表现得过分紧张，显示良好的自控能力会博得听众的尊重；感到紧张和表现出紧张不是一回事；应将紧张情绪转化为高度集中和兴奋。

（7）手势　当你不用打手势时，你的手应自由放松地置于身旁；打手势时应明确、有力，以显示确信无疑；不要用手去指别人，因为伸展的食指所表示的总像是一个威胁的手势。提醒大家：很多时候，人们会不自主做出某种并不合适的手势，例如，撒贝宁在《鲁豫有约——撒贝宁多彩成长路》节目中给大家看了很多张他在开始主持节目时的截屏照片，右手总是一个似乎要捏住什么的动作，他说："我也不知道为什么要做这个动作"。

（8）退场　陈述的结束语使陈述结束，但它并不意味着陈述者在台上亮相的结束。只有当陈述者走下讲台，陈述者的介绍展示才真正结束。当陈述成功时，陈述者通常会得到听众的掌声，这期间陈述者应当感谢听众，可以根据情况重新返回讲台鞠躬致礼，或采用其他方式致谢。

（9）有效的结束　陈述结束时，应避免说："好，我猜这是"；杜绝使用"最后我想要再补充一点……"、"我要做最后的一点说明"等，结束了就应当立即停止陈述。

四、陈述效果评估

陈述效果的评估应从以下几个方面来检验。

1）检验陈述的目标是否已达到？

2）你给出一些论据和实例来证明你的观点了吗？

3）听众看上去是坐立不安的、目光呆滞的、还是倦容满面的？

4）听众在匆匆看表或玩弄手机吗（讲得太长）？

5）听众是否在感兴趣地看你（你做得很好）？

五、提高陈述能力的方法

1. 丰富知识，使自己思维敏捷

良好的陈述能力需要陈述者具有敏捷的思维和清晰的思路。因为陈述不同于写作，不能停下来思考，更不能反复修改，必须连续地说，这就要求陈述者思维敏捷，前后连贯，并且逻辑性强；而且要求思路清晰，语句具有条理性。

思路的清晰，主要取决于陈述者对所要陈述的内容的熟悉。而思维的敏捷则取决于陈述者的知识水平。当一个人具有丰富的知识结构时，讲话时思维就会越加活跃，越加敏捷。因为你头脑中的各种知识会使你触类旁通、左右逢源、思维流畅，同时用词准确、恰当。因此，在学习和生活中，需要学习各种知识，包括文化知识、专业知识、艺术知识、社会经历、情商知识、社会知识等。所以一个人要善于学习，这种学习有书本的、更有生活的、实践的和社会的等多种多样方式的学习。只有善于学习，勤于思考，才能使自己知识丰富，才能使自己的生活和事业获得成功。

2. 努力学习，使自己词汇丰富

陈述能力的高低与陈述者掌握的词汇量有关。人们都知道，语句是由词组成的，当你的知识丰富，掌握的词汇量大时，陈述起来就可以选择最准确、最鲜明、最生动的词语，也不会因为找不到适当的词语而导致语塞。所以要勤于学习，善于积累。

3. 观摩演练，使自己积累经验

经验需要积累，多听听你认为说话有水平的人如何谈话，多看看访谈类节目，看做客的嘉宾如何谈话，对自己肯定是有帮助的。例如，前面提到的《鲁豫有约——撒贝宁多彩成长路》，在这个节目中，可以看到撒贝宁的陈述能力也是逐步提高的，从而使他主持节目的能力也不断提高。

除了观摩之外，另一个提高陈述能力的途径就是演练。在了解了陈述的方法、技巧后，要练习，多与人交流，或独自练习，可以采用录音、录像的方法，记录自己的陈述，然后回放，分析总结存在的问题，再练习，再总结。如此反复，你的陈述能力一定会提高。感染别人的前提是感染自己，如何正确地表达你的感觉和意思，这是需要学习和演练的，表达是需要说出感觉而不单是有感觉。如果通过多次的演练使我们的陈述达到了下面的境界，那我们的陈述能力无疑已经达到了一个理想的高度。

有说明能力：说清楚，表情达意；

有说服能力：有逻辑，顺理成章；

有吸引能力：有美感，怡情养性；

有感人能力：讲情感，情理交融；

有创造能力：有创意，茅塞顿开。

练　习　题

1. 用两分钟时间做自我介绍。
2. 用两分钟时间向大家简单介绍你的家乡。
3. 用两分钟时间向大家通报一个新闻事件。

第二节　如何进行有效的沟通

作为企业员工应具备的基本素质之一就是沟通能力。下面从沟通的概念、类型、模式等方面来看看应如何进行沟通才是有效的。

一、沟通的概念

1. 沟通

沟通是为了一个预定的目标，通过语言、文字、手势等表达的信息、观点或感觉在人与人之间进行传递或交换，并且达成共同协议的过程。

2. 有效沟通

使收到的信息同发出的信息尽可能一致的过程。

3. 沟通的内容

有信息、思想和情感等，通常包含六个方面，或称为5W1H：

什么事情　What

什么原因　Why

什么时间　When

什么地点　　Where

什么人物　　Who

什么方式　　How

4. 沟通的要素

沟通的要素有八个，如图 6-1 所示。

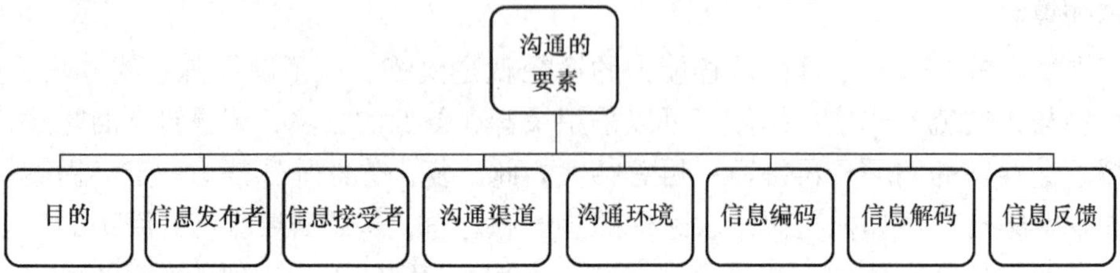

图 6-1　沟通的八个要素

二、沟通的作用与意义

1. 沟通的作用

通过沟通可以交流信息并获得感情与思想。人们在工作和生活中，通过沟通，交换有意义、有价值的各种信息，人们相互交流是因为需要同周围的社会环境相联系。沟通与人际关系两者相互促进、相互影响。有效的沟通可以赢得和谐的人际关系，而和谐的人际关系又使沟通更加顺畅。相反，人际关系不良会使沟通难以开展，而不恰当的沟通又会使人际关系变得更坏。

在沟通过程中，人们分享、披露、接收信息，沟通的信息内容可以是事实、情感、价值取向和意见观点。沟通的目的可以分为交流、劝说、教授、谈判、命令等。

沟通的主要作用有以下两个：

1）传递和获得信息。

2）改善人际关系。

2. 沟通的意义

有效的沟通可以高效率地办好一件事情，使生活更好、更愉快。善于沟通的人懂得如何维持和改善相互关系，更好地展示自我需要、发现他人需要，最终赢得更好的人际关系和成功的事业。

有效沟通的意义有以下几点：

1）满足人们彼此交流的需要。

2）使人们达成共识、更多地合作。

3）提高工作效率。

4）能获得有价值的信息。

5）使人进行清晰的思考，有效把握所做的事。

三、沟通的类型

据统计，在沟通的过程中，言辞（内容）的作用仅占 7%，语音语调（副语音）占 38%，而身体语言则占 55%。所以沟通不仅是语言的沟通，还有非语言的沟通，如图 6-2

所示。

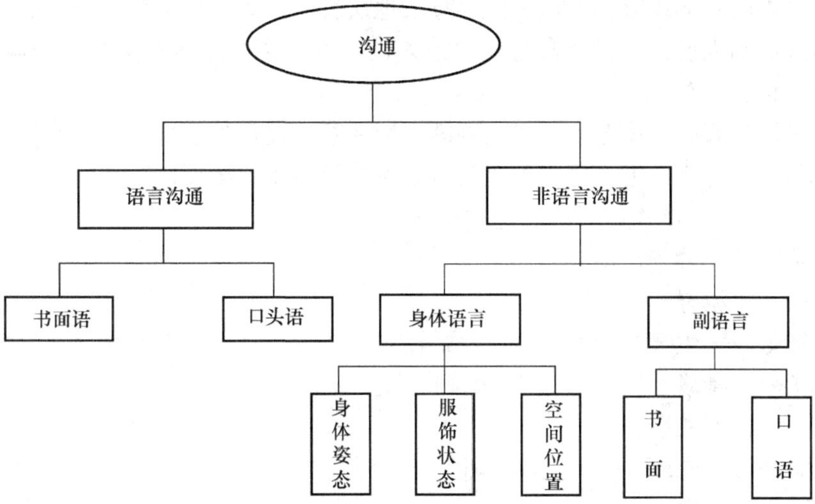

图 6-2　沟通的类型

（一）语言沟通

语言沟通是人类特有的一种非常有效的沟通方式，在人际沟通中起着方向性与规定性的作用。语言沟通是最准确、最有效的沟通方式，也是运用最广泛的一种沟通。语言的沟通包括口头语言、书面语言、图片或者图形。

（1）口头语言沟通　包括面对面的谈话、开会及打电话等。

（2）书面语言沟通　包括信函、广告和传真，当然也包括 E－mail 以及 QQ 等。这种沟通可以超越时间和空间的限制，人不仅可以通过文字记载来研究古人的思想，也可以将当代人的成就留传给后代。

（3）图片沟通　包括一些印刷的图片、幻灯片、电视和电影等。

以上这些沟通统称为语言的沟通。

（二）非语言沟通

非语言沟通包括身体语言和副语言的沟通。与有声语言相结合的副语言、身体语言则传达着比言语丰富得多的内涵，可以准确反映交谈者的思想和情感，有时甚至是言语难以表达的东西，起到了支持、修饰言语行为的作用。

1. 身体语言

在沟通的过程中，人们无不处于特定的情绪状态中。这种情绪状态除了可以用直接的语言表达或副语言告知对方外，还可以委婉地以身体语言表达，身体语言是通过动态无声的目光、表情、手势语言等身体运动或静态无声的身体姿势，衣着、打扮等形式来传递或表达沟通信息。

身体语言包含身体姿态、服饰状态以及空间位置。

（1）身体姿态　身体姿态包括动作、表情、眼神等。实际上，在声音里也包含着非常丰富的身体语言。在说每一句话的时候，用什么样的音色说，用什么样的语调说等，这都是身体语言的一部分。一个人可以沉默不语，但他的眼神却能流露出他的思想，他抖动的手指表达了他内心的不平静。

1）身体姿态体现身体语言。

① 注意他人的身体姿态，人们一般会靠近他所喜欢的人，而与他不喜欢的人保持距离。

② 当你倾听别人说话时，经常地注视他人，以表达你的热情和兴趣。身体向对方的倾斜也传达了同样的意义。

③ 不要只依赖某一种体态语言作出判断，应注意一连串的反应。

④ 不要用手去遮掩嘴巴，这表示对对方表达的信息半信半疑。

下面是一些姿态、动作所可能表达的意义：

- 紧握拳头——紧张、愤怒
- 捶桌子——激怒
- 手指轻敲——生气
- 摸鼻子——疑惑
- 耸肩——漠不关心
- 抱着胳膊/双腿交叉——感到有危险
- 沉肩——灰心失望
- 少有目光接触——缺乏诚意

2）积极的身体语言。

- 自然的微笑
- 不要交叉双臂
- 手不要放在脸上
- 身体稍微前倾
- 常常看对方的眼睛
- 点头

3）不良的身体语言。

- 搔痒
- 玩弄头发或猛扯头发
- 当众梳头
- 手指不停地敲
- 扣、咬指甲，或修剪指甲
- 脚不停地抖动
- 当众化妆或涂指甲油
- 剔牙
- 舌头在嘴里乱动
- 坐立不安
- 打哈欠
- 嚼口香糖
- 挤占他人的空间
- 把笔弄得“咔咔”响

（2）服饰状态　1983 年 6 月，美国总统里根出访欧洲四国时，由于在庄重严肃的正式外交场合没有穿黑色礼服，而是穿了一套花格西装，引起了西方舆论一片哗然。有的新闻媒体批评里根不严肃，缺乏责任感，与其演艺生涯有关；有的媒体甚至评论里根自恃大国首脑，狂妄傲慢，没有给予欧洲伙伴应有的尊重和重视。里根的出访受到了这套花格西装的严重影响，无论怎么解释都无济于事。

人们知道，里根出访欧洲，是为了在感情、政治和经济等方面与欧洲伙伴进行沟通，但那套花格西装却严重影响了他的出访，甚至带来负面影响。通过这个事例，人们应该知道，服饰状态同样会严重影响沟通效果，着装时不拘礼节表明你对交流沟通的另一方不尊重、不重视。破烂的牛仔裤和邋遢的运动鞋与笔挺气派的西装给人以截然不同的印象。根据场合的不同，两种着装风格会给人以完全不同的信息。

日本“男用时装协会”在1963年提出了着装的TPO原则：

- T——Time 时间
- P——Place 地点
- O——Occasion 场合

TPO是时间、地点和场合的英文单词的第一个字母。该原则要求人们在着装搭配时，应注意时间、地点、场合这三个客观因素。

试想，如果在公共场合，一个赤身裸体的人走近你，并同你说话，你会有什么反应？

（3）空间位置　距离和领域即沟通时的空间位置也是一种非语言沟通形式。如图6-3所示。

在沟通的过程中，与对方保持不适当的距离也会影响沟通的效果。

例如，在一个人迹寥寥的广场上，一个人径直向你走来，直到几乎碰到你时，才开口说话，你会是什么感觉？站得离人太近会使人产生遭受入侵或威胁的感觉，此时你会注意到他说话的内容吗？

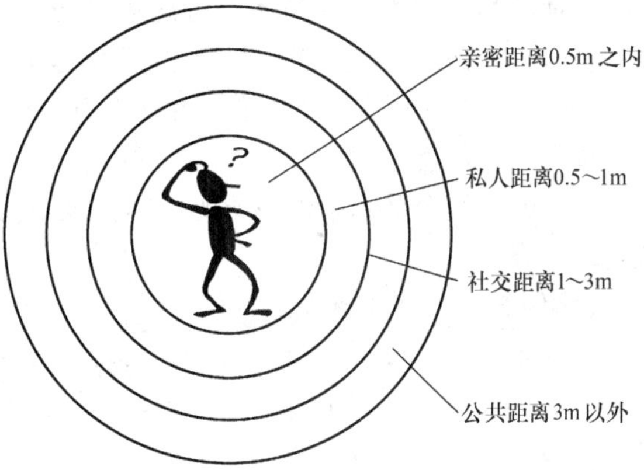

图6-3　沟通的空间位置

2. 副语言

副语言是一个人内在气质和思想的外在表现，一个人会不知不觉地“泄露”自己的思想修养、思维能力、心理状态、人格特点等。副语言包括书面副语言和口语副语言。

（1）书面副语言　书面副语言是符号的特殊运用以及印刷艺术的运用等。如在文章中出现黑体字，文字下出现重点符号等。

（2）口语副语言　口语副语言是语言的声音，如重音、节奏、语速、声调的变化，以及哭笑、停顿等，是非语言的声音信号。副语言在沟通过程中起着十分重要的作用，不仅能辅助语言沟通，在表达情感方面甚至超过语言本身。一句话的含义不仅取决于其字面意思，还取决于它的弦外之音。语音表达方式的变化，尤其是语调的变化，可以使字面相同的一句话具有完全不同的含义。如“很好”这句口语，当语气肯定地说出时，表示赞赏；而当音调升高说出时，则变成了刻薄的讥讽和幸灾乐祸。

心理学研究发现，低音频是与愉快、烦恼、悲伤的情绪相联系的，而高音频则表示恐惧、惊奇或气愤。

副语言近乎人的本能表现，不可能“撒谎”，可以通过观察一个人的副语言来了解他对你的态度。

四、沟通的模式

图 6-4 所示为沟通的模式。

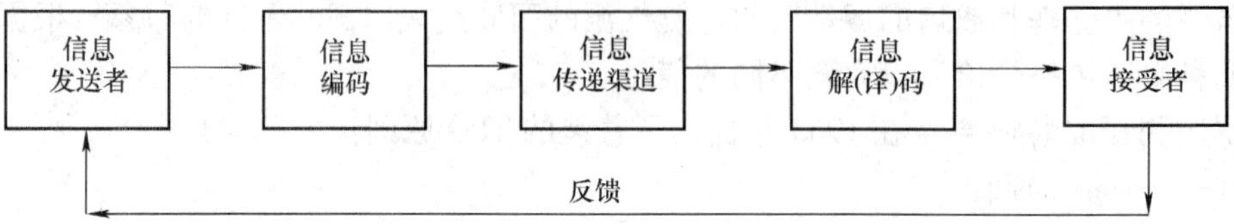

图 6-4　沟通的模式

由图 6-4 可以看出，在沟通的过程中，如果缺少了信息、通道、反馈中的任何一个部分，都不能完成沟通。在具备了信息、通道和反馈三个部分之后，信息编码和解（译）码就对沟通的成功起着决定性的作用。

1. 信息编码

编码是信息发送者将信息意义符号化，编成一定的文字等语言符号及其他形式的符号。因为沟通的类型有语言的和非语言的多种形式，所以信息编码也有多种，可以是有形的文字、符号 ，也可以是有声的语言，还可以是无声的身体语言，如姿态、眼神、面部表情以及声调等，有专家强调，“即使是沉默本身，也是一种意思的表现方式”，目的在于让对方理解你发出的信息。

编码的过程会受到条件环境的影响，包括技巧、态度、知识、周边的社会文化以及沟通现场环境等。

【案例 6-1】　《秀才买柴》

一秀才买柴，曰：“荷薪者过来。”卖柴者因“过来”二字明白，担到面前。问曰：“其价如何？”因“价”字明白，说了价钱。秀才曰：“外实而内虚，烟多而焰少，请损之。”卖柴者不知说甚，荷柴而去。

卖柴者因“过来”和“价”明白秀才的意思，但秀才“外实而内虚，烟多而焰少，请损之。”（你的木材外表是干的，里头却是湿的，燃烧起来，会浓烟多而火焰小，请减些价钱吧。）的文言令卖柴者不明其意，而离去。

秀才的话本身无可厚非，然而在卖柴人面前，他的编码出现了问题，导致卖柴人解（译）码困难（卖柴人听不懂秀才在讲价，以为秀才不会买），而使沟通失败。

面对不同的受众，需要采用不同的信息编码，因为信息接收者的知识不是你来决定的。正确编码就是要寻求共同点，并不断将此点扩大。

【案例 6-2】　我们在工作和生活中，也许都曾有过下面的经历。

开会，发言者说：“今天的会议有些人迟到，还有些人不到会，在此提出批评。尤其是那些该来的人不来，再次提出严肃批评。”

想想我们当初身在现场的感受，难免让人产生“说给谁听呐？我们都来了”的想法？

再者，是否会因“那些该来的人不来”而产生“我们是不该来的人？”的想法？

这也是发言者的编码有问题，但这是因为发言者对到场的人的态度引起的。如果发言者非常重视到场的人，他还会这样说话吗？

2. 信息传递渠道

由发送者选择的、借以传递信息的媒介物，目前传递信息的渠道有多种，如公文、信件、广告、传真、会议、谈话、电话、非语言方式、E－mail、短信、QQ 等。使用某种媒介作为沟通某种信息的传递渠道，不仅是技术上的问题，实际上很可能极大地影响沟通的效果。渠道不畅通的话，信息的传递就可能出现误差，如用手机通话时，如果信号非常不好，可能接收者在时断时续的通话中得到的是恰好相反的信息。

如果在安静的环境中面对面沟通，则不存在信息传递渠道造成的传递误差，因为没有噪声等干扰。

如果将信息传递渠道分类的话，可以分为正式的渠道和非正式的渠道两类。

正式的沟通渠道一般是自上而下的遵循权利系统的垂直型网络。非正式沟通渠道常称为小道消息的传播，它可以自由地向任何方向运动，不受权力等级的限制。

3. 信息解（译）码

信息接收者必须将符号化的信息解译，还原为思想，并领会理解其意义，即将信息转化为他所能了解的想法和感受。这一过程会受到信息接收者的经验、知识、才能、个人素质、对信息输出者的期望以及一些个人想象等因素的影响。而且解译信息编码还会受到所使用媒介物的影响，信息接收者对所获得的信息，可能因信息媒介物的不同，产生不同的解译方式。如果出现偏差，就会产生误解。

4. 反馈

反馈是指接收者在接收信息后，及时地回应信息发送者，向信息发送者告知自己的理解、意见和态度，以便核实、澄清信息在传递和解（译）码过程中可能出现的误解和失真。

例如，甲电话通知乙，约定第二天下午两点在215 会议室见面，商讨下阶段工作，结束通话前，乙通常会重复时间、地点。可能说“明天下午两点，215 会议室，对吧?”，也可能说“明天下午两点 215 见”。

五、沟通的步骤

（一）沟通的准备

1. 确定沟通的目的

你想通过沟通使他们知道什么？你想从他们那里得到什么？他们又想从你这里得到什么？

2. 分析沟通对象

信息接收者是谁？他们与你是何种关系？他们是资深长者、你的同事，还是根本未曾谋面的人？他们对你的感觉如何？他们对沟通内容了解多少？能否使用一些专业术语？他们能否理解这些概念？他们是行家、新手，还是与你一样水平？

你需要了解他们的个人特征，包括利益特征、性格特征、价值特征、人际关系特征等，并把握其可能的态度。

3. 认真进行信息编码

准备沟通表达的内容时，尽可能做到条理清楚、简明扼要、用语通俗易懂，并拟写沟通表达提纲。

4. 选择恰当的沟通渠道

即使是选择面对面的沟通，也要事先确定沟通的方式，是直接告知，还是婉言暗示，是正面陈述，还是比喻说明，都要事先进行选择和设计。

5. 事先告知沟通的主题内容

必要时，事先告知沟通的主题内容，让沟通对象也为沟通做好准备。

6. 确定沟通的时间、时限和地点

在与沟通对象交换意见的基础上，共同确定沟通的时间、时限和地点。

（二）沟通的控制

按照预先所做的准备，进行信息传递。在传递的过程中，要控制沟通的气氛，使双方在安全而和谐的气氛中沟通，避免沟通双方彼此猜忌、批评或恶意中伤，这将使气氛趋于紧张，易于引发冲突，加速彼此心里设防，使沟通无效或无法进行。在沟通的过程中信息的输出者要能够觉察潜在的冲突状况，及早予以化解，缓和紧张气氛，避免冲突出现。

要以明白具体的积极态度，让对方在平和、不设防的情况下接受你的意见，并最终达成协议。

（三）信息反馈

信息发布者需要认真倾听或询问，以确认所发布的信息是否被正确解（译）码。

六、影响沟通的因素

1. 沟通中的三种表现

沟通中的三种表现见表6-2。通常，人们在沟通中可能表现为以下三种状态之一。

表6-2　沟通中的三种表现

表现	非语言特征	语 言 特 征
缺乏自信的（对你自己的处境缺乏信心）	语调低，说话吞吞吐吐。目光游移不定，不敢与别人对视。或者紧握双手，或者用手掩饰嘴巴	多用试探性的语言，如“可能”、“我们是否可以……”，“我想知道是否……”，“或许……”。这类词常常会削弱自己观点的重要性
攻击性的（不顾忌他人感受）	通常高声说话。并伴有不友好的姿势，如握紧拳头、敲桌子以及身体前倾。当有目光接触时，则是不友好的、对立的	特征是警告性语言，挖苦，唐突的评论以及反驳。倾向于批评人而不是解决问题
果断自信的（有自信，同时能设身处地为他人着想）	目光适当注视对方，并且说话的语音热情而清晰。身体放松，并且伴有开放和友好的手势	对事不对人。“我”和“你”这两个词经常出现。动词使用现在时“我想要你做的……”

人们可以根据表6-2中的三种表现来评价每一次沟通，提高人们的沟通能力。人们在沟通中为什么会有不同的表现？因为人们在沟通中会受到各种因素的影响。

2. 影响沟通的因素

沟通的过程会受到下面条件环境的影响。

1）技巧（阅读、聆听、说话、推理等）。

2）态度（平等、尊重、居高临下等）。

3）知识（水平高低及宽度等）。

4）社会文化（社会大环境）。

5）沟通现场环境（混乱、嘈杂）。

6）信任（相互信任是基础）。

7）信息接收者对信息输出者的期望。

8）价值观（如代沟造成的价值观不同）。

9）地位差异（上下级沟通）。

10）沟通对象的性别、年龄、文化等。

七、沟通的障碍及克服方法

（一）沟通中的“漏斗”

什么是沟通中的漏斗？如图 6-5 所示。

通常，如果一个人心里想的是 100% 的东西，但你在众人面前、在会议上用语言只能表达心里所想的东西的 80%；而当这 80% 的东西进入别人的耳朵时，由于文化水平、知识背景的关系，只剩下了 60%；实际上，真正被别人理解了、消化了的东西大概只有 40%；等到听到的人遵照领悟的 40% 具体行动时，可能只剩 20% 了。

图 6-5　沟通中的漏斗

这就是所谓的沟通漏斗，每一层都漏 20%，可谓功能强大。然而，这种漏斗现象却很普遍地存在。人们都碰到过这样的情况：自己已经思前想后地把一件事情计划好了，但你安排别人去做的结果却不是你想要的。所以，一定要争取让这个漏斗漏得越少越好。

（二）一般的人际沟通障碍

一般的人际沟通有以下几个方面的障碍：

（1）语言表达方面　陈述能力。

（2）理解对方方面　换位思考。

（3）沟通时机　适合沟通。

（4）沟通场合　对沟通没有干扰。

（5）沟通能力　观点的表达顺序，观察能力，劝说能力。

（三）工作中的三种沟通障碍

工作中的沟通有三种信息流向：

（1）向上沟通　与上级领导沟通。

（2）向下沟通　与下属沟通。

（3）水平沟通　与同事沟通或同级部门间沟通。

著名培训大师余世维对于这三种沟通障碍的总结是：

（1）向上沟通没有胆——指下属常因缺乏胆识和解决问题的策略，畏惧或者回避与上司进行沟通。

（2）向下沟通没有心——指上司因不熟悉下属的具体业务或不愿放下架子而无心与下属沟通。

（3）水平沟通没有肺——指同级别的人通常因利益、立场、个人恩怨、沟通机会、配合与合作意识等原因，沟通时缺乏真诚，没有肺腑之言。

（四）倾听的障碍

在沟通的过程中，如果沟通的双方不能倾听对方的陈述或询问的话，沟通是不能成功的。

倾听就是要给沟通对象以充分阐述自己的意见和想法的机会，并设身处地地依照沟通对象表达的思路来思考，找出对方说话的合理性，以充分了解沟通对象，收集自己所不知道的信息，并把沟通对象引导到所要沟通讨论的议题上来，使沟通对象感觉到自身的价值和所受到的尊重。

倾听需要相当的耐心与全神贯注。

1. 倾听的技巧

（1）鼓励　促进对方表达的意愿。

（2）询问　以探索方式获得更多对方的信息资料。

（3）反应　告诉对方你在听，同时确定完全了解对方的意思。

（4）复述　用于讨论结束时，确定没有误解对方的意思。

2. 学会有效的倾听

有效的倾听能增加沟通双方的信任感，是克服沟通障碍的重要条件。在倾听时请注意以下几个方面。

1）身体稍稍前倾，面对沟通对象，使用目光接触，但要避免长时间地盯着对方，使之感到不安。

2）展现赞许性的点头和恰当的面部表情，不断向沟通对象传递接纳、信任与尊重信号，或者用鼓励、请求的语言激发对方，如“您说得很好”、“你的信息非常有价值”、“请接着讲”、“你能讲得再详细一些吗”。

3）要有耐心，避免分心的举动或手势，即使突然有电话打进来，可明确告诉来电一方过一会儿再打过来，如果电话内容紧急而重要，必须接听时，也要向沟通对象说明原因，表示歉意。

4）要提出意见，或不时地做一些笔记，以表明自己不仅在充分聆听，而且在思考。

5）复述，用自己的话重述对方所说的内容。

6）在倾听过程中，如果没有听清楚，没有理解，或是想得到更多的信息，澄清一些问题，希望沟通对象重复；或者希望使用其他的表述方法，以便于理解，或者想告诉沟通对象你已经理解了他所讲的问题，希望他谈一些其他问题，可在适当的情况下，直接把自己的想法告知沟通对象。

7）使听者与说者的角色顺利转换。

3. 倾听时必须禁止的行为

1）高高在上、冷漠、具有自我优越感，难有平等的心态对待沟通对象。

2）对沟通对象不尊重、不礼貌。

3）以冷嘲热讽的语气与沟通对象讲话。

4）正面反驳对方，或妄加批评和争论。

5）随意插话或打断对方的话。

6）心不在焉地听沟通对象讲话，东张西望，若有所思，跷二郎腿、双手抱胸、双目仰视天花板或者斜目睨视这样一些容易使沟通对象以为你不耐烦或抗拒的行为举止。

7）过于夸张的手势。

8）否定对方价值的用词。

请提高我们的沟通能力吧，显然在工作中我们处处都需要沟通。

松下幸之助有句名言："企业管理过去是沟通，现在是沟通，未来还是沟通。"

思　考　题

1. 你在与人谈话的过程中，是否急于表达自己的想法？经常打断对方吗？
2. 当别人告诉你电话号或某些账号时，你是否会重复一遍，让对方核对一下？
3. 当你想与人谈一件重要的事情时，是否会预先做些准备？是否会挑选时间？是否会选择地点？
4. 你在与人交谈时，是否总是一种语调？交谈的过程中会有手势吗？
5. 你与人交谈时，会考虑对方的年龄、性别、文化程度、职业等因素而采用不同的词语或说法吗？
6. 你说的一件事，经过几个人之后，有些内容变样了，这是否是有人故意捣乱？

练　习　题

两人一组训练，一人背对图片，另一人看图片。看图者不能说出图片的名称，但要通过语言描述，让背对者说出图片的名称。图片如图 6-6 所示。

a)

b)

c)

图 6-6　习题图

a）气动扳手　b）混合动力汽车　c）剪式举升机

第三节　培养团队合作精神

企业员工的基本素质包含良好的学习能力、沟通能力和团队合作精神。

显然一个人是否具有团队合作精神非常重要。这一节中将介绍团队合作精神。

一、什么是团队？

先来看看什么是群体？什么是团队？团队与群体有什么区别？

1. 群体与团队的定义

（1）群体的定义　群体是两个或两个以上的人，为了实现共同的目标，以一定的方式联系在一起，相互作用和依赖进行活动的集体。

（2）群体的特性

1）成员有共同的目标。

2）成员间能够相互识别、交流、影响。

3）成员对群体有认同感和归属感。

4）群体中有一个相对持久和稳定的结构，有共同的价值观。

5）群体具有生产性功能和维持性功能。

6）群体的价值和力量在于其成员思想和行为上的一致性，而这种一致性取决于群体规范的特殊性和标准化的程度。

（3）团队的定义　团队是由多个具有不同技能、因为同一目标而合作的人，遵守共同的原则、程序，采取积极、互动的工作方法，共同工作的团体。较他们独自工作而言，能完成更多的工作——远大于个体绩效之和。团队运作能带来刺激、愉快和享受。如体育比赛中的球队，一个好的团队就能够在比赛中打出自己的水平甚至超水平发挥。

2. 团队与群体的区别

团队与群体最根本的区别在于协作性，群体的协作性可能是中等程度的，有时成员还有些消极，甚至有些对立；但团队中的工作是一种齐心协力的状态，团队合理利用每一位成员的知识和技能协同工作、解决问题、达到共同的目标。

当群体成员具有高度的相互依赖性和共同性时，这个群体便成为一个团队。如工厂中的每个班组都是一个群体，但不一定是一个团队。

偶然聚合的人群是没有共同的目标和隶属感的，没有结构和社会角色分化的。不过，这种人群在特定情况下也可以转化为团队。例如，2012 年 6 月 29 日由新疆和田飞往乌鲁木齐的 GS7554 航班遭 6 名歹徒暴力劫持，最终机组人员和乘客制服了劫机者。在当时的特定环境中，数名乘客与机组成员便转化成为了一个团队，相互配合，制服了劫机者。

3. 团队的特点

（1）高效团队的特点

1）清晰的目标。团队成员具有清晰的、共同的目标。

2）相关的技能。团队成员具备实现理想目标所必需的技术和能力，而且相互之间有能够良好合作的个性品质。后一点尤为重要，因为有精湛技术能力的人并不一定就有处理群体内关系的高超技巧。

3）相互的信任。团队成员对团队中其他人的品行和能力都确信不疑。

4）良好的沟通。使团队成员间能迅速而准确地了解彼此的想法和情感。

5）恰当的领导。高效团队的领导者往往担任的是教练和后盾的角色，他们对团队提供指导和支持，但并不控制团队。

6）谈判技能。高效团队成员角色具有灵活性和多变性，总在不断地调整，因而成员必须具备充分的谈判技能。

7）内部和外部的支持。内部恰当的基础结构应能支持并强化成员行为以取得高绩效水平。而外部的管理层应给团队提供完成工作所必需的各种资源。

（2）团队成员的心理特点　团队成员通常具有如下心理特点：

1）团队归属感。尤其是受到外界压力时。

2）团队认同感。当对外界情况不了解时。

3）团队成员角色感。团队成员在工作中通常担当着不同角色。

4）团队的力量感。团队成员深知通过全员努力而达到的工作绩效远大于个体的绩效之和。

4. 团队成员的角色和人际关系

（1）团队成员的角色　团队角色理论是英国组织行为学家、英国剑桥产业培训研究部前主任梅雷迪思·贝尔宾基于没有完美的个人，只有完美的团队的基本思想提出的一个分析团队角色和团队合作的理论模型。

通常一个高效的团队结构一定是合理的，这样的团队应由九种成员角色构成，九种角色以及他们的特征、优良的品质及缺点见表6－3。

表6-3　团队成员角色

角色类型	典型特征	值得肯定的品质	可允许的缺点
总体协调者（领导者）	冷静、自信、有控制能力	根据所有潜在贡献者的品质毫无偏见地对待和欢迎他们。有很强的目标感，有个性感召力	智力水平和创造力属于中等水平，容易将团队的努力归为己有
创新者（点子王）	个人主义、有创造力、非正统	有天分、富有想象力、智慧、博学	好高骛远、无视实际工作细节和计划、不拘礼仪
资源调查者	外向、热情、好奇、善于交际	与人交往广泛、有善于发现新事物的能力、勇于迎接挑战	当最初的兴奋消逝后，容易对工作失去兴趣
推进者（左右大局者）	开朗、思维敏捷、有挑战性、富有激情	敢于挑战传统、办事效率高、工作热情高、办法多、干劲足、反对自满和欺骗行为	喜欢挑衅、易怒、做事缺乏耐心
监督者（底线把关者）	清醒、理智、谨慎、精确判断	判断、辨别能力强、讲求实效	缺少鼓舞他人的能力和热情，自己也不易被鼓动和激发
凝聚者（团队润滑剂）	合作性强、性情温和、敏感	适应性强、随机应变、善于调和人际关系、促进团队合作	在危机时刻优柔寡断
实干者	保守、有责任感、有效率、守纪律、自律性强	有自控能力、务实、忠诚、工作勤奋、不计较个人利益	缺少灵活性、对未被证实的想法不感兴趣
完美执行者	埋头苦干、遵守秩序、尽职尽责、诚心诚意、主动性强	有坚持不懈的能力，是完美主义者	容易为一些小事而焦虑，不洒脱
技术专家	专注、甘于奉献、能为团队提供很好的技术支持	具有奉献精神、拥有丰富的专业技术知识、致力于维持专业标准、依据知识经验判断	只局限于狭窄领域，专注技术知识，对其他事情没兴趣

在这里要强调的是：一个人目前可能是团队中的某种角色，但这并不意味着你不能担当其他团队成员角色。

一个高效团队一定有恰当的角色组合，团队成员有较好的心智分布，个性的分布能够覆盖较多的团队角色，团队成员的个性特征与他们的责任之间有较好地匹配。

（2）团队中人际关系的表现

1）管理与被管理的关系。管理者与被管理者是上下级关系。

2）员工与员工之间的关系。工作中的同事关系。

3）管理者与管理者之间的关系。分工合作的关系，应该是互相支持、相互尊重的关系。

二、团队合作的重要性

1. 团队合作的重要性

当今社会，随着知识经济时代的到来，各种知识、技术不断推陈出新，竞争日趋紧张激烈，社会需求越来越多样化，使人们在工作、学习中所面临的情况和环境越来越复杂。在很多情况下，单靠个人能力已很难完全处理各种错综复杂的问题。所有这些都需要人们组成团体，并要求组织成员之间进一步相互依赖、相互关联、共同合作，建立合作团队来解决错综复杂的问题，并进行必要的行动协调，开发团队应变能力和持续的创新能力，团队合作往往能激发出团体不可思议的潜力，团队合作的力量能够创造奇迹。

2. 团队工作的好处

1）提升组织的运行效率。

2）培养提高员工的能力。

3）从众心理导致个人服从于团队。

三、成功与不成功团队的表现

1. 高效团队的特质

1）团队对技术和能力进行优化组合，角色清楚分配，建立有效的组织结构。

2）团队能优化“思想者”和“行动者”。

3）团队使成员间实现有效沟通，积极处理各种意见。

4）团队使目标更明确。

5）团队能给成员之间提供高水平的信任和支持。

6）团队能对决策提供合理和固定的程序。

7）团队通过实践能提供学习机会。

8）团队有助切磋技巧。

9）团队能使冲突和合作得到最好的解决。

10）团队能对所有成员提供支持和帮助，有效地解决问题。

11）团队能通过设定目标和达到目标的时间实现承诺。

12）团队能提供一个令人愉快的、充满刺激和享受的工作环境。

13）团队对外关系良好。

14）团队成员共同分享工作成果。

2. 失败团队的表现

1）任务不能有效地完成。基本技术缺，成员间不平衡所致。

2）挫折。缺乏自我表现和个人满意度；不能清楚地领会满足他们自身的需要和期望的方法。

3）埋怨和报复。

4）组织花许多时间责备或惩罚犯错误者，希望从错误中得到学习和提高。

5）不健康的竞争。如背后诽谤、相互贬低、肮脏的诡计和权术。

6）缺乏开放性。团队领导者没有足够的度量来讲真话，封锁信息，成员背后议论。

7）部门之间的关系不协调，有效的团队不能产生。

8）领导和团队是脱节的，相互之间缺乏了解，造成各持己见的局面。

9）个人不能发展和成长。

四、团队成员的各种表现

团队中的成员会有各种行为表现，下面详细叙述。

1. 有利于团队工作的行为

1）以“我”开头的表达。例如，“我感到”，“我认为”。

2）积极地聆听并考虑别人的观点，以促进双向交流，实现有效沟通。

3）允许别人提出反对意见，以示尊重别人的需要、感情和权利。

4）公开与别人共享信息和专业知识。

5）参与、贡献主意和确立目标。

6）愿意付出信任。

7）正视问题。

8）愿意缓慢地作出判断。

9）愿意寻找大家一致同意的选择。

10）愿意放弃控制。

11）承担责任。

……

2. 不利于团队工作的行为

1）不愿将个人需要和个人的事放置一边，与团队中其他成员一起工作。

2）想要或强烈地倾向成为团队的明星，而不愿成为团队发展过程中的一部分。

3）回避冲突，对任何事都表示同意。

4）打断别人的话，限制他人的行为。

5）表现出高人一等，喜欢说教和轻易评价，很快就对别人作出判断，但却不检查自己的行为。

6）对团队变化、成员和团队建设持否定态度。

7）推卸责任。

8）闲谈、抱怨。

9）使用挑衅性的语言。如“永远”，“绝对不”。

10）表现出愤怒、攻击。

11）贬低别人的贡献。

12）不参加团队会议或常常迟到。

……

3. 有个性缺陷的行为表现

每个人的行为表现都不一样，但有些行为表现是因为个性缺陷使然。

1）不爱说话。

2）不听人说话。

3）不合群。

4）喜欢截留信息。

5）喜欢生气。

6）过于敏感。

7）爱抱怨。

8）粗鲁。

9）过于好胜。

10）专横。

11）破坏规矩。

12）推卸责任。

……

了解了一个团队成员的可为团队接受的行为和不为团队接受的行为，就知道了在团队工作中应该如何去做，才能成为一个受欢迎的成员。了解了某些行为属于个性缺陷造成的，就要注意克服，使自己能够在团队中工作更顺利。

五、培养团队精神，学会与人合作

1. 团队精神的定义

团队精神就是经过精心培养而逐步形成的团队成员共同的一种集体意识，是显现的团队成员的工作心理状态和士气，是团队成员共同价值观和理想信念的体现，反映了团队成员对本团队的特征、地位、形象和风气的理解和认同，蕴含着对本团队的发展、命运和未来所抱有的理想与希望，折射出一个团队的整体素质和精神风格，是凝聚团队和推动团队发展的精神力量和共同愿望。

2. 团队精神的重要性

团队精神对于企业而言具有相当重要的作用，在一定程度上，它甚至决定了企业的前途。目前，在我国各企业建立和完善现代企业制度的同时，都特别重视企业文化的建设。在这个过程中，最重要的一点就是要培育企业的团队精神。

3. 团队精神的主要表现

1）在团队与其成员之间的关系上，团队精神表现为团队成员对团队的强烈归属感与一体感。

2）在团队成员之间的关系上，团队精神表现为成员间的相互协作及共为一体。

3）在团队成员对团队事务的态度上，团队精神表现为团队成员对团队事务的尽心尽力及全方位的投入。

4. 培养团队精神

既然已经知道团队精神在学习、工作和生活中的重要性，就应该使自己具有团队精神。

首先，应检验一下自己是否具有团队精神：

1）你经常与人合作吗？

2）合作过程愉快吗？

3）合作的结果理想吗？

4）与你合作过一次的人，当再次需要合作时，是否愿意再与你合作？

下面是几点建议。

1）如果你从未与人合作过，总是独来独往，你需要认真去想想这是为什么，你的团队精神必须极努力地培养。

2）如果你与不同的人合作的过程都是不愉快的，你要对照上述团队精神的表现检查一下自己存在哪个方面的问题。

3）如果在不多的选择中有人选择与你合作，说明你有点团队精神，但需要提高自己的水平。

4）如果经常有人愿意与你合作，这说明你具有良好的团队精神，继续提高自己的水平吧。

5. 学会与人合作

人们常说：小合作有小成就，大合作有大成就，不合作就很难有成就。

什么是合作？合作就是互相配合，共同把事情做好，实现合作者的共同目标。世界上有许多事情，只有通过人与人之间的相互合作才能完成。一个人学会了与别人合作，他就有了获得成功的良好基础。

在合作中，为了实现最终的目标，团队中的个人都需要放弃自己的一部分利益，但几乎每个人都可能有短视的行为和自私的缺点，不愿意更多地为他人考虑，缺乏分享精神。这是必须要克服的，否则合作就不可能愉快，当然也难于成功。

在团队合作中，不仅要尽力做好自己分内的事情，还要想着别人，想着集体，有自我牺牲的精神。要勇于承认他人的贡献。如果借助于别人的智慧和成果，就应该声明；如果得到了他人的帮助，就应该表示感谢。

对于一场精彩的篮球、排球或足球比赛，总会在精彩的得分前，看到精彩的配合，这就是成功的合作。这个过程中只有一个人投进球、扣中球或是踢进球，但这个球可能经过多人的传递、掩护，这些人都没有最后得分的人那么受到观众的强烈喜爱，但他们都是为了这个进球，在努力做好自己应做的事情，放弃了自己当得分者的利益。

学会合作是进行良好的人际交往所必需的心理品质，是在生活中获得幸福、事业上获得成功的基础。

思 考 题

1. 想想你喜欢在一起玩的伙伴有哪些表现吸引你愿意跟他（她）一起玩？

2. 你有过希望合作被人拒绝的经历吗？如果有，你事后想过为什么被拒绝吗？如果没想过，不妨现在想想，是否自身有不易合作的缺点？

3. 你帮助过别人或为别人牺牲过自己的利益吗？是否被对方承认？你的心里有哪些想法？

第四节　愉快工作

学生在去工厂进行顶岗实习或者就业时，都将要面对一个新的群体，如何尽快融入新的群体，并在其中愉快工作，这是大家都将面临的改变。

一、融入新的群体

1. 面对新的群体

当你在火车站候车室候车时，站在人群中的感觉与站在班级成员中一样吗？

你在火车站人群中的感觉与你去别的学校的某个班级面对那个班的全班同学时一样吗？

当你为某事去一个学校的某个班级，或去一个工厂的某个车间顶岗实习，或去一个单位就业工作时，你实际是面对一个我们所不熟悉的群体或团队。这与你站在火车站候车室的人群中，面对一个个彼此都不相识的陌生的个体的感觉是完全不同的。

这种感觉是来自你所面对的群体或团队的特性产生的压力。

2. 人们需要被群体接受

人们每到一个新的地方，并不是一下就被新的群体所接受，这是因为群体是有认同感的。但人们每到一个新的地方都希望尽快融入群体中，因为融入群体可以获得安全感，可以满足社交的需要，可以满足自尊的需要，可以满足自我确认的需要，可以增强自信心和力量感……所以人们每到一个新的地方时，越发希望尽快融入新群体。

下面是美国社会学家舒茨的人际需要理论。

（1）包容的需要　希望与人建立并维持和谐关系的欲求，基于此产生的行为特征有交往、沟通、参与及融合等。

（2）控制的需要　在权利上与别人建立并维持良好关系的欲望，其行为特征是运用权力、权威，以超越、影响、控制及支配他人等。

（3）感情的需要　在感情上与他人建立并维持良好关系的欲望，其行为特征是爱慕、亲密、同情、友善、热心及照顾等；在遭受挫折时，则表现出憎恨、厌恶及冷淡等特征。

以上三种需要表明：任何人都需要融入群体，以满足人际需求。

二、个人礼仪

一个人的个人礼仪修养也是他能否被群体成员接受的一个重要因素。

个人礼仪是社会个体的生活行为规范与待人处世的准则，是个人仪表、仪容、言谈、举止、待人、接物等方面的个体规定，是个人道德品质、文化素养、教养良知等精神内涵的外在表现。其核心是尊重他人，与人友善，表里如一。

1. 个人礼仪修养的标准

（1）和善亲切　对人要彬彬有礼，不冷淡，不粗野，不放荡，更不可有恶行。要从内心去爱、去关心、去帮助别人。要做到对人是平和的，处事是安详的。

【案例 6-3】

《林肯传》中有这样一件事：一天，林肯总统与一位南方的绅士乘坐马车外出，途中遇到一老年黑人远远地向他鞠躬。林肯点头微笑并也摘帽还礼。同行的绅士问道：“为什么向黑鬼摘帽?”林肯说:“因为我不愿意在礼貌上不如别人。”

1982年美国举行民间测验，要求人们在美国历届的40位总统中挑选一位“最佳总统”时，林肯名列前茅。

（2）谦虚随和　谦虚总是受人欢迎的良好态度，社交场上任何自傲情绪的流露都会成为你通向成功之路上的障碍。古人云:“满招损，谦受益。”

（3）理解宽容　理解是情感交流的基础，也是成功的交际和建立友谊的桥梁。

（4）热情诚恳　对待他人应该自然和真诚。

（5）诚实守信　无信则不立，无信则无德，无信则不肖。如参加活动迟到、银行卡透支还款不及时等，都会使个人信用受到影响。

【案例6-4】

某单位为员工办银行卡，并开通透支功能，但某人发现其银行卡不能透支，询问方知:因其曾晚了5天还购房贷款，所以银行拒绝开通其银行卡的透支功能。

2. 个人仪容礼仪

（1）发型礼仪　头发是人体的制高点，很能吸引他人的注意力。第一要干净，第二要与个人的发质、形体、年龄、职业相协调。

（2）面容礼仪　对所有人而言，面容礼仪要求干净。对女性而言不仅是干净，还要求面部的妆容要与服饰、年龄、职业和身份、场合与环境相协调。

（3）个人仪容的最好修饰——微笑　微笑是人际交往中最基本、最常用的礼仪，在日常交往和服务工作中具有重要的实践性价值。微笑是人类的一种表情，是人类美好情感的流露，是真正的世界语言，能超越文化而传播，成为世界通用的货币。交往中的微笑是对人的尊重、理解和奉献，成为增进友谊的纽带，它如同润滑剂，可以化解一切，升华一切。

3. 个人服饰礼仪

服饰包括服装和饰品。

1）着装要考虑时间、地点、场合的TPO原则。

2）着装要考虑色彩协调原则。

3）着装要考虑形体协调原则。

4）着装要考虑个性原则。

4. 个人形体礼仪

（1）体姿礼仪　人类的体姿类型大致分为站姿、坐姿、行姿和蹲姿。

每种体姿都在表达着形体语言，形体语言在信息传递中所起的作用甚至大于语言和语音的作用之和。下面简介各种体姿的基本要领。

1）站姿。站立时应挺胸、收腹、立腰，基本要领是头正，双目平视，下颌微收，双肩放松，双臂自然下垂，双手在背后或体前交叉，双腿直立，两脚跟靠拢，双脚夹角成45°~60°。如图6-7、图6-8所示。

2）坐姿。入座时走到座位前，转身后把右脚向后撤半步，轻稳坐下，然后把右脚与左脚并齐，平落地面，坐在椅子上。上体自然挺直，头正。表情自然，目光平视，嘴微闭，两肩平正放松，两臂自然弯曲放在膝上，也可以放在椅子或沙发扶手上，掌心向下。图6-9所示为男性的各种坐姿，脚可以有多种姿势。图6-10所示为女性的各种坐姿。

3）行姿。行走时双目向前平视，微收下颌。上身挺直，头正、挺胸收腹，重心稍前

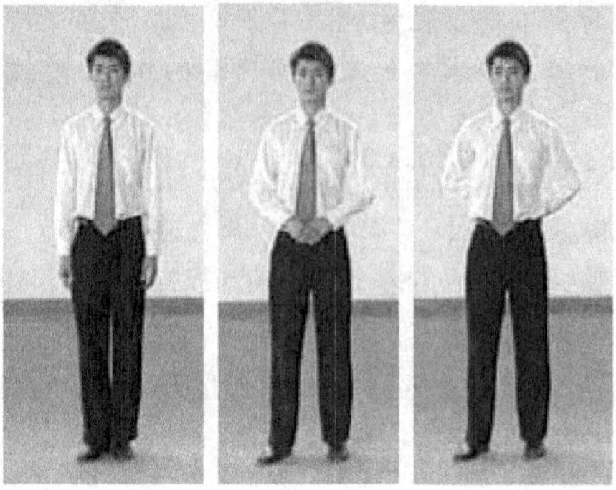

图 6-7　各种站姿

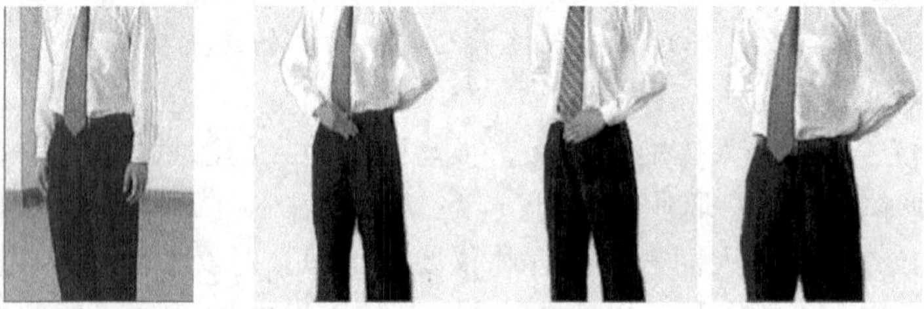

图 6-8　各种站姿的手位

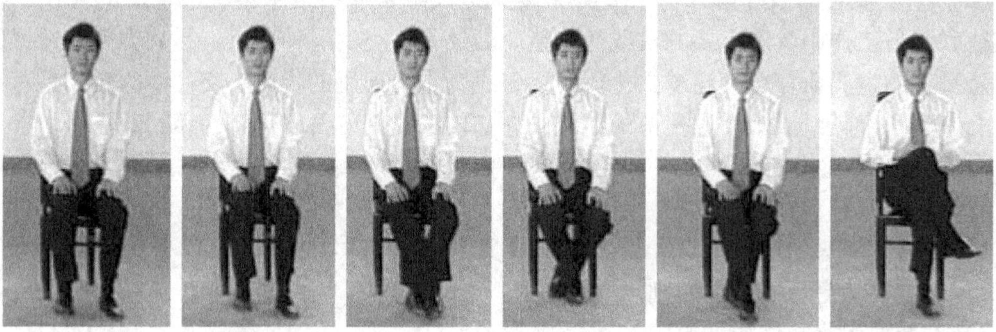

图 6-9　男性的各种坐姿

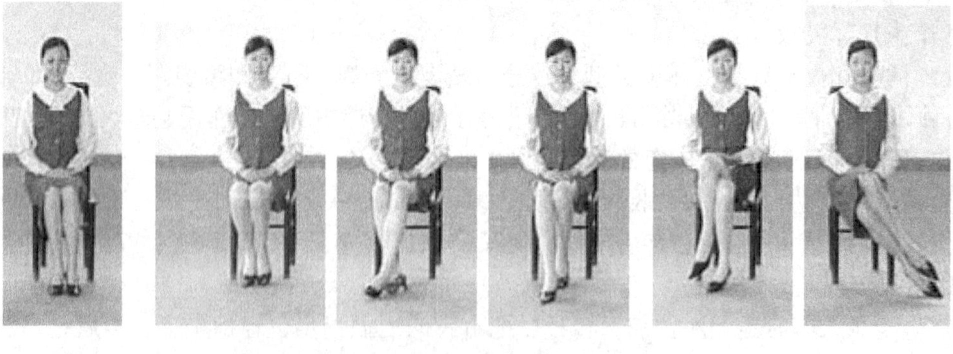

图 6-10　女性的各种坐姿

倾。手臂伸直放松，手指自然弯曲，摆臂时要以肩关节为轴，上臂带动前臂，手臂要摆直线，肘关节略屈，前臂不要向上甩动，向后摆动时，手臂外开不超过 30°。前后摆的幅度为 30～40 厘米，如图 6-11 所示。

4）蹲姿。下蹲时，两腿合力支撑身体，使头、胸、膝关节在一个角度上。下蹲时左脚在前，右脚在后，两腿向下蹲，左脚全着地，小腿基本垂直于地面，右脚脚跟提起，脚掌着地，臀部向下，如图6-12所示。

图6-11 行姿

图6-12 女性蹲姿

以上是各种体姿的基本要求，各种体姿因性别不同和服装的特性，还有更加具体的要求。

（2）表情礼仪 表情是一个人面部肌肉、眼睛、美貌和嘴的综合运用所反映的心理活动和感情信息。表情能充分地展现人类的各种情感，如愉快、兴奋、激动、悲伤、忧郁、惶恐、失望、愤怒、自负、自卑、爱慕等。同时，人们的悲喜交加、喜忧参半的复杂心情也会通过表情表现得淋漓尽致。微笑是人类的最美好的表情。

眼睛是一个人心灵的窗户，所以眼睛是表示表情的最重要的器官。眼睛表情包括眼睛的转动范围和频率以及目视的方向，目光接触技巧等。人们在各种场合与不同的对象交谈时，目光凝视的范围如图6-13所示。

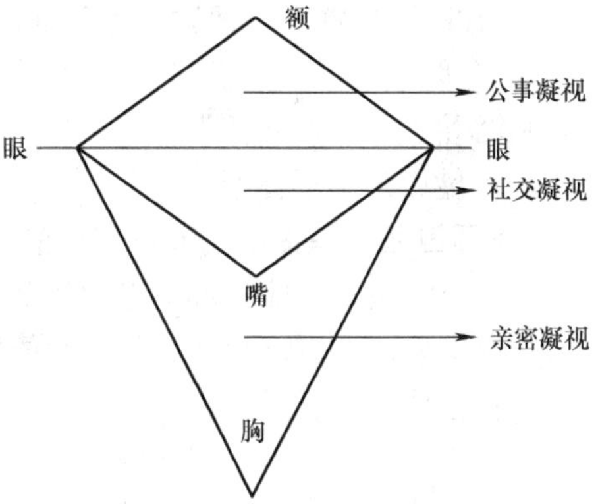

图6-13 目光凝视范围

（3）手势礼仪 手势是一种无声的语言，是人们交往时不可缺少的动作，是最有表现力的“身体语言”。手势语可以加重语气，增加感染力。在使用手势时要注意手势的幅度、次数、力度等。同时还要注意各种手势的含义，尤其是面对不同国家和地区的人，以免出现误解。

个人礼仪不仅是个人的喜好，而是关乎个人整体形象、立场、态度以及个人修养的重要因素，这当然影响着一个人是否能被一个群体接受。

三、健康

一个人的健康状况也影响着他是否被群体成员接受。

（一）健康的概念

世界卫生组织（WHO）的健康概念：人的健康分为生理健康、心理健康、社会适应良好、道德健康四个层次，并且后面的健康层次是以前面的健康层次为基础而发展的更高级的健康层次。

1. 生理健康

生理健康指的是人体的组织结构完整和生理功能正常。人体的生理功能是指以人体内部的组织结构为基础，以维持人体生命活动为目的，协调一致的复杂而高级的运动形式。

2. 心理健康

判断心理是否健康有三项基本原则。

（1）心理与环境的同一性　指心理反映客观现实无论在形式或内容上均应同客观环境保持一致。

（2）心理与行为的整体性　指一个人的认识、体验、情感、意识等心理活动和行为是一个完整和协调一致的统一体。

（3）人格的稳定性　指一个人在长期的生活经历过程中形成的独特的个性心理特征具有相对的稳定性。

3. 社会适应良好

社会适应是指一个人在社会生活中的角色适应，包括职业角色，家庭角色及学习、娱乐中的角色转换与人际关系等方面的适应。社会适应良好，不仅要具有较强的社会交往能力、工作能力和广博的文化科学知识，能胜任个人在社会生活中的各种角色，而且能创造性地取得成就贡献于社会，达到自我成就、自我实现，这是最高境界。缺乏角色意识，发生角色错位是社会适应不良的表现。

4. 道德健康

道德健康以生理、心理健康为基础，并高于生理和心理健康，是生理健康和心理健康的发展。首先健康的最高标准是“无私利人”；基本标准是“为己利他”；不健康的表现是“损人利己”和“纯粹害人”。

（二）健康的十项标准

1. 世界卫生组织提出了人体健康的十项标准

1）有充沛精力，能从容不迫地担负日常繁重的工作。

2）处事乐观，态度积极，乐于承担责任，事无巨细不挑剔。

3）善于休息，睡眠良好。

4）应变能力强，能适应环境的各种变化。

5）能抵抗一般性感冒和传染病。

6）体重适中，体形匀称，站立时头、肩、臂位置协调。

7）眼睛明亮反应敏捷，眼和眼睑不发炎。

8）牙齿清洁，无龋齿，不疼痛，牙龈颜色正常，无出血现象。

9）头发有光泽，无头屑。

10）肌肉丰满，皮肤有弹性。

依据这些条款，逐一地对照自己，检查符合程度，最后总的评估一下自己是否健康。

2. 美国心理学家马斯洛（Maslow）和迈特尔曼（Mittelman）提出的心理健康十项标准

1）有充分的安全感。

2）充分了解自己，并能对自己的能力作恰当的估计。

3）生活目标、理想切合实际。

4）与现实环境保持接触。

5）能保持个性的完整和谐。

6）具有从经验中学习的能力。

7）能保持良好的人际关系。

8）能适度地表达、发泄和控制自己的情绪。

9）在不违背集体意志的前提下，有限度地发挥个性。

10）在不违背社会道德规范的情况下，能适当满足个人的基本需要。

四、情商

近年来，国外心理学家们提出了“情商”的新概念。所谓情商，是测定和描述人的“情绪情感”的一种指标。它具体包括情绪的自控性、人际关系的处理能力、挫折的承受力、自我的了解程度以及对他人的理解与宽容。现代心理学家认为，情商与智商同样重要，是个人走向成功的一个要素。

（一）情商是什么?

美国心理学家高曼综合心理学的研究成果认为，情商与智商不同，它不是天生注定的，而是由下列五种可以学习的能力组成的。

（1）认识自身情绪——自知　能立刻察觉自己的情绪，了解产生情绪的原因。

（2）妥善管理情绪——自制　能够安抚自己，摆脱强烈的焦虑忧郁以及控制刺激情绪的根源。

（3）自我激励——自励　能够整顿情绪，让自己朝着一定的目标努力，增强注意力与创造力。

（4）认知他人情绪——通情达理　理解别人的感觉，察觉别人的真正需要，具有同情心。

（5）处理人际关系——和谐相处　能够理解并适应别人的情绪。

心理学家认为，这些情绪特征是生活的动力，可以让智商发挥更大的效应。情商还是影响个人健康、情感、人际关系的重要因素。

（二）情商与智商的区别

智商（IQ）主要反映人的认知能力、思维能力、语言能力、观察能力、计算能力、律动的能力等。也就是说，它主要表现人的理性的能力。它可能是大脑皮层特别主要是主管抽象思维和分析思维的左半球大脑的功能。

情商（EQ）主要反映一个人感受、理解、运用、表达、控制和调节自己情感的能力，以及处理自己与他人之间的情感关系的能力。它是非理性的，其物质基础主要与脑干系统相联系，大脑额叶对情感有控制作用。智商是情商的基础。

（三）情商在现代生活中的重要性

由于现代社会工作节奏快，竞争激烈，人际关系紧张，工作压力和精神压力越来越大，所以要经常不断地进行自我心理调整。也就说，情商越高越容易适应现代生活。情商的作用就是使人能更充分地发挥智商的作用、效果。

情商理论认为，在人们取得的成功中，智商占的比例仅是20%，而情商占80%（其中，

40%是人际关系，另40%是观察力）。

所以有人说一个人的职业生涯，智商（IQ）决定录用，情商（EQ）决定提升。

情商的水平不像智商水平那样可用测验分数较准确地表示出来，它只能根据个人的综合表现进行判断。

情商水平高的人具有如下的特点：

1）社交能力强，外向而愉快，不易陷入恐惧或伤感，具有良好的人际关系。

2）对事业较投入，易于为自己营造良好的成才环境，从而在职业生涯中取得成就。

3）为人正直，富于同情心，情感生活较丰富但不逾矩。

4）无论是独处，还是与许多人在一起时，都能怡然自得。

专家们认为，一个人是否具有较高的情商，和童年时期的教育培养有着密切的关系。

（四）情商高低的各种表现

下面来看看情商高低的各种表现，用以判断自己的情商以及需要努力的程度。

1. 高情商的表现

1）尊重所有人的人权和人格尊严。

2）不将自己的价值观强加于他人。

3）对自己有清醒的认识，能承受压力。

4）自信而不自满。

5）人际关系良好，和朋友或同事能友好相处。

6）善于处理生活中遇到的各方面的问题。

7）认真对待每一件事情。

2. 较高情商的表现

1）自尊。

2）有独立人格，但在一些情况下易受别人焦虑情绪的感染。

3）能站在别人的角度想问题。

4）比较自信而不自满。

5）人际关系较好。

6）做事不怕难。

7）能应对大多数的问题，不会有太大的心理压力，心理承受能力强。

3. 较低情商的表现

1）易受他人影响，自己的目标不明确。

2）比低情商者善于原谅，能控制大脑。

3）能应付较轻的焦虑情绪。

4）把自尊建立在他人认同的基础上。

5）缺乏坚定的自我意识。

6）人际关系较差。

4. 低情商的表现

1）自我意识差，没有自信。

2）无确定的目标，也不打算付诸实践。

3）严重依赖他人。

4）处理人际关系能力差。

5）应对焦虑能力差。

6）生活无序。

7）无责任感，爱抱怨。

8）心理承受能力差，受不了一点打击，对生活感到悲观绝望。

【案例 6-5】

著名专栏作家哈里斯的朋友对报贩说了声“谢谢”，但报贩却冷口冷脸，没发一言。

“这家伙态度很差，是不是？”他们继续前行时哈里斯问道。

“他每天晚上都是这样的。”朋友说。

“那么你为什么还是那样客气？”哈里斯问他。

朋友答道：“为什么我要让他决定我的行为？”

是不是所有人都容易受他人的影响，而改变自己的行为？为什么？

（五）提高情商

一个人的情商不像智商，过了青春期就不会有太大的变化了。情商的高低不是天生固定的，仅通过童年的培养也是不够的，情商可以通过学习提高，一辈子都能不断发展。

提高自己的情商，能够更好地审视自己，知道如何激励自己，将不再无助地听任消极情绪的摆布，能够从容地面对挫折、忧虑和人际关系中的各种烦恼，不断获得事业上的成就和生活中的愉快。

提高情商的方法有以下几个。

1）学会划定恰当的心理界限，这对每个人都有好处。

2）找一个适合自己的方法，在感觉快要失去理智时使自己平静下来，从而使血液留在大脑里，做出理智的行动。

3）想抱怨时，先自问：“我是想继续忍受这看起来无法改变的情形呢，还是想改变它呢？”。

4）扫除一切浪费精力的事物。

5）找一个生活中鲜活的榜样。

6）从难以相处的人身上学到东西。

7）时不时尝试另一种完全不同的方式，以拓宽视野，提高情商。

情商不仅影响着一个人能否被群体接受，更影响着一个人一生的职业生涯的顺利发展，以及一生的生活幸福。

美国卫生协会提出了 11 条心理平衡要诀：

1）对自己不过分苛求。

2）不要强求别人。

3）疏导自己的愤怒情绪。

4）偶然也可以屈服。

5）暂时逃避。

6）找人倾诉烦恼。

7）为别人做些事。

8）在一段时间内只做一件事。

9）不要处处与人竞争。

10）对人表示善意。

11）适当娱乐。

这些要诀供大家参考。虽然存在着国度的差别、种族的差别，但还是应该可以借鉴的，会让自己更好地适应环境，融入新群体，工作得更愉快，生活得更幸福。

当你在生活中遭遇困境甚至不幸的时候，请想想下面这段话，相信会有所启示。

1）你改变不了环境，但你可以改变自己。

2）你改变不了事实，但你可以改变态度。

3）你改变不了过去，但你可以改变现在。

4）你不能控制他人，但你可以掌握自己。

5）你不能预知明天，但你可以把握今天。

6）你不能左右天气，但你可以改变心情。

7）你不能选择容貌，但你可以展现笑容。

8）你不可能样样顺利，但你可以事事尽心。

9）你不能延伸生命，但你可以决定生命的宽度。

（六）压力与绩效的关系

"压力就是动力"并不完全正确。

压力与绩效的关系如图 6-14 所示，当压力没有超过人的承受能力时，绩效与压力成正比，但当压力超过了人的承受能力时，绩效与压力不再成正比。人的神经系统会受到冲击，免疫系统将遭到破坏，接踵而至的不仅是绩效的下降，还有健康的损害。

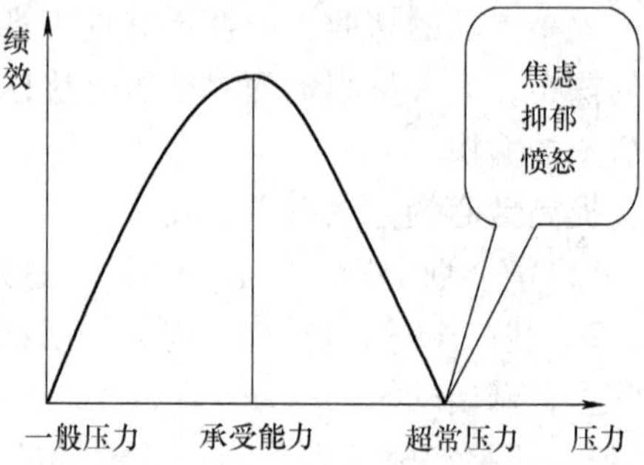

图 6-14　压力与绩效的关系

此时，顺其自然也许是解决问题的最佳选择。当遇到无法解决的难题，无所适从时，要控制情绪，与其随便乱做决定，不如选择顺其自然。请看下面的案例。

【案例 6-6】

1955 年，世界建筑大师格罗培斯设计了迪斯尼乐园，如图 6-15 所示，经过三年的精心施工，马上就要对外开放了。然而，各景点之间的路该怎样联络，还没有具体方案。

施工部发电报给正在法国参加庆典的格罗培斯，请他赶快定稿，以期按计划竣工和开放。

图 6-15　格罗培斯与迪斯尼乐园

格罗培斯是美国哈佛大学建筑学院的院长、现代主义大师和景观建筑方面的专家，从事建筑研究四十多年，攻克过无数个建筑方面的难题，在世界各地留下 70 多处精美的杰作。然而，建筑学中最微不足道的一点——路径设计，却让他大伤脑筋。对迪斯尼乐园各景点之间的道路安排，他已修改了 50 多次，没有一次是让他满意的。

接到电报，他心里更加焦躁。庆典一结束，他就乘车去了地中海海滨。他想清理一下思绪，争取在回国前把方案定下来。汽车在法国南部的乡间公路奔驰，那儿是法国著名的葡萄产区，满山遍野都是当地居民的葡萄园。一路上，他看到无数的葡萄园主，把葡萄摘下来，提到路边，向过往的车辆和行人吆喝，然而很少有车停下来。

可是，当车拐进了一个山谷时，他发现那儿停满了车。原来这儿是一个无人葡萄园，你只要在路旁的箱子里投入 5 法郎，就可以摘一篮葡萄上路。据说，这是一个老太太的葡萄园，她因年迈无力料理而想出了这个办法。起初，她还担心是否能卖出葡萄，谁知在这绵延上百公里的葡萄产区，总是她的葡萄最先卖完。她这种给人自由、任其选择的做法使大师深受启发。

回到住地，他马上给施工部发电报：撒上草种，提前开放。

施工部按其要求在乐园撒上草种，没多久，小草长出来了，整个乐园的空地被绿茵所覆盖。在迪斯尼乐园提前开放的半年里，草地被踩出许多小径，这些被踩出的路径，有宽有窄，优雅自然。第二年，格罗培斯让人按这些踩出的痕迹铺设了人行道。

在 1971 年伦敦国际园林建筑艺术研讨会上，迪斯尼乐园的路径设计被评为世界最佳设计。

顺其自然就是最好的方案。

上面的案例告诉我们，当压力超过我们的承受能力时，只要尽到努力，至于结果就顺其自然吧。

（七）我会有心理疾患吗？

我会有心理疾患吗？请对照表 6-4 为自己的心理健康做个检查。

表 6-4 心理异常的表现

日常表现	具体情形描述
自卑	缺乏自信，无论在生活中还是工作中，总是认为自己不如别人，感觉压抑，抬不起头。个人情形受到严重影响，导致生活没有情趣，没有意义
敏感	多疑，神经敏感，常常将别人无意中的、不相干的语言和动作当做对自己的轻视或嘲讽，为此而人际关系紧张，情绪波动，喜怒无常
惊恐	对事物和环境产生恐怖感，如看到锐器、光影、黑暗等都会感觉恐惧。轻者心跳加速，四肢颤抖；重者失眠、噩梦连连
忧郁	闷闷不乐，对所有的事情都提不起兴趣，整日沉默寡言、愁眉苦脸
狭隘	心胸狭窄，对所有的事都斤斤计较，爱钻牛角尖，不能理解别人，更不能宽容别人，遇有不顺心的事总是耿耿于怀
嫉妒	不允许别人比自己好，如果别人超过了自己，就感觉不舒服，以致产生敌意，甚至故意打击、中伤别人
残暴	随意发泄自己的不满，摔东西，骂人、打人，或者随意戏弄别人、嘲讽别人

当我们遇到某些问题，或者受到某些打击时，心情始终无法平静，总是摆脱不掉某些想法，产生表 6-4 中的现象，甚至身体生病。这时，我们的心理其实已经不健康了，就像我们的身体受到风寒得了感冒一样，有病了。这是每个人都可能出现的情况。这时我们应该怎么办？

1）当问题不是很严重时，可能会随着时间的推移，慢慢自动恢复正常。

2）采取办法尽快摆脱这种状况。如果希望自己尽快摆脱这种情况，有下面的方法可以尝试。

① 承认自己心理上出现了问题（甚至是疾患）。

② 找出导致不良情绪的原因。

③ 情绪转移到其他事情上。

④ 学会宣泄不良情绪，这是一个自我减压的重要途径。

⑤ 将不良情绪以艺术或运动的形式升华表达，如大声地唱歌或者去操场跑步。

3）如果上述办法不能解决问题，那么我们就应该像感冒无法自愈时一样，去医院找医生。现在很多医院都有心理干预门诊，可以去那里寻求帮助，使自己尽快摆脱疾病的困扰。

思考题

1. 是不是所有人都容易受他人的影响，而改变自己的行为？这与情商高低有关吗？
2. 两个好朋友之间也要有心理界限吗？
3. 你要求朋友也像你对待他一样对待你吗？
4. 你是一个从不言败的人吗？你做的事都按照你事先的计划实现了吗？如果没实现怎么办？
5. 依照本节内容，判断一下自己的情商属于哪类水平。

第五节　如何当好班组长

培养高认知、高技能、高素质的“三高”人才，是高职高专院校的人才培养目标。这一培养目标意味着，当我们就业成为一名合格的员工后，一个发展方向是成为技术型人才，另一个发展方向是成为企业基层的管理型人才（班组长和工段长等）。当好班组长就成为了高职高专毕业生职业生涯中的一个目标。

在第四章中，已经介绍了班组管理的内容和班组长的角色认知。在这一节里，着重介绍当好班组长应该注意的问题。

一、企业的管理层次

企业的纵向管理层是金字塔形的，如图 6-16 所示。

1. 经营层

经营层指的是企业的总经理、董事长层面，他们负责企业的战略制订及重大决策。

2. 管理层

管理层指的是企业中的部长、科长、车间主任等层面，他们负责层层组织和督促员工完成企业的生产任务。

3. 执行层

执行层指的是企业中最基层的管理者工段长、领班、班组长，他们是生产现场的直接指挥和组织者。

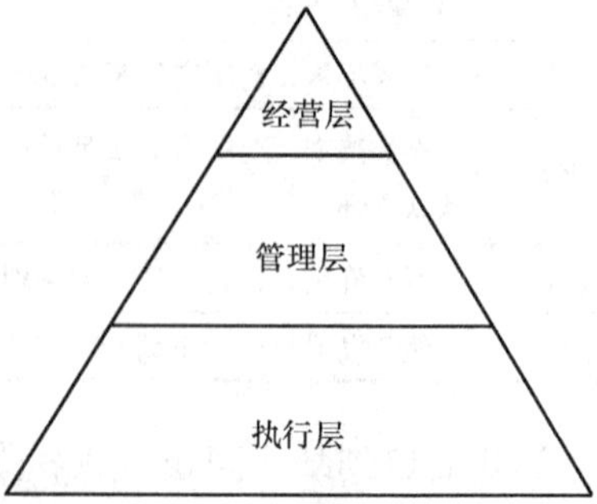

图 6-16　企业的纵向管理层

例如，图 6-17 所示为日资企业的组织形式。

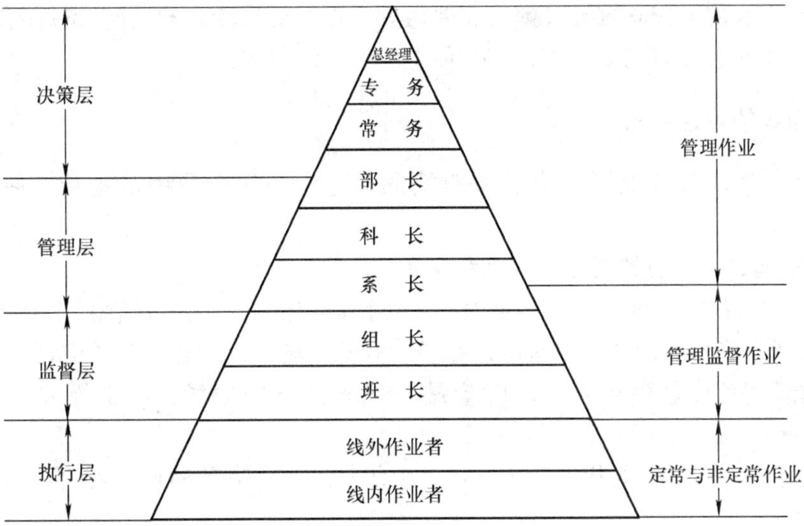

图 6-17 日资企业的组织形式

管理作业的人员负责制订企业战略（企业发展方向）；管理监督作业的人员负责制订战术（具体工作计划）；定常与非定常作业的操作人员负责执行计划（标准作业）。

二、班组长的地位、使命、作用和职责

1. 班组长的地位

班组长是班组生产管理的直接指挥者和组织者，是企业中最基层的负责人，也是直接的生产者。

2. 班组长的使命

1）提高产品质量。

2）提高生产效率。

3）降低成本。

4）防止工伤和重大事故。

3. 班组长的作用

1）班组长影响着决策的实施，影响着企业目标的最终实现。

2）班组长是承上启下的桥梁和纽带。

3）班组长是生产的直接组织和参加者，班组长既应是技术骨干又应是业务上的多面手。

4. 班组长的职责

班组长的职责涉及以下三个方面。

（1）劳务管理 涉及人事调配、排班、勤务、严格考勤、情绪管理、技术培训以及安全操作、卫生、保健、福利、团队建设等方面。

（2）生产管理 包括现场作业、工程质量、成本核算、材料管理以及机器保全等内容。

（3）辅助上级 要及时向上级反映工作中的实际情况，提出自己的建议，做好上级领导的参谋助手。

显然，班组长的工作既重要又繁杂，要做好工作需要有较高的情商，以便在工作中发挥智商的作用，才能较好地完成工作，同时使上级和下级都满意。

三、班组长的角色认知

作为班组长就应清楚地了解自己所扮演的角色，即在企业中的地位、使命、作用和职责。

1. 准确把握自己角色的规范、权利和义务

班组长的地位决定了他在工作中面对三个不同阶层的人员时，代表着三个立场：

1）面对部下代表经营者，此时应站在经营者的立场，维护企业利益进行管理工作。

2）面对经营者代表生产者，此时应站在代表部下的立场，向上级领导反映部下的呼声。

3）面对直接上司时，既代表员工又代表上级辅助人员，此时应站在部下和上级辅助人员的立场说话。

在这里就出现了本章第二节如何进行有效地沟通中提到的向上和向下的沟通。

2. 了解领导对你的期望

作为下级必须准确地了解领导的指示，以及领导指示的背景、环境和领导的风格，以免费力不讨好。

3. 了解下级对你的期望

图6-18所示为下级对班组长的期望。

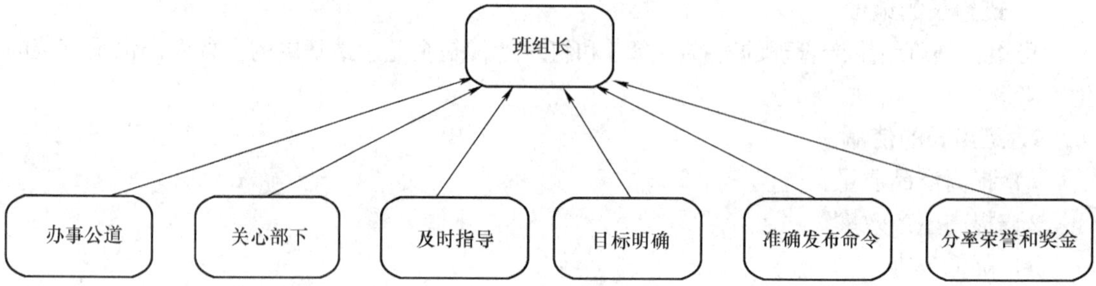

图6-18　下级对班组长的期望

（1）办事公道　班组长在安排工作、考核、奖惩和利益分配时，要做到公平、公正，才能服众。

（2）关心部下　要出自真心地在工作上和生活中了解、关心班组内的员工，才能使员工感受到尊重、重视、关心和温暖，员工会自发地努力工作。

（3）及时指导　上级领导对下级的指导就是对下级的关注和培训，因此，下级会希望得到领导的指导。下级对那种不闻不问的领导是不满意的。同时，这种不闻不问，会使小问题逐渐演变成大问题，直到出现事故。

（4）目标明确　作为班组的领导，班组长必须有明确的目标，否则班组成员也不会有明确目标，或者即便有目标也无法实现。

（5）准确发布命令　作为生产一线的指挥者，班组长在发布命令时必须清楚准确。由于沟通过程是存在漏斗现象的，如果命令发布不准确、不简洁，在命令的传播过程中必然会产生这样或那样的失真，以致造成工作中的事故。

（6）分享荣誉和奖金 作为领导应该慷慨地把荣誉和奖金分给大家，让大家的努力得到承认，这将会更好地调动员工的工作积极性。从另一个角度看，你的部下获得的荣誉越多，说明你的工作做得越好。

四、班组长的需求层次

1. 领导者的层次

根据马斯洛的需求层次理论，人有五个需求层次，如图6-19所示。当人的基本需求满足之后，又会有另外的新的需求产生。

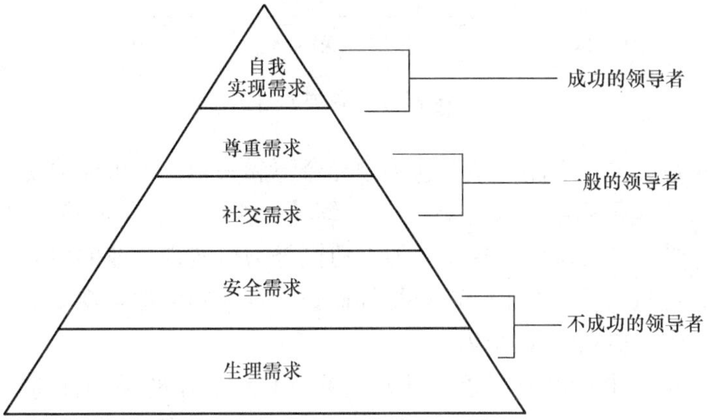

图6-19 班组长的需求层次

不成功的领导者：仅满足发得出工资，不出事故。

一般的领导者：不满足于发得出工资，不出事故。还要求工作要比别人做得好，受到大家的尊重，当然还有社交的需求。

成功的领导者：与一般的领导者比较，还有更高层次的需求——自我实现，实现自己的职业生涯的预期目标。

2. 管理方格图

1964年，美国德克萨斯大学的行为科学家罗伯特·布莱克和简·莫顿提出了研究企业的领导方式及其有效性的管理方格理论，倡导用方格图表示和研究领导方式，如图6-20所示。

在这个方格图中，纵轴和横轴各9等分，纵轴表示企业领导者对人的关心程度（包含了员工对自尊的维护、基于信任而非基于服从来授予职责、提供良好的工作条件和保持良好的人际关系等），横轴表示企业领导者对业绩的关心程度（包括政策决议的质量、程序与过程、研究工作的创造性、职能人员的服务质量、工作效率和产量），其中，第1格表示关心程度最小，第9格表示关心程度最大。全图总共81个小方格，分别表示“对生产的关心”和“对人的关心”这两个基本因素以不同比例结合的领导方式。

根据企业管理者“对业绩的关心”和“对人的关心”程度的组合，可以将领导分为五种类型。

（1）“1.1”方格是贫乏式领导者 对业绩和对人关心都少，实际上，他们没有认真履

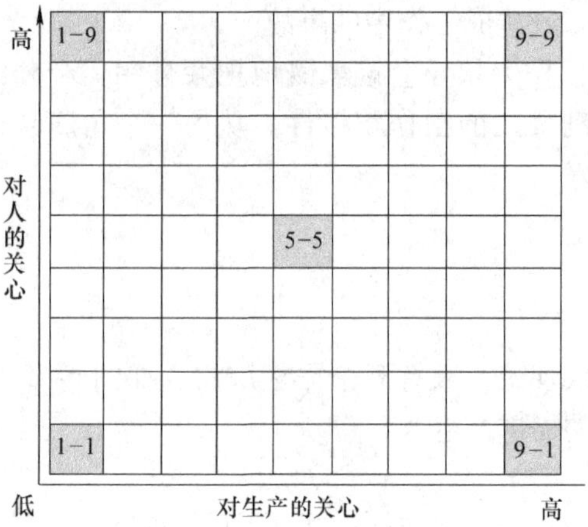

图6-20　管理方格

行自己的职责，身在其位，不谋其事，这种领导令下属失望，不可能成功。

(2)“1.9”方格是俱乐部式领导者　对业绩关心少，对人关心多，他们努力营造一种人人得以放松，感受友谊与快乐的环境，但对协同努力以实现企业的生产目标并不热心，方格表示重点放在满足职工的需要上，而对指挥监督、规章制度却重视不够，效率低，窒息进步，压抑创造力，使有追求的人失望。

(3)“5.5”方格是中间式领导者　对人的关心和对工作的关心保持中间状态，不设置过高的目标，只求维持一般工作效率与士气，使员工和上级都能接受，各方关系良好，有长期支持性，但不积极促使下属发扬创造革新的精神。

(4)“9.1”方格是专制式领导者　对业绩关心多，对人很少关心，领导人员的权力很大，指挥和控制下属的活动，作风专制，他们眼中没有鲜活的个人，只有需要完成生产任务的员工，他们唯一关注的就是业绩指标。

(5)“9.9”方格是理想式领导者　对生产和对人都很关心，对工作和对人都很投入，在管理过程中把企业的生产需要同个人的需要紧密结合起来，既能带来生产力和利润的提高，又能使员工得到事业的成就与满足。

除了那些基本的定向外，还可以找出一些组合。例如：

“5.1”方格表示准生产中心型管理，比较关心生产，不大关心人。

“1.5”方格表示准人中心型管理，比较关心人，不大关心生产。

“9.5”方格表示以生产为中心的准理想型管理，重点抓生产，也比较关心人。

“5.9”方格表示以人为中心的准理想型管理，重点在于关心人，也比较关心生产。

五、班组长的技能要求

企业的管理层有经营层、管理层和执行层，这三个层又称为高层、中层和基层。对管理层的技能要求主要有三类：见识、人情和技术。

1. 对管理层技能的三类要求

(1) 见识　判断事物本质和预见未来的能力。

(2) 人情　人际协调和人际沟通的能力。

（3）技术和专业技术的能力。

2. 不同管理层的三项技能权重

表6-5列出了不同管理层的技能权重。

表6-5　不同管理层的技能权重

技能要求／管理层	见识	人情	技术
高层（总经理、董事长）	47%	35%	18%
中层（车间主任）	31%	42%	27%
基层（班组长）	18%	35%	47%

（1）高层领导　见识所占的权重最大，因为高层领导需要为企业制订战略方向和政策，要能够预见未来，指引方向；技术所占的权重最低，因为企业中还有中层、基层领导以及企业中的技术专家负责技术问题。

（2）中层领导　人情所占的权重最大，因为在实际工作中，中层领导要把大量精力用在与上下左右各方面的协调沟通上。因此，中层领导需要有较强的人际协调能力。

（3）基层领导　作为基层领导的班组长，技术所占的权重最大。作为兵头将尾，班组长必须是业务尖子，这样在班组工作中才能有权威，说话有分量。因为班组长的工作主要是生产一线的操作与管理，所以，班组长的人际协调能力要求也比较高，仅次于技术。

3. 中国传统思想对管理者的要求——德、法、术

德——德行、品德，强调管理者的道德示范作用。班组长的高尚人格会使员工心服口服。

法——制定以及执行规章制度的能力。制度制定得合理，同时班组长要认真执行。

术——领导艺术。灵活的应变能力。

古人云：服人者，德服为上，才服为中，力服为下。

这里所说的"力服"是指靠权力使人服从，这种服从往往是被迫的服从。其优点是解决问题迅速，尤其是在局面混乱时，比较有效；缺点是这种服从不能持久，一旦权威削弱，便会遇到反抗。而"才服"是以自己的才能引导下属员工，令其理智地服从，但这种情况难于使能力超过自己的员工服从，甚至会遭到有能力的下属的蔑视。

北京老张在其所著《管人要靠恩威德》一书中，对各种领导做了如下总结：

最好的管："明主型领导"	高恩	高威	高德
最坏的管："庸主型领导"	低恩	低威	低德
乱世的管："帮主型领导"	高恩	高威	低德
由乱到治的管："清官型领导"	低恩	高威	高德
治世的管："仁主型领导"	高恩	低威	高德
强者的管："霸主型领导"	低恩	高威	低德
中庸的管："德范型领导"	低恩	低威	高德
弱者的管："溺爱型领导"	高恩	低威	低德

六、班组长的素质能力

班组长的素质能力包括以下五种。

1. 专业技术能力

生产作业技术能力包括基础理论知识和操作技能。

2. 组织管理能力

对生产活动要素的协调能力。

3. 社会能力

陈述、沟通和交流的能力。

4. 职业道德素养

职业意识、责任意识、执行能力及态度。

5. 文化知识素养

综合科学素质、知识结构和心态。

要当好班组长，首先要有理想，有追求，并且需要不断地学习，充实自己，提高自身的素质能力，提高各种技能。要清楚地认识班组长在企业中的地位、使命、作用和职责，了解上下级对你的期望，清楚地知道面对不同阶层的人员时，自身所代表的立场。班组长在企业中所起的作用是极其重要的。

思 考 题

1. 一个班组长的素质能力，与他在学校的学习有关吗?

2.《三国演义》中的刘备是靠什么受到诸葛亮、关羽、张飞等人的拥戴？在生活中，你周围的人有令你佩服的吗?

3. 你目前除了生理需求和安全需求还有其他的需求吗?

4. 你为自己的职业生涯做过规划吗?

5. 一家公司的销售副总在外出差时，家里因楼上火灾被灭火的水泡的一塌糊涂。他接到家中的电话后，连夜赶回家。第二天一早向公司老总请假，说家里被水泡要请几天假。按理说，这很正常，并不过分，但老总却说："谁让你回来的？你必须马上去处理那个订单，如果你还不马上走，我就免你的职。"这位副总心里很恼火，无可奈何地离家去外地。老总看到副总走了，马上把党、政、工团负责人都叫了过来，要求他们分头行动，在最短的时间内，不计代价把副总家里安顿好。

问题 1：公司老总应划定为哪个方格中?

问题 2：公司老总的说法和做法有什么问题吗？如果你是老总，你认为应该如何处理这件事?

参考文献

[1] 黄渝祥. 企业管理概论 [M]. 2 版. 北京：高等教育出版社，2000.
[2] 蒋永忠，张颖. 管理学基础 [M]. 北京：清华大学出版社，2007.
[3] 余世维. 有效沟通 [M]. 2 版. 北京：北京联合出版公司，2012.
[4] 王素梅，张兴福，王跃国. 企业管理概论 [M]. 北京：机械工业出版社，2007.
[5] 卢志鹏，康青. 新编大学生使用礼仪教程 [M]. 北京：北京理工大学出版社，2009.
[6] 周宵，穆容. 新编使用礼仪教程 [M]. 北京：清华大学出版社，2008.
[7] 李飞龙. 如何当好班组长 [M]. 北京：北京大学出版社，2003.
[8] 滕宝红. 班组长员工管理与培训 [M]. 北京：人民邮电出版社，2012.
[9] 田鹏. 活学活用丰田生产方式 [M]. 北京：中国财政经济出版社，2009.
[10] 大野耐一. 丰田生产方式 [M]. 北京：中国铁道出版社，2009.
[11] 沃麦克，等. 改变世界的机器 [M]. 沈希瑾，等译. 北京：商务印书馆，1999.
[12] 今井正明. 现场改善 [M]. 华经，译. 北京：机械工业出版社，2010.
[13] 杰弗瑞·莱克，大卫·梅尔. 丰田人才精益模式 [M]. 钱峰，译. 北京：机械工业出版社，2010.
[14] 陶镕甫. 危险预知活用方法 [M]. 北京：煤炭工业出版社，2009.